憲法五重奏

on Constitution

大津　浩
大藤紀子
髙佐智美
長谷川憲
江藤英樹

［著］

有信堂

はじめに

　私たちが本書の前身となる『憲法四重奏』（初版）を公刊したのは 2002 年 4 月のことであった。その時は、大津浩、大藤紀子、髙佐智美、長谷川憲（50 音順）の 4 人でこれを作成したが、実際にはその頃から江藤英樹も検討会などに参加していた。しかし当時は、江藤は都合がつかず執筆陣には加わらなかった。

　それから 23 年の月日が流れた。その間に『憲法四重奏』は 6 刷を重ね、また時代の変化に対応するための大幅な修正を施した『新憲法四重奏』を 2005 年に著した。さらに『新憲法四重奏』の第 2 版を 2017 年に刊行し、この『新憲法四重奏』（第 2 版）自体も 2024 年には 8 刷を重ねた。このように版を重ねることができたのは、何よりも執筆者の大学の授業でこれを教科書として用いてきたからであるが、学生の中には、単なる教科書としてだけでなく、憲法問題についての私たちの記述を通じて、社会や政治、歴史や人間の生き様を学んだという者も少なくなかった。また一般市民の方が憲法を学ぶために役立ててくださったこともあった。

　しかし国際情勢を含めて、今日の社会・政治・法の世界の変化はさらにいっそう激しさを増している。そのため、この『新憲法四重奏』（第 2 版）でも対応しきれなくなってきた。また、4 人の執筆者のうち、長谷川が定年を迎え、現役の憲法教員の参加を増やすことが急務となってきたこともある。そこで今回から江藤も執筆陣に参加し、内容も大幅に刷新した『憲法五重奏』を新たに公刊することとなったのである。

　本書のコンセプトは変わっていない。それは第 1 に、西洋諸国で発達してきた近代・現代立憲主義の流れを大事にしながら、グローバリズムと多様化、複雑化が進む現代の社会と国家においても、日本国憲法の基本理念、基本的価値を生かし、発展させうるような憲法解釈論を提示することである。そして第 2 に、初めて憲法を学ぶ者にも理解しやすいように、できるだけ現代の諸問題

や具体的な事件に関連づけて、憲法の基礎を分かりやすく説明することである。さらに第3に、今回から5人となった執筆者それぞれの個性を生かし、それぞれの問題関心を生かしながら、全体として調和のとれた憲法教科書にすることである。加えて、各著者が特に独自の見解を提示したいと思い、あるいは本文では十分に論じることのできなかった難問に取り組みたいと思った時には、各章末に設けた【avancée】（フランス語で「前進」を意味する言葉で、「もっと先まで学んでみよう」という意味を込めた）で論じることも、これまで通りである。

　私たちは、これまでの『憲法四重奏』でも『新憲法四重奏』でも、こうした試みはある程度成功していたと信ずる。そこで本書では、『新憲法四重奏』（第2版）の記述の多くを一定の修正を施しつつ残している。もちろん江藤が担当している章は全く新しい記述となっている。他方で、必要に応じて、現在私たちが直面している憲法問題に切り込む新たな記述を付け加え、あるいは法改正や新判例の情報を数多く盛り込むことで、一段階グレードアップを図ることを目指している。

　なお本書は、もちろん初学者や市民にとって読みやすい教科書を目指す一方で、部分的には最先端の理論にも触れ、あるいは社会や政治の難問題に切り込むような意欲的な叙述も行っている。著者の大部分はすでに23年間もこの教科書と付き合ってきたので、その間に憲法学者として重ねてきた知的経験を踏まえて、独自の憲法解釈論を提示したいという気持ちが強くなってきたためである。その意味で、本書は単なる憲法教科書を越えて、野心的な憲法の解説書の趣をも有するようになったと思う。

　今回もまた、個性あふれる5人のシンフォニーが、読者の皆さんの胸に響くような教科書となることを、私たち5人は切に願っている。

2025年4月

　　　　　　　　　　　　　　　　　　　大津 浩・大藤 紀子・髙佐 智美
　　　　　　　　　　　　　　　　　　　長谷川 憲・江藤 英樹

【凡　例】

判　例

本文中、判例については次のような簡略化を行った。

　（例）　東京地判 1964.9.28 下民集 15-9-2317 ＝東京地方裁判所 1964 年 9 月 28 日判決、下級裁判所民事裁判例集 15 巻 9 号 2317 頁以下。

裁判所、判例集の略称表記は以下のとおり。

最大……最高裁判所大法廷	労民集……労働関係民事裁判例集
最……最高裁判所	高民集……高等裁判所民事裁判例集
○○高……○○高等裁判所	東高刑報…東京高等裁判所刑事判決時報
○○地……○○地方裁判所	下民集……下級裁判所民事裁判例集
○○簡……○○簡易裁判所	下刑集……下級裁判所刑事裁判例集
○○支……○○支部	訟月……訟務月報
判……判決	刑月……刑事裁判月報
決……決定	判時……判例時報
民集……最高裁判所民事判例集	判タ……判例タイムズ
刑集……最高裁判所刑事判例集	労判……労働判例
集民……最高裁判所民事裁判集	法教……法学教室
行集……行政事件裁判例集	

また、本書は西暦で統一している。法律学の雑誌や判例集では元号表記も多いので、若い読者のために換算の仕方を以下に示しておく。

　1926 年＝昭和元年（西暦の下 2 桁から 25 を引くと昭和暦になる）
　1989 年＝平成元年（1999 年までは西暦の下 2 桁から 88 を引くと平成暦になる。
　　　　　　　　　　2000 年からは西暦の下 2 桁に 12 を加えると平成暦になる）
なお、1989 年の途中で元号が変わったので、昭和 64 年も平成元年も存在する。
　2019 年＝令和元年（西暦の下 2 桁から 18 を引くと令和暦になる）

共通主要参考文献・資料集

・芦部＝芦部信喜『憲法〔第 8 版、高橋和之補訂〕』岩波書店、2023 年
・伊藤＝伊藤正己『憲法〔第 3 版〕』弘文堂、1995 年
・植野＝植野妙実子『憲法の基本』学陽書房、2000 年
・浦部＝浦部法穂『憲法学教室〔全訂第 2 版〕』日本評論社、2006 年
・奥平＝奥平康弘『憲法Ⅲ　憲法が保障する権利』有斐閣、1993 年
・『旧四重奏』＝大津浩・大藤紀子・高佐智美・長谷川憲『憲法四重奏〔第 2 版〕』有信堂、2008 年（2014 年、第 6 刷）
・清宮＝清宮四郎『憲法Ⅰ〔第 3 版〕』有斐閣、1979 年
・小嶋＝小嶋和司『憲法概説』良書普及会、1987 年（信山社、2004 年再刊）
・阪本①＝阪本昌成『憲法理論Ⅰ』成文堂、1993 年（第 3 版、1999 年）

- 阪本②＝阪本昌成『憲法理論Ⅱ』成文堂、1993 年
- 阪本③＝阪本昌成『憲法理論Ⅲ』成文堂、1994 年
- 阪本④＝阪本昌成『ベーシック憲法』弘文堂、1989 年
- 佐藤（功）＝佐藤功『日本国憲法概説〔全訂第 5 版〕』学陽書房、1996 年
- 佐藤（幸）＝佐藤幸治『憲法〔第 3 版〕』青林書院、1995 年
- 佐藤・初宿＝佐藤幸治・初宿正典編『人権の現代的諸相』有斐閣、1990 年
- 渋谷＝渋谷秀樹『憲法〔第 3 版〕』有斐閣、2017 年
- 渋谷・赤坂①＝渋谷秀樹・赤坂正浩『憲法 1　人権〔第 8 版〕』有斐閣、2022 年
- 渋谷・赤坂②＝渋谷秀樹・赤坂正浩『憲法 2　統治〔第 8 版〕』有斐閣、2022 年
- 初宿＝初宿正典『憲法 2〔第 2 版〕』成文堂、2001 年
- 初宿・辻村＝初宿正典・辻村みよ子『新解説 世界憲法集〔第 5 版〕』三省堂、2014 年
- 杉原①＝杉原泰雄『憲法Ⅰ　憲法総論』有斐閣、1987 年
- 杉原②＝杉原泰雄『憲法Ⅱ　統治の機構』有斐閣、1989 年
- 杉原③＝杉原泰雄『憲法の歴史』岩波書店、1996 年
- 芹沢他＝芹沢斉・市川正人・阪口正二郎編『新基本法コンメンタール憲法』日本評論社、2011 年
- 高橋＝高橋和之『立憲主義と日本国憲法〔第 6 版〕』有斐閣、2024 年
- 田中二＝田中二郎『新版　行政法・上〔全訂第 2 版〕』弘文堂、1974 年
- 辻村＝辻村みよ子『憲法〔第 7 版〕』日本評論社、2021 年
- 戸波＝戸波江二『憲法〔新版〕』ぎょうせい、1998 年
- 野中ほか①＝野中俊彦・中村睦男・高橋和之・高見勝利『憲法Ⅰ〔第 5 版〕』有斐閣、2012 年
- 野中ほか②＝野中俊彦・中村睦男・高橋和之・高見勝利『憲法Ⅱ〔第 5 版〕』有斐閣、2012 年
- 長谷部＝長谷部恭男『憲法〔第 8 版〕』新世社、2022 年
- 樋口①＝樋口陽一『憲法〔第 3 版〕』創文社、2007 年
- 樋口②＝樋口陽一『比較憲法〔全訂第 3 版〕』青林書院、1992 年
- 樋口ほか①＝樋口陽一・佐藤幸治・中村睦男・浦部法穂『注釈日本国憲法・上』青林書院、1984 年
- 樋口ほか②＝樋口陽一・佐藤幸治・中村睦男・浦部法穂『注釈日本国憲法・下』青林書院、1988 年
- 樋口・大須賀＝樋口陽一・大須賀明編『日本国憲法資料集〔第 4 版〕』三省堂、2000 年
- ファンダメ＝佐藤幸治・中村睦男・野中俊彦『ファンダメンタル憲法』有斐閣、1994 年
- 松井＝松井茂記『日本国憲法〔第 4 版〕』有斐閣、2022 年
- 宮沢＝宮沢俊義『憲法Ⅱ〔新版〕』有斐閣、1971 年
- 安西ほか＝安西文雄・巻美矢紀・宍戸常寿『憲法学読本〔第 4 版〕』有斐閣、2024 年

目　次

はじめに（ⅰ）

凡例（ⅲ）

第 1 章　私たちはどこまで自由か？ ……………………………… 1
──幸福追求権と人権の限界── （大津）

Ⅰ　売買春や自殺はなぜ禁止されるのか　*1*

Ⅱ　基本的人権論の基礎　*2*

　1　フランス人権宣言に学ぶ（*2*）　2　内在的制約原理（*3*）　3　2つの公共の福祉（*3*）　4　内在的制約原理による相互調整のあり方（*4*）　5　私人間における権利の相互調整の具体例（*5*）

Ⅲ　幸福追求権と自己決定権　*7*

　1　包括的基本権（*7*）　2　幸福追求権の内容（*8*）　3　「幸福」についての対立する2つの理解（*10*）　4　「人格的利益」説が考える自己決定権（*11*）　5　「一般的自由」説が考える自己決定権（*13*）　6　トランスジェンダーと「身体を侵襲されない自由」（*14*）

Ⅳ　死を選ぶ自由をめぐって　*16*

　1　自殺は違法か（*16*）　2　尊厳死と安楽死（*16*）　3　死に直結する医療方法を選択する自由（*18*）　4　脳死と臓器移植（*19*）

Ⅴ　私たちがもっと自由であるために　*19*

第 2 章　個性的に、かつ対等に生きるということ ……………… 21
（大藤）

Ⅰ　平等とは　*21*

　1　相対的平等（*21*）　2　形式的平等と実質的平等（*22*）　3　差別の類型と積極的差別是正措置（*24*）　4　14条1項と違憲審査基準（*25*）

Ⅱ　家族関係における個人の尊厳と平等原則　*26*

　1　明治期の「家」制度（*26*）　2　尊属殺重罰規定（刑法 200 条）（*29*）　3　非嫡出子（婚外子）の差別（*31*）　4　夫婦同氏原則（*36*）

第 3 章　内心の自由 …………………………………… 41
　　　――心の平穏を求めて――　　　　　　　　　　　　　（江藤）

　　Ⅰ　思想・良心の自由　41
　　　　1　保障の意味・内容（41）　2　保障の態様（42）
　　Ⅱ　信教の自由　44
　　　　1　保障の意味・内容（44）　2　明治憲法下の信教の自由（44）
　　　　3　日本国憲法下の信教の自由（44）　4　信教の自由の内容（45）
　　　　5　宗教活動の自由に関する判例（46）　6　政教分離原則（47）
　　　　7　政教分離原則に関する判例（49）
　　Ⅲ　学問の自由　54
　　　　1　学問の自由の内容（54）　2　学問の自由の限界（55）　3　大学の自治（56）

第 4 章　伝えたいことがあるんだ ……………………… 58
　　　　　　　　　　　　　　　　　　　　　　　　　　　　（髙佐）

　　Ⅰ　表現の自由　58
　　　　1　「表現の自由」の意義（58）　2　表現の自由に対する制限（61）
　　　　3　表現内容に対する規制（64）　4　表現手段に対する規制（69）
　　Ⅱ　情報化社会と「表現の自由」　73
　　　　1　報道の自由（73）　2　情報統制と「知る権利」（75）

第 5 章　市場経済の中で生きる ………………………… 79
　　　　　　　　　　　　　　　　　　　　　　　　　　　　（大藤）

　　Ⅰ　自由と規制のバランス　79
　　Ⅱ　営業の自由とその規制　80
　　　　1　「公共の福祉」による規制（80）　2　消極的・警察的規制と積極的・政策的規制（81）　3　規制の消極・警察目的／積極・社会政策目的に応じた審査基準の問題点（83）　4　立法裁量の容認について（85）
　　Ⅲ　財産権の不可侵とその規制　88
　　　　1　公共の福祉による規制（88）　2　補償の対象となる財産権の制限目的（89）　3　補償の要否（91）　4　正当な補償（93）

第 6 章　人として尊厳を保つことのできる社会を目指して ……… 95
　　　　　　　　　　　　　　　　　　　　　　　　　　　　（江藤）

　　Ⅰ　生存権　95

　　　　1　生存権の意義（*95*）　　2　生存権の法的性格（*96*）　　3　生存権に関する判例（*97*）
　Ⅱ　環境権　*99*
　　　　1　環境権の法的性格（*99*）　　2　環境権に関する判例（*100*）
　Ⅲ　教育を受ける権利　*102*
　　　　1　教育を受ける権利の内容（*103*）　　2　義務教育の無償（*103*）　　3　教育権の所在（*104*）　　4　旭川学力テスト事件（最大判1976.5.21 刑集 30-5-615）（*104*）
　Ⅳ　労働者の権利　*105*
　　　　1　勤労の権利および義務（*106*）　　2　労働基本権（*107*）　　3　公務員の労働基本権（*108*）　　4　労働基本権に関する判例（*108*）

第7章　"罪"と"罰"の狭間で …………………………………… *113*
　　　　　　　　　　　　　　　　　　　　　　　　　　　　　　　（髙佐）
　Ⅰ　人身の自由　*114*
　　　　1　意義（*114*）　　2　デュー・プロセスの保障（*114*）
　Ⅱ　刑事手続の流れ　*115*
　　　　1　逮捕から起訴されるまで——被疑者の権利（*116*）　　2　起訴から判決が出るまで——被告人の権利（*121*）
　Ⅲ　刑事施設被収容者の処遇　*126*
　　　　1　人権保障 vs. 秩序維持（*126*）　　2　監獄法改正（*128*）

第8章　「憲法上の権利」としての基本的人権 …………………… *133*
　　　　——ロースクール時代を踏まえた人権論の行方——　　　（大津）
　Ⅰ　法律によってその保障内容が形成される権利　*134*
　　　　1　自由権の場合（*134*）　　2　国務請求権（受益権）の場合（*136*）
　Ⅱ　法律の「欠如」と人権「侵害」の関係　*137*
　　　　1　私人間紛争における基本的人権の保障のあり方をめぐる歴史的背景（*137*）　　2　基本的人権の私人間適用に関する学説と判例（*140*）　　3　団体に対する個人・構成員の人権保障（*143*）
　Ⅲ　違憲審査の方法と人権保障　*146*
　　　　1　三段階審査論の登場（*146*）　　2　「保護領域」と「制限」の審査過程の意義と問題点（*147*）　　3　「比例性」審査と憲法的利益衡量（*148*）

第 9 章　共に生きる社会をめざして …………………………… *154*
（大藤）
Ⅰ　マイノリティと憲法　*154*
1　マイノリティの権利（*154*）　2　マイノリティと憲法13条――裁判例（下級審）（*155*）
Ⅱ　マイノリティと条約　*157*
1　人権条約の裁判所による適用（*157*）　2　政府報告制度（*158*）
Ⅲ　外国人の人権　*160*
1　日本国籍取得要件――血統主義（*160*）　2　外国人の「人権」は出入国管理制度枠内でのみ保障される？（*161*）　3　難民の認定とその庇護申請手続（*169*）

第 10 章　私たちが真の主権者であるために ………………… *175*
（大藤）
Ⅰ　国民主権と代表制　*175*
1　国民主権の意味（*175*）　2　「国民（ナシオン）主権」と「人民（プープル）主権」（*176*）　3　日本国憲法下の国民主権（*177*）　4　「市民主権」論（*178*）
Ⅱ　参政権　*179*
1　意義（*179*）　2　選挙権の法的性格（*179*）　3　有権者（市民）の範囲と立法裁量の限界（*180*）　4　被選挙権の法的性格（*184*）　5　選挙運動の自由の制限（*185*）
Ⅲ　選挙制度と投票価値の平等　*188*
1　選挙制度の類型（*188*）　2　投票価値の平等（*189*）　3　衆議院議員総選挙（*189*）　4　参議院議員選挙（*193*）

第 11 章　国会と内閣の適切な関係を求めて ………………… *198*
（大津）
Ⅰ　政治主導の国政運営とは？　*198*
1　議会主権・議会中心主義の変容（*198*）　2　日本の構造改革と政治のリーダーシップ（*199*）
Ⅱ　議院内閣制は何をめざしたか　*200*
1　権力分立制の2つの型（*200*）　2　内閣の成立・責任・総辞職（*202*）
Ⅲ　行政権と立法権を区別する意味　*204*
1　行政権の実質的定義（*204*）　2　立法権の実質的定義（*204*）
Ⅳ　国会の権能とそれを保障する諸原則　*206*
1　唯一の立法機関（*206*）　2　立法権以外の国会の権能（*207*）

3　国権の最高機関の意味（*208*）　4　二院制の意義と各議院の権能（*209*）
Ⅴ　内閣・首相の地位・機能強化の行方　*209*
　　　1　内閣の責任と活動（*209*）　2　内閣に帰属する権能（*210*）　3　「国務の総理」権と執政権説（*211*）　4　首相の地位と権能（*211*）　5　「行政国家」化への２つの対応（*213*）
Ⅵ　財政の民主的統制　*216*
　　　1　財政民主主義（*216*）　2　租税法律主義（*217*）　3　その他の憲法上の財政原則（*219*）

第 12 章　裁判所 …………………………………… *223*

（髙佐）

Ⅰ　基本的人権を守るための権利　*223*
　　　1　国務請求権（*223*）　2　裁判を受ける権利（*226*）
Ⅱ　裁判所　*228*
　　　1　司法権とは（*228*）　2　司法権の独立（*231*）　3　裁判所の組織（*234*）
Ⅲ　裁判員制度　*238*
　　　1　「裁判員制度」とは何か（*238*）　2　問題点（*240*）

第 13 章　憲法違反の法律を無効にする …………… *244*

（髙佐）

Ⅰ　違憲審査制　*245*
　　　1　違憲審査制の類型（*245*）　2　違憲審査制の対象（*247*）
Ⅱ　憲法訴訟　*250*
　　　1　司法積極主義と司法消極主義（*250*）　2　憲法判断の回避（*252*）　3　違憲判断の方法（*254*）　4　違憲判決の効力（*257*）

第 14 章　地域の未来は住民が決める ……………… *262*

（大津）

Ⅰ　住民投票は単なる参考投票なのか？　*262*
Ⅱ　現行の地方自治の法制度　*263*
　　　1　住民自治と団体自治の原理からみた憲法規定（*263*）　2　地方自治法が定める直接民主主義的諸制度（*264*）　3　旧地方自治法における権限配分と紛争処理（*265*）　4　1999 年及びその後の地方分権改革（*267*）
Ⅲ　憲法が保障する地方自治権の意味　*270*

1　地方自治の本旨論争（270）　2　判例にみる立法権と地方自治権の関係（272）
　Ⅳ　住民投票結果は自治体を拘束できるか　274
　　　1　住民投票の広がりの意味（274）　2　民主主義観の違いと独自条例に基づく住民投票の拘束性（275）

第15章　世界の誰もが平和に生きる権利をもつ …………… 278
（長谷川）
　Ⅰ　日本国憲法と平和主義・平和的生存権　279
　　　1　人権としての平和（平和主義・平和的生存権）（279）　2　平和的生存権と9条（281）　3　国際社会と人権としての平和（282）　4　戦争の放棄（9条をめぐる政府見解・学説・判決の態度）（283）
　Ⅱ　日本国憲法と国際社会・「国際貢献」　289
　　　1　日米安全保障条約（290）　2　東西冷戦の終結と「人道のための介入」・テロ対策（291）　3　9.11・11.13テロとテロ対策（291）　4　国際貢献をめぐる現実の日本の対応と自衛隊の海外派遣（292）　5　自衛権をめぐる「有権解釈」と「法制化」の新段階（293）　6　集団的自衛権をめぐる議論動向（295）　7　日本政府の国際的立場（296）

第16章　なぜ憲法は論争の的とならねばならないのか？ ………… 299
（長谷川）
　Ⅰ　日本における2つの憲法　300
　　　1　大日本帝国憲法（1889）の発布（300）　2　憲法外の国家機関の存在（300）　3　「臣民」の権利（301）　4　憲法学説（302）　5　大日本帝国憲法の下での政治（戦争への道筋）（303）　6　ポツダム宣言の受諾と敗戦（304）　7　日本国憲法（1946）の制定・公布（305）
　Ⅱ　象徴天皇制と「国民」　308
　Ⅲ　憲法「改正」問題と「護憲」　310
　　　1　日本国憲法と日米安全保障条約（311）　2　50年代における改憲の試みと挫折（312）　3　「戦後政治の総決算」と挫折（313）　4　冷戦構造の終結と「政治改革」（314）　5　政治改革と改憲論議（315）
　Ⅳ　憲法改正国民投票法の成立と改憲動向の新段階　321
　　　1　国民投票法制定までの経緯（321）　2　国民投票法の内容（322）　3　最近の改憲動向（324）

判例索引 (327)
事項索引 (334)

第 1 章　私たちはどこまで自由か？
——幸福追求権と人権の限界——

> 「どの国でも安楽死は、かくれてやっていることだろう。僕たちは、それを隠さないだけだ。……大麻とか売春を認めるオランダについて、君たち外国人は変な国だと思っているだろう。この国では、どうしてもなくならない社会悪は、他人に迷惑をかけない範囲で認めながら、透明な制度を作って管理するのが流儀なんだ。安楽死も同じ。現実を直視して、個人の選択の幅を広げるオランダに、誇りを持っているよ」（三井美奈『安楽死のできる国』新潮社、2003年、119-120頁）。

I　売買春や自殺はなぜ禁止されるのか

　今は価値観が大きく揺れている時代。例えば「援助交際」（または「パパ活」）。たしかに昔から売買春はなくならなかった。しかし最近の若者の間で広がっている現象は、これまでの「悪いことだが取り締まりきれないもの」という状態をはるかに超えている。売春する彼女たちは、「自分が好きなように自分の身体を使ってなぜ悪い？」というあっけらかんとした反応を示す。

　もちろん今でも、社会道徳は売買春を悪事とみなす。法律上も1957年以来、売春防止法がその斡旋を含めて禁止する。青少年の場合には、大人と同じ自己選択の問題として扱ってよいかということ自体が問われるが、実際には青少年保護育成条例の淫行処罰規定や1999年可決の未成年者買春禁止法によって、相手となる大人が処罰される。

　しかし憲法学は、今ある法律や条例をすべて正しいと考えるものではない。基本的人権を守ることを最高の価値と考える日本国憲法の理念に照らして、今ある法律や条例が正しいものか、それとも間違ったもの、言い換えれば不必要な人権制限であるのか、を真剣に考えるのが憲法学だ。人間は基本的に自由で

あるべきだとすれば、憲法からみて正しいと認められるような理由が見つからない人権制限は憲法違反だ。理由は正しくとも、その規制のやり方が制限しすぎなら、やはり憲法違反だ。性道徳の維持というのは、こうした正しい理由にあたるのだろうか。また理由は正しいとしても、売買春を抑止するために刑罰を用いることはゆきすぎた手段ではないのだろうか。

　自殺の自由をめぐる問題も、やはり難しい。自分の身体と尊厳性を売り払う売春以上に、自分の生命そのものを自ら放棄する自殺という行為は、道徳的にみて許されないと考える人は多い。しかし日本では、そもそも自殺は違法なのだろうか。もし自殺が違法ではないとしたら、自殺したい人を助ける行為も許されるのだろうか。あるいは、本人は死ぬ気はないけれども、客観的にみて死に至るような行動を選択する自由は認められるのだろうか。安楽死や宗教上の理由による輸血拒否の問題は、売買春以上に、憲法が保障する自由の限界を私たちに、より明瞭に示してくれるだろう。

　ところで、こうした具体的な問題を検討する前に、まず憲法学が考える自由の限界について明らかにしておかなければならない。

II　基本的人権論の基礎

1　フランス人権宣言に学ぶ

　「自由とは、他人を害しない限りすべてのことを行えることをいう」。こう述べたのは、1789年フランス人権宣言の4条だった。

　フランス人権宣言は、人権と民主主義の拡大をめざす国々に大きな影響を与えた。この宣言は、すべての人に最大限に自由を保障し、そのために国民自身が政治の主人公となる仕組みをつくり、さらに権力の集中は必ず腐敗と人権抑圧を招くがゆえに、これを警戒する仕組みを設けた。これが、基本的人権の保障、国民主権、権力分立を三大原理とする**近代立憲主義**の考え方だった。日本国憲法は、現代憲法として発展した部分を含むけれども、根本は近代立憲主義の考え方に立っている。したがって、基本的人権についても、フランス人権宣言の考え方を参考にしてよいであろう[1]。

---
　(1)　ただし、啓蒙主義の影響下にあったフランス革命期の人々、特にブルジョワジー

2　内在的制約原理

　フランス人権宣言が示す基本的人権の思想は、当時は天賦人権といわれた。それは、「人は生まれながらに自由で平等なものとして天によってつくられた」という考え方をいう。神の存在を信じることのできない現代では、この天賦人権論は、法的紛争が起こったときに、「すべての人は対等な立場で、平等にその自由や権利を行使できる」という発想から処理することが、最もよく人権を保障する、という考え方として理解しておくのがよいだろう。

　人は可能な限り自分の望むことを自由に行える。その結果生ずる人々の権利の衝突は、「立場の互換性」を基本に置いて解決を図る。それは、「同じ自由を持つ者どうしだから、一般人の感覚からみて相手の立場に立ったときにそうされることがどうしても我慢できないことは、他人にしてはならない」という原則のことだ。このような権利の衝突を前提とした調整原理は、すべての人間が等しい権利を持つという考え方そのものに内在する人権制約原理という意味で、**内在的制約原理**と呼ばれる。

　すべての人間が等しい権利を持つという信念は、近代立憲主義にとって不可欠の原理だ。この原理は本来すべての人権にあてはまらなければならない。しかし資本主義の発展のなかで貧富の差が拡大し、対等でない関係が構造化されるようになると、この内在的制約原理だけでは紛争がうまく処理できない場合が増えてくる。特に経済的自由の分野では、これがうまく機能しなくなった。

3　2つの公共の福祉

　憲法12条と13条は、公共の福祉に反しない限りでの基本的人権の最大限の尊重を謳っている。基本的人権の限界は内在的制約にほかならないから、この公共の福祉とは内在的制約のことであり、それは他者の人権保障のための必要最小限の制約を意味する。

　必要最小限の人権制約を超える人権規制が許されるのは、前述したように経済的自由に関する場合だけであり、それをはっきり示すために、経済的自

は、理性ある自律的個人という理念にとらわれていた。彼らは女性の参政権を認めず、また非西洋地域の植民地化に矛盾を感じなかった。しかし本書は、人権宣言4条の示す論理が、彼らの歴史的限界を超えるものだったと考えている。

由を定めた憲法22条1項と29条にだけ再度、公共の福祉の言葉が登場するのだ。22条1項と29条の公共の福祉は、12条、13条のそれの意味にとどまらず、必要最小限でない人権制約の原理も含むことになる（第5章で詳しく述べる）。

4 内在的制約原理による相互調整のあり方

プライバシー権や名誉権と表現の自由を例にとって、内在的制約原理に基づく相互調整のあり方を考えてみよう。後にみるように、プライバシー権や名誉権は憲法13条が保障し、表現の自由も憲法21条が保障する。私たちすべてが、両方の権利を平等に持っている。

まず、他人に対し悪意を持って、虚偽の表現によってその名誉を傷つけ信用を失墜させ、重大な被害を発生させたとする。これは、表現の自由の濫用による、他者の名誉権を侵害する行為だ。憲法はこのような権利濫用を許さない。実際には国会の定める刑法230条がこのような行為を名誉毀損罪として禁止している。国会は、憲法の意を汲んでこのような刑罰法規をつくることで、権利衝突が起こる前から表現の自由と名誉権のそれぞれの保障領域を画定し、人権の相互調整を図っているのだ。

ただし、権利衝突を事前に予測して国会がつくる規制ルールが、時として不必要な人権制約になることもある。憲法81条は、法律による人権規制が必要最小限のものであるかどうかを厳しく審査し、この基準を逸脱する法律を違憲無効とする権限を裁判所に与えている[2]。

---

(2) 人権を制約する立法や行政の合憲性を裁判所が審査する場合、厳しい基準で審査すれば、それだけ当該公権力の行使が違憲無効とされる可能性が高まり、人権はより手厚く保障されるし、緩やかな基準で審査するならば、それだけ当該公権力の行使は合憲・合法とみなされやすくなり、その結果人権はより大きく制約されることになる。憲法学では、各種の人権の間に一定の優劣を設け、精神的自由やプライバシー権などの優越的地位にある人権には厳格な審査基準、その他の人権については中間的な審査基準（厳格な合理性の基準）、社会政策的な規制が加えられる場合の経済的自由など一定の人権については緩やかな審査基準をあてはめている。この考え方は、平等原則の保障の程度を3分類する際にも用いられている。各基準の具体的な内容については、各人権の性質や平等の対象に即して、より使いやすい基準（例えば「明白かつ現在の危険」のテスト等）が設けられている。なお、最近ではここで述べた違憲審査基準論以外の考え方も提起されている（例えば三段階審査論。本書第8章Ⅲを参照）。

なお法律は、個人の権利保護を直接の根拠とする個人的法益だけでなく、個人の権利保護に不可欠な限りで、そのための制度である国家機関を維持する利益（国家的法益）や社会秩序を維持する利益（社会的法益）をも保護する。例えば、国家公務員の守秘義務とその違反に対する処罰を定めた国家公務員法100条および109条12号は、国民のプライバシー保護の目的にとどまらず、入札価格の漏示防止のような行政目的実現のために必要な規制も含んでいる。

　国会による個別の立法によって、権利衝突が実際に起こる前から相互調整が図られるのは、一般に定型化された紛争誘発行為に限られ、さらにまた刑罰によってそれを抑止するのは、社会的非難の度合いが強い一定の権利濫用行為にとどまる。前述した名誉毀損罪には2つの権利が衝突していることがわかりやすいが、黙秘権（憲法38条1項）のような通常は他人の権利と衝突するようには思えない人権についても、権利濫用の場合は想定できる。例えば、証人喚問されながら、自己に不利益とはならない事実までも黙秘権を理由に証言を拒否することは、被疑者・被告人の防御権に対する不当な侵害（黙秘権の権利濫用）になるので、証言拒否罪（刑事訴訟法161条）によって罰せられて仕方がないと考えられよう。殺人等の行為は権利濫用の問題ではなく、そもそも最初から基本的人権の保障の埒外にあると考える論者もいるが、本書では安楽死等の問題を基本的人権の問題として扱うので、このような立場はとらない。それゆえ刑法199条の殺人とは、誰もが持つ一般的行動の自由の濫用による、他者の生命権の侵害行為と考えることができる。

　刑法やその他の法令によって一般に禁止され制限される行為のほかに、通常はそのような行為が当然に認められるけれども、時として権利濫用に至り、他者に被害を生じさせる場合がある。この場合は、通常は私人間の紛争を処理する民法を用いて権利衝突の相互調整を図ることになる。権利侵害をされた私人が、自ら裁判所に訴えて侵害者の不法行為（民法709条）に対する損害賠償請求などを行うなかで、両者の権利衝突の調整が図られる（第8章Ⅱも参照）。

5　私人間における権利の相互調整の具体例

　プライバシー権や名誉権と表現の自由の衝突は、実際には民事事件で扱われる事例が多い。有名な例としては**「宴のあと」事件**（東京地判1964.9.28下民集

15-9-2317）がある。実在の人物をモデルにして小説「宴のあと」を書いた作家と出版社が、モデルにされた人から訴えられた事件だ。原告は、夫婦生活などの描写が、公開をはばかるべき私生活をのぞき見し、あるいはのぞき見したかのような内容になっている点で、プライバシーの侵害になると訴えた。被告側は、登場人物の名前が本名でないことや、モデル小説の禁止は作家の表現の自由を不当に制限することになること等を主張した。

　東京地裁は、裁判所として初めてプライバシー権の存在を認め、これを「私事をみだりに公開されないこと」と定義した。判決は、法的に保護されるプライバシーの範囲を次のように条件づけた。すなわち、(i)私生活上の事実または私生活上の事実らしく受け取られるおそれのある事柄であること、(ii)一般人の感受性を基準にして当該私人の立場に立った場合、公開を欲しないであろうこと、(iii)一般の人々に未だ知られていない事柄であること、の3点がそれだ。そして本件の場合は、この条件を満たすがゆえに、作家側の表現の自由は原告のプライバシー権を不当に侵害するもので権利濫用にあたるとして、被告に損害賠償を命じたのだった。

　しかし、常にプライバシー権が表現の自由に優越するわけでもない。その例として、「エロス＋虐殺」事件（東京高決1970.4.13 高民集23-2-172）が有名だ。本件は、自分の隠しておきたい過去を題材にした映画の上映を、名誉毀損とプライバシー権侵害を理由に差し止めることを求めた事案だった。東京高裁は、民法上の「人格的な利益の侵害に対する救済」として、発生した損害に対する事後的な賠償ないし原状回復措置だけでなく、「将来生ずべき侵害の予防を求める請求権」もありうることを認めた。他方で小説や映画による表現の自由の重要性も認め、結局、プライバシーや名誉を保護する利益と表現の自由保障の利益を事例ごとに比較衡量して決するしかないと述べた。本件については、(i)モデルとされた側がすでに自著で当該事件に触れるなど、プライバシーの対象となる事実の非公知性が乏しいこと、(ii)映画作成の意図が大衆の好奇心を満たすといった「低劣不当な意図」ではないことを理由に、「本件映画の公開上映を差し止めなければならない程度にさしせまった、しかも回復不可能な重大な損害が生じているものと認めることはできない」とした。

　プライバシーを守るために小説や映画の発表差止を認めた事例はきわめて少

ない。単行本化の差止請求を認めた**「石に泳ぐ魚」事件**判決（東京地判 1999.6.22 判時 1691-91、東京高判 2001.2.15 判時 1741-68、最判 2002.9.24 判時 1802-60）はこの稀な例にあたる（第4章参照）。

Ⅲ　幸福追求権と自己決定権

1　包括的基本権

　日本国憲法は、14 条で平等原則を定め 15 条で選挙権を保障するなど、40 条までの諸規定で様々な人権を保障している⁽³⁾。しかし憲法は、これらの条項に書かれていない権利や自由を保障しないのであろうか。「生命、自由及び幸福追求に対する国民の権利」の最大限の尊重（13 条）を掲げる憲法が、そのような狭い範囲の権利しか保障しないとは考えられない。現在では、13 条に**幸福追求権**をみた上で、この権利は、憲法上の個別の人権保障規定の総則規定としてこれら個別人権を包括的に保障するだけでなく、個別の人権規定では保障されない権利・自由のうちで、人間の幸福な生き方にとって必要なものを広く保障すると考えられている。この意味で、幸福追求権は包括的基本権とも呼ばれる。

---

(3)　日本国憲法が明文で保障する人権は、一般に①自由権、②社会権、③受益権、④参政権の4つに分類される。①は「国家からの自由」を本質とし、裁判の際には国家に対する不作為請求権として機能する。これはさらに精神的自由、経済的自由、人身の自由（刑事手続上の人権を含む）に分類される。②は「国家による自由」を本質とし、国家に対する作為請求権の意味をもつ。その権利主体は「社会的経済的弱者」に限られ、20 世紀以降に認められるようになった比較的新しい権利である。③は国務請求権とも呼ばれ、社会権と同様に国家に対する作為請求権の意味をもつが、権利主体は自由権と同じく人一般であり、古くから認められてきた権利である。その特質は、裁判を受ける権利（32 条）がよく示すように、「基本的人権を保障するための権利」というところにある。④は「国家への自由」とも呼ばれ、国民が国家（国政）に積極的に参加することを保障するところに特徴がある。しかし近年では、以上の4分類に加えて、⑤法の下の平等（14 条）と⑥包括的基本権（13 条）も重要な人権ないし基本原則と考える6分類説（芦部 86 頁）が有力となっている。

2　幸福追求権の内容

憲法の個別規定で保障されていない権利であって幸福追求権が独自に保障するものは、大まかにいって、(i)**プライバシー権**や**名誉権**など個人の人格に直接結びつく権利、(ii)**自己決定権**、(iii)環境権、日照権、嫌煙権など「新しい人権」と呼ばれるものに分類されてきた。(i)と(ii)はしだいに最高裁も認めるようになってきた。とりわけ、公権力が個人のプライバシー権や自己決定権を侵害していないかが争われる場面では、必ずしも幸福追求権の言葉自体は用いなくても、最高裁は憲法13条の権利が問題となっていることを認めることが増えている。最近の判例では、憲法13条が「人格的生存に関わる重要な権利」を保障するとしたうえで、ここから不当に「**身体への侵襲を受けない自由**」を認めるものも現れている。これは(i)と(ii)が重なりあう中で新たに見出された重要な権利であり、第4類型(iv)の人権となる可能性がある。

なお、プライバシー権と表現の自由をめぐる紛争や医療方法に関する患者側の自己決定権と病院側の施術をめぐる紛争のように、憲法上で幸福追求権と考えられるものに関する紛争の多くは、日常生活では私人間で発生する。この場合、裁判所は民法上の権利濫用や不法行為の枠組みで判断することになるため、憲法13条の幸福追求権に触れることなく、「私法上の人格権」あるいは（私法上の）「法的保護に値する利益」に基づいて判断することが多い。しかし憲法の視点からは、「私法上の人格権」の根底にも憲法上の人格権ないし幸福追求権が潜んでいると考えることができる。

もともと(i)の権利は、以前は「1人で放っておいてもらう権利」あるいは「私生活をみだりに公開されない権利」という消極的な意味しかもっていなかった。しかし近年の情報化社会の中で、「自己に関する情報のコントロール権」として積極的意味に読み直されつつある。判例でも、憲法13条は「国民の私生活上の自由」が「公権力の行使に対しても保護されるべきことを規定している」と明言したうえで、本人の承諾なくみだりに容貌を撮影されない自由を認めた**京都府学連事件**（最大判1969.12.24刑集23-12-1625）がある（但し肖像権と呼ぶべきとは明言していない）。憲法13条に直接触れてはいないが、公権力により前科をみだりに公開されない権利を認めた**前科照会事件**（最判1981.4.14民集35-3-620）や、私人間にもこれを認めた**ノンフィクション「逆転」事件**（最判1994.2.8民集

48-2-149)、個人情報保護の観点から民間団体の場合でも、事前同意が困難な特別な事情がない限り、本人の同意を欠いたままで個人情報を他者に開示することは違法とした**早稲田大学講演会事件**（最判 2003.9.12 民集 57-8-973）等の判例もある。加えて、人の人格的価値について社会から受ける客観的評価である名誉を保護される権利を認めた**「北方ジャーナル」事件**（最大判 1986.6.11 民集 40-4-872）では、名誉権が憲法13条に基づく権利であることを明言している。**「住民基本台帳ネットワーク訴訟」**では、個人情報保護システムの不備に対する不安や将来の拡大利用への懸念から、単なる本人確認情報であっても、その電子データの全国ネットワークへの登録の可否については個人の選択に任せるべきとの訴えが起こされた。同訴訟控訴審判決（大阪高判 2006.11.30 判時 1962-92）は、自己情報コントロール権がプライバシー権の重要な1内容として憲法上保障されていることを明言したうえで、現状のシステムではこの権利が具体的な危険にさらされることを認めて原告の住民票コードの削除請求を認容した。しかし最高裁（最判 2008.3.6 民集 62-3-665）は、憲法13条が公権力から「国民の私生活上の自由」を保障していること自体は認めたものの、本人確認情報は秘匿性が低いと判断し、第三者漏えいや不当な行政目的利用の具体的な危険も生じていないと断じて、その削除請求を退けてしまった。

　プライバシーの保護については近年、ネット上の個人情報の削除との関係で**「忘れられる権利」**が注目されている。過去の犯罪事実に関するネット情報について、検索エンジン運営会社に対してその検索結果から当該情報を削除する措置を求めた事案につき、2017年の最高裁決定（最決 2017.1.31 民集 71-1-63）は、プライバシーに属する事実をみだりに公表されない法的利益と当該情報を検索結果として提供する理由に関する諸事情を比較衡量し、前者が「優越することが明らかな場合」に限って削除を認めた。これに対してツイッターに書き込まれた過去の犯罪事実の削除を求めた事案に関する2022年の最高裁判決（最判 2022.6.24 民集 76-5-1170）は、当該事実を公表されない法的利益と一般の閲覧に供し続ける理由に関する諸事情を比較衡量した結果、前者が後者に優越する場合であれば削除を認めるという判断を示した。検索エンジンとツイッターの性質の相違など含めて、今後さらなる検討が望まれるであろう。

　(ⅱ)の**自己決定権**には、例えば、(a)出産や避妊、妊娠中絶などの人間の再生産

に関する自由、(b)結婚や独身の自由、さらには同性婚や夫婦別姓の選択権のような家族法上で多様な生き方を保障される権利（本書第2章も参照）、(c)延命拒否や安楽死などの生命の処分を自ら選ぶ自由、(d)医療方法の選択権、性転換その他の整形手術や薬物使用により自己の肉体や健康に修正を加える自由、あるいは臓器移植による身体の処分権（ただし、性転換者の戸籍上の性の変更や婚姻の請求権は(b)の問題でもある）、(e)髪型や服装、喫煙や飲酒など個人のライフスタイルや趣味に関する自由などが挙げられる。近年では、LGBTQ等の性的指向やトランスジェンダー等の性自認の問題も自己決定権の重要な内容として認められてきているが、これを「私生活上の自由」あるいはプライバシー権に含めて考える国（アメリカ等）もあるため、用語の面では錯綜している（芦部133頁参照）。

　自己決定権は、自ら判断する能力があることを前提とする。したがって判断力が不十分な子どもについては、その発達段階に応じた、成人とは異なる制限が加えられる（【avancée】参照）。また精神障害者についても、その判断能力に応じた限定的な後見的介入はありうる。

3　「幸福」についての対立する2つの理解

　ところで、幸福追求権が保障する「幸福」とは、いかなる範囲の事柄であろうか。実はこの問題は、憲法が保障する基本的人権そのものの性質の理解、さらには憲法が予定する人間像そのものの理解の違いによる対立を含んでいる。

　一方の立場は、近代の人権思想そのものが、理性的な判断力をもち、自らの生き方を理性的に律していける近代的個人、つまり自律的で理性的な強い人間像を前提としている。そして、基本的人権そのものが、それを保障された人々にその理性的な行使を義務づけており、他者のものであれ自己のものであれ、その生命、健康、人間としての尊厳性を傷つけるような行為は許されないという規範を含んでいる、と考える。この立場は、幸福追求権を「個人の人格的生存に不可欠な利益の総称」と考え、「人格的利益」説と呼ばれている。この説は、幸福追求権から導き出される人権が「憲法上の権利」として承認されるためには、「個人の人格的生存にとって不可欠」であるほかに、「その行為を社会が伝統的に個人の自律的決定に委ねられたものとして考えているか、その行為は多

数の国民が行おうと思えば行うことができるか、行っても他人の基本権を侵害するおそれがないかなど、種々の要素を考慮して慎重に決定しなければならない」と主張するので（芦部 123-125 頁）、当該人権の保障の程度を多数者の価値観に依存させてしまう危険が付きまとう。しかし現在でも、この説が通説・判例の位置を占めている。

　もう一方で少数説ながら有力な立場は、前提とする人間像に特定の理想をみない。人は時に理性的とはいえない行動もとるし、エゴイスティックな考えももつ。しかし時には、他者のために自らの命を捨てることも厭わない。そのような多様なありのままの人間像、弱い個人を否定しない人間像を前提とする場合、追求されるべき「幸福」の内容も限定できない（阪本② 13-19 頁）。結局は、「他者の人権侵害に至らない限りでのあらゆる自由」が「幸福」の内容となる。この立場は「**一般的（行為）自由**」説と呼ばれる（渋谷・赤坂① 277 頁）。

4　「人格的利益」説が考える自己決定権

　幸福追求権に関する 2 つの考え方の違いに応じて、自己決定権に関する考え方も 2 つに分かれる。「人格的利益」説は、自己決定権を「個人の人格的生存に関わる重要な私的事項を公権力の介入・干渉なしに各自が自律的に決定できる自由」（芦部 133 頁）と定義する。この立場は、自殺や麻薬使用、賭博、売春等の行為はそもそも理性ある人間の生き方、つまり人格的生存に値しないとして最初から自己決定権に含めない。「人格的利益説」に立つ憲法学者の中には、自己決定権の中核に「人格的自律」をみることで、社会的多数者が道徳的に非難する行為でも、ある程度広く自己決定権として保障することを試みる者もいる。しかしこの立場も、自殺や麻薬等の「人格的自律そのものを回復不可能な程永続的に害する」行為については、最初から自己決定権の範囲外に置く（「**人格的自律**」説。佐藤〔幸〕405-406 頁）。さらに判例の場合は、自己決定権を個人の人格的生存にとって必要不可欠な基本的権利に限り、喫煙、飲酒、髪型等の趣味・ライフスタイルの選択権をこれに含めない傾向が強い。

　思うに「人格的利益」説は、科学技術の発展や社会変化に応じた価値観の変化や個人の自由領域の拡大を認めにくい欠点がある。例を挙げるなら、以前の日本ではほとんどの場合、性転換手術には医療上の必要性が認められなかった。

過去には**ブルーボーイ事件**（東京地判 1969.2.15 判時 551-26）で、性転換手術を行った医師が旧優生保護法 28 条違反に問われ、有罪判決を受けている。同条は、「故なく、生殖を不能にすることを目的として手術」することを禁じていたからだ。そのため昔は多くの**性同一性障害者**（トランスジェンダー）が、医療上の必要性を立証することがきわめて難しい日本での手術を諦め、海外で手術を行っていた。しかし 1996 年に埼玉医科大学の学内倫理委員会は、従来より広く性同一性障害に医療上の必要を認める方針転換を行い、1998 年 10 月に同大学内でこの立場からの初の性転換手術を行った。また日本精神神経学会も、長期のカウンセリングを経た後という条件付きで、1997 年に手術を認めるようになった。現在では、性科学の発達により、生まれながらに一定数の人は性自認と肉体的性別に食い違いが生ずる可能性があることや、LGBTQ 等の性的指向の多様性も生まれながらのものである場合が多いことが明らかになっている。このような医学的見地に基づくなら、生まれながらの身体的原因により本人には選択不可能な事由について、本人に過度の精神的苦痛を与える性別固定の法制度は、「人格的利益」説を採ったとしても「人格的生存に関わる重要な権利」への侵害にあたると解せることになる。

　しかしこのような医学的理由のあるトランスジェンダーに対しても、日本では未だに完全な性転換の自由が認められているわけではない。性転換者の戸籍上の性別の変更についても、次に見るように（本章Ⅲ - 6）いくつかの重大な制約が残されている。日本では戸籍上の同性カップルの婚姻が未だに認められていない以上、戸籍変更権の制約は性転換者の婚姻の自由をも制約することになる。とりわけ無条件の性転換を求める者や婚姻等の身分法上の保護の完全な平等を求める者が、自己決定権を根拠に裁判を起こした場合、社会の多数派が、現代ではすでに常識化した「医学上の特別な事情が認められる場合」を別にすれば、今もなお「性転換は理性的判断力をもつ者なら行わない選択」という偏見をもち続ける限り、「人格的利益」説に立つ裁判所も、性転換と戸籍上の性別変更の完全な自由が人格的生存にとって必要不可欠とまではいえないとして訴えを斥ける可能性が残る。このように「人格的利益」説には、多数者による価値観押しつけの危険が常に付きまとうのである。

5 「一般的自由」説が考える自己決定権

　「一般的自由」説の場合は、自己決定権は「私事に関する限り、自分が望むあらゆることを自己決定できる権利」となる。この説は、服装や髪型であれ、堕胎であれ、性転換であれ、さらには売春や自殺であれ、私事に関する限りは憲法13条によって保障されると考える。

　もっとも「一般的自由」説を唱える者の中には、自殺や売春のような高度な社会的非難を受ける行為だけは予め自己決定権から外れるとする者もいる。あるいは、これらの行為を自己決定権の内容に含めながらも、自己決定権の中を「人格的生存に関わる権利・自由」とそれ以外の権利・自由に再び区別することで、後者の規制の必要性・合理性については緩やかに合憲性審査をすることを認める者もいる（戸波後掲論文）。しかしこれでは、多数者の価値観の押しつけから少数者の選択の自由を守るという「一般的自由」説の意義が失われてしまう。

　そこで、「私事に関する限り」という部分をできる限り厳密に考えることで、実質的に自己決定の領域を限定する考え方が出てくる。この説は、問題となる行為が他者の人権を直接侵害する可能性を徹底的に論証することで、そのような行為が自己決定権の保障から外れることを示そうとする。例えば、幻覚症状や禁断症状の強い麻薬の使用は、麻薬使用者の精神を蝕み、結果的に他者への危害を発生させる危険が予測できるがゆえに、その限りで禁止が正当化される。自殺も、同意殺人を装った殺人事件が増加する危険性があるので、自殺の幇助や同意殺人の完全な自由化は認められない。売春についても、女性が売春を余儀なくされるような男女の雇用機会の著しい格差がある場合、特に途上国の女性が劣悪な条件の下で「出稼ぎ売春」をせざるをえない実態がある場合、さらには暴力団等による売春強要の実態がある場合には、売春の完全放任は実際には弱者の性の搾取を招くおそれが強いので、制限が正当化される。さらに、未成年者の保護も完全放任を許さない理由に加えられる。

　しかしこの立場からは、副作用のきわめて弱い麻薬の使用や他者への危害の可能性がまったくない状態での麻薬の使用は禁止する理由を失うことになる。また、本人の自殺の意思を明確に立証できる場合に、医師等の特別な資格をもつ者による同意殺人や自殺の幇助も禁止できないことになる。せいぜいのとこ

ろ、自殺や麻薬使用等の「回復不可能な失敗」を選択しようとする場合に、自律的判断可能な状態であるか否かを公権力によって確認させること、そして自律的判断ができない状態だった場合には、強制的に自殺や麻薬使用をいったんやめさせ、専門家によるカウンセリングを通じて冷静な判断力を回復させ、その上であえて自殺や麻薬使用に関する本人の明確な「覚悟」を確認するという、意思確認面での制限しか加えられないであろう。ここではこの立場を**「自律的判断に基づく一般的自由」**説と呼ぶことにする。

　実際、自己決定権を積極的に認めるいくつかの国々では、麻薬や売春が一部合法化されつつある（オランダやスイスのバーゼル州）。また、安楽死についても合法化する国が現れている（オランダや米国オレゴン州）。しかし日本では、道徳的に非難される行為について真剣に憲法の人権問題として議論する雰囲気がこれまで乏しかったため、このような行為を安易に自己決定権から排除する傾向があった。しかし、人間がどこまで自由かを徹底して論じるには、「自律的判断に基づく一般的自由」説の立場から、自殺や売春などの行為をその実態に即して検討する必要があると思われる。

6　トランスジェンダーと「身体を侵襲されない自由」

　トランスジェンダーの性的自己決定権に関わって、憲法13条については近年、目覚ましい進展が見られる。2003年に衆議院本会議で全会一致により可決、成立した「性同一性障害者の性別の取扱いの特例に関する法律」は、条件付きながらようやく性転換者に戸籍変更を認めるものだった。しかしその条件は、(i)成人であること、(ii)現に婚姻していないこと、(iii)現に未成年の子どもがいないこと（2008年改正にまでは単に「子どもがいないこと」であり、制約がより強かった）、(iv)生殖機能の永続的欠如、(v)性器に関する性転換の外形の具備、であった。(iv)と(v)の要件は手術を伴うため、身体への過度の負担や術後の障害の危険などの点で手術を避けようとするトランスジェンダーの性別変更の自由を妨げ、過酷な二者択一を迫るものであった。そこで最高裁は2023（令和5）年10月26日に、性同一性障害者にとって、「性自認に従った法令上の性別の取り扱いを受ける」ことが「個人の人格的存在と結びついた重要な法的利益」であるとしたうえで、憲法13条が「自己の意思に反して身体への侵襲を受けない自由」を「人

格的生存に関わる重要な権利」として保障していることを明確に認めたのである。そして必要かつ合理的な制約という観点から見るに、要件(iv)の生殖不能要件は「身体への侵襲を受けない自由」に対する過剰な制約になるとして違憲判断を下したのだった（最大決 2023.10.25 民集 77 巻 7 号 1792 頁）。

　一方、(v)の外観要件については、同決定は未だ下級審の判断がなされていないことを理由に高裁に差し戻した（本書執筆時には、差戻審の判断はまだ示されていない）。同判断に対しては、「身体を侵襲されない自由」の侵害に当たるとして違憲とすべきとする 3 名の反対意見が付されている。外観要件まで不要とすることについては、温泉や公衆浴場における女風呂、あるいは女性トイレに男性の外見を残したトランスジェンダーが入ってくる危険を理由に反対する声も根強いが、女風呂については外観要件による規制を残すことで対応できるし、女性トイレについても共用トイレの増設の他、状況に応じた配慮で対応可能との反論がある。後者に関しては、経済産業省に勤務するトランスジェンダーの元男性が、嫌悪感を示す同僚がいたとの不確実な判断に基づき、勤務部署に近い女性トイレではなく遠方の女性トイレの使用しか認めなかった人事院判定をめぐる訴訟が参考になる。同事件の 2023（令和 5）年の最高裁判決（最判 2023.7.11 民集 77 巻 5 号 1171 頁）は、本件下級審のように「自らの性自認に基づいた性別で社会生活を送る」法的利益までは明確には認めていないものの、性転換手術を受けていない本件原告が、それでも女性ホルモン投与を受けて性衝動に基づく性暴力の可能性が低くなっているとの医師の診断があることや、日常的に女装する原告が遠方の女性トイレを使った結果、他の女性職員とのトラブルは発生しなかったにもかかわらず長期間この措置を変えなかったこと等の事実に鑑みれば、本件人事院判定は具体的事情を踏まえることなく著しい不利益を原告に及ぼす点で、裁量権の逸脱濫用に当たり違法としたのだった。公衆トイレの場合はなお困難がつきまとうが（もっとも、女装し個室を使用するのでトラブルは生じにくいし、盗撮の恐れについては、盗撮は同性どうしでも犯罪である）、職場では最大限の配慮をすることが必要であろう。

　さらに「身体を侵襲されない自由」に関しては新たな判例が生まれている、すなわち 2024（令和 6）年 7 月 3 日に最高裁大法廷は、特定の疾病や障害のある人に対して不妊手術を強制する旧優生保護法の規定について、同措置は生殖

能力の喪失という重大な結果をもたらす身体への侵襲であり、正当な理由に基づかずに不妊手術を強制することは、憲法13条が保障する「自己の意思に反して身体への侵襲を受けない自由」を侵害すると判示したのである（最大判2024.7.3民集78-3-382）。トランスジェンダーの性別変更に関する生殖能力喪失の手術要件は、本人が性別変更を望む場合に発生する強制性であったのに対して、本件は本人の意思の如何に関わらず国家権力が不妊手術を強制するものであるから、より人権侵害の度合いは大きい。それゆえ同判決は、1948年の同法の「立法時点で違憲」とまで明言し、また不法行為から20年で賠償請求権が消える「除斥期間」（改正前民法724条後段）についても、その人権侵害の重大性に鑑みて「適用するのは著しく正義・公平の理念に反する」として本件への適用を認めず、賠償請求権を認める画期的な判決を下したのだった。このように近年の最高裁は、「人格的利益説」を採りながらも、「身体を侵襲されない自由」を最大限保障する方向での解釈を採る傾向が強いことが窺われる。

Ⅳ　死を選ぶ自由をめぐって

1　自殺は違法か

自己決定権の限界を探る上で、死を選ぶ自由の問題は決定的に重要だろう。麻薬や健康を害する手術を禁止する現在の制度も、つきつめれば、人には自分の生命を放棄する自由はないことを根拠につくられているからだ。

現行刑法には自殺を禁止する規定はない。しかし、刑法202条で同意による殺人と自殺幇助を禁止しているのは、第三者の関与の対象たる自殺自体が違法であることを刑法が予定しているからだと思われる。判例は、**エホバの証人輸血拒否事件**（大分地決1985.12.2判時1180-113）で、「個人の生命については、最大限に尊重されるべきものであり、社会ないし国家もこれに重大な関心をもち、個人において、私事を理由に自らの生命を勝手に処分することを放任することができないのはいうまでもない」と述べ、自殺の権利を否定している。

2　尊厳死と安楽死

しかし、判例においても実務においても、以下にみる一定の場合には、自己

の死を選ぶ権利を部分的に認めているかのようにもみえる。まず尊厳死の場合だ。**尊厳死**とは、生命維持装置による延命治療を拒否あるいは中止することで、人間らしい品位ある死に方としての自然死を選ぶことをいう。米国カリフォルニア州では「自然死法」がつくられており、本人が判断能力ある時点で作成した延命治療拒否の文書がある場合に、尊厳死が認められる。遺言状は本人の死後発効するものであるが、尊厳死を求める文書は死の前に発効する遺言状であり、「リビング・ウィル」と呼ばれる。日本では尊厳死を制度化した法律はない。実際には、医師の判断で末期患者の延命治療の手控えとして、いわば闇で行われているようだ。

　安楽死とは、自分が服毒するための致死量の薬物を調合してもらったり、あるいは致死量の薬物を注射してもらったりすることで、第三者、特に医師に、自分が死ぬための積極的行為を求める死に方をいう。特に後者は積極的安楽死と呼ばれる。安楽死は、癌その他の難病に苦しむ末期患者を苦痛ある生存から解放するという積極的意義をもつ。しかし、関与した医師が自殺幇助あるいは同意殺人に問われる危険をはらむがゆえに、自己決定権の問題として十分に論ずる必要がある。特に、難病の中でも、治療不可能な進行性の筋萎縮症に直面している患者については、安楽死の請求時には激しい肉体的苦痛はなくとも、やがて来る死への恐怖ないし精神的苦痛から、安楽死を求める場合がある。この場合は、精神的苦痛による自殺と区別することが困難になる。

　耐え難く治癒の見込みのない苦痛を理由とする安楽死を 2001 年に完全合法化する法律を可決（2002 年施行）したオランダでも、当初は精神的苦痛を理由とする安楽死には異論が多かった。しかし現実には、自殺未遂を繰り返していた 50 歳の女性を安楽死させたシャボット医師に対して、すでにオランダ最高裁は 1994 年に手続き違反の点で有罪としながらも刑罰を科さなかった。オランダ刑法は不可抗力による犯罪は処罰しないと定めている。この女性に肉体的苦痛はなく、末期状態でもなかったが、裁判所は本人の耐え難い精神的苦痛に「不可抗力」性を認めたのである。上記の安楽死法が審議されている最中の 2000 年 10 月 30 日にも、老齢で生きる気力を失った老人に安楽死処置を行ったシュトリウス医師を無罪とする判決がハーレム地裁で出されている。同事件についても最高裁は、有罪としつつ刑罰を課さなかった。現在のオランダでは

年間全死亡者数の3％（2011年に3,695件）が合法的な安楽死であり（朝日新聞2013年4月18日記事）、また耐え難く治癒の見込みのない苦痛の要件についても、肉体的なものに限られず精神的苦痛にまで拡張して安楽死法が適用されている。

安楽死を認める法律は日本にはない。安楽死の合法性が争われた裁判もきわめて少ないが、**東海大学病院安楽死事件判決**（横浜地判 1995.3.28 判時 1530-28）は安楽死を条件付きで認めた点で、日本では重要な位置を占める。横浜地裁はまず尊厳死について、(i)回復の見込みがなく末期状態であること、(ii)治療行為中止を求める患者の明示的意思があること、もしくは、家族の意思表示によって患者の意思が推認できること、の2条件が満たされれば許されるとした。安楽死についても、(i)耐えがたい肉体的苦痛があること、(ii)死が不可避で末期状態であること、(iii)肉体的苦痛の除去・緩和のために他に代替手段がないこと、(iv)患者の明示的な意思表示が存在すること、の4条件が満たされれば許容されるとした。ただし、本件では(i)と(iv)が欠ける以上、安楽死ではなく殺人罪にあたるとして、医師は執行猶予付きの有罪判決を受けたのだった。

3　死に直結する医療方法を選択する自由

本人は死を望んでいないが、本人の望むような治療方法をとることは客観的にみれば自殺行為に等しくなる場合がある。宗教上の理由により輸血抜きの手術を求める場合がそれにあたる。前述の**エホバの証人輸血拒否事件**では、裁判所は一般的な自殺の自由は認めなかったものの、真摯な宗教上の信念に基づく輸血拒否行為自体は、成人の場合で、かつ、輸血の強要を拒むという不作為行動にとどまる限りは違法性はないとした。本件は、癌という死に至る病を前にして、輸血を不可欠とする外科手術を強要できるかが問われていたのであるが、裁判所は放射線療法など外科手術以外の方法もあることを理由に、「生命の尊厳に背馳する自己破壊行為類似のものということはできない」とした。

さらに**エホバの証人無断輸血事件**（最判 2000.2.29 民集 54-2-582）では、最高裁も輸血拒否の意思決定が「人格権の一内容として尊重される」と述べた。本件では、同意なく行われた輸血を伴う手術が、「本件手術を受けるか否かについて意思決定する権利を奪った」と判断され、「この点において患者の人格権を侵害した」とされた。本件は死に直結する治療方法の選択権まで認めたもので

はなく、問われたのはインフォームド・コンセントの権利だった。緊急輸血を要するケースは、未だ司法の判断がなされていない。

4　脳死と臓器移植

脳死とは、脳の機能の不可逆的、永久的な停止をもって死と考えることをいう。生命維持装置の発達によって生まれた現象で、医学的には蘇生不可能な状態に至りながら、呼吸活動や血液循環活動は続く。1997年制定、2009年改正の**臓器移植法**により、本人または親族が臓器移植に同意した場合に限り人の死となった。つまり、条件付きながら死に方を選択できることになった。

V　私たちがもっと自由であるために

以上考察したように、日本では自ら死を選ぶ自由は、脳死であれ安楽死であれ、未だ完全には認められていない。同様に、本人の健康や尊厳性を自ら崩そうとする行為の自由も、憲法上の保障を与えられていない。これは、先にみたような「人格的利益」説に立った法制度がつくられ、基本的にこの考え方で裁判やその他の実務が行われているからにほかならない。

たしかに、理念的には人は他者のものであれ自分のものであれ、生命や健康や尊厳性を尊重すべきだ。しかし（自律的判断に基づく）「一般的自由」説に立つならば、他者への実害や過度の悪影響が立証できない限り、自殺の全面禁止は間違いだろう。特に、刑罰による禁圧は避けるべきだろう。自殺者の多くは精神的な病いを誘発しているという。その意味では、精神的なケアこそ充実すべきなのだ。それでも安楽死のように、精神的に明瞭な状態で自死を選び取る者がある場合には、その自由を認めないわけにはいかないだろう。麻薬や売春についても、他者への加害の危険がないものは刑罰によって禁止するのではなく、そうした行為がいかなる結果を招くのかの情報を子どものころから十分に与えたり、自律的判断ができる状況を確保した上で、自ら選択させるべきだろう。そして麻薬中毒や売春に進んでしまった者には、そこから脱却するための多様なケアの機会を用意することに、国家の役割を限るべきではないだろうか。

【avancée】
　子ども（未成年者）の自己決定権はどう考えるべきか。子どもにも人権はあるが、その特性から来る大人とは違う制約がある。子どもの特性は何よりも発達途上という点にある。それは一方で精神的・肉体的な未熟さを意味すると同時に、他方では可塑性に富んでいることも意味する。子どもは、その持てる発達可能性を伸ばすための特別保護を受ける権利を持つ。子どもに対する特別保護には、①勤労の義務を免れて教育・発達の機会を保障されること（憲法26条、27条、労基法56条等）、②判断不足ゆえの社会的な失敗から保護されること（具体的には法定代理人の同意を欠いた未成年者の法律行為に対する前者の取消権を定める民法5条や、14歳未満の犯罪にはいかなる場合にも刑事罰を科さない少年法51条、家裁の審判や刑事裁判にかけられた非行・犯罪少年のプライバシーを保護する同法61条など）、③子どもに対する親の監護教育権、居所指定権、懲戒権（民法820-822条）、婚姻年齢制限（民法731条）、飲酒・喫煙制限（20歳未満喫煙・飲酒禁止法）、ポルノ・残虐表現や性行為規制（青少年保護育成条例）等のように健全な成長のための子どもの自由制限の3種類がある。これらは大人にはない特別保護であると同時に特別規制でもあり、保護と自律の間でバランスを採らせることが課題となる。自己決定権について「一般的自由」説（自律的判断に基づく場合を含む）を採ったとしても、この考え方は完全な自己責任を伴うものである以上、子どもの人権・自己決定権についてだけは「限定的なパターナリスティックな（親代わり的な）制約原理」を認めざるを得ない。例えば子どもには客観的に見て死に至る状況での輸血拒否の自由は認められないであろう。しかし大人（成人）の自己決定権でさえ自己破壊の防止や理性的生き方からの逸脱の防止を理由に一定の規制を認める「人格的利益」説（「人格的自律」説を含む）が通説・判例・実務上の常識となっている日本では、子どもの人権・自己決定権に対する保護を名目とする過度の規制・干渉が疑問視されにくい。他方、学校内での「いじめ・自殺事件」に対する学校側の法的責任問題では、逆に特別保護の視点が弱く、大人と同様の一般的な過失の認定基準が用いられるため、自殺を誘発するいじめの過酷さが極めて明白でもない限り、自殺考慮の不可知性・予測不可能性を理由に賠償責任が認められない傾向が強い（詳しくは、『旧四重奏』第8章「『保護』と『自律』の狭間で揺れる子どもの人権」を参照して欲しい）。

【参考文献】
石崎由希子「トランスジェンダーである国家公務員に対する女性トイレ使用制限に係る人事院判定の違法性」ジュリスト1597号・令和5年度重要判例解説（2024年）
石原明『法と生命倫理20講〔第2版〕』日本評論社、2000年
『講座・現代の法14　自己決定権と法』岩波書店、1998年
佐藤幸治「日本国憲法と『自己決定権』」法学教室98号（1988年）
竹中勲「生命に対する権利と憲法上の自己決定権」佐藤幸治・初宿正典編『人権の現代的諸相』有斐閣、1990年
戸波江二「自己決定権の意義と範囲」法学教室158号（1993年）
三井美奈『安楽死のできる国』新潮社、2003年

第 2 章　個性的に、かつ対等に生きるということ

> 「各人みな、人間に向かっての自然の一投である。われわれすべてのものの出所、すなわち母は共通である。われわれはみんな同じ深淵から出ているのだ。しかし、みんな、その深みからの一つの試みとして一投として、自己の目標に向かって努力している。われわれはたがいに理解することはできる。しかし、めいめいは自分自身しか解き明かすことができない。」（ヘルマン・ヘッセ〔高橋健二訳〕『デミアン』新潮文庫、1951 年、9 頁）

I　平等とは

1　相対的平等

「すべて国民は、法の下に平等であつて、人種、信条、性別、社会的身分又は門地により、政治的、経済的又は社会的関係において、差別されない」とする日本国憲法 14 条 1 項は、**相対的平等**を定めたものである。つまり、個々人を法的に一律に取り扱い、異なる扱いを認めない**絶対的平等**ではない。それぞれの個性や差異を考慮し、異なる扱いが**合理的**であれば、許される。

個々人には、たとえば性別、年齢、職業など、さまざまな属性（性質）がある。複数の個人同士、あるいは複数の集団同士を一定の属性に焦点を当てて比較し、非合理的な取り扱いの差のみが、許されない違憲（違法）の差別として、平等原則によって排除される。

なお、差別的取り扱いの合理性の有無の判断は、時を経て変化する場合があることに注意を要する。たとえばアメリカでは、19 世紀半ばまで黒人奴隷制度[1]は合法であった。南北戦争（1861-1865）を経てそれが廃止された後も、「分離す

---

(1) 南北アメリカ新大陸（15 世紀末にコロンブスがはじめて到達したとされる）における植民地経営の一環として、主として 16 世紀から 18 世紀に実施され、19

れども平等（separate but equal）」の考え方により、鉄道やバスの車両、学校の校舎、公衆トイレなどの公共施設を黒人と白人の人種別に、分けて設置しても、同じ条件や環境が整っていれば、平等原則を定めるアメリカ合衆国憲法修正第14条に反しないとみなされていた（1896年アメリカ合衆国連邦最高裁判所プレッシー対ファーグソン〔Plessy v. Ferguson〕事件）。しかし、このような措置は、時を経て、1954年5月17日の連邦最高裁判所ブラウン対トピカ教育委員会（Brown v. Board of Education of Topeka）事件判決で、違憲と判断されている。

2　形式的平等と実質的平等

18世紀末、アメリカが宗主国イギリスから独立し、フランスで市民革命が起こり、身分制社会が崩壊した。新たに成立した近代社会において、個人は、封建的な国家の束縛から解放され（国家からの自由）、身分にかかわりなく同等に、自由享受の機会が保障された（**機会の平等**）。

(1)　**女性を排除していた1789年人権宣言**

しかし、文字通りすべての個人に機会の平等が保障されたわけではなかった。性という属性による差別は残存し、フランス革命によって自由の「光」を得た男性の「陰」で、女性は同等の権利を享受することができなかった（杉原③）。1789年の人および市民の権利宣言（以下、**1789年人権宣言**）は、男性だけのために起草されたものであり、当時、女性は、同宣言のいう「人」からも「市民」からも除外されていた。1791年9月、女性の排除に対する抗議のために、「女性および女性市民の権利宣言」を起草した**オランプ・ド・グージュ**（Olympe de Gouges, 1748-1793）は、「女性は自由で、権利において男性と平等なものとして出生し、生存する」（1条）と宣言したが、2年後にギロチンにより処刑されてしまう[(2)]。

　　　　　世紀半ばまで成立していた制度。16世紀にポルトガル、スペイン、イギリス、フランスなどのヨーロッパ諸国は、ギニア沿岸を拠点にアフリカ大陸で多くの黒人をとらえた。奴隷船でアメリカ大陸に送られた黒人たちは、奴隷商人を通じてタバコや綿花の農園や鉱山で働く奴隷（商品）として売買された。

(2)　オリヴィエ・ブラン（辻村みよ子訳）『女の人権宣言：フランス革命とオランプ・ドゥ・グージュの生涯』（岩波書店、1995年）；辻村みよ子『女性と人権―歴史と理論から学ぶ』（日本評論社、1997年）。

(2) **資本主義が生んだ経済格差**

　1789 年人権宣言において、信仰の自由や思想の自由、表現の自由などと並んで保障された経済的自由と所有権の不可侵は、資本主義を発達させた。しかし、近代後期（19 世紀半ば）になると、資本主義下の経済活動に伴う自由競争は、とりわけ資本家と労働者との間に大きな経済格差（貧富の差）を生んでしまう。自由主義体制において、国内の治安や国防などの「必要最小限」の役割に限定された国家を、資本家の私有財産の番人だという批判を込めて、ラッサール（Ferdinand Lassalle, 1825-1864）は**夜警国家**と呼んだ。資本家との関係で力の弱い労働者は、低賃金・長時間労働を強いられ、平均寿命を大幅に縮めるほどに酷使されたのである（杉原③ 136 頁）。

　その後ドイツにおいて、第一次大戦直後に成立した**ヴァイマル共和国の憲法**が、世界に先駆け**社会権**を体系的に定めた（1919）。その 151 条 1 項は、「経済生活の秩序は、すべての人に、人たるに値する生存を保障することを目指す正義の諸原則に適合するものでなければならない。各人の経済的自由は、この限界内においてこれを確保するものとする」[3] としている。

　このような観点から、資本主義経済による競争の機会の平等だけでなく、競争の結果として生じた経済的な貧富の格差を縮め、労働者などの社会的・経済的「弱者」にも「人たるに値する生存」を保障することを目的にした国家の積極的な施策が推進されるようになった（**結果の平等**）（社会権については、第 6 章参照）。

　形式／実質の区別に基づいて表現すると、上述のような近代初期の社会主義の登場以前の平等観念は、法という形式を通じた取り扱いの平等を意味し（**形式的平等**）、法の具体的な内容を通じて、たとえば強者同様、弱者にも「人たるに値する生存」を確保しようとする近代後期の平等観念（**実質的平等**）と区別される。なお、後者は、国家の行為を通じて、一定の者を対象にした特別な措置を伴うものであるため、前者の形式的平等の観点に相反する場合がある。

---

[3]　相澤美智子『労働・自由・尊厳─人間のための労働法を求めて』（岩波書店、2021 年）、資料ワイマール憲法（抜粋）https://www.iwanami.co.jp/files/moreinfo/0026050/weimarer_verfassung.pdf 参照。

3 差別の類型と積極的差別是正措置

(1) 直接差別

　一定の属性を理由とした個人間の待遇の違いに合理的な理由がない場合に、それは、形式的な平等原則に基づき、**直接差別**となる。たとえば、男女で異なる教育が施される場合、それは性という属性に基づく直接差別に該当する。戦後の中学校の教育課程において、女子生徒に家庭科を、男子生徒に技術科を学ばせていたことなどが、直接差別に該当する[4]。家庭内の仕事は女性に、外の仕事は男性に、という男女の役割分担を固定化するような措置に合理性を認めることはできない。

(2) 間接差別

　国家の施策や人びとの行為には、差別的な意図が見えにくい場合がある。たとえば、公共機関における特定の職種の採用にあたり、性別を条件とする記載はなく、男女ともに応募できる場合であっても、圧倒的に男性に多い他の属性（一定以上の身長や体重など）を条件に加えることで、女性の採用が事実上排除される場合である。このような取り扱いも、**間接差別**として性による非合理的な差別に該当する。日本の法令においては、**男女雇用機会均等法**（1985年公布〔1986年施行〕、間接差別は、2007年に導入〔7条〕）に定めがある。

(3) 積極的差別是正措置

　いわゆる**積極的差別是正措置**（アファーマティヴ・アクションまたはポジティヴ・アクション）は、たとえば、男女が平等に教育を受ける権利を保障されていても、男女間の大学への進学率の差が埋まらないような場合に利用される。すなわちそれは、社会に根強く存在する事実上の格差（差別）を解消（是正）することを目的に、国家が例外的に講じる措置であるが、劣った状況にある者を一時的に「優遇」するため、形式的平等が損われる。したがって、このような措置が法の下の平等に反することなく合憲であるとみなされるためには、(i)当該格差によって生じている大きな不平等観や社会の歪みを是正する場合などの例外的

---

[4] 1951年（昭和26）の学習指導要領では職業・家庭科と称し、1958年告示の学習指導要領で技術・家庭科に改められた。1980年までは、技術分野は男子向き、家庭分野は女子向きと明示されたカリキュラムのもとで教育が行われた。一部内容の男女相互乗入れの期間を経て、1989年（平成1）告示の学習指導要領（1993年から実施）以降、男女同一の履修となった。

な目的で、(ii)他の手段によっては解消できない場合に限り、講じられるのでなければならない。また当該措置は、(iii)暫定的に実施されるものであり、(iv)その実効性は繰り返し評価・検証され、(v)不平等な状態が解消したならば直ちに中止されなければならない。

女性差別撤廃条約（4条1項前段。同条約は、1979年に採択、1981年に発効。日本は1985年に批准）では、「締約国が男女の事実上の平等を促進することを目的とする暫定的な特別措置を講じることは、この条約に定められた差別と解してはならない」と規定している。**男女雇用機会均等法**（1999年導入〔8条〕）、**男女共同参画社会基本法**（1999年公布・施行〔2条、8条、9条〕）に同様の定めが置かれている。なお同措置は、アメリカ合衆国やヨーロッパにおいて、性差別のほか、人種差別、障害者差別など、さまざまな属性に基づく差別を解消する手段の1つとして用いられてきた。

4　14条1項と違憲審査基準

日本国憲法は、14条1項後段で「人種、信条、性別、社会的身分、門地」という差別事由を列挙している。しかし同条は、これらの事由による差別に限定して禁止する趣旨ではない。5つの差別事由は例として挙げられているのであり、これら以外の事由によって差別を受けた場合にも、14条1項の適用を受ける（例示的列挙説）。

また差別的な取り扱いの合憲性判断に用いられる基準は、「対象となる権利の性質の違い」に応じて、次の3つのいずれかが用いられる（芦部138頁）。(i)精神的自由や選挙権に関わる差別について適用される「**厳格な基準**」（立法目的が「やむにやまれぬ」必要不可欠なもので、目的達成のために用いられる手段が、必要最小限であることが求められるもの）、(ii)経済的自由の消極目的規制について平等原則が問題となった場合に適用される「**厳格な合理性の基準**」（立法目的が重要で、目的と手段との間に事実上の実質的関連性を要するもの）、(iii)経済的自由の積極目的規制について平等原則が問題となった場合に適用される「**合理的根拠の基準**」（立法目的が正当で、目的と手段との間に合理的関連性があればよく、立法裁量を広範に認めるもの）である。

5つの事由による差別的な取扱いに対しては、歴史上深刻であったことなど

を理由に、「厳格な基準」または「厳格な合理性の基準」が適用される[5]。

なお、日本国憲法における平等に関する規定には、14条1項のほかに、同2項（貴族制度の廃止）、同3項（栄典にともなう特権の禁止）、15条1項（普通選挙の一般原則）、44条（選挙人の資格の平等）、24条（夫婦の同等と両性の本質的平等）、26条（教育の機会均等）がある。

以下では、近年、多くの事件が憲法訴訟となり最高裁で違憲判断が下されつつある、家族関係における個人の尊厳と平等に焦点を当てて解説する。平等原則に関連して、第9章も併せて読んでほしい。

Ⅱ　家族関係における個人の尊厳と平等原則

1　明治期の「家」制度

(1)　家父長制と明治民法

日本における**家父長制**（「家」制度）は、中世（平安末期）武士団の惣領制[6]に遡ると言われている。南北朝・室町時代以降、嫡子による土地財産の単独相続が一般化し、近世、とりわけ江戸幕府において、「家」の財産および「家」の統率者の身分を長男子が承継する制度が確立した（**家督相続**）。そうした制度は、当時普及した**儒教**とともに、武家社会の統制手段として機能したという。

明治維新後、家督相続制度は強化され、家督を引き継ぐ家長は、1896年に公布された**明治民法**（1898年施行）の下では「戸主」と呼ばれ、1871年に公布された**戸籍法**（1872年施行）においては、士農工商の身分にかかわらず一律に、全国の「戸主」（家長）が、家族の居住・身分関係の変動を記した戸籍を戸長[7]に届け出ることが義務づけられた。

天皇を頂点に据えた日本の近代国家体制は、このように、国家構造に強固な

---

[5]　芦部141頁は、5つの事由のうち、人種と信条には「厳格な基準」が、性別、社会的身分には「厳格な合理性の基準」が適用されるとするが、それらを区別する理由は明記されていない。

[6]　惣領と呼ばれる、当時は嫡子、庶子の最も能力のある男子を中心に、武士団を結合させた社会形態。

[7]　戸長とは、当時の戸籍法に基づいて、戸籍事務のために設けられた、町村など末端の行政単位の長（「戸籍吏」）のことである。

階層秩序を構築しただけでなく、家族関係において、戸主を中心に据え、その戸主との身分関係(続柄)に応じた階層社会を形成した。そのなかで、尊属・直系・男子が優位に、卑属・傍系・女子は劣位に位置づけられた。国家統治は、地域、学校にまで至り、さらには国家神道における祭祀の強要を通じて、人びとの日常生活の隅々にまで及んだと考えられる。

明治民法親族編、相続編は、戸籍法の運用上の諸規制を法的に制度化したものである。家族の居所や婚姻には戸主の同意が必要とされ、戸主は家族を離籍させることもできた(749条、750条)。戸主および家族はその「家」の氏を称し(746条)、「妻ハ婚姻ニ因リテ夫ノ家ニ入ル」ものとされ(788条)、夫と同居する義務を負い(790条)、妻の財産は夫の管理に服した(801条)。**婚姻適齢**には男女間で差が設けられ(男は満17年、女は満15年。765条)[8]、前夫の子を懐胎している可能性があるため、女性のみに6ヶ月の**再婚禁止期間**が設けられ(767条)、別に「**嫡出の推定**」の規定も設けられていた(820条。「婚姻成立ノ日ヨリ二百日後又ハ婚姻ノ解消若クハ取消ノ日ヨリ三百日内ニ生レタル子ハ婚姻中ニ懐胎シタルモノト推定ス」)。

婚姻関係にない男女の間に生まれた私生子のうち、父親に認知された者は庶子と呼ばれ(827条)、庶子は、父母の婚姻によって嫡出子としての身分を取得した(836条)。家督相続の順位において、男子の庶子は男子の嫡出子の次に位置づけられ、嫡出の女子よりも優先された(970条)。なお、戸主以外の家族の死亡による遺産相続においては、男女の区別なく庶子に嫡出子の2分の1の相続分が与えられると定められていた(1004条)。これらの規定は、明治期における「家」制度、戸主の地位、家督相続制度をめぐり、嫡子／庶子の区別を軸に、定められたものであった。

(2) 日本国憲法制定に伴う民法の改正

第二次大戦後に制定された日本国憲法(1946年制定、1947年施行)では、婚姻関係、家族関係における不平等が一新されるよう、上述のように14条1項で

---

[8] 1947年の民法改正後、婚姻適齢は男女それぞれ1歳ずつ上乗せされつつも、男性は18歳、女性は16歳と2歳の差は維持された(731条)。2018年の民法改正で成年年齢が20歳から18歳に引き下げられた際に、はじめて男女ともに18歳に統一された(2022年4月1日に施行)。

性や社会的身分による差別の禁止が謳われた。また 24 条では、「①婚姻は、両性の合意のみに基いて成立し、夫婦が同等の権利を有することを基本として、相互の協力により、維持されなければならない。②配偶者の選択、財産権、相続、住居の選定、離婚並びに婚姻及び家族に関するその他の事項に関しては、法律は、個人の尊厳と両性の本質的平等に立脚して、制定されなければならない。」[9]と定められた。

　憲法に平等原則が設けられたことによって、嫡出子／庶子の区別や男性（夫）に対する女性（妻）の従属的な地位は払拭されるはずであった。しかし、1947年に明治民法が改正される際に（1948 年より施行）、当時の司法省民事局長が、「法律的な家の制度は廃止しても」「我が国の家庭生活、あるいは家族制度、あるいは実際の親族共同生活というのは、むしろ、民法を超越したもの」であり、「実際上の家庭生活は、毫も変更がない」と繰り返し発言しているように、日本国憲法の規定との関係において、戦後の家族制度改革は不徹底なものとなった。

　民法上、家父長制や長子単独の家督相続制度は廃止され、家族の死亡による遺産相続は妻にも相続権が認められるなど、夫婦の平等に関する規定が定められ、1948 年の戸籍法改正により、「戸主」は「戸籍筆頭者」の記載に変更された。しかし、家族単位で登録される戸籍制度が残され、**嫡出子／嫡出でない子（以下、非嫡出子）**の区別など、「家」制度の温存とみなされかねない規定は、そのまま維持された。

　このことは、**天皇**の地位の継承をめぐる議論にも連なる。たとえば、天皇の皇位継承に関する**男系男子主義**は、憲法では定めのない**皇室典範**上の原則である（皇室典範 1 条）[10]。日本国憲法において象徴として規定される天皇にあっ

---

(9)　この規定を作ったのは、戦後の日本国憲法草案を作成した GHQ の憲法草案制定会議のメンバーの一人、ベアテ・シロタ・ゴードン（Beate Sirota Gordon, 1923-2012）であった。同氏は、ユダヤ系ウクライナ人（ロシア帝国下）の両親の間でウィーンで生まれた。1929 年、ピアニストの父親とともに来日し、以後 10 年間日本に滞在した経験がある。女性の幸福が日本の平和の条件であると考えたという（ベアテ・シロタ・ゴードン（平岡磨紀子 構成・文）『1945 年のクリスマス　日本国憲法に「男女平等」を書いた女性の自伝』朝日文庫、朝日新聞出版、2016 年）。

(10)　やはり皇室典範により、天皇をはじめ皇族の婚姻は「皇室会議の議を経る」こととされている（同 10 条）。皇室会議は、皇族 2 人、両議院の議長・副議長、内

て、このように皇位継承に男系男子主義が踏襲されていることは、国民の道徳感や社会的な規範意識の形成に一定の影響を与えていると考えられる。2024年、皇位継承の男女平等を確保するため、他国の例にならい皇室典範を改正するよう、日本政府に対し、**女性差別撤廃委員会**による勧告があった（**政府報告制度**については、第9章参照）。戦後の日本国憲法の下、皇室典範は、法律の1つである以上[11]、本来、日本国憲法（性による差別禁止）および条約（女性差別撤廃条約）に適合していなければならない。

　上述のように、明治期の家族関係（「家」制度）は、主権者であった天皇を中心にした国家統治によって国民を管理・支配することを目的に構築されたものであり、この構造は、原理的に現行憲法24条が定める「個人の尊厳」ないしは「両性の平等」の原則に適合しないと考えられる。以下、前近代的な家族制度、原則、規範がそのまま残された例を挙げる。

2　尊属殺重罰規定（刑法200条）

　1995年改正前の刑法は、尊属－卑属という「被害者と加害者との間における特別な身分関係」に基づいて、普通殺人（199条）の場合と比較して、刑罰を加重する形で差別を設け、殺害の対象が尊属[12]である場合の刑罰を死刑または無期懲役に限定していた（200条。「自己又は配偶者の直系尊属を殺したる者は、死刑又は、無期懲役に処す」）[13]。同規定は、戦後、1947年の刑法改正の際に1907年の刑法で定められた条文（200条）をそのまま引き継いだものであった。後述する最高裁判決も述べているように、「特に同条が配偶者の尊属に対する罪をも包含している点は、日本国憲法により廃止された『家』の制度と深い関連を有していたものと認められる」。

　1973年の**尊属殺重罰事件**最高裁判決（最大判1973.4.4刑集27-3-265）は、1950

　　　閣総理大臣、宮内庁の長、最高裁判所の長たる裁判官、その他の裁判官1人の計10人で構成される（同28条）。
(11)　明治期において、典憲二元体制と言われ、皇室典範は大日本帝国憲法から独立した、皇室に関する最高規範であった。
(12)　尊属（配偶者の尊属も含む）とは、親族上、父母と同列以上の親族をいう。
(13)　その他の尊属重罰規定として、尊属傷害致死罪（旧205条2項）、尊属遺棄罪（旧218条2項）、尊属逮捕監禁罪（旧220条2項）があった。

年以来、同条を合憲としてきた立場（最大判 1950.10.25 刑集 4-10-2126、また尊属傷害致死に関し、1950.10.11 刑集 4-10-2037）を覆し、憲法 14 条 1 項に反し、違憲と判断した。これは、戦後、最高裁が違憲審査制に基づきはじめて明示的に**法令違憲**の判断を下した判決としても知られている。

　事件の被告人は、実父による性的虐待の被害者であった。中学 2 年の時に姦淫され、以後 10 年以上にわたって夫婦同様の生活を強いられ、数人の子まで生んだ。職場で結婚の相手にめぐりあったが、実父はこれを嫌い醜行を継続した。10 日余りにわたって実父による脅迫虐待を受け、懊悩煩悶の極にあった被告人は、暴言に触発されて、その忌まわしい境遇から逃れようと、実父を絞殺し、犯行後ただちに自首したものである。

　判決は、被告人に対して、「尊属殺にも刑法 199 条を適用するのほかはない」として有期懲役刑を選択した。そして「心身耗弱の状態における行為」であったとして減刑し、懲役 2 年 6 月に処した上で（刑法 39 条 2 項、68 条 3 号）「諸般の情状」を考慮し、執行猶予 3 年を言い渡した（同 25 条 1 項 1 号）。

　しかし、多数意見は、「尊属に対する尊重報恩は、社会生活上の基本的道義というべく、このような自然的情愛ないし普遍的倫理の維持は、刑法上の保護に値する」として、刑法 200 条の立法目的に関しては合憲と判断している。「自己または配偶者の直系尊属」の殺害は、「それ自体人倫の大本に反し」、「通常の殺人に比して一般に高度の社会的道義的非難を受けて然るべき」というのである。そして、同条が定める法定刑が「立法目的達成の手段として甚だしく均衡を失し」ている点においてのみ、憲法違反とみなした（目的合憲・手段違憲）。

　これに対して、6 人の裁判官の少数意見は、重罰規定の立法目的そのものが、合理性を逸していて違憲であるとしている。とりわけ田中二郎裁判官意見（他 2 人の裁判官が同調）は、同規定が「一種の身分制道徳の見地」に立ち、「旧家族制度的倫理観に立脚するもの」であるとして、次のように述べる。「子が親を尊敬し尊重すること」は、「個人の尊厳と人格価値の平等の原理の上に立つて、個人の自覚に基づき自発的に遵守されるべき道徳であつて、決して、法律をもつて強制されたり、特に厳しい刑罰を科することによつて遵守させようとしたりすべきものではない。」

　判決と同日に出された最高検察庁の通達によって、尊属殺は、199 条の普通

殺人の規定によって処理されることとなった⁽¹⁴⁾。しかしその後、国会における議論はまったく進まず、1995 年の刑法改正時に、一連の重罰規定は削除されるに至った。

3　非嫡出子（婚外子）の差別

現行民法は、**法律婚主義**をとっている。つまり法律上の手続に基づく婚姻関係を基準にした家族の形態を制度として擁護する立場がとられている。また戸籍法は、個人ごとではなく、家族ごとの戸籍の登録を要求し、子の出生に際しては男女の別のみならず、嫡出子または非嫡出子の別が記載される（49 条 2 項 1 号）。出生総数に占める非嫡出子の割合は、1975 年および 1980 年に戦後最低の 0.8％を記録した後、徐々に増え、2022 年においては、出生総数 77 万 759 人のうち、嫡出子が 97.7％（75 万 3,031 人）、非嫡出子が 2.3％（1 万 7,728 人）であったという⁽¹⁵⁾。

(1)　国籍法違憲判決

本件は、婚姻関係にない日本国民である父とフィリピン国籍の母の間に、1997 年に日本で生まれた男児により、日本国籍を有することの確認を求めて提起された事案である。原告（控訴人・上告人）は、生後、父から認知を受けた（1999 年）ことを理由に、法務大臣に国籍取得届を出した（2003 年）が、当時の**国籍法** 3 条 1 項に基づき、日本国籍を取得できなかった。

同条項は、出生後に認知された 20 歳未満の非嫡出子が法務大臣への届出によって国籍を取得する場合について、**準正**（父母の婚姻と認知により嫡出子の身分を取得すること）の要件を定めていた。1950 年に公布・施行された現行の国籍法が、1984 年の法律第 45 号（1985 年施行）によって、2 条の定める出生による国籍取得について、**父系優先血統主義**から**父母両系血統主義**に改められた際に、新たに付け加えられた規定である。

本件の上告審である最高裁は、2008 年 6 月 4 日、上記 3 条 1 項を憲法 14 条

---

(14)　この判決の後も、尊属傷害致死重罰規定は、最高裁によって合憲と判断されている（最判 1974.9.26 刑集 28-6-329）。

(15)　「嫡出子−嫡出でない子別にみた年次別出生数及び百分率」人口動態調査 人口動態統計 確定数 出生（e-Stat、政府統計の総合窓口）https://www.e-stat.go.jp/dbview?sid=0003411618 参照。

1項の定める平等原則違反と判断し、上告人の日本国籍の取得を認めた（最大判 2008.6.4 民集 62-6-1367）。

最高裁によれば、3条1項で準正の要件が加えられた理由は、(i)父母の婚姻が、生後認知子の「我が国社会との密接な結び付き」を測る「指標」となること、(ii)「仮装認知」による不正な国籍取得防止の必要、(iii)父母両系血統主義を採用していた当時の諸外国が、父の認知に加え、準正を国籍取得要件とする場合が多かったことであった。

しかし、このような規定が設けられた結果、国籍法上、「出生時を基準とする線引き」、「父母の婚姻の有無による線引き」、「父母のいずれが日本国民であるかによって事実上生じる線引き等、本人の意思や努力の如何に関わりなく存在する様々の線引きが交錯する中で」、生後認知された非準正子が「その谷間に落ち込む結果」となった（藤田宙靖裁判官意見参照）[16]。

最高裁判決多数意見は、(i)日本国籍が「我が国の構成員としての資格であるとともに、我が国において基本的人権の保障、公的資格の付与、公的給付等を受ける上で意味を持つ重要な法的地位でもある」こと、(ii)準正の要件が「子にとっては自らの意思や努力によっては変えることのできない父母の身分行為に係る事柄である」ことを重視し、法改正時においては、上記差別的措置と立法目的との間に「一定の合理的連関性」が認められたとしながらも、以下のような理由で、その合理的連関性は失われたとする。

すなわち、(i)日本における社会的、経済的環境等の変化による家族生活や親子関係に関する実態や意識の多様化、国際化の進展により、同居の有無など、一方のみが日本国民である子の家族生活の実態も複雑多様になり、「我が国との結びつきの強弱」を両親の婚姻の有無によって測ることはもはや難しくなっていること、(ii)諸外国では、非嫡出子に対する差別を解消する傾向があり、**国際人権規約**（自由権）B規約および**子どもの権利条約**も、子どもの出生による

---

(16) なお、国籍法8条1号は、「日本国民の子（養子を除く。）で日本に住所を有するもの」を簡易帰化の対象と規定しており、生後認知子はその対象となっていた。対象者については、法務大臣が帰化を許可する要件の一部（5年以上の居住、20歳以上で行為能力を有すること、自己または親族の資産等により生計を営みうること）を外している。しかしながら、帰化は法務大臣の裁量行為であるため、3条1項の届出による国籍の取得と同列に考えることはできない。

差別を禁止していること、また、(ⅲ)準正を国籍取得の要件としていた諸外国も、認知のみで国籍の取得を認める法改正を行っていることである。

　なお、原判決（東京高裁2006年2月28日判決〔民集62-6-1479〕）は、控訴人の請求を棄却した理由について、次のように説明した。すなわち、仮に国籍法3条1項の一部または全部が憲法14条1項に違反し、無効であったとしても、「そのことから、日本国民である父の非嫡出子が認知と届出のみによって日本国籍を取得し得るものと解することは、法解釈の名の下に、実質的に国籍法に定めのない国籍取得の要件を創設するものにほかならず、裁判所がこのような立法作用を行うことは違憲立法審査権の限界を逸脱するものであって許されない」というものである。

　これに対して、最高裁判決多数意見は、国籍法3条1項が憲法14条1項に違反すると判断しつつも、それを無効とせず、同条文に、生後認知された非嫡出子について、準正を除いた要件が満たされる場合には、「届出により日本国籍を取得することが認められる」とする合憲的な解釈を施した。そして、遅くとも原告が法務大臣に届出をした2003年当時には、国籍法3条1項に基づく差別が憲法14条1項に反していたとして、「上告人らは、法務大臣あての国籍取得届を提出したことによって、同項の規定により日本国籍を取得したものと解するのが相当である」とし、その請求を認めたのである。

　多数意見は、国籍法が「日本国民との法律上の親子関係の存在という**血統主義の要請**」を基調としており、3条1項の趣旨は、「血統主義を補完する」ことであったとする。したがって、仮に違憲と判断される同項をすべて無効にし、出生後の国籍取得を準正子も含めてすべて否定すれば、かえって「立法者の合理的意思」に反することになるのであって、それを避けるために、同項を無効とせず裁判所の合憲的解釈を施すことは、上記の立法目的に適う限りで許されるとする[17]。

(2) **非嫡出子相続差別最高裁違憲決定**

　先に見たように、戦後に「家」制度が廃止されたことにより、相続制度についても、家督相続が廃止され、配偶者及び子が相続人となることが基本とされ

　（17）　同判決には、国籍法の性質や立法目的、違憲立法審査権の機能に対する評価の違いにより、5人の裁判官の反対意見と7人の裁判官の意見が付されている。

た。しかし、家族の死亡による遺産相続について、非嫡出子の法定相続分を嫡出子の2分の1とする規定は改正前から存在し、1947年以降も引き継がれた（民法900条4号但書）。

最高裁は、従来、この規定による嫡出子／非嫡出子の差別について、「民法が法律婚主義を採用している以上，法定相続分は婚姻関係にある配偶者とその子を優遇してこれを定めるが、他方、非嫡出子にも一定の法定相続分を認めてその保護を図ったもの」として、その合理性を認めてきた（最大決 1995.7.5 民集49-7-1789）。しかし、2013年9月4日の決定で、最高裁は判例変更を行い，同規定が遅くとも 2001 年 7 月当時には、憲法 14 条 1 項の定める法の下の平等に違反していたと判断した（最大決 2013.9.4 民集 67-6-1320）。

最高裁は、法律婚主義の下において、嫡出子と非嫡出子の法定相続分の定めは、「それぞれの国の伝統、社会事情、国民感情」、家族に対する考え方や婚姻・親子関係に対する規律、「国民の意識」などを「総合的に考慮して決せられるべき」であり、「立法府の合理的な裁量判断に委ねられている」とする。しかし同時に、「これらの事柄は時代と共に変遷するものでもあるから、その定めの合理性については、個人の尊厳と法の下の平等を定める憲法に照らして不断に検討され，吟味されなければなら」ず、同規定に基づく差別に「合理的な根拠が認められない場合には，当該区別は，憲法 14 条 1 項に違反するものと解するのが相当である」と判示した。そして、次の(i)〜(vi)を理由に、差別の合理性を否定したのである。

すなわち、(i)日本の「社会・経済状況の変化」に伴う「婚姻や家族の実態の変化」（戦後の核家族化、高齢化、近年の晩婚化、非婚化、少子化、離婚件数の増加）、(ii)非嫡出子の出生数の増加傾向、(iii)相続に関する嫡出子と非嫡出子の区別を廃止している諸外国の立法動向（差別を設けている国は欧米諸国にはなく、世界的にも限られている）、(iv)国際人権B規約、子どもの権利条約上、子どもの差別が禁止されていること（各条約の人権委員会の勧告が、日本に対し諸規定の削除を繰り返し求めてきた）、(v)住民票における世帯主との続柄記載、戸籍における父母との続柄欄の記載に関する規則・運用の変更があったこと、(vi)上記 2008 年国籍法違憲判決において遅くとも 2003 年当時、「嫡出でない子の日本国籍の取得につき嫡出子と異なる取扱いを定めた国籍法 3 条 1 項の規定」が憲法 14 条 1 項に

違反していたと判断されたことである。

　ただし、最高裁は、本件に関して、違憲の判断は 2001 年 7 月から 2013 年最高裁決定までの間に開始された相続について、遺産分割の審判等によりすでに確定的なものとなった法律関係には影響を及ぼさないと判断した。この最高裁決定を受け、2013 年 12 月 5 日、民法の一部を改正する法律が成立し 900 条 4 号但書は削除された。

　なお、出生届において非嫡出子の記載を義務づけた上述の戸籍法 49 条 2 項 1 号をめぐっては、東京都の事実婚の夫婦が憲法 14 条 1 項に違反していると主張して国に損害賠償を求めたが、最高裁は、2013 年 9 月 26 日、同記載は「事務処理上不可欠の要請とまではいえないとしても、少なくともその事務処理の便宜に資するものであることは否定し難」いとして、その合理性を認めている（最大判 2013.9.26 判時 2207-34）。これに対し、櫻井龍子裁判官の補足意見は、「出生届の記載の仕方という子本人の意思では左右し難い事情に起因する無戸籍状態のために、子自身に種々の不利益や不便さが生じるという事態は、確実に避けられるべき」とし、制度の見直しの検討を国会に働きかけている。しかし、戸籍法 49 条 2 項 1 号の規定を削除する法案は、民法改正案が可決された 2013 年 12 月 5 日、国会本会議において 1 票差で否決された。

(3) **再婚禁止期間違憲判決**

　1947 年の戦後の民法は、明治民法上の規定を引き継ぎ、離婚した女性に 6 カ月の**再婚禁止期間**を設けてきた（733 条）が、2015 年 12 月 16 日の最高裁大法廷判決は、賠償請求は棄却したものの、100 日を超える再婚禁止期間を憲法 14 条 1 項、同 24 条 2 項に違反すると判断した（最大判 2015.12.16 民集 69-8-2427）。これを受け、2016 年、民法改正により再婚禁止期間は 100 日に短縮され、続いて 2022 年の民法改正によって、民法 733 条および再婚禁止期間内の婚姻の取消について定めていた 746 条は削除され、併せて 772 条の**嫡出の推定**に関する規定も改正された[18]（2024 年 4 月 1 日施行）。

---

(18) 再婚禁止期間廃止に伴う主な改正内容は、以下の通りである。(i)婚姻前懐胎子であって、婚姻成立後に生まれた子は、婚姻中懐胎子同様、当該婚姻における夫の子と推定される（1 項）。(ii)婚姻成立の日から 200 日以内に生まれた子は、婚姻前懐胎子と推定し、婚姻成立の日から 200 日経過後または婚姻解消若しくは取消しの日から 300 日以内に生まれた子は、婚姻中懐胎子と推定する（2 項）。子

4　夫婦同氏原則

夫婦同氏原則（民法 750 条）は、2022 年に統一化されるに至った男女の婚姻適齢差（同 731 条）、2024 年に廃止された女性の再婚禁止期間（同 733 条）と並んで、政府報告制度を通じて、女性差別撤廃委員会によって繰り返しその是正や廃止が勧告されてきたものである。氏に関して、同条約は、夫および妻がともに姓を選択する権利を要求している（16 条 1 項(g)）。

(1)　最高裁判所 2015 年判決および 2021 年決定

戦後の民法 750 条は、「夫婦は、婚姻の際に定めるところに従い、夫又は妻の氏を称する」とし、明治民法上の家族同氏の原則（746 条）に代えて、夫婦同氏原則を規定した。また戸籍法上は婚姻届に「夫婦が称する氏」の記載が求められ（74 条 1 号）、その記載は、民法 739 条 1 項を通じて婚姻の効力発生の要件となっている。1947 年、宮澤俊義（1899-1976）が「家破れて氏あり」と評している[19]ように、夫婦同氏の強制は、明治期における「『家』の代用品たる役」を氏に勤めさせた、あるいは少なくともその「社会秩序維持的機能」を継承させたものと言えよう[20]。現在でも、結婚した全国の男女カップルのほぼすべて（96％）が夫の氏を称している（厚生労働省 2016 年度「婚姻に関する統計」）。

2015 年 12 月 16 日、最高裁判決が下され（最大判 2015.12.16 民集 69-8-2586）、民法 750 条は合憲と判断され、同条の改廃措置を講じない立法不作為を理由とする国家賠償請求は棄却された。多数意見は、氏名を「個人の人格の象徴であって、人格権の一内容を構成する」ことを認めた先例（NHK 日本語読み訴訟。最判

の懐胎時から出生時までの間に 2 以上の婚姻をしていたときは、その子は、その出生の直近の婚姻における夫の子と推定されることとなった（3 項）。嫡出否認の訴えについて、改正前は出訴権者が夫に限定されていたため、母親が届出をせず無戸籍の子が増加する要因となっていたが、改正法は、(i)出訴権者を拡大し、父のほか「子、親権を行う母／母、親権を行う養親、親権を行う未成年後見人、母の前夫」を加え（774 条）、(ii)嫡出否認の訴えの当事者（原告と被告）を明確に定め（775 条）、出訴期間を、元の 1 年以内から、父、子、母、前夫が子の出生を知った日から、あるいは出生の時から 3 年以内に伸長した（777 条）。

(19)　『銀杏の窓』（廣文舘、1948 年、153-157 頁）（初収：法律タイムス 1 巻 6・7 号、1947 年）。
(20)　水野紀子「夫婦の氏」戸籍時報 428 号 6-23 頁、1993 年。https://www.law.tohoku.ac.jp/~parenoir/uji.html 参照。

1988.2.16民集42-2-27）を引用しつつも、氏に関する人格権の内容は、「法制度をまって初めて具体的に捉えられる」とし、「具体的な法制度を離れて、氏が変更されること自体を捉えて直ちに人格権を侵害し、違憲であるか否かを論ずることは相当ではない」とする。

そして、(i)「名とは切り離された存在として社会の構成要素である家族の呼称」であることから、氏には、家族の一員であることを「対外的に公示し、識別する機能」、および「夫婦間の子が夫婦の共同親権に服する嫡出子」であることを示す機能が認められるとし、その呼称を「一つに定めることにも合理性がある」とする。また、(ii)そのような氏の性質等に鑑み、「氏の変更を強制されない自由」は「憲法上の権利として保障される人格権の一内容であるとまではいえ」ず、憲法13条に反しないとみなす。(iii)憲法14条1項との関係では、氏の選択は、夫婦になろうとする者の間の「協議」に委ねられており、「夫婦同氏制それ自体に男女間の形式的不平等が存在するわけではな」く、「協議の結果として夫の氏を選択する夫婦が圧倒的多数を占めることが認められるとしても、それが本件規定の在り方事態から生じた結果であるということはできない」としている。(iv)24条（2項）の解釈については、先例（再婚禁止期間違憲判決）を踏襲しつつ、「婚姻及び家族に関する法制度を定めた法律の規定が憲法〔の他の条項（ここでは13条、14条1項）〕に反しない場合」における憲法24条との適合性の判断は、「当該法制度の趣旨や同制度を採用することにより生ずる影響につき検討し、個人の尊厳と両性の本質的平等の要請に照らして合理性を欠き、国会の立法裁量の範囲を超えるものとみざるを得ないような場合に当たるか否かという観点から判断すべき」とする。そして夫婦同氏の上記機能、それによる子の利益、協議に委ねられていること、通称使用の拡大等を「総合的に考慮」して、憲法24条違反にならないと結論づけた上で、(v)国会での議論・判断に委ねている。

こうした多数意見に対して、1人の裁判官の反対意見および4人の裁判官の意見、計5人の裁判官の意見が、国家賠償請求の棄却については認めつつ、民法750条を違憲としている。

この後、2021年6月23日、戸籍法74条1項で必要的記載事項とされている「夫婦が称する氏」の記載不備を理由に婚姻届を受理しなかった自治体の処分が不

当であり、受理を命ずることを申し立てた抗告人の訴えに対して、最高裁は、2015年判決に依拠し、民法750条に加え、戸籍法74条1項をも合憲と判断して抗告を棄却した（最大決2021.6.23判時2501-3）。これに対しては、1人の裁判官の意見および3人の反対意見が両条文を違憲としている。このうち、宮崎裕子・宇賀克也裁判官の反対意見は、夫婦の財産権の平等を認めた1961年大法廷判決（最大判1961.9.6民集15-8-2047）を引用し、憲法24条1項が「夫婦が同等の権利を有する」と定める、その「権利」の内容には、財産権のみならず、またそれが「憲法上の権利」に該当するか否かに関わらず、「人格的利益」を含む人格権が含まれるとみなす。ゆえに、どちらか一方の人格的利益のみが侵害される夫婦同氏原則は、憲法違反となるとしている。

　上記2015年最高裁判決が、「夫婦が称する氏」の決定が男女間の「協議」（自由意志）に基づくため14条1項に反しないと判断した点については、この論点を形式的平等の問題とみなしたこと自体に誤りがあると言えよう。上記のように、96％の夫婦が夫の氏を称しているという社会的事実が示す通り、婚姻の際の氏の選択にあたっては、男女で自由な選択が実現可能な「協議」の場は実際には存在せず、不均衡な優劣関係や大きな圧力が働いている。2015年判決における岡部喜代子裁判官の意見（他2人の女性裁判官が同調）が指摘しているように、そうした社会的事実は、「女性の社会的経済的な立場の弱さ、家庭生活における立場の弱さ、種々の事実上の圧力など様々な要因のもたらすところであるといえるのであって、夫の氏を称することが妻の意思に基づくものであるとしても、その意思決定の過程に現実の不平等と力関係が作用している」のである。2015年判決がいう社会における「夫婦同氏制『定着』は、こうして、それぞれの時代に、少なくない個人の痛みの上に成り立ってきた」（2021年決定に付された三浦守裁判官意見参照）と言えるのである。

【avancée】同姓婚訴訟──「結婚の自由をすべての人に」

　2019年より「結婚の自由をすべての人に」（**同性婚**）訴訟が、札幌、東京、名古屋、大阪、福岡の5ヶ所で提起された。2025年3月現在、札幌（札幌地判2021.3.17判時2487-3）、大阪（大阪地判2022.6.20判時2537-40）、東京（一次）（東京地判2022.11.30判時2547-45）、東京（二次）（東京地判2024.3.14）、名古屋（名古屋地判2023.5.30）、福岡（福岡地判2023.6.8）の各第一審判決、札幌（札幌高判2024.3.14）、

東京（一次）（東京高判 2024.10.30）、福岡（福岡高判 2024.12.13）、名古屋（名古屋高判 2025.3.7）、大阪（大阪高判 2025.3.25）の各控訴審判決が下されている。

いずれの訴訟においても、原告は、民法および戸籍法の諸規定が異性のカップルによる婚姻のみに限定し、同性のカップルによる婚姻を認めていないことが、憲法13条、14条1項、24条1項および2項に反すると主張し（14条、24条のみで争われた訴訟もある）、正当な理由なく長期にわたり同性婚を可能にする立法措置を怠ってきたとして、国家賠償法1条1項に基づき、国に対し、慰謝料等を請求している。

上記6つの第一審判決のうち、大阪地裁のみが、民法・戸籍法の諸規定が上記いずれの憲法の条文にも違反せず合憲と判断したのを除いて、他の第一審判決のすべてが、上記憲法のいずれかの規定との関係で、当該民法・戸籍法の諸規定を違憲（あるいは違憲状態にある）と判断している。すなわち、札幌地裁は、14条との関係で違憲とし、東京地裁（一次・二次）および福岡地裁は、24条2項との関係では、立法裁量を認め合憲としながらも違憲状態にあると指摘している。名古屋地裁は14条および24条2項との関係で違憲とした。

また、控訴審判決に至っては、2025年3月時点で下されている札幌、東京（一次）、福岡、名古屋、大阪のすべての高等裁判所の判決において、それぞれ憲法13条、14条、24条のいずれかの条文との関係で違憲判断が下されている[21]（合憲／違憲を問わず、地裁・高裁のいずれの判決も国家賠償請求は棄却している）。

憲法24条1項が、婚姻の対象について「両性」、「夫婦」という文言を用いていることと関連して、少なくとも日本国憲法制定時において、異性カップルの婚姻のみが想定されていたとの認識については、どの裁判所の判決も一致して認めている。他方で、憲法24条1項は、法律上同性婚を定めることを禁止する趣旨ではないと解釈できる点についても、一致している。

判決の多くは、2015年の最高裁による再婚禁止期間違憲判決、夫婦同氏原則合憲判決を引用しつつ、憲法24条2項に基づき、具体的な婚姻制度は、「憲法が一義的に定めるのではなく」、基本的には立法裁量に委ねられるとみなす。ただし、個人の尊厳および両性の平等の観点から立法には制約が課されているとする。

そして婚姻が、異性愛者・同性愛者を問わず、さまざまな法的効果を伴う、個人にとって重要な法的利益あるいは人格的利益であるとし、にもかかわらず、民法・戸籍法の当該諸規定が、同性愛者にそうした法的効果や利益を付与するための枠組みすら、一切保障していないことは、立法裁量の限界を越えるものであり、24条2項との関係で違憲（5つの控訴審判決、名古屋地裁）、あるいは違憲状態にある（東京地裁〔一次〕、福岡地裁、東京地裁〔二次〕）と判断している。

また、憲法14条との関係では、「婚姻によって生じる法的効果」の享受をめぐり、異性愛者カップルと同性愛者カップルの間にある取り扱いの差別の合理性の有無が問われ、5つの控訴審判決および札幌地裁、名古屋地裁が違憲と判断した。

---

(21) 福岡高裁は、原判決を取り消し、婚姻の自由および「婚姻の成立及び維持について法制度による保護を受ける権利」を「幸福追求権の内実の一つ」として、当該諸規定が憲法13条に反して違憲と判断した。

違憲判断を導いた認定事実の1つとして、1992年に**世界保健機関（WHO）**が国際疾病分類（ICD-10）から同性愛を削除し、治療の対象とはならないと宣言したことが挙げられる。戦後の民法改正時には、同性愛は精神疾患として禁圧すべきものと考えられていたが、1992年以降は、精神医学、心理学の領域でも、同性愛を疾病とはみなさなくなった。つまり同性愛者は、治療の対象にならない、性的指向という本人の意思ではかえることのできない事由によって、異性愛者と異なり、婚姻制度をまったく利用できない状態に置かれており、それが、同性愛者の人格的生存に対する重大な脅威となっているというのである。

なお、関連して、東京地裁（一次）は、「本件諸規定の下では男性も女性もそれぞれ異性とは婚姻することができ、また、同性とは婚姻することができない」ことをもって、男女「どちらか一方が性別を理由に不利益な取扱いを受けているものではない」とし、被告の国側の主張に与する見解を述べている。対照的に、札幌地裁は、最高裁判決（最大判1987.9.2民集41-6-1423）を援用しつつ「婚姻の本質」は、「両性が永続的な精神的及び肉体的結合を目的として真摯な意思をもって共同生活を営むことにある」とし、「同性愛者が、その性的指向と合致しない異性との間で婚姻することができるとしても、それをもって、異性愛者と同等の法的利益を得ているとみることができないのは明らか」であると判断した。

こうした判断を下すにあたって、各裁判所は、明治期における同性愛に関する知見や明治民法起草・改正の経緯と並んで、外国における同性愛に関する知見とその推移、同性婚を制度化してきた諸外国における立法や裁判の動向、日本に所在する外国団体（商工会議所など）の要望、また2015年渋谷区で導入が開始された自治体における登録パートナーシップ制度、婚姻に関する内外の統計、意識調査、さらには、日本が批准した条約の規定やそうした条約で定められた国際機関による勧告など、多くの資料を認定事実として参照している点も注目に値する。さらなる動向の確認が要される。

【参考文献】
本文中にあるもののほか、
君塚正臣『性差別違憲審査基準論』（信山社、1996年）
辻村みよ子『女性と人権―歴史と理論から学ぶ』（日本評論社、1997年）
糠塚康江『パリテの論理』（信山社、2005年）

第 3 章　内心の自由
　　　——心の平穏を求めて——

> 「推薦された方をそのまま任命することについて、前例を踏襲して良いのか考えてきた……」（2020 年 10 月 5 日、学術会議任命拒否に関わる内閣記者会のインタビュー）

　本章は、精神的自由権のうち人の内心にかかわるものを対象とする。内面における精神活動の自由は、外面的な精神活動の自由である表現の自由の前提をなすものと理解される。日本国憲法で対象となるのは、思想・良心の自由（19条）、信教の自由（20条）および学問の自由（23条）である。

I　思想・良心の自由

　日本国憲法19条は思想・良心の自由を保障している。この自由は、近代人権宣言において中心をなす権利として捉えられ、特に良心の自由は欧米諸国では信教の自由と不可分のものと理解・保障されている。日本の場合、明治憲法には思想・良心の自由を保障する規定がないだけでなく、治安維持法による思想弾圧や精神的・道徳的世界における絶対的な権威であった天皇制などにより、内心の自由は著しく制限されていた。当時の日本のそのような状況に対しポツダム宣言10項は、「言論、宗教及思想ノ自由並ニ基本的人権ノ尊重ハ確立セラルベシ」と定めていた。日本国憲法19条はそのような歴史的背景を踏まえた規定であることに存在意義がある。

1　保障の意味・内容
　19条は「思想」と「良心」とをそれぞれ独立のものとして保障しているか

のように読めるが、通説は両者を厳格に区別することなく個人の内心における精神作用と広く理解している。敢えて区別するならば、「良心」は倫理的なもの、「思想」は論理的なものとなろう。思想・良心の内容としては、人の人格形成に深くかかわる個人の人生観、世界観、主義、主張などに限定されるとする理解（信条説）や、広く人の内面的精神作用を含む理解（内心説）とがある。思想・良心の自由が保障される意義に着目するならば信条説のように限定的に理解すべきである。最高裁は**謝罪広告事件**（最大判 1956・7・4 民集 10-7-785）において、「単に事態の真相を告白し陳謝の意を表するに止まる程度」であれば、19条に違反しないと判示したものの、その範囲について明確な判断は示していない。「事態の真相」や「陳謝の意」の表明である限り 19 条違反の問題は生じないと考えられるが、謝罪や陳謝という倫理的な意思の公表の強制は良心の自由に反するという反対意見も本判決には付されている。

2 保障の態様

思想・良心の自由の保障は、従来次の3つの形態に分類されている。第1は「内心の自由の絶対性」である。人の内心における精神的活動は、まさに内心に止まる限り他者の利益との衝突はないことから絶対的に保障されなければならない。

第2は人の内心の表白を強要されることはない、という「沈黙の自由」の保障である。したがって、江戸時代にキリシタン摘発のために行われた踏み絵や国家権力による思想調査などは禁止されなければならない。思想・信条そのものではないが、団体加入や学生運動参加の事実の有無の開示との関係で問題となったのが**三菱樹脂事件**である（最大判 1973.12.12 民集 27-11-1536）。最高裁は、「従業員としての適格性の判断資料となるべき過去の行動に関する事実を知るためのものであって、直接その思想、信条そのものの開示を求めるものではないが、さればといって、その事実がその者の思想、信条と全く関係のないものであるとすることは相当ではない」と述べ、思想・信条に関わる外部的行動に関する事実の開示を求めることが憲法 19 条違反となる可能性があることは認めている[1]。

---

(1) 本判決は人権の私人間効力の問題として第8章にて説明される。

第3章　内心の自由

　第3は「思想を理由とする不利益取扱いの禁止」である。高校進学を希望する麹町中学校の生徒が、内申書記載事項が原因で受験した全ての高校入試において不合格となったことについて国家賠償を請求したのが**麹町中学校内申書事件**（最判1988.7.15判時1287-65）である。当該生徒の内申書には、「校内において麹町中全共闘を名乗り、機関誌『砦』を発行した。学校文化祭の際、粉砕を叫んで他校の生徒とともに校内に乱入し、ビラまきを行った。大学生ML派の集会に参加している」等と記載されていた。最高裁は、「いずれの記載も、上告人の思想、信条そのものを記載したものでないことは明らかであり、右の記載に係る外部的行為によっては上告人の思想、信条を了知し得るものではない」と述べ、上告を棄却した。とはいえ、かような記載は上告人の有する思想を高校側に伝達するに十分な情報であることから、思想に基づく不利益取扱いとなる余地のあることが指摘されている。

　従来の3分類に加え、思想に反する行為を強制される場合についても検討が必要である。公立小学校の音楽専科の教諭が入学式における国歌斉唱の際にピアノの伴奏を求める校長の職務命令に従わず戒告処分を受けた事件において、最高裁は校長の職務命令が憲法19条の思想・良心の自由に違反しない理由を次のように述べている。①ピアノ伴奏を求める本件職務命令が、教諭の有する「歴史観ないし世界観それ自体を否定するもの」とは認められないこと、②「特定の思想を持つことを強制したり、あるいはこれを禁止したりするものではなく、特定の思想の有無について告白を強要するものでもなく、児童に対して一方的な思想や理念を教え込むことを強制するもの」でもないこと、③地方公務員の地位の特殊性および職務の公共性を定める憲法15条2項、地方自治法30条、32条、学校教育法等から、本件職務命令が当該教諭の「思想及び良心の自由を侵すものとして憲法19条に反するとはいえない」としている（最判2007.2.27民集61-1-291）。さらに、公立学校の校長が卒業式等での国歌斉唱に際し起立斉唱を求める職務命令が憲法19条に違反するか争われた事件が4件あるが、いずれも憲法19条違反の主張は退けられている。4つの最高裁判決は、国歌斉唱の際の起立斉唱行為が教員の有する思想・良心の自由に対する間接的制約になる場合があることを明確に認め、この場合の違憲審査基準としては、起立斉唱を命ずる職務命令にその制約を許容しうる程度の必要性及び合理

性が認められるか否かの判断が必要だという審査枠組みを採用している。

Ⅱ　信教の自由

1　保障の意味・内容

　信教の自由は、ヨーロッパ諸国における様々な宗教的紛争を経験したのちに、近代人権宣言における中心的な精神的自由権として確立されたものである。たとえばアメリカ合衆国憲法修正1条（1791年）は信教の自由と政教分離原則を単一条文にて保障し、1789年のフランスの人権宣言もまた宗教の自由を保障した（10条　政教分離原則については1905年の政教分離法にて規定）。人類の歴史は宗教をめぐる対立を克服しつつ発展してきたことを踏まえると、良心の自由とともに信教の自由に憲法的保障を与えたことの意義は大きいと考えられる。

2　明治憲法下の信教の自由

　明治憲法28条は「安寧秩序ヲ妨ケス及臣民タルノ義務ニ背カサル限ニ於テ」という制限付きではあるが、信教の自由を保障していた。しかしながら、明治憲法は天照大神の神勅にその根拠を求める天皇主権を採用し、伊勢神宮を除く全国の神社に社格制を導入し、神職に官公吏の地位を付与し、さらに神社神道を祭祀に専念させることによって祭祀と宗教との分離を図り、財政面においても特別な扱いをしていた。このような状態にもかかわらず、「神社は宗教にあらず」とされ、事実上の国教的扱いも正当化されていた[2]。

3　日本国憲法下の信教の自由

　1945年12月15日の神道指令は国家と神社神道との完全な分離を命じ、あらゆる宗教と国家との分離の徹底がなされることとなった。さらに1946年元旦には天皇の人間宣言もあった。このような経緯を踏まえて誕生した日本国憲

---

[2]　明治憲法下では、刑法の不敬罪と治安維持法を通じた宗教弾圧が行われていた。中でもキリスト教系大学学生らの靖国神社参拝拒否事件後の「学生生徒児童ノ神社参拝ノ件」という文部大臣回答により、神社参拝が宗教行為ではなく教育上の行為であって忠誠心の表現であるともされ、全国民への神社参拝の強制が正当化されるに至った。

法20条は、次のような構成となっている。まず1項前段と2項において信教の自由を保障している。政教分離原則については、1項後段が「いかなる宗教団体も、国から特権を受け、又は政治上の権力を行使してはならない」とし、3項が「国及びその機関は、宗教教育その他いかなる宗教的活動もしてはならない」と定め、さらに財政面からの制限として89条が「公金その他の公の財産は、宗教上の組織若しくは団体の使用、便益若しくは維持のため、……これを支出し、又はその利用に供してはならない」と、定めている。

4　信教の自由の内容

日本国憲法20条の定める信教の自由は、①信仰の自由、②宗教的行為の自由、③宗教的結社の自由である。

①　信仰の自由

これは内面における精神活動の自由として、人が特定の宗教を信じる自由、信じる宗教を変える自由および全ての宗教を信じない自由を含む。したがって特定の信仰を有する者にその信仰の告白を強制することや、特定の信仰を有しない者に特定の信仰を強制することは認められない。

②　宗教的行為の自由

これは外面的精神活動の自由として、人が礼拝、祈祷その他の宗教上の行為、祝典、儀式、行事を行い、または参加し、あるいはこれらの行為を行わない自由を意味する。この宗教的行為の自由には布教の自由が含まれる。

③　宗教的結社の自由

これは外面的な精神活動の自由の一形態として、信仰を同じくする者が宗教団体を設立し活動する自由や、宗教団体への加入の自由および加入しない自由を意味する。宗教法人法は、宗教団体が宗教法人を設立する際には、同法に定める規則を作成し所轄庁の認証を受けなければならないことや（12条）、解散命令についても定めている（81条）。解散命令は当該宗教法人の法人格のはく奪に止まるのであって当該宗教団体の解散を命じるのではないことから、宗教的結社の自由を侵害するものとはならない。

5　宗教活動の自由に関する判例

　内面的精神活動である信仰の自由は、宗教の性格を問わず思想・良心の自由と同様に絶対的に保障されるものである。外面的精神活動に分類される宗教的行為の自由と宗教的結社の自由は、他者の権利や利益、さらに社会に対して害悪をもたらす場合には当然に規制の対象となりうる。しかしながら、規制をする場合であっても当該行為の規制に止まらずその基にある宗教そのものを規制することは許されず、したがって慎重な配慮が要請される。

　（ⅰ）　**加持祈祷事件**（最大判 1963.5.15 刑集 17-4-302）

　母親からの依頼を受けた被告人が線香護摩による加持祈祷を行い、被害者を殴打などした結果死亡させた事件である。最高裁は、被告人の行為が、「一種の宗教行為としてなされたもの」であったとしても、「他人の生命、身体等に及ぼす違法な有形力の行使に当るものであり、これにより被害者を死に致したものである以上、被告人の右行為が著しく反社会的なものであることは否定し得ない」ところであり、信教の自由の保障の限界を逸脱していると判断した。

　（ⅱ）　**牧会活動事件**（神戸簡裁 1975.2.20 判時 768-3）

　建造物侵入等の嫌疑で警察から追われていた高校生２名を、親の求めに応じて教会施設に約１週間宿泊させ説得し警察に任意出頭させた牧師の行為が犯人蔵匿の罪で略式起訴された事件である。牧師は牧会活動が牧師としての職務であることから正式裁判を求めた。神戸簡裁は、当該牧師の牧会活動について「憲法 20 条の信教の自由のうち礼拝の自由にいう礼拝の一内容」に当たり「全体として法秩序の理念に反するところがなく、正当な業務行為として罪とならない」と判断した。

　（ⅲ）　**日曜授業参観事件**（東京地判 1986.3.20 行集 37-3-347）

　公立小学校に通う児童２名が牧師である両親の主宰する日曜学校に参加するために日曜参観授業を欠席したところ、学校側が欠席扱いしたことが信教の自由に違反するとして争った事件である。東京地裁は、宗教上の行為である日曜学校に参加する児童の出席を免除すれば「公教育の宗教的中立性を保つ上で好ましいことではない」とし、「公教育上の特別の必要性がある授業日の振替えの範囲内では、宗教教団の集会と抵触することになったとしても、法はこれを合理的根拠に基づくやむをえない制約として容認しているものと解すべき」と

の判断をした。本判決については、信教の自由から欠席扱いをしないという特別な配慮をすることも可能だとする判旨に反対する見解と、公教育の宗教的中立性を重んじ、欠席の記載というような軽度の不利益の場合には特別な配慮は不要とする見解も示されている。

(ⅳ) **剣道実技拒否神戸高専事件**（最判 1996.3.8 民集 50-3-469）

神戸市立工業高等専門学校の生徒が、自身の信ずるエホバの証人の教義に基づき同校の体育授業の必修科目である剣道実技を拒否し続け、その結果原級留置・退学処分を受けたため、当該処分は信教の自由を侵害するとして、その取消しを求めた事件である。一審の神戸地裁は、代替措置を執ることが「公教育の宗教的中立性に抵触するおそれがある」とした。最高裁は、「剣道実技の履修が必須のものとまではいい難く、体育科目による教育目的の達成は、他の体育科目の履修などの代替的方法」によっても可能であり、当該生徒が剣道実技を拒否する理由も「信仰の核心部分と密接に関係する真しなもの」でその不利益が極めて大きく、代替措置をとっても「その目的において宗教的意義を有し、特定の宗教を援助、助長、促進する効果を有するものということはできず、他の宗教者又は無宗教者に圧迫、干渉を加える効果があるものともいえない」等と述べ、控訴審判決同様に学校側の措置が「社会観念上著しく妥当を欠く処分」であり「裁量権の範囲を超える違法なもの」との判断を示した。

(ⅴ) **オウム真理教事件**（最決 1996.1.30 民集 50-1-199）

長野県松本市内および東京の地下鉄車内で猛毒のサリンを散布して多数の死傷者を出した事件等、オウム真理教が宗教法人法 81 条に定める条件に反する多数の事件を起こしたとして、解散を命じられた事件である。最高裁は、解散命令が「専ら宗教法人の世俗的側面を対象とし、かつ、専ら世俗的目的によるものであって、宗教団体や信者の精神的・宗教的側面に容かいする意図によるものではなく、その制度の目的も合理的である」と認め、解散命令を合法と判断した。

6 政教分離原則

憲法 20 条 1 項後段は「いかなる宗教団体も、国から特権を受け、又は政治上の権力を行使してはならない」とし、3 項が「国及びその機関は、宗教教育

その他いかなる宗教的活動もしてはならない」とし、国家と宗教との分離を定めている。さらに89条が宗教団体等への公の財産の支出や利用を禁止することでこの原則の徹底を図っている。したがって、憲法の定める政教分離原則からは、宗教団体への特権や政治的権力の付与が禁止され、さらに国や地方公共団体などが宗教教育や宗教的活動を行うことが禁止される。日本国憲法の定める政教分離原則は、アメリカ合衆国やフランスのように、国家と宗教を厳格に分離する型である。他にはイギリスのように国教制度を建前としつつ、国教以外の宗教について広範な宗教的寛容を認める国もあれば、イタリアやドイツのように国家と宗教とがそれぞれ固有の領域では独立であることを前提に、教会を公法人と同様に扱い、競合する事項については和親条約（コンコルダート）を締結し、これに基づいて対応する国もある。政教分離の形態は国により時代により異なっているといえようが、現代において最も重要なことはもし仮に政教分離原則が定められていなければ、国家は特定の宗教の援助、あるいは逆に弾圧という手段を通じ、結果として弾圧の対象となった宗教の信者ないし援助された宗教を信じない者たちの信教の自由を侵害することになるからである。したがって、政教分離原則は信教の自由を保障するための制度として理解する必要がある（制度的保障）。

　政教分離原則は国家と宗教との分離を求めるものであるが、現代のような複雑化した社会においては、たとえば宗教系の私立学校へ国が補助金を与えたり、文化財を保有する寺院や神社に対し文化財保護のための補助金が与えられたりしている。そのような現実を踏まえると、国家と宗教との完全な分離の実現は難しく、したがって一定の基準を確立しそれに基づき判断することが妥当である。アメリカで確立された判例理論として、レーモン・テストがある。これは、問題となった国家行為が①世俗的目的をもつかどうか、②その主要な効果が宗教を援助したり抑圧したりしないかどうか、③国家と宗教とが過度のかかわり合いをもつものではないかどうかを判断し、三要件全てを満たさなければ当該行為を政教分離原則違反とするものである。

　日本における政教分離を巡る訴訟では、アメリカの判例理論を参照した「目的・効果」基準を採用しているが、国家と宗教との緩やかな分離を是認する効果を果たすものとして当初は批判された。この基準は、①その行為の目的が宗

教的意義を有するかどうか、②その効果が宗教に対する援助、助長、促進または圧迫、干渉等になるかどうか、という点から判断するものである。最高裁は津地鎮祭事件において初めてこの「目的・効果」基準を採用しているが、アメリカのレーモン・テストが示した3つ目の「国家と宗教との過度のかかわり合い」について判断していないことから批判された。その後の愛媛玉串料訴訟判決では、同じ「目的・効果」基準を使用しつつ違憲判決を下している。さらに、空知太神社訴訟などでは「総合的判断手法」と呼ばれる手法が採用されていることから、最高裁は事件の性質に応じ「目的・効果」基準以外の基準を用いるようである。

7 政教分離原則に関する判例
(i) 津地鎮祭事件（最大判 1977.7.13 民集 31-4-533）

　三重県津市が市立体育館の建設にあたり神道式の地鎮祭を行い、それに公金を支出したことが憲法20条や89条の定める政教分離原則に反するとして住民が地方自治法242条の2に基づき損害の補填を求めて出訴した事件である。一審の津地裁は、地鎮祭は習俗的行事であるとして訴えを退けた。二審の名古屋高裁は宗教的行事と習俗的行事とを判別する基準として、①行為の主宰者が宗教家であるかどうか、②行為の順序作法が宗教界で定められたものであるかどうか、③当該行為が一般人に違和感なく受け容れられる程度に普遍性を有するかどうかという3つの基準を示し、本件の場合いずれにも該当するとして違憲判決を下した。これに対し最高裁は前述の「目的・効果」基準を初めて採用して住民の請求を棄却する判断を示した。最高裁は、政教分離原則は「いわゆる制度的保障の規定であって、信教の自由そのものを直接保障するものではなく、国家と宗教との分離を制度として保障することにより、間接的に信教の自由の保障を確保しようとするものであ」り、「政教分離規定の保障の対象となる国家と宗教との分離にも自ずから一定の限界がある」と述べ、政教分離規定を緩やかに解した。その上で20条3項により禁止される「宗教的活動とは、前述の政教分離原則の意義に照らしてこれをみれば、およそ国及びその機関の活動で宗教とのかかわり合いをもつすべての行為を指すものではなく、そのかかわり合いが右にいう相当とされる限度を超えるものに限られるというべきであっ

て、当該行為の目的が宗教的意義をもち、その効果が宗教に対する援助、助長、促進または圧迫等になるような行為」に限定され、「当該行為の行われる場所、当該行為に対する一般人の宗教的評価、当該行為者が当該行為を行うについての意図、目的及び宗教的意識の有無、程度、当該行為の一般人に与える効果、影響等、諸般の事情を考慮し、社会通念に従って、客観的に判断しなければならなら」ず、本件起工式の目的は「土地の平穏堅固、工事の無事安全を願い、社会の一般的慣習に従った儀式を行うという専ら世俗的なものと認められ、その効果は神道を援助、助長、促進し又は他の宗教に圧迫、干渉を加えるものとは認められないので」政教分離原則には違反しないとした。藤林長官を含む5人の裁判官の反対意見は、憲法20条の定める政教分離原則は「国家の非宗教性を意味するものと解すべきであり」、「本件起工式は、明らかに、憲法20条3項にいう宗教的活動にあた」り、「よって、本件起工式は、憲法20条3項に違反し許されないものといわなければならない」と述べている。

(ⅱ) **箕面忠魂碑訴訟**（最判 1993.2.16 民集 47-3-1687）

大阪府箕面市が、市立小学校を増改築するため、隣接する市有地に設置されていた市遺族会が所有する忠魂碑を新たに用地を取得して移転させた市の行為が、憲法20条および89条に違反するとして住民訴訟が提起された。一審の大阪地裁判決（大阪地判 1982.3.24 判時 1036-20）は、忠魂碑を宗教的施設であると認定し、「目的・効果」基準を適用して違憲と判断した。また、遺族会により神式と仏式が交互で行われている慰霊祭に市長と教育長が参列したことを問う別の訴訟の一審判決（大阪地判 1983.3.1 行集 34-3-358）では、参列は私的行為であることから、これに要した時間分の給与を市に返還すべきと判断した。二審の大阪高裁判決（大阪高判 1987.7.16 行集 38-6/7-561）は、忠魂碑は戦没者の慰霊・顕彰のための記念碑であって宗教的施設ではないこと、遺族会についても憲法20条1項にいう「宗教団体」や89条の「宗教上の組織若しくは団体」ではないことから、市の行為は違憲ではなく、教育長らの行為は職務にかかわる社会的儀礼行為であるので宗教的活動には当たらないと判断した。最高裁もこの判断を支持している。

(ⅲ) **愛媛玉串料訴訟**（最大判 1997.4.2 民集 51-4-1673）

愛媛県知事が在職中に行った靖国神社および県護国神社への玉串料・献灯料・

供物料の公金からの支出の違憲性が問われた事件である。一審の松山地裁は公金支出の「目的が宗教的意義をもつことを否定できないばかりでなく」、本件支出が「県と靖国神社との結びつきに関する象徴としての役割を果たしており、県護国神社の宗教活動を援助、助長、促進する効果を有する」ことから違憲であると判断した。二審の高松高裁は本件支出が宗教的目的をもたず、その額も「社会的な儀礼の程度」だとし、合憲と判断した。最高裁は、「目的・効果」基準を用いながら、玉串料等の支出の目的については、津地鎮祭事件のような「起工式の場合とは異なり、時代の推移によって既にその宗教的意義が希薄化し、慣習化した社会的儀礼にすぎないものになっているとまでは到底いうことができず、一般人が本件の玉串料等の奉納を社会的儀礼の一つにすぎないと評価しているとは考え難いところであ」り、「玉串料等の奉納者においても、それが宗教的意義を有するものであるという認識を大なり小なり持たざるを得ない」と述べ、本件の宗教的意義を認めた。次に本件の効果に関しては、「県が他の宗教団体の挙行する同種の儀式に対して同様の支出をしたという事実がうかがわれないのであって、県が特定の宗教団体との間にのみ意識的に特別のかかわり合いを持ったことを否定することができ」ず、「地方公共団体が特定の宗教団体に対してのみ本件のような形で特別のかかわり合いを持つことは、一般人に対して、県が当該特定の宗教団体を特別に支援しており、それらの宗教団体が他の宗教団体とは異なる特別のものであるとの印象を与え、特定の宗教への関心を呼び起こすものといわざるを得ない」とした。さらに、「県が本件玉串料等を靖国神社又は護国神社に前記のとおり奉納したことは、その目的が宗教的意義を持つことを免れず、その効果が特定の宗教に対する援助、助長、促進になると認めるべきであり、これによってもたらされる県と靖国神社等とのかかわり合いが我が国の社会的・文化的諸条件に照らし相当とされる限度を超えるものであって、憲法20条3項の禁止する宗教的活動に当たると解するのが相当である」、と違憲の判断をした。本件では、公金支出先が明白に靖国神社や護国神社といった宗教施設であり、当時このような支出を行っていたのが愛媛県を含め7県に過ぎなかったことなどを考慮すると妥当な判断として考えられている。多数意見とは異なる理由付けをしたものとして、完全分離説の立場をとった高橋裁判官の意見や、本件支出を「公金支出の憲法上の制限を定める

憲法 89 条の規定に違反するものであり、この 1 点において、違憲と判断すべきと」した園部裁判官の意見がある。しかし、支出額が低額であったことや全国戦没者慰霊祭の供花料支出との関連から、合憲とする 2 名の裁判官の反対意見もある。

(iv) **空知太神社訴訟**（最大判 2010.1.20 民集 64-1-1）

北海道砂川市が所有する市有地を町内会に対して無償で空知太神社の敷地として提供している行為について、市の住民が政教分離原則に違反しているとして住民訴訟で争った事件である。一審・二審ともに本件行為が憲法 20 条 3 項の宗教的活動に該当することから、政教分離原則に反すると判断した。最高裁は、「憲法 89 条も、公の財産の利用提供等における宗教とのかかわり合いが、我が国の社会的、文化的諸条件に照らし、信教の自由の保障の確保という制度の根本目的との関係で相当とされる限度を超えるものと認められる場合に、これを許さないとするものと解される」と述べたのちに、「信教の自由の保障の確保という制度の根本目的との関係で相当とされる限度を超えて憲法 89 条に違反するか否かを判断するに当たっては、当該宗教的施設の性格、当該土地が無償で当該施設の敷地としての用に供されるに至った経緯、当該無償提供の態様、これらに対する一般人の評価等、諸般の事情を考慮し、社会通念に照らして総合的に判断すべきものと解するのが相当である」との判断を示している。最高裁は以上のように述べ、砂川市の行為が憲法 20 条 1 項後段および 89 条に違反するとの判断を示しているが、本件では「目的・効果」基準は用いられていない。その理由については諸説あるが、藤田宙靖裁判官の補足意見は次のように述べている。すなわち、「本件において、敢えて目的効果基準の採用それ自体に対しこれを全面的に否定するまでの必要は無いものと考える。但し、ここにいう目的効果基準の具体的な内容あるいはその適用の在り方については、慎重な配慮が必要なのであ」る。「過去の当審判例上、目的効果基準が機能せしめられてきたのは、問題となる行為等においていわば『宗教性』と『世俗性』とが同居しておりその優劣が微妙であるときに、そのどちらを重視するかの決定に際してであ」る。「本件における神社施設は、これといった文化財や史跡等としての世俗的意義を有するものではなく、一義的に宗教施設（神道施設）であって、そこで行われる行事もまた宗教的な行事であ」り、「その意味にお

いては、本件における憲法問題は、本来、目的効果基準の適用の可否が問われる以前の問題であるというべきである。」と述べている。同裁判官の意見によると、「目的・効果」基準を使用するのは、問題となった行為に世俗的側面と宗教的側面との両方がある場合だということになる。なお、本件判決と同日に下された富平神社判決（最大判 2010.1.20 民集 64-1-128）にも同じ判断枠組みを使用し合憲との判断を示している。

(v) 白山比咩(ひめ)神社訴訟（最判 2010.7.22 判時 2087-26）

石川県白山市の宗教法人白山比咩神社の御鎮座二千百年弐年大祭奉賛会の発会式に市長が出席し、祝辞を述べた行為が憲法の政教分離規定に抵触する行為であり、出席に伴う運転職員の手当等の損害賠償を求め住民らが訴訟を提起した。一審の金沢地裁は「社会的儀礼の範囲内」であるとし、控訴審の名古屋高裁は「目的・効果」基準を用いて違憲の判断を示した。最高裁は、まず、「観光振興的な意義を相応に有する事業の奉賛を目的とする団体の発会に係る行事であることも踏まえ、このような団体の主催する当該発会式に来賓として招かれたのに応じて、これに対する市長としての社会的儀礼を尽くす目的で行われたものであり、宗教的色彩を帯びない儀礼的行為の範囲にとどまる態様のものであって、特定の宗教に対する援助、助長、促進になるような効果を伴うものでもなかったというべきであ」りと述べた後に、当該「行為は、宗教とのかかわり合いの程度が、我が国の社会的、文化的諸条件に照らし、信教の自由の保障の確保という制度の根本目的との関係で相当とされる限度を超えるものとは認められず、憲法上の政教分離原則及びそれに基づく政教分離規定に違反するものではないと解するのが相当である」との判断を示した。

(vi) 那覇市孔子廟事件（最大判 2021.2.24 民集 75-2-29）

那覇市松山公園に中国の思想家で儒教の祖・孔子を祭る久米至聖廟（孔子廟）が設置され、そこでは儒教と沖縄の歴史を学ぶことが可能である。一般社団法人「久米崇聖会」が 2013 年に建て、市が施設の公共性を認めて敷地の使用料（年 576 万円）を免除したため、市民運動家が政教分離原則に反するとして市を訴えた事件である。最高裁は、孔子の霊を迎える年に 1 度の祭礼が宗教的意義をもち、祭礼を行う目的で施設の建物が配置されていることを指摘した。儒教が宗教かどうかの点には言及せず、崇聖会が「祭礼の観光化」を拒む姿勢を示

す閉鎖性、さらに免除額の大きさを踏まえ、市が使用料を免除したのは「宗教的活動」に当たると判断した。すなわち、本件施設の性格、使用料免除に至った経緯、無償提供の態様、一般人の評価等を検討した後に、「本件免除は、市と宗教との関わり合いが、我が国の社会的、文化的諸条件に照らし、信教の自由の保障の確保という制度の根本目的との関係で相当とされる限度を超えるものとして、憲法20条3項の禁止する宗教的活動に該当すると解するのが相当である」との判断を示した。その上で使用料については、市に決めさせるべきだとした二審・福岡高裁那覇支部判決を破棄した。そして、「市に裁量はない」とし、全額を徴収すべきだとした一審・那覇地裁判決を確定させた。

Ⅲ 学問の自由

日本国憲法23条は学問の自由を保障する。明治憲法のモデルとなったプロイセン憲法は学問の自由を規定していたが、明治憲法に同種の規定はなかった。しかしながら、1890年代に大学の自治の制度と慣行の原型が形成され、1914年の京大沢柳事件を契機に、大学教授の任免について教授会の同意を必要とするという人事に関する大学の自治の慣行が確立した。しかし、1931年の満州事変以後の軍国主義の影響により、学問の自由も大学の自治も次第に侵害されていった。そのような中、1933年の**滝川事件**では、京都帝国大学の滝川幸辰教授の唱えた学説が問題視され文部省から休職処分を受けた。これに抗議し、約20人の教授が京都大学を去る事態となった。学生の抗議活動は全国に広がったが、他大学は沈黙を保ち、京都大学は孤立した。その後の1935年の**天皇機関説事件**では、美濃部達吉の唱えた天皇機関説（統治権は法人である国家にあり、天皇もその機関にすぎないとするもの）を政府は禁止するばかりでなく、美濃部を公職から追放し、著作も発禁処分となった。翌年には二二六事件が起こり、自由は急速に失われていった。日本国憲法23条の学問の自由規定は、こうした歴史を踏まえて誕生したことを意識しなければならないだろう。

1 学問の自由の内容

学問の自由の内容は、①学問研究の自由、②研究発表の自由、③教授の自由、

④大学の自治である。学問研究の自由は憲法19条の思想・良心の自由に、研究発表の自由は憲法21条の表現の自由の保障に含まれるが、学問の自由として保障することの意義は、「学問の研究というものは、つねに、従来の考え方を批判して、あたらしいものを生み出そうとの努力であるから、それに対しては、特に高い程度の自由が要求される」ことにある（宮沢）。また、教授の自由については、大学の教員だけでなく高等学校以下の教員の教育の自由をも含むのかが問われる。これについて**ポポロ事件最高裁判決**（最大判1963.5.22刑集17-4-370）は、「教育ないし教授の自由は、学問の自由と密接な関係を有するけれども、必ずしもこれに含まれるものではない。しかし、大学については、憲法の右趣旨と、これに沿つて学校教育法52条が『大学は、学術の中心として、広く知識を授けるとともに、深く専門の学芸を教授研究』することを目的とするとしていることとに基づいて、大学において教授その他の研究者がその専門の研究の結果を教授する自由は、これを保障されると解するのを相当とする。すなわち、教授その他の研究者は、その研究の結果を大学の講義または演習において教授する自由を保障されるのである」と、大学における教授の自由に限定して解していた。その後、**第二次家永訴訟第一審判決**（杉本判決）（東京地判1970.7.17行集21-7別冊1）は、教師の教育の自由を23条の一環としつつ、26条の前提として教育の自由を位置づける立場を示した。この論争について**旭川学力テスト事件最高裁判決**（最大判1976.5.21刑集30-5-615）は、①学問の自由が教授の自由を含むことを明言し、②憲法23条を根拠に初等中等教育機関の教師の教授の自由を一定の範囲で認める判断を示した。しかしながら、普通教育課程の児童生徒には教授内容を批判する能力がなく、教師が児童に対して強い影響力や支配力を有していること、さらに、子どもの側に学校や教師を選択する余地が乏しく、教育の機会均等を図る上からも全国的に一定の水準を確保すべき強い要請があることを考慮すると、普通教育における教師に「完全な教授の自由」は認められないとした。

2　学問の自由の限界

　学問研究は、本来自由に行われるべきものである。しかしながら、特に遺伝子技術、医療技術のような先端分野では、その規制が課題となっている。規制

の有り様については立法権や行政権がみだりに介入するべきではなく、研究者・大学等の研究機関の自立や自主性に委ねることが妥当する。これに対し、ルールを法律で定めるべきだとする見解も述べられているが、学問研究の過度な規制に至らないよう配慮が必要である。

3 大学の自治

学問の自由を保障するために重要なものとして、大学の自治がある。この点についてポポロ事件最高裁判決は、学問の自由と自治を「教授その他の研究者の研究、その結果の発表、研究結果の教授の自由とこれらを保障するための自治とを意味すると解される」とし、大学の施設と学生は、「これらの自由と自治の効果として、施設が大学当局によつて自治的に管理され、学生も学問の自由と施設の利用を認められる」としていた。学説においても、大学の自治は、学問の自由を制度的に保障するための制度的保障説としての理解がなされている。ゆえに、法律等により大学の自治を廃止したりすることは不可能とされる。大学の自治の主体については、ポポロ事件最高裁判決は教授その他の研究者を中心に捉え、学生は専ら「これらの自由と自治の効果として、施設が大学当局によつて自治的に管理され、学生も学問の自由と施設の利用を認められる」としていた。学説では、大学における不可欠の構成員として「大学自治の運営について要望し、批判し、あるいは反対する権利を有する者」（仙台高判 1971.5.28 判時 645-55）と解するのが妥当とされている。施設の管理についても、大学の自主的判断によるものとされる。問題となるのは、警察権との関係である。犯罪捜査が目的である場合には、正規の令状があれば大学はこれを拒否することはできない。大学構内で不測の事態が起きた場合には、大学からの要請に基づき立ち入ることになろう。問題は、警備公安活動のための警察官の大学構内への立ち入りである。これは、治安維持の名目で自由な学問研究が阻害される可能性が大きいことから、大学の了解なしに構内に立ち入ることは認められないと考えられている。

【avancée】

本章で扱った各テーマのうち、たとえば学問の自由はどうであろうか。2020 年、

当時の菅政権は日本学術会議が推薦した会員候補6人の任命を拒否した。任命拒否の理由について、政府からの説明はない。この6人に共通していることは、組織犯罪処罰法や平和安全法制、特定秘密保護法等の国の重要政策に反対の意思表示を行ったことである。日本国憲法23条の定める学問の自由の核心は、専門分野の自律性を守ることである。23条は、戦前の滝川事件や天皇機関説事件等の反省を踏まえた規定である。この23条の存在意義は、学問研究の自由だけでなく、学問共同体の自治や自律性を守ることにもある。したがって、様々な学問分野を束ねる日本学術会議についてもその自治が守られなければならないのではないか。

学問の自由の中心を担う高等教育機関についてはどうであろうか。経済協力開発機構（OECD）が2024年9月10日に公表した教育分野に関する報告書（Education at a Glance 2024）のデータ[3]によると、日本では、就学前教育への公的財源の割合は76%で、OECD平均の86%を下回っている。さらに高等教育ではOECD平均の68%に対して37%となっている。さらに、2024年9月に東京大学が2025年度の入学者から学部の授業料を値上げする方針を明らかにした。2004年度の国立大学法人化以降、東京大学においても、教職員の人件費や関連経費として国から交付される運営費交付金は20年間で約80億円減額された。それでも86ある国立大学の中では、東京大学の運営費交付金は最多である。その他の国立大学はさらに厳しい状況にあるとの指摘がある。少子化の影響を考慮するならば、学費値上げは国立大学だけの問題ではなく、私立大学も含めた日本全体の高等教育機関に関わる事柄であることをより意識した議論が強く望まれる。

【参考文献】
田中伸尚『ルポ　良心と義務――「日の丸・君が代」にあらがう人びと』岩波新書、2012年
山崎雅弘『「天皇機関説」事件』集英社新書、2017年
吉見俊哉『大学は何処へ　未来への設計図』岩波新書、2021年

---

[3]　https://www.oecd.org/content/dam/oecd/ja/publications/reports/2024/09/education-at-a-glance-2024-country-notes_532eb29d/japan_fb7f8db2/d9880f13-ja.pdf

第 4 章　伝えたいことがあるんだ

> 「見た人全員が『泣けた！』としか言わないようなものを、そもそも表現としてやる必要があるのか。」（俳優・松重豊〔朝日新聞 2024 年 6 月 8 日インタビューより〕）

I　表現の自由

1　「表現の自由」の意義

(1)　優越的地位

　日本国憲法は様々な人権を保障しているが、その中でも「表現の自由」は他の人権と比べてとわけ強く保障されなければならないと一般にいわれている。なぜなら、表現の自由は個人の人格形成に密接に関わっているからである。すなわち、私たちは「思想の自由」（憲法 19 条）のもと、いろんな考えや価値観を自分の中で形成するが、それだけにとどまらず、自分の考えや価値観を他者に伝え、それに対する同意や反論といった様々な反応を得ることによって、より考えや価値観を深めることができるからである[1]。

　表現の自由のもう 1 つの重要な意義は、それが政策決定過程への言論による参加を保障することによって、「国民主権」の原理を現実のものとすることにある。つまり、私たちは「主権者」といえども直接権力を行使することはできないが（10 章参照）、政策に対して自由に「もの申す」ことができるからこそ、私たちが選んだ政府の正統性が保たれるともいえる。裏を返せば、表現の自由とは、政府＝公権力にとって自分たちの政治に"難癖"をつけることのできる非常に"都合の悪い"人権であり、したがって公権力からの圧力にさらされや

---

(1)　表現の自由の意義について詳しくは奥平康弘『なぜ「表現の自由」か』（東京大学出版会、1988 年）参照。

すい人権ということになる。ゆえに、「表現の自由」に対する規制の合憲性を判断する際には、他の人権よりも、より厳格な審査基準を用いなければならないとされる。これが、いわゆる表現の自由をはじめとする精神的自由と経済的自由とで違憲審査の基準を使い分ける「**二重の基準**」（前者に対しては「厳格な審査基準」を、後者に対してはより緩やかな「合理性の基準」をもって判断する）という考え方である。表現の自由が他の人権と比べて「優越的地位」にあるというのはこういう意味であって、決して他の人権の保障と比べて表現の自由が頂点に立つ絶対的な人権という意味ではない（このことはこれから検討するように、表現の自由とプライバシーが衝突する場合、後者の保護のために前者が制限されることもあることからも明らかであろう）。

(2) **知る権利**

自分の考えを形成するにしても、政策に対するチェックを行うにしても、まずは形成材料・判断材料としての「情報」が必要となる。つまり、表現の自由を実際に行使するためには、単に「伝える」自由だけでなく、必要な情報を「得る」自由＝「知る権利」も保障されなければならない。したがって、憲法21条に直接の規定はないが、表現の自由の一環として「知る権利」も当然に保障されると解されている[2]。

情報の「送り手」と「受け手」との違いがそれほど明確ではなかった19世紀においては、このような「受け手」の立場からの表現の自由＝知る権利を特に意識する必要もなかったが、20世紀以降は政府機能の増大及びマス・メディアの発達により、大量の情報を一方的に取得あるいは流す「送り手」と、それをただ受け取るしかない「受け手」＝一般市民との分離が顕著になった。そこで、表現の自由を一般市民の側から再構成し、知る権利とは聞く自由、読む自由、視る自由などのように、情報収集を政府によって妨げられないという自由権的性格だけでなく、政府に対して積極的に情報の公開を要求する請求権的性格も有すると解されている。前者は広義の知る権利、後者は狭義の知る権利といわれるが、支配的学説は、後者については憲法21条により直接保障される「具体的権利」ではなく、その行使のためには公開の基準や手続を定めた条例や法

---

(2) なお、世界人権宣言19条及び国際人権B規約19条2項では、狭義の表現の自由とともに「知る権利」も明文で保障されている。

律がなければならない「抽象的権利」としている。

1980年代以降、地方自治体レベルではすでに情報公開条例が相次いで制定されていたが、国レベルでは、1999年5月にようやく情報公開法（「行政機関の保有する情報の公開に関する法律」）が制定された。しかし、この法律は、知る権利が判例・学説上多義的に用いられていることを理由に「知る権利」という文言を明記せず、「国民主権」と政府の「説明責任」をもっぱら強調するものとなっている。また、2009年に制定された公文書管理法（「公文書等の管理に関する法律」）は、行政機関の諸活動や歴史的事実の記録である公文書が「国民共有の知的資源」であるとの前提のもと、現在及び将来の国民に対して、政府の諸活動に関する説明責任を全うするため、行政文書の作成及び保存を義務づけている。

しかし、2013年12月に成立した特定秘密保護法（「特定秘密の保護に関する法律」）は、国民の「知る権利」を大きく阻害するものとなっている（この法律については後述）。

(3) アクセス権

情報収集のみならず、さらに積極的に、情報の受け手である一般市民が、情報の送り手であるマス・メディアに対して、自分の意見を発表する場の提供を要求する権利をアクセス権という。その中でも特に、自分の情報に関する意見広告や反論記事の掲載を求める権利、すなわち反論権が認められるかにつき、サンケイ新聞意見広告事件（最判1987.4.24民集41-3-490）で最高裁は、「この制度が認められるときは、新聞を発行・販売する者にとっては…その掲載を強制されることになり、また、そのために本来ならば他に利用できたはずの紙面を割かなければならなくなる等の負担を強いられるのであつて、これらの負担が…公的事項に関する批判的記事の掲載をちゆうちよさせ、憲法の保障する表現の自由を間接的に侵す危険につながるおそれも多分に存する」ので、「反論文掲載請求権をたやすく認めることはできない」とした。また、放送法4条は訂正放送の制度を設けているが、これが放送事業者に対して訂正放送を求める権利を保障するものかどうかにつき、最高裁は「表現の自由及び放送の自律性の保障の理念」に鑑み、同条は「真実でない事項の放送がされた場合において…放送事業者に対し、自律的に訂正放送等を行うことを国民全体に対する公法上の義務として定めたものであって、被害者に対して訂正放送等を求める私法上の

請求権を付与する趣旨の規定ではないと解するのが相当である」としてこれを否定した（最判 2004.11.25 民集 58-8-2326）。

2　表現の自由に対する制限

(1)　総説

　表現の自由は公権力がもっとも制限したい自由であるがゆえに、その規制立法に対しては「厳格な審査基準」が用いられなければならない。

　まず、表現行為の「発表」そのものを禁止することは絶対に許されない（＝「検閲」の禁止）。また、法律の文言が曖昧で具体的に表現の行為の何を制限しているのかわからない、あるいは規制の対象が必要以上に広汎である場合、表現者は何が規制の対象になっているのかがわからず、必要以上に表現行為を控えてしまうおそれがある（＝「萎縮効果」〔chilling effect〕）。このような場合、その法律は「漠然不明確」である、あるいは「過度に広汎な規制」を行っているということで、法律の内容そのものを審査することなく、文面上違憲無効とされなければならない。

　このように法律の文言が明確であることが確認されて後に規制内容の審査となる。まず、その規制目的が表現内容に関わっている場合（「わいせつ」だからダメとか、プライバシーを侵害しているからダメ、など）、放っておくとその表現行為が近い将来、回復不可能で重大な侵害を引き起こすことが明々白々であるため、表現行為を規制するしかない、といえるかどうかを判断しなければならない（＝「明白かつ現在の危険」〔clear and present danger〕の基準）。

　次にそのような「危険性」がある＝規制目的が正当である、と認められても、それだけではまだ表現の自由の規制を正当化することはできない。規制目的が正当である、あるいは規制が表現内容そのものに関わるものではないとしても、その目的を達成するための「手段」に対する規制（表現を行う場所、時間、方法などに対する制限）が必要最小限度にとどまっていなければ、表現行為を不当に制限するものであるから違憲ということになる（＝「LRA〔Less Restrictive Alternative：より制限的でない他の選びうる手段〕」の基準）。

　以下、それぞれが問題となる具体的な場面を見てみよう。

(2) 検閲の絶対的禁止

　憲法 21 条 2 項前段は「検閲は、これをしてはならない」と定めている。この文言には何の留保も但書もないので、絶対的な禁止と解される。

　「検閲」とは従来、「公権力が外に発表される思想内容を予め審査し、不適当と認めるときはその発表を禁止すること」と解されてきたが、「検閲」の対象となるのは、必ずしも「思想内容」だけとは限らず、公権力にとって都合の悪い「事実関係」も規制対象となりうるので、「思想内容」に限定せず広く「表現内容」と解すべきである。また、発表後であっても、実際に私たちがそれに接することができなければ意味がないので（たとえば海外ですでに発表済であっても国内で未発表であればほとんどの国民はそれを知ることはできない）、厳密な意味での「事前審査」に限らず、実質的に「事前審査」と同視できるような規制であれば、たとえ「発表後」であっても「検閲」にあたると解すべきである。この点につき、税関検査において「公安又は風俗を害すべき書籍」（関税法 69 条の 11 第 1 項 7 号）の輸入を禁止していることが「検閲」にあたるかどうかが争われた事件において、最高裁は、「検閲」を「行政権が主体となって、思想内容等の表現物を対象とし、その全部又は一部の発表の禁止を目的として、対象とされる一定の表現物につき網羅的一般的に、発表前にその内容を審査した上、不適当と認めるものの発表を禁止すること」と定義した上で、税関検査は「国外において既に発表済みのもの」であり、かつ「思想内容それ自体を網羅的に審査し規制すること」を目的とはしていないので「検閲」にはあたらないとした（最大判 1984.12.12 民集 38-12-1308）が、最高裁のこの定義は「検閲」の概念を狭く解しすぎているとの批判が強い（なお、この判決に対しては 4 人の裁判官がそもそも「風俗を害すべき書籍」という規定は「不明確であると同時に広汎に過ぎるもの」であるから違憲無効であるとの反対意見を付している）。

　また、小中高等学校で使用される教科書は文科省の検定に合格しなければならないが（学校教育法 21 条等）、この検定制度が「検閲」にあたるかどうかについても、最高裁は「一般図書としての発行を何ら妨げるものではなく、発表禁止目的や発表前の審査などの特質がない」から「検閲」にはあたらないとしている（第一次家永訴訟上告審判決〔最判 1993.3.16 民集 47-5-3483〕）。しかし、検定制度は誤記、誤植といった客観的に明らかな誤りだけでなく思想内容を審査する

ものであること、検定不合格となった図書を一般図書として発行することは事実上不可能であることから、「検閲」に該当するとの批判が強い（第二次家永訴訟第一審判決〔東京地判 1970.7.17 行集 21-7 別冊 -1〕は教科書の検定が思想内容に及ぶものでない限り「検閲」には該当せず合憲であるが、本件の検定は思想内容の審査に及んでいるので違憲であるとしている）。

(3) 事前抑制の原則的禁止

「検閲」の主体については、広く「公権力」と捉える考え方と、狭く「行政権」と捉える考え方がある。前者の場合、行政権以外の公権力、たとえば裁判所による出版の事前差止も「検閲」に含まれるが、それは一定の厳格な要件を満たしている場合に例外的に許されることになる。一方、後者の場合、「行政権」を主体とする「検閲」は 21 条 2 項の文言から絶対的に禁止されるが、裁判所による出版の事前差止は「検閲」ではなく、それより広い概念の「事前抑制」の一種ということで原則禁止だが例外的に認められる場合もあるということになる。もちろん、「事前抑制」が原則禁止だからといってその例外が容易に認められるわけではなく、前者と同じく一定の厳格な要件を満たしていることが要求されるので、結論としては両者の間に実質的な差はない。この点につき、最高裁は、裁判所の仮処分による事前差止は「検閲」にはあたらないとした上で、表現行為に対する「事前抑制」は原則として認められないが、①表現内容が真実ではなく、②公益を図る目的ではなく、③公表されると重大にして著しく回復困難な損害を被るおそれがあるときで、なおかつ表現者に対して主張立証の機会が与えられた上で発せられた場合には例外的に認められるとしている（「北方ジャーナル」事件〔最大判 1986.6.11 民集 40-4-872〕）。

また、2004 年 3 月に「週刊文春」が田中真紀子元外相・衆議院議員の長女の私生活に関する記事を掲載したのに対し、長女側が「プライバシー侵害」を理由に出版差止を求める訴訟を行った事件で、東京地裁は上記の北方ジャーナル事件の三要件をすべて満たすとして長女側の訴えを認めたが（東京地決 2004.3.19 判時 1865-18）、東京高裁は①、②の要件を満たすことは認めつつも、③については「プライバシーを侵害するものであるが、重大で著しく回復困難な損害を被らせる恐れがあるとまではいうことはできない」として出版差止を認めなかった（東京高決 2004.3.31 判時 1865-12）。個人の私生活に関する情報がいっ

たん公表された場合、後でプライバシー侵害を理由に損害賠償を請求できたとしても、公表された事実が消えるわけではないので、真の救済を得ることはできないかもしれない。しかし、上述のような表現の自由及び知る権利の重要性を鑑みると、安易な事前抑制の容認は市民社会にとって非常に危険なことであるから、東京高裁の決定は評価されるべきであろう。他方、公表されれば回復困難な侵害が生ずるとして出版差止が認められた事例としては**「石に泳ぐ魚」事件**(後述)や **SMAP** おっかけ本事件(東京地判 1998.11.30 判時 1686-68)などがある。

(4) 明確性の要請

表現行為を規制する法律の文言が明確であることの要請は、31 条の罪刑法定主義からも導き出される(第7章参照)。何をすれば犯罪となり、どういう刑罰が与えられるのかが事前にわかっていなければ、我々は社会生活を安心して営むことはできないからである。それは表現についても同様である。この点につき、「交通秩序を維持すること」という文言によるデモ行進の規制の明確性が争われた事件で、最高裁は、「通常の判断能力を有する一般人の理解において、具体的な場合に当該行為がその適用を受けるものかどうかの判断を可能ならしめるような基準が読みとれるかどうか」によって判断すればよいとして、これを合憲とした(徳島市公安条例事件〔最大判 1975.9.10 刑集 29-8-489〕)。

また、暴走族を条例で規制するにあたり、規制の対象が「公共の場所において、公衆に不安若しくは恐怖を覚えさせるような特異な服装若しくは集団名を表示した服装で、い集、集会若しくは示威行為を行う集団」と定義されているため、社会通念上の「暴走族」以外の集団が含まれることになり、規制の対象が過度に広汎ではないかが争われた事件で、最高裁は、条例全体を読めば、規制の対象となっているのは「本来的な意味における暴走族」及びそれに類似する集団に限定されると解することが可能であるとして、合憲限定解釈を行った(広島市暴走族追放条例事件〔最判 2007.9.18 刑集 61-6-601〕)。しかし、そのような合憲限定解釈には無理があるとする2つの反対意見も付されている。

3　表現内容に対する規制

(1) わいせつ

刑法 175 条は「わいせつな文書、図画その他の物を頒布し、販売し、又は公

然と陳列した物」を処罰している。しかし、「わいせつ」とは一体どのようなものを指すのであろうか。何が「わいせつ」は時代の流れによって大きく変わるし（たとえば一昔前はいわゆる「ヘアヌード」は「わいせつ」文書として刑法175条の対象となったが、今では一般誌にも掲載されている）、そもそも何を「わいせつ」と感じるかは人それぞれである。

　この点につき、最高裁は、「**チャタレー夫人の恋人**」**事件**（最大判1957.3.13刑集11-3-997）で、「わいせつ」とは「徒に性欲を興奮又は刺戟せしめ、且つ普通人の正常な性的羞恥心を害し、善良な性的道義観念に反するもの」と定義し、それに該当するかどうかは「一般社会において行われている良識すなわち社会通念」に基づいて「裁判所」が行うとした。その後、最高裁は、「**悪徳の栄え**」**事件**（最大判1969.10.15刑集23-10-1239）で「わいせつ」かどうかは文書全体との関連で判断すべきこと、「**四畳半襖の下張**」**事件**（最判1980.11.28刑集34-6-433）で「性に関する露骨で詳細な描写叙述の程度とその手法」や、それが「文書全体に占める比重」、「芸術性・思想性」などを総合的に考慮して判断すべきとして、より詳細な判断基準を示しているが、いずれにせよ「わいせつ」の定義はその時代の「社会通念」というきわめて曖昧な概念によって「裁判官」が決めることになる。

　刑法175条の保護法益＝規制目的について、最高裁は「性的秩序を守り、最小限度の性道徳を維持すること」（チャタレー事件）としているが、初めてマンガ（いわゆる成人向コミック）のわいせつ性が問題となった**松文館事件**（東京地判2004.1.13判時1853-151、東京高判2005.6.16判例集未搭載）では、基本的には最高裁の理解を踏襲しつつも、「性的秩序や最小限度の性道徳、健全な性風俗」を維持することによって「性犯罪の抑止や青少年の健全な育成、売春の防止」などに間接的に寄与することができるとしている。

　しかし、上記のように「わいせつ」という概念はきわめて曖昧なものであり、かつそれが「性的秩序」や「最小限度の性道徳」、あるいは「性犯罪」に与える影響についても、「明白かつ現在の危険」といえるほど具体的な関連性があるわけではない。「わいせつ」物を見たくない人や未成年の保護については、頒布・販売の時間・場所・方法などを規制すればよく、実際に成人コミックなどは出版社の自主規制によってすでにゾーニング販売がなされている。し

たがって、「わいせつ」物の頒布・販売を包括的に禁止する刑法175条は、表現の自由に対する過度に広汎な規制に該当するといえよう。

しかし、長野県を除く都道府県及び市町村で制定されている青少年保護条例は、「有害図書」と指定された書籍等の青少年への販売・配布・貸付等や自販機への収納を禁止している。これが、青少年のみならず、成人の「知る権利」まで制限することになるのではないか、という問題につき、最高裁は、このような規制は「青少年の健全な育成を阻害する有害環境を浄化するための規制に伴う必要やむをえない制約」であるから、成人との関係においても憲法21条1項に違反しないとしている（岐阜県青少年保護育成条例事件〔最判1989.9.19刑集43-8-785〕）。

さらに2008年6月には、昨今のインターネットの普及に伴い、青少年インターネット環境整備法（「青少年が安全に安心してインターネットを利用できる環境の整備等に関する法律」）が制定され、「インターネットを利用して公共の閲覧に供されている情報であって青少年の健全な成長を著しく阻害する」とされる「青少年有害情報」につき、民間事業者に対してフィルタリングとブロッキングで対応することが義務づけられた。しかし、成人に対してまで「違法」には至らない「有害」な情報へのアクセスを遮断することになる、フィルタリングとブロッキングが民間事業者の自主的な取り組みに委ねられているため、その基準を第三者による検証することがほぼ不可能である、など問題も多い。

(2) **名誉毀損・プライバシー**

人の名誉やプライバシーは人格権の一内容として憲法13条によって保障される（第1章参照）。これらを侵害する行為は、刑法230条により名誉毀損罪となるか、あるいは民法710条や723条により不法行為となり、制裁を受けることになる。しかし、名誉やプライバシーを侵害する表現行為がすべて規制の対象になるとは限らない。たとえば政治家が賄賂をもらったことを報道されたからといって、プライバシー侵害を主張してその報道をやめさせることができるとしたら？あるいは、賄賂をもらったという報道が実は誤りであったとわかった場合、嘘の報道で名誉を傷つけたとしてその政治家からの損害賠償請求が認められるとしたら？報道する側はその言動がきわめて"アヤシイ"と思える政治家がいたとしても、後々のことを考えて報道を差し控えるようになるだろう。

そうなったら私たちの知る権利は著しく損なわれることになってしまう。

　刑法230条も、このような表現行為の「萎縮効果」に鑑み、230条の二で、名誉毀損の行為が「公共の利害に関する事実」に関わることで、その目的が「公益を図ること」であった場合には、「事実の真否を判断し、真実であることの証明があったときは、これを罰しない」と定めている（この規定の趣旨は民法の不法行為についてもあてはまる）。

　ここでいう「公共の利害に関する事実」とは、単なるのぞき趣味てきな「大衆の関心事」ではなく、一般市民が知る必要のある「正当な関心事」でなければならない。そうすると、公務員（及びその候補者）に関する事柄のほとんどはこれに該当することになる。また、そうした公的人物でなくとも、それと同一視できるほど社会的影響力のある人物（単なる有名人や芸能人ではなく）であるならば、事柄いかんによっては「公共の利害に関する事実」と解すべきであろう。この点につき最高裁は、**「月刊ペン」事件**（最判1981.4.16刑集35-3-84）において、創価学会会長（当時）の私生活の行状を「そのたずさわる社会的活動の性質及びこれを通じて社会に及ぼす影響の程度いかん」に鑑み「公共の利害に関する事実」と判断している。

　また刑法230条の2は公表された事実が「真実であることの証明」を要求しているが、これを文字通り厳格に解すると、結局上述のような「萎縮効果」をもたらしてしまう。この点につき、最高裁は、**「夕刊和歌山時事」事件**（最大判1969.6.25刑集23-7-975）において、たとえ真実であることの証明がない場合でも、「行為者がその事実を真実であると誤信し、その誤信したことについて、確実な資料、根拠に照らし相当の理由があるとき」には名誉毀損罪は成立しないとしている（「相当性の法理」）。つまり、ろくに調べもしないで、あるいは最初から嘘だとわかっていて公表した、というような「悪意」がない限り、名誉毀損の責任は問わないということである（なお、プライバシーについてはこのような「真実性の証明」は免責事由とはならないので、もっぱらその事柄の「公共性」が判断基準となる）。

　プライバシーと表現の自由の衝突は、実際にあった事件や実在の人物をモデルとする、いわゆる「私小説」や「モデル小説」においても発生する。この点につき、プライバシーの権利性を初めて認めた**「宴のあと」事件**（第1章参照）

判決は、モデル小説であっても、多くの読者が当該モデルの私生活を描写したものではないかと想像することで、プライバシーの問題は発生するとした上で、「小説としてのフイクションが豊富で、モデルの起居行動といった生の事実から解放される度合が大きければ大きいほど特定のモデルを想起させることが少なくなり、それが進めばモデルの私生活を描いているという認識をもたれなくなるから」プライバシー侵害は否定されるとした。

一方、柳美里が著名人ではない知人をモデルとした小説が問題となった「**石に泳ぐ魚**」**事件**（最判 2002.9.24 判時 1802-60）では、表現の公然性は、著名人でなくとも、モデルとなった本人を知る「不特定多数の読者」が存在すれば足りるとした上で、現実に題材を求めた場合も、それを小説にする過程で名誉やプライバシーを損なわない表現方法をとることは可能であり、「このような創作上の配慮をすることなく、小説の公表によって他人の尊厳を傷つけることになれば、その小説の公表は、芸術の名によっても容認されない」（東京高判 2001.2.15 判時 1741-68）とした。そして、本件における「個人の傷害や病気の事実」の公表は、「人格権の著しい侵害」であるとして、損害賠償のみならず出版差止も認められた。

なお、近年のインターネットの著しい発展と、それに伴う SNS などのソーシャルメディアの普及により、そのような場での名誉毀損・プライバシー侵害の判断基準を、従来のメディアの場合と変える必要があるのかが問題となる。このことが最初に争点となったラーメンフランチャイズ事件で、東京地裁は、インターネットの利用者は対等の地位で言論の応酬ができるという、インターネットの特殊性に着目し、先日の「相当性の法理」を緩和して、「加害者が、摘示した事実が真実でないことを知りながら発信したか、あるいは、インターネットの個人利用者に対して要求される水準を満たす調査を行わず真実かどうか確かめないで発信したといえるとき」にのみ名誉毀損罪が成立すると判断した（東京地判 2006.2.29 判時 2009-151）。これに対し、最高裁は、インターネットを他の表現手段と区別する根拠はないとし、むしろ、インターネット上に載せた情報は、不特定多数の利用者に瞬時に閲覧可能となることから、名誉毀損の損害は時として深刻なものになりうる、そして、一度損なわれた名誉の回復は容易ではなく、インターネット上での反論によって十分にその回復が図られ

る保証があるわけでもないとして、従来の判断基準を踏襲した（最決2010.3.15刑集64-2-1）。ただしこの事件は、今日のようなSNSが存在しなかった頃のものであることに留意する必要がある[(3)]。

4　表現手段に対する規制
(1)　集会・結社の自由

　表現行為は単独で行うものとは限らない。志を同じくするものが集まって集団で自分たちの主張をアピールすれば、一人でやるよりも、より効果的に耳目を引きつけることが可能となる。そのため、憲法21条も、表現の自由の一環として、「集会」（＝デモのように特定または不特定多数の人が一定の場所において一時的に集まること）の自由及び「結社」（＝政党のように共同の目的のために特定の多数人が継続的に結合すること）の自由を認めている。

　しかし、集会やデモを行うには、大人数が集まる場所の確保が必要となるので、その関係において時間や場所、方法につき一定の制限を受けざるをえない。したがって、集会・結社の自由については、表現内容そのものよりも、その表現手段や形態に対する規制が多くなる。ただし、一見、表現手段に対する規制に見えても、実質的にはある特定の思想内容に対する規制である可能性はきわめて高いので、規制をしなければ具体的な「害悪」が生じるという因果関係が明白か、また必要以上の規制を行っていないか（＝LRAの基準）が慎重に判断されなければならない。たとえば、デモ行進など行う場合には、各自治体の公安条例及び道路交通法により事前規制が行われるが、これにつき最高裁は「一般的な許可制」は許されないが、文面上は許可制でも「実質において届出制」であれば合憲と判断している（東京都公安条例事件〔最大判1960.7.20刑集14-9-1243〕）。

　また、道路、公園、公会堂といった一般市民が集まる公の場所は、いわゆる「パブリック・フォーラム」であるから、そこでの「表現の自由の保障は可能

---

(3)　SNSに関しては、X（旧Twitter）のリツイートが名誉毀損にあたると判断された事例がある（大阪高判2020.6.23判タ1495-127）。これは、名誉毀損的な記述を別のところに転載することも名誉毀損にあたるとされてきた従来の考え方を踏襲したものといえる。

な限り配慮する必要がある」との指摘もある（駅構内でのビラ配布が問題となった最判1984.12.18刑集38-12-3026における伊藤正己裁判官の補足意見）。これに関連して、地方自治法244条は「住民の福祉を増進する目的」で設置される「公の施設」について「正当な理由がない限り」住民に利用を拒否してはならないとし、その設置や管理に関する事項を条例で定めなければならないと定めている。これを受けて制定された条例のいう「公の秩序をみだすおそれがある場合」に該当するとして、市民会館の使用が不許可となったことが争われた泉佐野市民会館事件において、最高裁は、「公の秩序をみだすおそれがある場合」とは「集会の自由を保障することの重要性」よりも、集会が開催されることで「人の生命、身体又は財産が侵害され、公共の安全が損なわれる危険を回避し、防止することの必要性」が優越する場合であると限定的に解釈し、単に「危険な事態を生ずる蓋然性」だけではなく「明らかな差し迫った危険の発生が具体的に予見されることが必要である」としつつも、本件についての規制は認めた（最判1995.3.7民集49-3-687）。しかし、労働組合幹部の合同葬のための上尾市福祉会館使用不許可については、主催者が集会を平穏に行うとしているのにこれを実力で妨害しようとする者がいるというおそれがある場合に利用を拒むことができるのは「警察の警備等によってもなお混乱を防止することができないなど特別の事情がある場合に限られる」として不許可処分を違法としている（最判1996.3.15民集50-3-549）。

一方、市庁舎前広場の使用不許可処分が争われた金沢市庁舎前広場事件において、最高裁は、地方自治体の庁舎（その建物の敷地を含む）は、「公務の用に供するための施設」であり、「主に一般公衆の共同使用に供するための施設である道路や公園等の施設とは異なる」とした上で、公務の中核を担う庁舎等において、政治的な対立がみられる論点について集会等が開催されると、外見上の政治的中立性に疑義が生じ、行政に対する国民の信頼が損なわれ、ひいては公務の円滑な遂行が確保されなくなるとして、不許可処分を適法とした（最判2023.2.21民集77-2-273）。このように最高裁は、市庁舎前広場をパブリック・フォーラムと認めていないが、本件広場は壁や塀で囲われているわけではなく、誰がも自由に出入りできる構造であることや、これまでも多種多様な集会やイベントが行われてきたことから、実質的にパブリック・フォーラムに該当するとい

えるとの批判も多い（宇賀克也裁判官反対意見も参照）[(4)]。

(2) 政治的ビラに対する「弾圧」

インターネットが普及したとはいえ、ビラ貼りやビラ配布は費用もそれほどかからず、手軽に行え、しかもネットと違い、たとえ一瞥だけでも確実に目を通してもらえる表現行為である。ただし、街頭でのビラ貼りやビラ配布は道路交通法や屋外広告物法及びそれに基づく各自治体の条例、さらには軽犯罪法といった種々の規制があるため、より手軽な方法としては各家庭のポストにビラを投函するポスティングがあり、実際、私たちの家のポストには新聞だけでなく、寿司屋、ピザ屋などのチラシが、特に私たちの許可を得ることもなく、毎日のように放り込まれている。しかし近年、同じポスティングでも、そのビラの内容が政治的なものである場合に限って、住居侵入罪（刑法130条）で逮捕されるケースが相次いでいる[(5)]。その中でも04年2月、東京都立川市の防衛省官舎で自衛隊のイラク派遣に反対するビラを配っていた市民団体のメンバーが住居侵入罪で逮捕された事件で、第一審の東京地裁は、本件ポスティングが住居侵入罪の構成要件に該当することは認めつつも、ビラ投函行為は「憲法21条1項の保障する政治的表現活動の一態様であり、民主主義社会の根幹を成すもの」であり、「22条1項により保障されると解される営業活動の一類型である商業的宣伝ビラの投函に比して、いわゆる優越的地位が認められている」こと、立入の態様も相当性を逸脱しておらず、居住者及び管理者の法益侵害も軽微であるから違法性が阻却されるとして無罪を言い渡した。しかし、最高裁は、たとえ表現の自由の行使のためとはいえ、集合住宅の共用部分に管理権者の許可なく立ち入ることは、管理権者の管理権のみならず、そこで生活を営む者の私生活の平穏を侵害するとして、有罪と判断した（最判 2008.4.11 刑集 62-5-1217）。

第一審判決が、表現の自由の重要性に鑑み、本件行為につき違法性阻却を認めた点は評価できるが、そもそも本件行為は住居侵入罪の構成要件に該当する

---

(4) 公立図書館も「パブリック・フォーラム」としての機能を有することにつき、最判 2005.7.14 民集 59-6-1569 も参照。

(5) 2004年12月東京都葛飾区での共産党ビラ配布事件、05年3月東京都町田市での日の丸反対ビラ配布事件、同年9月東京都世田谷区での共産党ビラ配布事件など。

といえるだろうか。刑法130条にいう「住居」に本件のような集合住宅の共用部分が含まれると明言する判例はないこと、「住居権」の侵害があったかどうかは立入態様が「平穏」であったかどうかが判断基準となること、などからすれば、違法性阻却を判断する前にそもそも構成要件に該当していないと解すべきである[(6)]。また、本件の宿舎には今回問題となったビラ以外にも商業的ビラが多数投函されていたにもかかわらず、それらの投函者はなんら刑事責任を問われていないのに、本件の市民団体のメンバーだけが逮捕・起訴されたというのは、明らかに特定の思想弾圧を目的としており、そもそも検察官の公訴権の濫用（刑訴法248条、検察庁法4条）であるともいえよう。

(3) **公務員の政治的行為**

公務員に対しては、憲法上の権利の行使につき様々な制約が課されているが、国家公務員による政治的行為を刑事罰で禁止する（国公法102条1項、人事院規則14-7）ことは憲法上許されるのか。非管理職である郵便局員が、勤務時間外に、労働組合の支持する政党のポスターを掲示したことで有罪となった**猿払事件**では、第一審、控訴審ともに、本件行為に適用される限度において、制裁としての必要最小限度の域を超えていると判断した。しかし最高裁は、「公務員の政治的中立性を損なうおそれのある公務員の政治的行為を禁止することは、それが合理的で必要やむをえない限度にとどまるものである限り、憲法の許容するところである」とした上で、①規制の目的、②目的と規制手段との合理的関連性、③規制によって失われる利益と得られる利益の比較衡量という3つの判断基準を示し、公務員に対する一律全面的な政治的行為の禁止及び罰則規定を合憲とした（最大判 1974.11.6 刑集 28-9-393）。

一方、社会保険庁の非管理職員が休日に政党の機関誌を自宅周辺の住宅に配布したことで有罪となった**堀越事件**では、控訴審が、本件行為が行政の中立的運営及びこれに対する国民の信頼の確保を侵害する危険性は全く肯認できないとして、適用違憲の判決を下したのに対し、最高裁は、本件行為は「公務員の職務の遂行の政治的中立性を損なうおそれが実質的に認められるもの」とはいえないため、そもそも構成要件に該当しないとして無罪を言い渡した（最

---

(6) 詳しくは松宮孝明「ポスティングと住居侵入罪」立命館法学 2004年5号 1103頁参照。

判 2012.12.7 刑集 66-12-1337)。他方、厚労省の課長補佐が、やはり休日に職場から離れた住宅街で政党の機関誌を配布したことで有罪となった宇治橋事件では、最高裁は、当該公務員が管理職的地位にあることを重視し、堀越事件と同様の状況であるにもかかわらず、有罪と判断している（最判 2012.12.7 刑集 66-12-1722)。

　猿払事件判決は、「公務員の政治的中立性を損うおそれのある行動類型に属する政治的行為を、これに内包される意見表明そのものの制約をねらいとしてではなく、その行動のもたらす弊害の防止をねらいとして禁止するときは…単に行動の禁止に伴う限度での間接的、付随的な制約」に過ぎないとして、③の利益衡量において失われる利益を小さく見積もることを正当化している。しかし、「行動のもたらす弊害」を防止する理由が「政治的意見の表明により行政の中立性に対する国民の信頼が失われる」からであるならば、本件規制は表現内容そのものに対する規制であり、「間接的・付随的規制」とはいえない。また、人事院規則 14-7 で禁止されている政治的行為は広範かつ多岐にわたっており、必要最小限度の規制とは到底いえない。堀越事件判決では、「間接的・付随的規制」論は用いられず、政治的中立性を脅かす実質的なおそれがあるかどうかについて利益衡量が行われているが、最高裁は、堀越事件と猿払事件とでは「事案が異なる」ことを強調し、判例変更は行っていない。しかし、この「間接的・付随的規制」論が、その後「間接的規制」論として再構成され、様々な判決で用いられていることに鑑みれば、直接／間接規制の区別の困難さを踏まえた上で、より詳細な検討が必要であろう。

II　情報化社会と「表現の自由」

1　報道の自由

(1) 意義

　報道とは、新聞、ラジオ、テレビなどを通じて「事実」を一般市民に知らせることである。したがって、報道は必ずしも特定の「思想」を伝達するものではないが、報道内容の編集という知的作業の過程において送り手の「意見」が現れること、また、マス・メディアによる報道が一般市民の「知る権利」に奉仕するという重要な役割を持つことから、報道の自由も表現の自由の保障に含

まれる。最高裁も、**博多駅テレビフィルム提出命令事件**（最大決 1969.11.26 刑集 23-11-1490）で、「報道機関の報道は、民主主義社会において、国民が国政に関与するにつき、重要な判断の材料を提供し、国民の『知る権利』に奉仕するものである」から、「思想の表明の自由とならんで、事実の報道の自由は、表現の自由を規定した憲法 21 条の保障のもとにある」としている。

ただし最高裁は、報道の自由の前提となる取材の自由については「憲法 21 条の精神に照らし、十分尊重に値する」（博多駅テレビフィルム提出命令事件判決）と述べるにとどまり、報道の自由よりもいわばワンランク低いものと解している。しかし、報道とは、取材・編集・発表という一連の行為によって成立するものであり、取材は報道にとって不可欠の前提であること、また、知る権利のために信頼できる情報を得るには、取材活動が公権力に不当に介入されることなく、報道機関と情報提供者との間に信頼関係が確立されることが必要であることから、取材の自由も報道の自由の一環として同じく憲法 21 条により保障されると解すべきである。

(2) 取材源の秘匿

報道機関と情報提供者との信頼関係が保たれるためには、取材源の秘匿権が保障されなければならない。取材源の秘匿権とは、内々の信頼関係を通じて取材した場合の取材源（狭義）、及びこのような関係を通じて得られた取材メモ、フィルムなどの情報（広義）の開示を強要されない権利をいう。

広義の取材源秘匿権について、最高裁は、上記の博多駅テレビフィルム提出命令事件において「公正な刑事裁判の実現」という公益と比較衡量を行い、本件フィルムが証拠として使用されることになっても「報道の自由そのものではなく、将来の取材の自由が妨げられる虞があるというにとどまる」場合には、この程度の不利益は受忍限度内であるとした。その後も最高裁は、**日本テレビ事件**（最決 1989.1.30 刑集 43-1-19）や **TBS 事件**（最決 1990.7.19 刑集 44-5-421）において同様の比較衡量を行い、取材ビデオテープの押収を認めている。しかし、博多駅事件が裁判所による提出命令であったのに対し、日本テレビ事件や TBS 事件は捜査機関による押収であり、取材の自由、ひいては報道の自由の大前提となる取材源秘匿の重要性に鑑みれば、安易な比較衡量は慎むべきであろう。

狭義の取材源秘匿権について、最高裁は、**石井記者事件**（最大判 1952.8.6 刑集

6-8-974）で、刑事事件の場合、守秘義務に基づく証言拒絶権（刑訴法 149 条）は新聞記者に類推適用できないとし、憲法 21 条は新聞記者に特権の保障を与えたものではないので、取材源について「司法権の公正な発動につき必要欠くべからざる証言の義務をも犠牲にして」まで証言拒絶の権利を保障したものと解することはできないとした。他方、民事事件については、「公正な裁判を実現すべき必要性が高く、そのために当該証言を得ることが必要不可欠であるといった事情が認められない場合には、当該取材源の秘密は保護に値すると解すべき」であるとして、証言拒否を認めている（最決 2006.10.3 民集 60-8-2647）。

2 情報統制と「知る権利」

(1) 国家秘密と取材の自由

すでに述べたように、報道の自由が重要なのは、それが主権者としての国民に対して、政府の行為の妥当性を判断する材料を提供する役割を果たすからである。しかし一方で、政府には、たとえば外交や防衛に関して、国民に対しても秘匿しなければならない国家機密があるということは一般には認められており、公務員の守秘義務も定められている（国公法 100 条、地公法 34 条）。

この点につき、1971 年 6 月に沖縄返還協定が調印された際、アメリカとの密約があったとの情報をつかんだ新聞記者が、外務省の女性事務官を通じて極秘電文を入手したため、女性事務官が守秘義務違反（国公法 109 条 12 号、100 条 1 項）、新聞記者が秘密漏示そそのかし罪（同 111 条）に問われた事件で、最高裁は、取材行為が「そそのかし」に該当するからといって、ただちに違法性が推定されるわけではなく、「それが真に報道の目的からでたものであり、その手段・方法が法秩序全体の精神に照らして相当なものとして社会観念上是認されるべきものである限りは、実質的に違法性を欠き正当な業務行為」といえるとしつつ、本件の場合、秘密文書を入手するため、女性事務官と肉体関係をもったことは「正当な取材活動の範囲を逸脱している」として、新聞記者を有罪とした（**西山事件**〔最決 1978.5.31 刑集 32-3-457〕）。

(2) 特定秘密保護法

国家機密の保護については、国公法の他、自衛隊法、日米相互防衛援助協定等に伴う秘密保護法などで、防衛秘密の漏えいに対する罰則が設けられている。

しかし、上でもふれたように、2013年12月、包括的な特定秘密保護法が成立した。

この法律によれば、行政機関の長は、防衛・外交・特定有害活動（スパイ活動）の防止・テロリズムの防止の4領域において、公になっていないもの（非公知）のうち、その漏えいが日本の安全保障に著しい支障を与えるおそれがあるため、特に秘匿する必要があるものを「特定秘密」と指定することができる（3条1項）。その期間は5年を超えない範囲で定めることができるが（4条1項）、さらに5年を超えない範囲で延長することができ（同条2項）、その繰り返しにより30年まで延長することが可能である（同条3項）。さらに30年を超えるにあたり、内閣の承認を得れば、さらに30年まで延長することができる（4条1項本文）。その延長は通算60年を超えることはできないが、防衛や外国との交渉、情報収集活動等に関する情報については、60年を超えることが認められている（4条1項但書）。つまり、政府が重要な情報と認定したものは、半永久的に秘密指定されることになる。

また、特定秘密について漏えい・取得した場合に科せられる刑罰は、国公法（1年）や自衛隊法（5年）と比べて非常に重くなっており（10年＋1000万円以下の罰金〔23、24条〕）、その対象には公務員だけでなく、契約により特定秘密を保有している民間業者も含まれる。そして、漏えい・取得に対する共謀・教唆・煽動は、漏えい・取得の実行がなくとも独立して処罰され（25条）、さらに漏えいについては故意の場合のみならず、過失の場合も処罰される（23条4、5項）。

一方、法律の適用にあたっては、国民の知る権利や報道又は取材の自由には十分に配慮しなければならない（22条1項）とした上で、「出版又は報道の業務に従事する者の取材行為については、専ら公益を図る目的を有し、かつ、法令違反又は著しく不当な方法によるものと認められない限り」正当業務行為とする（同2項）と定められている。

しかし、ここでいう「出版又は報道の業務に従事する者」とは具体的に誰を指すのか。この点につき、岡田副大臣（当時）は「放送機関、新聞社、通信社、雑誌社の記者に限らず、個人のフリーランスの記者も含まれる」と答弁しているが、この定義は明文化されておらず、研究者やNPO、市民オンブズマンの調査活動は保障されていない。

また、「著しく不当な方法」による取材とは具体的に何を指すのか。この点

につき、森国務大臣（当時）は「西山事件に匹敵するような行為」と答えている。確かに、この事件の取材行為は最高裁で有罪と認定されたが、一般の刑罰法令に触れる行為を行ったわけではなく、肉体関係をもった相手方も判断能力のある成人であったことから、この判決には批判も多い（実際、第1審判決では正当な取材行為として無罪が言い渡されている）。

　そもそも、主権者である国民に対して秘匿すべき国家の「秘密」というものの存在自体が認められるのか。認められるとしても、知る権利との整合性はどうあるべきか。特定秘密保護法は、国会で十分な審議がなされず、パブリック・コメントで8割近い反対があったにもかかわらず、強引に採決された。その存在意義や内容について、今一度議論を尽くすべきである。

【avancée】「金を出すから口も出す」？——文化芸術活動に対する助成のあり方

　いくら「表現の自由」が保障されているといっても、実際に「表現活動」を行うためには"先立つもの＝お金"が必要となる。公権力による助成は「表現活動」を支援し、実質的に「表現の自由」を保障することになる一方、公権力が「表現活動」に介入する"口実"を与えることになりかねない。独立行政法人日本芸術文化振興会理事長が、映画『宮本から君へ』には薬物犯罪で有罪判決が確定した者が出演しているので「国の事業による助成金を交付することは、公益性の観点から、適当ではない」として、助成金の交付しない旨の決定をしたことが争われた事件で、最高裁は、表現行為の内容に照らして一般的な公益が害されることを理由に交付の拒否が広く行われるならば、選別の基準が不明確にならざるを得ず、表現行為の内容に萎縮的な影響が及ぶ可能性があり、このような事態は、芸術家等の自主性や創造性を損なうものであり、「憲法21条1項による表現の自由の保障の趣旨に照らしても、看過しがたい」として、一般的な公益が害されることを消極的な考慮事情として重視しうるのは、「当該公益が重要なものであり、かつ、当該公益が害される具体的な危険がある場合に限られる」として、本件処分を理事長の裁量権の逸脱又は濫用と判断した（最判 2023.11.17 民集 77-8-2070）。

　いったん決定された助成金の交付が、作品への抗議が多数寄せられた後に撤回されるという例は、他にもある。たとえば「あいちトリエンナーレ2019」の「表現の不自由展・その後」に出品された作品に対して抗議の電話などが殺到したことから同展は一時中止となり、さらに文化庁は補助金の不交付を決定した（のち減額して交付）。しかし、ある表現が不快だからという理由だけで、表現活動が妨げられることはあってはならない。特に芸術とは、しばしば一般常識に対する挑戦という意味を持つものであるから、最高裁が上記の判決において、憲法21条1項の趣旨に照らして、芸術家の自主性・創造性が尊重されると判示したことの意義は大きいといえよう。

【参考文献】
川岸令和『表現の自由の苦難』（日本評論社、2024年）
市川正人『表現の自由――「政治的中立性」を問う』（岩波新書、2023年）
奥平康弘『なぜ「表現の自由」か〔新装版〕』（東京大学出版会、2017年）

第 5 章　市場経済の中で生きる

> 「人が〔選好、選択、利益、厚生といった〕まったく異なった諸概念の区別を問題にしないのであれば、その人はいささか愚かであるに違いない。純粋な経済人は事実、社会的には愚者に近い。しかしこれまで経済理論は、そのような単一の万能の選好順序の後光を背負った合理的な愚か者 (rational fool) に占領され続けてきたのである。」(アマルティア・セン〔大庭健、川本隆史訳〕『合理的な愚か者──経済学＝倫理学的探究』勁草書房、1989 年、146 頁より)

I　自由と規制のバランス

　私たちの日常に経済は入り込んでいる。日々の暮らしを営み、好きなものを手に入れ、好きなことをするにはお金が必要である。そのお金を稼ぐ上でどのような仕事に就くかということは、私たちの一生を左右する大きな問題であり、「各人が自己のもつ個性を全う」し、「個人の人格的価値」を実現すること（最大判 1975.4.30 民集 29-4-572）にほかならない。私たちは日々の生活の中で、自由に経済活動をする権利を有している。

　このような個人的なレベルと並行して、経済的自由の保障は、結果として国家の繁栄をもたらしている。国家の経済は、一方で、合理性、効率性、自由競争など固有の原理に支えられながら自律的秩序を形成し、「最大多数の最大幸福」（ジェレミー・ベンサム）を実現するとみなされている。他方で、経済的自由と他の人権や価値との衝突を調整するため、国家が経済秩序に介入する。ここに経済的自由の問題の難しさがある。つまり全体と個人、効率性と公平性、強者と弱者、自由と規制のバランスを取ることが必要となる。

　なお、自由競争の促進は、経済的強者のみに有利であるわけではなく、規制措置が常に自由競争を阻害する効果と結びつくとも限らない。たとえば製造業

やサービス業における自由競争は、経済的強者を利する反面、価格が抑えられ、財やサービスの質が向上する点においては、国民や市民一般の利益にもつながる。また、大企業の経済的自由を制限し、特定の産業への企業の参入を可能にする**独占禁止法**は、「公正かつ自由な競争」の「促進」を目的としている（1条）（樋口① 250-251 頁）。このように、「自由」と「規制」とは、常に相反するわけではない。

Ⅱ　営業の自由とその規制

日本国憲法は、22条1項で、**居住・移転の自由**を保障し[1]、職業選択の自由を定めている。これには、選択した職業を任意に営む、**営業の自由**が含まれる。

1　「公共の福祉」による規制

永久不可侵（日本国憲法11条、97条）の性質を有するとされる人権は、現実にはさまざまな制約を受けている。そうした制約の憲法上の根拠は「**公共の福祉**」という言葉で表現されているが、経済的自由に関しては、憲法12条・13条に基づく**内在的制約**（第1章参照）としての**自由国家的公共の福祉**と並んで、憲法22条・29条に基づく**社会国家的公共の福祉**によって二重に規制されている。

1789年フランス人権宣言4条が定めるように、近代において、自由とは「他人を害さない」限りですべてをなしうること（＝内在的制約）と定義され、資本主義はこうした自由主義の下で発展した。しかし近代後期に至って、資本家と労働者間の社会・経済的な不平等は拡大し、多くの貧困者、失業者が生まれ、深刻な階級対立が起こった。こうした資本主義、自由主義による社会・経済的不平等を是正するため、社会的・経済的弱者には、国家の積極的な福祉政策に基づく社会権が憲法上保障されるようになった[2]。社会国家的公共の福

---

(1)　土地と人とが密接に結びついていた封建主義体制の崩壊によって成立した資本主義体制の下で、人は移動の自由を獲得する。居住・移転の自由は、その意味で、資本主義成立の前提条件ともいうべき権利である。

(2)　1919年ドイツ、ヴァイマル憲法（151条、153条）以前にもすでにメキシコ憲法（1917年）が公物の公有化、生活困窮者の保護などの福祉国家的要請を一部実定化している。

祉による経済的自由の制約は、自由主義経済の下で利を得た経済的強者に対して、社会的・経済的弱者の救済のために課せられる。経済的強者が一部拠出する財源を通じて、国家はさまざまな社会的政策を遂行することが可能になるのである。

2　消極的・警察的規制と積極的・政策的規制

　裁判所における規制立法の合憲性審査においては、いわゆる**二重の基準**が用いられている。この基準は、「精神的自由は立憲民主政の政治過程にとって不可欠の権利であるから、それは経済的自由に比べて優越的地位を占める」という考え方に基づいている。要するに「統治機構の基本をなす」「民主政の過程を支える精神的自由は『こわれ易く傷つき易い』権利であり、それが不当に制限されている場合には、…民主政の過程そのものが傷つけられているために、裁判所が積極的に介入して民主政の過程の正常な運営を回復することが必要である」。したがって、「精神的自由を規制する立法の合憲性は、経済的自由を規制する立法よりも、とくに厳しい基準によって審査されなければならない」（芦部107頁、212頁）という考え方である。

　これに対して、経済的自由の規制立法の合憲性を審査する場合には、「厳格な合理性の基準」および「合理性の基準」（「明白の原則」）という2種のより緩やかな基準で判断されるという。その理由は、次のようなものである。

　第一に、「経済的自由も人間の自由と生存にとってきわめて重要な人権であるが、それに関する不当な立法は、民主政の過程が正常に機能しているかぎり、議会でこれを是正することが可能であり、それがまた適当でもある」。

　第二に、「裁判所の審査能力との関係」で、「経済的自由の規制については、社会・経済政策の問題が関係することが多く、政策の当否について審査する能力に乏しい裁判所としては、とくに明白に違憲と認められないかぎり、立法府の判断を尊重する態度が望まれる」（芦部212頁）のだという。

　最高裁判所は、1972年のいわゆる**小売市場開設許可制事件**（最大判1972.11.22刑集26-9-586）において、「個人の経済活動の自由に関する限り、個人の精神的自由等に関する場合と異なつて、右社会経済政策の実施の一手段として、…立法により、…一定の規制措置を講ずることも、それが…必要かつ合理的な範囲

にとどまる限り、許されるべき」であるとして、こうした「二重の基準論」を初めて採用した。同時に、経済的自由の規制を、その目的別に2種類に区分している。すなわち、「個人の自由な経済活動からもたらされる諸々の弊害が社会公共の安全と秩序の維持の見地から看過することができないような場合に、消極的に、かような弊害を除去ないし緩和するために必要かつ合理的な規制」(**消極的・警察的規制**)と、「積極的な社会経済政策の実施の一手段として」講じられる「一定の合理的規制措置」(**積極的・政策的規制**)である。

上記判決は、憲法が「全体として、福祉国家的理想のもとに、社会経済の均衡のとれた調和的発展を企図しており、その見地から、すべての国民にいわゆる生存権を保障し、その一環として、国民の勤労権を保障する等、経済的劣位に立つ者に対する適切な保護政策を要請しているのは明らかである」としている。また、そのための「法的規制措置」の必要の有無、その対象、手段・態様、規制措置の「適切妥当」性は、「立法政策の問題として、立法府の裁量的判断にまつほかはない」という。

そして「立法当時における中小企業保護政策の一環として成立した」本件小売市場調整特別措置法上の小売市場開設許可制は積極的・政策的規制に該当するとみなし、その合理性の判断にあたって、立法府の裁量を広範に認め、「裁判所は、立法府がその裁量権を逸脱し、当該法的規制措置が著しく不合理であることの明白である場合に限つて、これを違憲として、その効力を否定することができる」(**明白の原則**)とし、規制を合憲と判断している。

これに対し、3年後に下された1975年の**薬事法距離制限事件**判決(最大判1975.4.30民集29-4-572)において、最高裁は、「職業の自由」が「殊にいわゆる精神的自由に比較して、公権力による規制の要請がつよ」いとして、二重の基準論を採用し、明確な積極的規制・消極的規制の二分論を前提に、違憲判決を下している。ここでは、薬局開設に距離制限を設けた薬事法の立法事実が詳細に検討され、この制限が「国民の生命及び健康に対する危険の防止という消極的、警察的目的のための規制措置」であるとされている。規制手段の合理性は「積極的規制」の場合と区別された「厳格な合理性の基準」によって審査され、当該規制が合憲となるためには、(i)重要な公共の利益のために、(ii)必要かつ合理的な措置であり、(iii)他のより制限的でない規制手段では立法目的を十分に達成

しえないことが必要であるとされる。

3 規制の消極・警察目的／積極・社会政策目的に応じた審査基準の問題点

　以上にみたように、最高裁は、営業の自由の規制を目的に応じて類型化し（規制目的二分論）、それぞれに異なる合憲性の基準を適用して判断している。しかしこのような最高裁の判断の方法には、少なからず問題がある。

　規制目的二分論の第一の問題は、個別の規制が実際はどちらの類型に属するかが、必ずしも一義的には判断できない点である。

　公衆浴場の距離制限規制について、最高裁は、1955年判決（最大判 1955.1.26 刑集 9-1-89）では、公衆浴場の公共性と、その乱立に伴い、「浴場経営に無用の競争を生じその経営を経済的に不合理ならしめ、ひいて浴場の衛生設備の低下等好ましからざる影響を来たすおそれ」があるとして、「国民保健及び環境衛生の上から」合理性を認めている。同規制を消極的・警察的規制ととらえる趣旨である。これに対し、小売市場、薬局事件判決の後に下された、同種の1989年1月判決（最判 1989.1.20 刑集 43-1-1）では、公衆浴場の距離制限規制を積極的・政策的規制ととらえ、「自家風呂の普及に伴い、公衆浴場業の経営が困難」ななか、「これに依存している住民の需要に応えるため、公衆浴場業者が経営の困難から廃業や転業をすることを防止し、健全で安定した経営を行えるように種々の立法上の手段をと……ること」が「公共の福祉に適合する」点が強調されている。また、1989年3月判決（最判 1989.3.7 判時 1308-111）では、規制目的として、「国民保健及び環境衛生の確保」（消極的・警察的目的）と同時に、公衆浴場業の特殊性を指摘している。つまり「既存公衆浴場業者の経営の安定を図ることにより、自家風呂を持たない国民にとって必要不可欠な厚生施設である公衆浴場自体を確保しようとすることも、その目的としている」（積極的・政策的目的）とする。判決がこのように推移した背景には、社会的事実の変化にともない、公衆浴場の位置づけも時代を通じて変わってきたことが挙げられる。このことは、目的別類型は、時代状況の変化等によっては必ずしも判断基準として機能しない場合があり、個別事例における立法事実の検証がより重要であることを示したものといえよう。

　第二に、保健衛生上の「消極目的」による規制であっても、人の生命・健康

に関わる場合には、状況に応じてむしろ強い規制が要求される場合がある。

関連して、医師やあん摩師などの免許取得者以外の者が**医療類似行為**を業とすることを禁止した当時のあん摩師、はり師、きゅう師および柔道整復師法の合憲性が問題となった事例がある。HS式無熱高周波なる療法を行っていた被告人に対する刑事事件で、控訴審(仙台高判)は、(i)人体への危害の可能性、(ii)正当な医療を受ける機会の喪失・治療回復時期遅延の可能性を理由に、立法目的の合理性を認めて有罪判決を下した。これに対し、最高裁判決(最大判1960.1.27刑集14-1-33)は、公共の福祉に反する医療類似行為を「人の健康に害を及ぼす虞のある業務行為に限局」し、当該療法が人の健康に害を及ぼすかどうかを判断せずに、当該療法を行った事実だけで法違反と判断したのは誤りであるとみなし、原審判決を破棄差戻した。規制目的二分論に基づけば、消極目的による規制は必要最小限にとどめるべきであるため、有害のおそれが立証された場合でなければ、規制は許されない。最高裁の多数意見は、明示的言及はないものの、こうした規制目的二分論の前提に立ったものとも考えられる。しかし、この最高裁多数意見は学説上支持を得ず、正当な医療を受ける機会を失わせる点を重視しつつ、有害の可能性のある行為を一律に禁止することを認める控訴審の判断や同旨の最高裁反対意見がむしろ受け入れられた。差し戻された仙台高等裁判所(仙台高判〔差戻審〕1963.7.22刑集18-4-159)は、当該療法が「人の健康に害を及ぼす危険のあることが明らかである」として有罪判決を下し、最高裁も再上告を棄却している(最決1964.5.7刑集18-4-144)。

第三の問題として、次のことが指摘しうる。すなわち、上記薬事法距離制限事件判決は、「社会経済政策全体との調和を考慮」し「適正な評価と判断」を行うことが「立法府の使命」であり、「立法府こそがその機能を果たす適格を具えた国家機関である」とする。その一方で、憲法が「福祉国家的理想のもとに、社会経済の均衡のとれた調和的発展を企図しており」、「すべての国民にいわゆる生存権を保障し、…経済的劣位に立つ者に対する適切な保護政策を要請しているのは明らか」とする。しかし、規制目的二分論は、結果として「社会経済政策」という極めて広範な分野における規制の「合理性」の判断を、立法府の裁量的判断に委ねてしまう可能性がある。それによって、当該分野の立法措置に対して、憲法上求められている生存権の保障、「経済的劣位に立つ者に

対する適切な保護政策」の観点から、裁判所のチェックが及びにくくなる危険がある。現に、関連して、生存権をはじめ、立法府の社会・福祉政策に関連する措置の違憲審査において、最高裁は、広範な裁量権を、立法府のみならず行政府に対しても認める判断を繰り返している（第6章参照）。

4 立法裁量の容認について

　経済的自由における規制目的二分論は、必ずしもすべての最高裁判決において、明示的に用いられてきたわけではない。明示しなければ、たとえば消極的・警察的／積極的・政策的のどちらに該当するかわからない規制措置を無理に振り分け、定められたそれぞれの違憲審査基準を用いる必要もなくなる。その場合、それぞれの判決について、立法裁量の広狭との関係で個別に評価することが重要である。以下、主要なものについて検証したい。

　（i）**タクシー事業免許制事件**　　自家用自動車を有償運送の用に供することを禁止する道路運送法101条1項（現在の78条）の目的について、最高裁は、「事業の適正な運営及び公正な競争を確保するとともに、道路運送に関する秩序を確立することにより道路運送の総合的な発達を図り、もって公共の福祉を増進すること」であるとしている。放任すると「取締の実効を期し難く、免許制度は崩れ去るおそれ」があるという。そして、同条項は「公共の福祉の確保のために必要な制限」であるとのみ述べ、規制措置の必要性や合理性などについての分析もないまま、合憲と判断している（最大判1963.12.4刑集17-12-2434）。しかし、裁判所には、公衆浴場判決のように、規制手段と立法目的との間の合理性・必要性を立法事実に照らして丹念に審査し、社会情勢の変化や技術革新の進展等に対応しながら、時代や状況に応じて判断の見直しを的確に行う姿勢が求められる。

　（ii）**西陣ネクタイ事件**　　一元輸入措置を定めて生糸の輸入制限を行った繭糸価格安定法の改正に対して、国家賠償が求められた事件において、最高裁は、これを養蚕農家のための保護政策という積極的規制とみなし、合憲と判断している（最判1990.2.6訟月36-2242）。この事件で、最高裁は、小売市場開設許可制事件を引用しながら、同措置が「積極的な社会経済政策の実施の一手段」であることを明示している。その上で、「個人の経済活動に対し一定の合理的規制

措置を講ずることは、憲法が予定し、かつ、許容するところであるから、裁判所は、立法府がその裁量権を逸脱し、当該規制措置が著しく不合理であることの明白な場合に限って、これを違憲としてその効力を否定することができる」とし、「明白の原則」を用いている。なお、原告側から「**関税及び貿易に関する一般協定（GATT）**」、すなわち加盟国の経済的保護主義政策を断じ、自由貿易を推奨する国際協定に違反するとの主張が行われたものの（松下後掲論文76頁）、最高裁により、この点についての言及はなかった。しかし、国際協定の性質いかんによっては「国内的に適用」する義務を負う裁判所は、今後、判断を迫られる場合があろう（この点については、第9章を併せて勉強してほしい）。

(iii) **酒類販売免許制事件**　酒税法10条10号（経営の基礎が薄弱であること）を理由とする酒類販売免許の拒否処分が違憲であるとの主張に対し、最高裁判決（最判1992.12.15民集46-9-2829）は、**サラリーマン税金訴訟**判決（最大判1985.3.27民集39-2-247）[3]を踏襲し、租税には「財政・経済・社会政策等の国政全般からの総合的な政策判断」と「極めて専門技術的な判断」が必要であるとし、租税法一般の定立に立法府の広範な「政策的技術的な裁量」を認めている。

(iv) **司法書士法違反事件**　司法書士法の2条1項1号、19条1項（現在の3条1項1号、73条）は、司法書士以外の者に登記手続の代理等の司法書士の業務を行うことを禁止し、違反者に刑罰を科している。これらの規定に違反して登記手続の代理業務を行ったために起訴された、行政書士である被告人は、同規定が憲法22条1項に違反すると主張した。これに対して、最高裁は、薬事法距離制限事件を引用しつつ、「登記制度が国民の権利義務等社会生活上の利益に重大な影響を及ぼすものであることなどにかんがみ」て、同「規制が公共の福祉に合致した合理的なもの」であるとして、合憲と判断している（最判2000.2.8形集54-2-1）。判決を下すにあたり、規制の目的が「公共の福祉に合致し」ているとみなされただけで、合理性に対する検証はなかった。

(v) **要指導医薬品規制事件**　2013年の薬事法の一部改正により成立した医薬品、医療機器等の品質、有効性及び安全性の確保等に関する法律の36条の6第1項、3項は、「要指導医薬品」の販売・授与について、薬剤師による

---

(3) 所得税の捕捉率が他の所得者に比べて、給与所得者に極端に高くなっていることから、平等原則違反に基づいて提起された課税処分取消訴訟。

対面での情報提供と指導を義務づけている。この規定が憲法22条1項に違反するとして、インターネットによる医薬品の販売事業者が、医薬品を販売する権利ないし地位を有することの確認等を求めて訴えた事件において、最高裁は、やはり合憲と結論づけている（最判 2021.3.18 民集 75-3-552）。同規定の目的については、要指導医薬品の「不適正な使用による国民の生命、健康に対する侵害を防止し、もって保健衛生上の危害の発生及び拡大の防止を図ること」であり、「このような目的が公共の福祉に合致することは明らかである」とする。さらに、その目的に対する規制内容の合理性について、以下のように評価している。すなわち、(i)要指導医薬品の性質（需要者の選択による使用を目的とし、安全性の評価が確定していない医薬品であること）ゆえに、「対面による情報提供及び指導」の義務化に「相応の合理性」があること、(ii)要指導医薬品の市場規模が医薬品全体の1％に満たないわずかな程度にとどまり、通常は一定期間内に一般用医薬品に移行するものであるため、制限の程度は大きいとは言えないこと、また、(iii)規制措置は、「職業選択の自由そのものに制限を加えるもの」と「職業活動の内容及び態様に対する規制にとどまるもの」とに区別され、当該規定が後者であることである。立法措置の合理性について、詳細な分析に基づいた判断が行われた点が評価できる。

　(vi)　**あはき師法事件**　　この事件は、視覚障害者の就労保護を目的に、障害のない人向けの「あん摩マッサージ指圧師」養成学校の新設を規制する「あん摩マッサージ指圧師、はり師、きゆう師等に関する法律」19条1項を違憲だとして、一学校法人が、新設を認めなかった国の処分の取消しを求めて訴えたものである。最高裁は、当該規制が「許可制の性質」を有し、「職業の選択の自由そのものに制約を課するもの」であるとし、その憲法22条1項との適合性については、「規制の目的、必要性、内容、これによって制限される職業の自由の性質、内容及び制限の程度を検討し、これらを比較考量」して決定しなければならないとする。そして、その「検討と考量」は、「第一次的には立法府の権限と責務であり」、「規制の目的が公共の福祉に合致する」以上は、「そのための規制措置の具体的内容及び必要性と合理性については、立法府の判断がその合理的裁量の範囲にとどまる限り、立法政策上の問題としてこれを尊重すべき」とする。しかし同時に、その「合理的裁量の範囲」については、「お

のずから広狭があり得る」とし、「裁判所は、具体的な規制の目的、対象、方法等の性質と内容に照らして、これを決すべき」であるとする。具体的には、(i)視覚障害者のあん摩マッサージ指圧師への就業率が、他の職との比較において、「相当程度の割合」に上り、その障害に適する職種とされていること、(ii)「あん摩マッサージ指圧師に係る養成施設等の定員のうち視覚障害者以外の者の割合は増加傾向にあり」、収入も視覚障害者の収入も、それ以外のものより「顕著に低くなっている」こと、(iii)規制の目的が視覚障害者の保護という重要な公共の利益に該当し、その手段にも「相応の合理性」が認められ、(iv)規制措置は、医道審議会の意見を聴くという手続の下で、必要があると認めるときに限って行われるなど、詳細な分析に基づいて合憲と判断されている（最判 2022.2.7 民集 76-2-101）。

Ⅲ　財産権の不可侵とその規制

1　公共の福祉による規制

　近代においては、自由な経済活動を求めるブルジョワジーにより、資本主義の本格的展開を法的に担保するため、財産権が「神聖不可侵」の権利として厚く保護されると同時に（1789 年フランス人権宣言 17 条）、封建的な所有制度、身分制度、君主主権が否定され、資本主義的な私有財産制度が確立された。

　日本国憲法 29 条は、近代市民憲法において「神聖不可侵」の地位を得た財産権について定め、資本主義的私有財産制度も合わせて保障している。1 項で不可侵であると規定された財産権は、2 項で公共の福祉に基づく法律による規制と、3 項で公的収用権の留保という 2 つの制限に服している。

　2 項に関して、財産権は、営業の自由同様、社会国家的な公共の福祉による積極的制限を被る。しかし財産権は、所有権、債権、営業権、無体財産権に及ぶ広範かつ多種多様な種類・性質・態様を有する権利を含むため、営業の自由にも増して、消極・積極二分論は規制の合憲性基準としてなじまないと考えられている。最高裁は、「公共の福祉」を理由に、従来は比較的広範に制限を認めてきた。

　奈良県ため池条例が、ため池の機能に障害となる行為や工作物、ため池の破

損等の原因となる行為を、刑罰をもって禁止した点について、最高裁判決（**奈良県ため池条例事件**〔最大判 1963.6.26 刑集 17-5-521〕）は、「災害を防止し公共の福祉を保持する上に社会生活上已むを得ないもの」であるとして制限の合憲性を認めている。また制限を法律ではなく条例が罰則をもって定めていることに関しても、当該堤塘の使用行為が憲法、民法上の「財産権の行使の埒外に」あるため、憲法・法律違反にはならないという見解を示し、制限は「財産権を有する者が当然受忍しなければならない責務」であることを理由に「補償はこれを必要としない」と判断している。同様に**国有農地等の売払に関する特別措置法**判決（最大判 1978.7.12 民集 32-5-946）は、公益上の要請（社会経済秩序の保護及び国有財産処分の適正）や、旧所得者の売払を受ける権利、制限の程度などを総合的に勘案して（総合的利益考量説）、特別措置法制定による国有農地の売払価格の変更に合憲判断を下している。

こうしたなか、森林の共有者の分割請求を制限していた森林法（186条）に関する**森林法共有林事件**（最大判 1987.4.22 民集 41-3-408）は、「公共の福祉」論に基づく財産権の広範な制限の容認に歯止めをかける重要な判決となった。またこの判決で、最高裁は、1975年の薬事法事件最高裁判決を引用し、規制目的二分論に言及しながらも、これに基づいて判断することは避けている。最高裁は「森林の細分化」防止による「森林経営の安定」「森林の保続培養」「森林の生産力の増進」、そして「国民経済の発展」という森林法の立法目的との関係における当該規制の「合理性と必要性」、すなわち合理的関連性を否定することによって、第一審、控訴審の合憲判決を覆し、森林法の当該規定を違憲とする判決を下しているのである。

2 補償の対象となる財産権の制限目的

憲法29条3項は、国家（公権力）が、「公共のために用ひる」目的において強制的に私有財産を収用・制限することを認め、その場合には「**正当な補償**」が必要であることを定めている。問題は、(i)どのような目的の規制に対し、(ii)どのような規制に補償が行われ、それとの関連で、29条2項と3項の関係はどうなっているのか、(iii)また「正当な補償」とは具体的にどの程度の補償なのか、という点である。

29条3項は、単に公物（鉄道、道路等）ないし公共施設（学校、公園等）の用に供することを目的とする限定的な公的収用のみならず、広く公共の利益に基づく財産権の制限も認める趣旨だと解されている（広義説、**農地改革事件**〔最大判 1953.12.23 民集 7-13-1523〕栗山裁判官補足意見参照）。最高裁はこの立場に基づいて、戦後の食糧緊急措置令による米の供出や農地改革による農地買収が結果的に特定個人の利益になっても、法そのものが「公共の福祉の必要に基づいて制定された」以上、公共性は否定されないと判断している（最大判 1952.1.9 刑集 6-1-4、最判 1954.1.22 民集 8-1-225）。

　しかし、制限の目的である公共の利益ないし公共性の内容は、必ずしも明らかではない。上記農地改革関連の判決についても、自作農創設のための農地買収は、対象となった地主の権利が前近代的なものであるから、そもそも 29 条 1 項の保障の範囲外であり、近代的所有権についての先例とはなりえないという見解もある。また 1960 年代後半から、都市問題の発生とともに土地の合理的利用の見地や都市計画制限の強化等によって、土地所有権に対する規制の根拠としての公共性は、拡大してとらえられるようになっている。実際、たとえば都市計画法の手続に基づいて都市計画事業の認可・承認が行われると、土地収用のみならずさまざまな土地利用が開発・建築制限に服さねばならない。この点に関し、最終的には個人への分譲を目的とする民間開発業者による宅地造成や工業団地建設のための土地収用までもが、「公共性」の名の下に行われており、個人の生存権的財産権がいたずらに侵害されないためにも公共性の内実が明らかにされる必要が指摘されている（今関後掲論文 223 頁）。

　公共性が広くとらえられるにしたがい、29 条 2 項と 3 項の区別も相対化する。従来は、一般的な財産権規制について定めている 2 項に対して、3 項による補償は、「特別な」制限に限定して認められるものと解されていた。あるいは 2 項は独占的な「大きな財産」に対する規制を定め、3 項は生存権的な「小さな財産」に対する補償の規定であるとも解されていた。しかし社会的共同生活との調和の必要という見地から、財産権に対する内在的制約の程度が高まるにつれ、このような峻別は必ずしも機能せず、2 項による財産権の制限に対しても補償が必要な場合があるという説が有力となっている。

3　補償の要否

　3項の補償の要否に関連して、従来の学説上の通説は、(i)規制の対象が一般的か特別的か（形式的基準）、(ii)規制の程度が財産権の本質的内容を侵害するほど強度かどうか（実質的基準）という観点から、「特別の犠牲」が強いられる場合、言い換えれば、その制約が社会生活上当然に受忍すべき限度を超える場合に、補償が必要であるとしてきた（特別犠牲説＝形式・実質要件説〔田中二〕）。**河川附近地制限令事件**は、「河川附近地」に指定された仙台市名取川堤外民有地で砂利採取を無許可で行った被告人が、河川附近地制限令10条違反に問われて罰金刑を言い渡された事件である。上告審判決（最大判 1968.11.27 刑集 22-12-1402）は、規制（許可制）を「公共の福祉のためにする一般的な」ものであり、「原則的には何人もこれを受忍すべき」であって「特定の人に対し、特別に財産上の犠牲を強いるものとはいえない」として、特別犠牲説に基づいて補償を不要と判断している。この説は、さらに規制目的二分論に基づき、(i)消極目的による規制の場合は、財産権の本質を奪うものを除いて、原則として補償は不要であり、(ii)積極目的による規制の場合には、軽微な制限を除いて、原則として補償が必要であるとみなしている。

　これに対し、実質的基準を中心に補償の要否を決定すべきだという見解（実質的要件説）がある。この説は規制の程度を基準として、(i)財産権の剝奪ないしそれに類する侵害については、権利者にそれを受忍すべき理由がある場合を除いて、補償を要するとし、(ii)それに至らない程度の規制については、(a)社会的共同生活との調和を保つために財産権に内在する社会的拘束の表れである場合（建築基準法に基づく建築の制限等）には補償は不要であり、(b)他の特定の公益目的に偶然課せられる場合（重要文化財保全のための制限等）には補償が必要であるとする。自然公園内にある財産権についての下級審判決が、「すぐれた風致及び景観を保護しこれを美しいままに維持することは、……公共の福祉というに妨げ」ず、それに対する規制は「当該土地所有権自体に内在する社会的制約の具体化である」から補償を要しないと判断している（東京地判 1986.3.17 判時 1191-68）。

　いずれの学説に与(くみ)するにせよ、具体的な財産権の制限がどの範疇に属するかが必ずしも明確ではなく、現実には財産権の内容、規制の目的・態様・程度、

規制の社会的必要・評価など諸般の事情を考慮して個別に判断されなければならない。上述の河川附近地制限令事件でも、被告人が河川附近地制限令制定以前に従来から砂利の採取を行っていた事実に鑑み、最高裁は、「従来、賃借料を支払い、労務者を雇い入れ、相当の資本を投入して営んできた事業が営み得なくなるために相当の損失を被る筋合……だとすれば、……一般的に当然に受忍すべきものとされる制限の範囲をこえ、特別の犠牲を課したものとみる余地が全くないわけではなく、……本件被告人の被った現実の損失については、その補償を請求することができるものと解する余地がある」としている。

なお法令上補償規定がない場合に、補償請求ができるか否かが問題になるが、最高裁（前記河川附近地制限令事件）は、「損失補償に関する規定がないからといって、……直接憲法29条3項を根拠にして、補償請求をする余地が全くないわけではない」とし（直接請求権説）、補償規定を欠く財産権の侵害を憲法違反とする主張を斥けている。

その他、戦争による損害に対する戦後補償の問題として、戦前カナダに移住した日本人が平和条約に基づいて在外財産を喪失したため、憲法29条3項に基づく損失補償を請求した事件において、最高裁は、いわゆる戦争損害は「国民のひとしく受忍しなければならなかったところであり、……これに対する補償は、憲法の全く予想しないところというべきである」と判断している（最大判1968.11.27民集22-12-2808）。この立場はその後の最高裁判例にも継承され、占領中の連合軍兵士による殺害を理由とする損害賠償請求に対しても、憲法29条3項の予想外であるとされた（最判1969.7.4民集23-8-1321）。シベリア抑留者の損害に対しては、憲法29条3項に基づいて「一義的に決することは不可能」としながら、補償を「国政全般にわたった総合的政策判断を待って初めて決し得るもの」とし、「国民が被った被害の内容、程度等に関する資料を基礎とする立法府の裁量的判断に委ねられたものと解するのが相当である」とする（最判1997.3.13民集51-3-123）。

また、人の生命や身体に対する侵害に対して、29条3項によって補償請求が可能か否かに関しては、予防接種による死亡・後遺障害に対する損失責任について、下級審判決における肯定説は二説に分かれる。「憲法13条後段、25条1項の規定の趣旨に照らせば、財産上特別の犠牲が課せられた場合と生命、

身体に対し特別の犠牲が課せられた場合とで、後者の方を不利に扱うことが許されるとする合理的理由は全くない」とし、「生命、身体に対して特別の犠牲が課せられた場合においても、右憲法29条3項を類推適用し、かかる犠牲を強いられた者は、直接憲法29条3項に基づき、被告国に対し正当な補償を請求することができると解するのが相当である」とする見解（類推適用説〔東京地判1984.5.18判時1118-28〕）と、本来侵してはならない生命、身体への侵害に補償が行われるのは当然であり、29条3項の勿論解釈をとるべきであるという見解（勿論解釈説〔大阪地判1987.9.30判時1255-45〕）である。また否定説を前提に、国の過失責任を認めた損害賠償請求を認容した判決もある（東京高判1992.12.18高民集45-3-212）。

4　正当な補償

憲法29条3項が要求する「正当な補償」の意味については、大別して、(i) 当該財産の市場価格を全額補償すべきであるとする**完全補償説**と、(ii) 時価価格に基づいて「合理的に算出された相当な額」であれば、市場価格を下回ることも可能であるとする**相当補償説**とが対立してきた。最高裁は、農地改革における農地買収価格に関して、相当補償説に基づき、実質上無償に等しい価格を合憲と判断している（前掲農地改革事件〔最大判1953.12.23民集7-13-1523〕）。

しかしその後、「個別的侵害行為」には原則として完全補償を要し、農地改革のように時代の特殊状況（占領中）を背景にして、「或種の財産権に対する社会的評価が変化したことに基づき、その権利関係の変革を目的として行なわれる侵害行為」の場合は、例外として相当補償で足りるという学説が有力になった（完全補償原則説）。土地収用法による損失の補償については、最高裁も「完全な補償、すなわち収用の前後を通じて被収用者の財産価値を等しくならしめるような補償」が行われるべきであり、金銭補償の場合には、「被収用者が近傍において被収用地と同等の代替地等を取得することをうるに足りる金額の補償を要する」としている（最判1973.10.18民集27-9-1210）。ただし、建築制限などの土地利用規制の補償に対しては、「土地所有者が公共の福祉のために受忍すべき社会的拘束力に基づくもの」にすぎず、損失補償は認められないとするのが通例である（東京地判1967.4.25行集18-4-560ほか）。なおこの点につき、風致地

区・美観地区、市街化調整区域等、区域の特殊性や利用制限期間が長期に及ぶ場合などの補償を含め、総合的な土地政策に基づいた土地利用規制に関する法整備の必要が指摘されている。

その他、被収用財産に対する「完全補償」には、市場価格のほか、移転料や営業の損失などの付帯的損失も含まれるとする学説（土地収用法77条、88条）、補償を生存権の観点から解釈すべく、ダム建設などに伴う離村や転業などによる生活再建のための生活権補償まで含まれるとする学説が有力である。

【avancée】経済活動と憲法

　経済活動の中心は、なによりも利潤の追求にある。利潤の追求には、社会の進歩と繁栄、そして豊かな生活を実現するという肯定的な成果を期待することができる。その成果を妨げるような一切の規制や制限は、憲法学の議論においても必要最小限にとどめられている。

　一方で、利潤の追求に直接関係のないもの、寄与しないもの、さらにその妨げになるものは、排除されることが危惧される。経済がもたらす、否定的な側面である。そこには、窮地に立たされた人間の姿が浮かび上がり、憲法は、そのような人間に目を向ける。

　近年、さらに一歩進んだ展開を垣間見ることができる。利潤獲得を旨とする経済活動の射程に、憲法的価値を内包するという流れである。たとえば、雇用における男女平等の実現を発端に、新たなニーズが発見され、商品の開発が行われる。高齢者などの弱者を視野に入れることで、新たな市場が開拓される。環境への配慮をスローガンに掲げることで、消費者の支持と拡大を得る、などである。つまり、憲法における価値が、経済をより活性化させているのである。

　新たな人権問題の発見と解決をより積極的に展開していく「経済活動」というものを、憲法や人権からの視点が提供しうるだろうか。経済活動の進展がもたらす否定的な側面の制限だけでなく、経済が、埋もれている権利を掘り起こし、その価値をより広範に展開していくような方向を、憲法の議論は示すことができるのではないか。

【参考文献】

今関源成「私有財産を『公共のために用ひる』の意義」『憲法判例百選Ⅰ〔第5版〕』別冊ジュリスト186号（2007年）

松下満雄「西陣ネクタイ訴訟最高裁判決」ジュリスト956号（1990年）

第 6 章　人として尊厳を保つことのできる社会を目指して

> 「経済生活の秩序は、すべての人に、人に値する生存を保障することを目指す正義の諸原則に適合するものでなければならない。」（ワイマール憲法 151 条）

　日本国憲法 25 条の生存権、26 条の教育を受ける権利、27 条の勤労の権利、28 条の労働基本権は一般に社会権と称され、国家による一定の施策を要求する権利と捉えられている。経済的自由権や財産権といった近代的自由権が革命期に、近代市民革命そのものを実現させるための原動力として機能したのに対し、社会権は 20 世紀に入り、社会経済的な不平等の是正を目的として導入された現代的な権利である。第一次世界大戦後の 1919 年のドイツのワイマール憲法は社会権を初めて定めたものとして知られる。その 151 条 1 項は「経済社会生活の秩序は、すべての者に人間たるに値する生存を保障する目的をもつ正義の原則に適合しなければならない」と定めていた。これは、それまでの経済的自由権が「人間たるに値する生存」という観点からの制限に服すことを明らかにするものである。ただし、この規定はプログラム規定と理解され、立法の指針や法律解釈の基準とはなりえたが、法的意味をもつものとしては理解されなかった。日本では明治憲法に社会権規定はなく、日本国憲法において初めて社会権規定の導入に至っている。

I　生存権

1　生存権の意義

　日本国憲法 25 条 1 項は「すべて国民は、健康で文化的な最低限度の生活を営む権利を有する」と定め、2 項では「国は、すべての生活部面について、社

会福祉、社会保障及び公衆衛生の向上及び増進に努めなければならない」と定めている。1項の定める生存権保障の規定は、社会権の原則を定めるものであり、国民が人間らしい生活を送ることのできる権利を有することを明らかにしている。生存権には、自由権的側面と社会権的側面とがある。前者は国民各自による自由な生活の維持を国家が妨害してはならないというものであり、後者は健康で文化的な最低限度の生活の実現を国家に対して求めるものである。1946年9月には戦後初めて生活保護法が制定された（1950年に全面改正）。

2　生存権の法的性格

25条1項の定める「健康で文化的な最低限度の生活を営む権利」、すなわち生存権の法的性格については、憲法制定当初よりその社会権的側面の法的性格が議論の的となっていた。1つ目は、日本国憲法制定後から有力に唱えられた**プログラム規定説**である。この説は、25条1項は単なるプログラムであり、国家に対する政治的義務以上のものは定めていないとしている。この考え方は、先のドイツの解釈論の影響を受け主張されていた。仮に生存権を具体的な権利として理解したとしても、その具体的内容と実現方法が一義的でも明確でもないことに加え、具体的な実現に必要な予算は、結局国の財政政策の問題として政府の裁量に委ねられるからである。2つ目は、25条1項が立法者に対して立法その他の措置を要求する権利を定め、これに対応して国に法的義務を課していると解するのが**抽象的権利説**である。この説は、生存権が具体的な権利ではないことから、25条1項を直接の根拠として国の立法や行政の不作為の違憲性を裁判で争うことはできないが、25条1項の具体化立法が存在するのであれば、その法律に基づく裁判の中で25条1項違反を主張することはできるとするものである。3つ目は、**具体的権利説**である。この説は、25条1項の権利内容が憲法上行政権を拘束するほど明確ではないが、立法権を拘束することは明らかであるので、生存権を具体化する法律が存在しない場合には、国の不作為の違憲性を確認する訴訟の提起は可能だとするものである。しかしながら、この説に立ったとしても、25条1項を根拠に裁判所に対して具体的に金銭などの給付を求める訴訟の提起が認められるとするわけではない。その実現のためには、あくまで法律による具体化が必要とされる。具体的権利説につい

ては、立法不作為違憲確認訴訟が認められるべきだとする見解と、行政事件訴訟の1つとしての無名抗告訴訟を提起できるとするものとがある。

　学説は以上の3つに大別できるが、抽象的権利説と具体的権利説との間には大きな違いはないと考えられている。すなわち、立法不作為の訴訟が25条1項を直接の根拠として成立するかどうかという、訴訟手続上の問題だけが残っていると考えられている。

3　生存権に関する判例

(i)　**食糧管理法事件**（最大判 1948.9.29 刑集 2-10-1235）

　戦後初の憲法25条に関するものとして本件がある。最高裁は、「（憲法25条1項は）積極主義の政治として、すべての国民が健康で文化的な最低限度の生活を営み得るよう国政を運営すべきことを国家の責務として宣言したものである。（が）……この規定により直接に個々の国民は、国家に対して具体的、現実的にかかる権利を有するものではない。社会的立法及び社会的施設の創造拡充に従って、始めて個々の国民の具体的、現実的生活権は設定充実せられてゆくのである」と述べ、具体的権利性は認められなかった。

(ii)　**朝日訴訟**（最大判 1967.5.24 民集 21-5-1043）

　本件は、1942年以降、肺結核のため国立岡山療養所に入所していた原告（朝日茂氏）の1956年当時の生活扶助費月額600円が健康で文化的な最低限度の水準の維持に足りるかどうか問われた事件である。一審の東京地裁は、厚生大臣の設定する生活保護基準が健康で文化的な生活水準を維持することができる程度の保護の保障に欠ける場合には、当該基準は、生活保護法8条2項、2条、3条の規定に違反し、「ひいて憲法第25条の理念を満たさないものであって無効である」と述べ、生活保護法を憲法25条と一体的に捉えた上で、厚生大臣の処分を実質的に違法＝違憲と判断している。また、予算との関係についても、「最低限度の水準は決して予算の有無によって決定されるものではなく、むしろこれを指導支配すべきもの」との判断を示した（東京地判 1960.10.19 行集 11-10-2921）。控訴審判決は、具体的に日用品額を検討して基準額を算定し、「一割程度の不足をもって本件保護基準を当・不当というにとどまらず確定的に違法と判断するには早計である」として、原告敗訴の判決を下した（東京高

判 1963.11.4 行集 14-11-1963)。上告中に朝日氏が死去したため、養子夫妻が訴訟の承継を主張したが、最高裁は生活保護受給権は一身専属の権利であることから死亡により訴訟は終了した、とした。しかしながら、「なお念のため」（傍論）として、25 条 1 項は、すべての国民が健康で文化的な最低限度の生活を営みうるように国政を運営すべきことを国の責務として宣言したにとどまり、直接個々の国民に具体的権利を付与したものではない（プログラム規定）とし、何が「健康で文化的な最低限度の生活」であるかの判断は、厚生大臣の裁量に委されているとして、生存権について広汎な行政裁量を認めた。

(iii) **堀木訴訟**（最大判 1982.7.7 民集 36-7-1235)

障害福祉年金を受給している原告が、1 人で子の養育をすることになったため、児童扶養手当の受給資格の認定を請求したが、当時の児童扶養手当法の併給禁止規定に該当するとして請求を却下された。さらに異議申立ても却下されたことから、当該併給禁止規定が憲法 14 条、25 条、13 条に違反して無効であるとして提訴した。最高裁は、「憲法 25 条の規定の趣旨にこたえて具体的にどのような立法措置を講ずるかの選択決定は、立法府の広い裁量にゆだねられており、それが著しく合理性を欠き明らかに裁量の逸脱・濫用と見ざるをえないような場合を除き、裁判所が審査判断するのに適しない事柄であるといわなければならない」と述べた。最高裁は、裁量権の限界を超える場合の司法審査の可能性を認めたことになるが、本件のような広い裁量を認めると、実質的に見てプログラム規定説を採用したのとほとんど違いがないのではないか、と批判されるゆえんである。

(iv) **老齢加算廃止訴訟**（最判 2012.2.28 民集 66-3-1240)

1960 年以降、70 歳以上の生活保護受給者に対し高齢者の特別な需要を考慮した一定額を加算した生活扶助費が支給されていた。この制度は、2003 年の厚生労働省の専門調査会の提言を受け、2004 年度から順次減額され、2006 年に厚生労働大臣が保護基準を改定してこの制度は廃止に至った。このことが、憲法 25 条、生活保護法 3 条、同 8 条 2 項等に違反するとされた。最高裁は、厚生労働大臣が、「専門技術的かつ政策的な見地からの裁量権を有しているものというべきである」としたのちに、保護基準の改定が、「①当該改定の時点において 70 歳以上の高齢者には老齢加算に見合う特別な需要が認められ

ず、高齢者に係る当該改定後の生活扶助基準の内容が高齢者の健康で文化的な生活水準を維持するに足りるものであるとした厚生労働大臣の判断に、最低限度の生活の具体化に係る判断の過程及び手続における過誤、欠落の有無等の観点からみて裁量権の範囲の逸脱又はその濫用があると認められる場合、あるいは、②老齢加算の廃止に際し激変緩和等の措置を採るか否かについての方針及びこれを採る場合において現に選択した措置が相当であるとした同大臣の判断に、被保護者の期待的利益生活への影響等の観点からみて裁量権の範囲の逸脱又はその濫用があると認められる場合に、生活保護法3条、8条2項の規定に違反し、違法となるものというべきである」との判断を示している。最低限度の生活水準の決定について厚生労働大臣に広い裁量権が認められるとしても、生活水準の切り下げを目的とする改定については裁量権の幅は狭まり、ある程度厳格な審査がなされるべきだという考えが学説では有力であるが、最高裁はこうした考え方は採らず、裁量権の逸脱・濫用を総合的に判断する際の一要素として考慮するに留まった、との指摘がなされている（芦部294頁）。

II 環境権

1 環境権の法的性格

1960年代に日本経済は高度成長を遂げ、物質面では国民に豊かさをもたらした。しかしながら、その弊害として大気汚染、水質汚濁、騒音、振動などの被害が拡大していった。経済を優先する国の対応は遅く、全国各地で環境破壊が発生し、公害事件が発生するに至った。公害に反対する世論が高まり、反公害の住民運動も起こり、公害訴訟も提起されるに至った。1970年に公害対策基本法が改正され、公害規制立法も制定された。1971年には総理府の外局として環境庁が発足したが、その取組みは積極的とはいえない状況にあった。自然環境の破壊と環境汚染は世界的規模でも発生していた。このような流れの中で人権としての環境権が提唱されるに至った。憲法上に環境権という具体的な権利は規定されていない。ごく一般的な定義によると、環境権とは、「健康で快適な生活を維持する条件としての良い環境を享受し、これを支配する権利」となる。このような意味での環境権は、「健康で文化的な最低限度の生活」

を維持するための必要最小の条件であることから憲法25条によって根拠付けられ、幸福追求の基本条件でもあることから、13条によっても根拠付けられる。しかしながら、環境権の内容や権利の性質となると、学説上定説は未だない。有力説として、「憲法13条の幸福追求権の一内容をなし、人格権と結びついたものと理解することができる」（芦部295頁）を挙げておく。さらに、「環境」という言葉が自然環境、文化的遺産、社会環境をも意味するのか、議論のあるところである。同様に帰属主体についても議論のあるところである。

2　環境権に関する判例

(i)　大阪空港公害訴訟（最大判 1981.12.16 民集 35-10-1369）

　ジェット機の離着陸時の騒音・排気ガス・煤煙・振動等により生活環境を破壊された大阪空港付近の住民らが、空港設備管理者である国を相手取って、人格権ないし環境権を根拠に、午後9時から翌朝7時までの航空機の発着禁止を求めて出訴した事件である（民事訴訟）。一審の大阪地裁は①午後10時から翌朝7時までの使用差止め、②過去の損害賠償請求は容認したが、③将来の損害賠償の請求は棄却した（大阪地判1974.2.27判時729-3）。控訴審の大阪地裁は、午後9時以降の飛行機の発着禁止を含め、住民らの主張をほぼ全面的に認めた（大阪高判1975.11.27判時797-36）。

　最高裁は、過去の損害賠償のみを認め、差止請求を却下した。最高裁は、「本件空港の離着陸のためにする供用は運輸大臣の有する空港管理権と航空行政権という二種の権限の、総合的判断に基づいた不可分一体的な行使の結果であるとみるべきであるから、右被上告人らの前記のような請求は、事理の当然として、不可避的に航空行政権の行使の取消変更ないしその発動を求める請求を包含することとなるものといわなければならない。したがつて、右被上告人らが行政訴訟の方法により何らかの請求をすることができるかどうかはともかくとして、上告人に対し、いわゆる通常の民事上の請求として前記のような私法上の給付請求権を有するとの主張の成立すべきいわれはないというほかはない。以上のとおりであるから、前記被上告人らの本件訴えのうち、いわゆる狭義の民事訴訟の手続により一定の時間帯につき本件空港を航空機の離着陸に使用させることの差止めを求める請求にかかる部分は、不適法というべきである。」

と述べ、民事訴訟でかような請求をすることはできないとした。団藤裁判官の反対意見は、「本件のような差止請求について、およそ裁判所の救済を求める途をふさいでしまうことに対しては、国民に裁判所の裁判を受ける権利を保障している憲法三二条の精神からいつても疑問をもつ者であり、現行法の解釈として、このような結論をとるのは、すべての可能性を検討した上での最後のやむをえないこととしてであるべきだとおもう。いな、百歩を譲つて、かりに行政訴訟の途がないとはいえないとしても、本件のように被上告人らが民事訴訟の途を選んで訴求して来ている以上、その適法性をなるべく肯定する方向にむかつて、解釈上、できるだけの考慮をするのが本来ではないかとおもう。」とするものであった。

(ⅱ) **厚木基地訴訟**（最判 1993.2.25 民集 47-2-641）

自衛隊と米軍とが共同使用する航空基地である厚木飛行場では、1982年に米空母艦載機による夜間に繰り返されるタッチ・アンド・ゴー訓練が始まり、航空機騒音などをはじめとする深刻な被害が近隣に及んでいた。基地周辺住民らは、国に対し、人格権・環境権を根拠に、①午後8時から翌午前8時までの航空機の離発着陸等の差止め、その他の時間帯における音量規制、②過去の損害賠償、③将来の損害賠償を求める訴えを提起した。一審の横浜地裁（横浜地判 1982.10.20 判時 1056-26）は、過去の損害のみを一部容認した（それ以外は不適法として却下）。控訴審の東京地裁（東京高判 1986.4.9 判時 1192-1）は、過去の損害について第一審判決を取消し、請求を棄却した（それ以外は一審同様却下）。

最高裁は自衛隊機の差止請求については、「自衛隊機の運航に関する防衛庁長官の権限の行使」が、「右騒音等により影響を受ける周辺住民との関係において、公権力の行使に当たる行為というべきである」とした上で、「このような請求は、……行政訴訟としてどのような要件の下にどのような請求をすることができるかはともかくとして、〔民事上の請求としての〕右差止請求は不適法というべきである。」と判断した。米軍機の飛行差止めについては、「本件飛行場に係る被上告人と米軍との法律関係は条約に基づくものであるから、……被上告人に対してその支配の及ばない第三者の行為の差止めを請求するものというべきであるから、本件差止請求は、その余の点について判断するまでもなく、主張自体失当として棄却を免れない。」とした。

過去の損害賠償請求については、「上告人らの被害の程度と本件飛行場の使用及び供用の公共性ないし公益上の必要性との比較検討に当たっては、本件飛行場の周辺住民が本件飛行場の存在によって受ける利益とこれによって被る被害との間に、後者の増大に必然的に前者の増大が伴うというような彼此相補の関係が成り立つかどうかの検討が必要であるというべきところ……、原審はこの点について何ら判断をしていないのみならず、その認定事実からは、本件において右のような関係があることはうかがわれ」ず、「……原審は、本件飛行場の使用及び供用に基づく侵害行為の違法性を判断するに当たり、前記のような各判断要素を十分に比較検討して総合的に判断することなく、単に本件飛行場の使用及び供用が高度の公共性を有するということから、上告人らの前記被害は受忍限度の範囲内にあるとしたものであって、右判断には不法行為における侵害行為の違法性に関する法理の解釈適用を誤った違法がある」、とした。

将来の損害賠償請求については、「将来の損害……の賠償請求に係る訴えを不適法として却下すべきものとした原審の判断は、正当として是認することができる」、と判断した。

その後、尼崎公害訴訟において神戸地裁が道路公害訴訟としては初めて一定水準以上の大気汚染物質排出の一部差止請求を認めた（神戸地判 2000.1.31 判時 1726-20）。基地公害訴訟においても、小松基地騒音訴訟第三・四次訴訟第一審判決では民事訴訟が受け入れられ損害賠償が認められた（金沢地判 2002.3.6 判時 1798-21）。他にも景観や、原発事故による「包括的生活利益」損害といった主張も展開される状況となっている。

III　教育を受ける権利

憲法 26 条 1 項は、「すべて国民は、法律の定めるところにより、その能力に応じて、ひとしく教育を受ける権利を有する」と定め、2 項は「すべて国民は、法律の定めるところにより、その保護する子女に普通教育を受けさせる義務を負ふ。義務教育は、これを無償とする」と定めている。教育は、個人が自らの人格形成をするために不可欠のものである。個人の人格の形成は、各自が知識や教養を身につけ、それぞれ能力を開花させる過程を通じて行われるものと一

般に理解されている。同時に、民主的社会の存立と発展を担う健全な国民を育成する過程としても捉えられるので、憲法13条の幸福追求権や25条の生存権にも含まれると解される。しかしながら、教育を受ける権利の中心は子どもであることから、子どもが教育を受ける権利、親権者が子どもに教育を施す自由と義務、さらに、教育にかかわる国家の権限および義務の関係を理解することが求められる。

1　教育を受ける権利の内容

教育を受ける権利とは、子どもの学習権(子どもが教育を受けて学習し、人間的に発達・成長していく権利)を前提に、国民が国家に対して合理的な教育制度と施設を整え、適切な教育の場の提供を要求する権利として一般に解されている。したがって、国は教育制度を整備維持し、教育条件を整える義務を負うことになる。それは、教育基本法および学校教育法の制定、小・中学校の義務教育を中心とする教育制度の整備へとつながる。なお、**旭川学力テスト事件最高裁判決**は、憲法26条の背後には、「国民各自が、一個の人間として、また、一市民として、成長、発達し、自己の人格の完成、実現するために必要な学習をする固有の権利を有すること、特に、……子どもは、その学習要求を充足するための教育を自己に施すことを大人一般に対して要求する権利を有するとの観念が存在していると考えられる」としている(最大判1976.5.21刑集30-5-615)。

2　義務教育の無償

憲法26条2項の定める「義務教育を受けさせる義務」は、1項の教育を受ける権利を実質化させるものと考えられている。2項後段は「義務教育は、これを無償とする」としているが、その範囲については学説の対立がある。①無償の範囲をもっぱら法律の定めるところに委ねるとする説、②授業料無償とする説、③授業料の他教科書代、教材費、学用品等、教育に必要な一切の費用を国が負担するとする説がある。今日では、②の授業料を無償とする説として通説・判例(教科書無償訴訟最高裁判決〔最大判1964.2.26民集18-2-343〕)は捉えている。

3 教育権の所在

教育を受ける権利との関連で、教育内容を決定する権能を有するのは誰なのかという教育権の所在が論じられる。国が教育制度と施設を整備するにあたり、そこで子どもに対して施す教育内容や方法について、国の考え方と教師を含む親権者の考え方とが衝突することが起きる。この場合、国と教師を含む親権者の考え方とのいずれを優先すべきであろうか。これはすなわち、子どもに対する教育内容の決定主体は誰なのかという問題である。教科書検定や学力テスト等に関する裁判の中で、①教育権は国家にあるとする国家教育権説と、②教育権の主体は親を中心とする国民全体であるとする国民教育権説との対立が見られた。

国家教育権説は、教育権は国家にあると捉え、公教育を担う教師の教育の自由の制約は許されると解する。議会制民主主義の下では、国民からの負託を受けた国が、公教育の内容および方法を法律で包括的に決めることができるとするものである。すなわち、公教育制度を通じて実現されるのは国民全体の教育意思であるから、その内容を国民代表機関である国会が法律によって実現できると解する。国民教育権説は、教育権は親を中心とする国民全体にあると捉え、公権力の役割を国民の義務教育の実施を側面から補助する諸条件の整備に限定し、公教育の内容やその方法について国は原則介入できないと解する。実際に教育を行う教師は、公権力からの影響を受けず、国民全体に対して責任を負う形で教育内容等を決定し実行できるとする。国民教育権説に立つ主張は教育裁判の原告側から述べられていたが、**第一次教科書訴訟第一審判決**（高津判決）は国家教育権説に立ち、**第二次教科書訴訟第一審判決**（杉本判決）は国民教育権説に立っていた。**旭川学力テスト事件最高裁判決**は、両説をいずれも極端であると捉え、教育の本質から教師に一定の教育の自由が認められ、国の側にも一定の範囲で教育内容を決定する権能が認められるという折衷説を展開していた。

4 旭川学力テスト事件（最大判 1976.5.21 刑集 30-5-615）

1961 年に実施された中学 2・3 年生を対象とした全国中学校学力テストを実力で阻止しようとした教員らが建造物侵入罪、共同暴行罪、公務執行妨害罪で

起訴された事件である。最高裁は教師の教授の自由について、①「憲法の保障する学問の自由は、……知識の伝達と能力の開発を主とする普通教育の場においても、……教授の具体的内容及び方法につきある程度自由な裁量が認められなければならないという意味においては、一定の範囲における教授の自由が保障されるべきことを肯定できないではない」とした。しかし、②「大学教育の場合には、学生が一応教授内容を批判する能力を備えていると考えられるのに対し、普通教育においては、児童生徒にこのような能力がなく、教師が児童生徒に対して強い影響力、支配力を有することを考え、また、普通教育においては、子どもの側に学校や教師を選択する余地が乏しく、教育の機会均等をはかる上からも全国的に一定の水準を確保すべき強い要請があること等に思いをいたすときは、普通教育における教師に完全な教授の自由を認めることは、とうてい許されない」との判断を示した。判決の①の部分は、学問の自由を根拠に教授の自由が認められることを示しただけでなく、憲法23条を根拠として初等中等教育機関の教師の教授の自由を一定の範囲で認めている（国民教育権説）。しかし、②の部分は、教師には完全な教授の自由は認められないとの判断を示している。さらに、国が「必要かつ相当と認められる範囲において、教育内容についてもこれを決定する権能を有するものと解さざるをえず」と述べることにより、国家教育権説の立場からの見解も示している。それゆえ、本判決は「玉虫色の判決」と呼ばれている。

Ⅳ　労働者の権利

　19世紀から20世紀にかけての資本主義の発展とその経済体制の下で、労働者は苛酷な労働条件、低賃金、失業などにより生活のみならずその生存をも脅かされていた。20世紀に入ると、たとえばドイツで1919年に制定されたワイマール憲法は、その159条において「労働条件及び経済的条件を維持し促進するための団結の自由は、何人にも、そしてすべての職業に対して、保障される」と定め、163条2項では、「経済的労働によってその生活の糧を得る可能性が与えられなければならない」ことや、「必要な生計のための配慮」が定められていた。社会国家理念に基づくこのような規定は、労働者の置かれている過酷

な生活環境を改め、国民の生存権の保障と同時に、国民の勤労の権利の保障を求めるものである。日本では、マッカーサー草案で勤労権が示され、その後に衆議院における審議過程で勤労の義務が追加修正され、日本国憲法27条の勤労の権利及び義務、28条の労働基本権条項へとつながっていった。

1 勤労の権利および義務

（ⅰ）日本国憲法27条1項は「すべて国民は、勤労の権利を有し、義務を負ふ」と定める。この勤労の権利（労働権）は、自由権的側面と社会権的側面の両面を有している。前者は国民の勤労の自由を国家によって侵害されないとするものである。後者は社会権の一環として捉えられるが、その法的性格については生存権同様に議論がある。プログラム規定説的理解では、27条1項は国家に対して国民に労働の機会を保障する政治的義務を課したものとなり、国民に具体的な権利を認めたものではないことになる。抽象的権利説では、国民は、対国家との関係では法律の改廃による勤労の権利の侵害を裁判所で争うことができ、対使用者との関係では使用者の解雇の自由が制限される。具体的権利説では、国の不作為を裁判で争うことができると解される（ただし、訴訟が成立する可能性はかなり低く、その違法性が認められるのは極めて稀であろう）。また、27条は私人間にも直接的に適用され、使用者との関係では解雇の自由を制限する法的効力が認められると解する立場が有力である。

（ⅱ）勤労の権利の社会権的側面充足のため、国により立法措置が施されている。すなわち、勤労の権利は労働の自由を前提にしつつも、労働の機会を要求する抽象的権利であると同時に、そのような機会が得られない場合にはまずは生活費を要求する権利、さらには25条の生存権へと連なるものと理解される。国の立法措置として主たるものを列記すれば、次のようになる。職業安定法、労働施策の総合的な促進並びに労働者の雇用の安定及び職業生活の充実等に関する法律（旧・雇用対策法〔2018年題名改正〕）、職業能力開発促進法、障害者の雇用の促進等に関する法律、高齢者等の雇用の安定等に関する法律、男女雇用機会均等法等である。これらを通じ一般的な雇用の促進、個別の職業紹介や職業訓練の場の提供、就労機会の実質的保障、そして失業者の生活保障等がなされる。さらに、憲法28条を根拠とする労働基準法も勤労の権利の保障をサポー

トするものと解される。

(iii) 27条2項は、勤労条件を法律で定めるべきとしている。労働契約を使用者と労働者との間の自由契約に委ねるならば、その結果として優位な立場にある使用者がその立場を利用し、労働者は劣悪な条件下に置かれることになりかねない。それゆえ、労働者保護のための勤労条件法定主義が憲法27条2項より導かれる。具体的措置として、労働基準法、最低賃金法、労働契約法等がある。なお、労働基準法の定める諸基準の履行を監督するため、厚生労働省管轄下に、労働基準局および労働基準監督署が設置されている。

(iv) 27条3項は児童酷使の禁止を定めている。この規定は、児童の酷使がその成長に及ぼす害悪が大きいためであり、従来児童の保護が十分でなかったことによる。これについては様々な立法措置がとられている。

2　労働基本権

憲法28条は、「勤労者の団結する権利及び団体交渉その他の団体行動をする権利は、これを保障する」と定める。本条で定める「勤労者」は、労働力を提供し、その対価を得て生活をする者を指し、労働組合法3条に定める労働者と同義である。一般に労働基本権には、団結権、団体交渉権、団体行動権（争議権）の3つがあり、労働三権と呼ばれる。団結権とは文字通り労働者が団体を組織する権利（労働組合結成権）を指し、労働者を団結させて使用者と対等の関係に立たせるための権利として理解される。団体交渉権は、団体としての労働者が使用者らと労働条件について交渉する権利である。両者の交渉の結果、労働協約（労働組合法14条）が締結される。また、使用者は正当な理由なく団体交渉を拒むことは禁止されている（同法7条2号）。団体行動権は、労働者の団体が労働条件の実現を図るために団体行動を行う権利である。その中心をなすのは、団体交渉を行うためのストライキ（同盟罷業）、サボタージュ（怠業）といった争議行為である。争議行為が正当である場合には、刑事責任は問われず、民事上の債務不履行ないし不法行為責任を免除される（労働組合法1条2項、7条1号、8条）。争議行為が正当なものであるか否かについては、①その目的、②手段・態様等で判断される。①の目的については、純粋な政治ストと、労働者の経済的地位の向上に密接にかかわる経済的政治ストとが区別される。後者は合法と

解される。政治目的のストとしての全農林警職法事件判決（最大判 1973.4.25 刑集 27-4-547）において、最高裁は、政治目的のストは憲法 28 条の保障とは無関係であると判断している。手段・態様については、山田鋼業事件判決（最大判 1950.11.15 刑集 4-11-2257）において、事業所等を接収して自ら経営する生産管理は、使用者の所有権侵害にあたるため違法とされている。いうまでもないが、暴力の行使は正当な行為とはならない（労組法 1 条 2 項但書）。

3　公務員の労働基本権

現在、憲法 28 条が公務員を労働基本権の対象とすることは、判例・通説の共通理解である。しかし戦後当初は、厳しい社会情勢の下で公務員を中心とする労働運動が高まったことを受け、その制限を求めるマッカーサー書簡が出され、芦田内閣は政令 201 号にて全ての公務員の争議権と団体交渉権の禁止を定めるに至った（1948 年）。公務員の労働基本権については、現行法では次のように分類される。①警察職員、消防職員、自衛隊員、刑事収容施設職員、自衛隊員、海上保安庁職員等は三権全て禁止され、②非現業公務員と地方公務員は団体交渉権が制限され、さらに争議権が禁止されている。③現業公務員および公共企業体職員については争議権が禁止されている。ただし、③に分類されるかつての三公社（国鉄、電信電話、専売）五現業（郵便、林野、印刷、造幣、アルコール専売）は、公共企業体等労働関係調整法の規制対象であったが、三公社は民営化により規制対象外となった。

公務員の労働基本権の制限（国家公務員法 98 条 2 項、地方公務員法 37 条、国営企業労働者関係法〔現：行政執行法人の労働関係に関する法律〕）について、判例は 13 条の公共の福祉や「全体の奉仕者」（15 条 2 項）という概念にその根拠を求めていた。

4　労働基本権に関する判例

公務員の労働基本権を制限する最高裁の判例は、3 期に分けて説明するのが一般的である。

第 1 期の**政令 201 号事件**（最大判 1953.4.8 刑集 7-4-775）や国鉄檜山丸事件（最判 1963.3.15 刑集 17-2-23）では、公共の福祉（13 条）や「全体の奉仕者」（15 条 2 項）

に公務員の労働基本権の一律な制限の根拠を求め、制限を合憲と判断していた。

第2期の以下の2つの判決は、公務員の争議行為の刑事上の正当性を原則的に認めた時期である。

（ⅰ）**全逓東京中郵事件**（最大判 1966.10.26 刑集 20-8-901）

全逓信労組役員らが東京中央郵便局の職員に対して争議行為をそそのかしたことが問われた事件である。最高裁は、①「労働基本権を尊重確保する必要と国民生活全体の利益を維持増進する必要とを比較衡量し」、「合理性の認められる必要最小限度のものにとどめなければなら」ず、②「職務または業務の停廃が……、国民生活に重大な障害をもたらすおそれのあるものについて、これを避けるために必要やむを得ない場合について考慮され」、③「違反者に対して課される不利益については、必要な限度をこえ」てはならず、「刑事制裁を科することは、必要やむを得ない場合に限られ」、④「労働基本権を制限することがやむを得ない場合には、これに見合う代償措置が講ぜられなければならない」との4条件を示し、公労法17条1項を合憲としたが、正当な争議行為には労働組合法が適用され、被告人を無罪と判断した。

本判決の示した判断は、地方公務員法については次の都教組事件に、国家公務員法については、全司法仙台事件判決（最大判 1969.4.2 刑集 23-5-685）に引き継がれている。

（ⅱ）**都教組事件**（最大判 1969.4.2 刑集 23-5-305）

1958年の勤務評定導入反対闘争の際に、東京都教職員組合員に対して一斉休暇闘争を指示し有給休暇届を出させたことを処罰する地方公務員法61条4号の合憲性が問われた。最高裁は、まず全逓東京中郵事件の示した「基本的立場は、本件の判断にあたつても、当然の前提として、維持すべきものと考える」と述べている。地公法37条および61条4号が違憲であるかどうかの問題は、同判決の4基準によるとしている。その上で、「公務員の労働基本権を保障した憲法の趣旨に反し、必要やむをえない限度をこえて争議行為を禁止し、かつ、必要最小限度にとどめなければならないとの要請を無視し、その限度をこえて刑罰の対象としているものとして、これらの規定は、いずれも、違憲の疑を免れない」。「しかし、法律の規定は、可能なかぎり、憲法の精神にそくし、これと調和しうるよう、合理的に解釈されるべきものであ」ると述べ、合憲限定解

釈論の立場をとっている[1]。以上を前提に、刑事罰の対象とすべき場合として、地方公務員の争議行為が地公法37条1項の禁止する行為に該当しかつ違法性が強い場合で、あおり行為自体にも強い違法性がある場合に限定するという「二重のしぼり」という限定を加え被告人は無罪との結論を述べている。学説の多くはこの判決手法を評価しているが、合憲限定解釈という手法の妥当性ならびに「国民生活全体の利益」という概念の抽象性について疑問を投げかけられた。第2期の判例は、自民党や財界等から「偏向裁判」との批判を招き、「司法の危機」の原因となったといわれている。

第3期は、最高裁が合憲限定解釈を否定して刑罰による争議行為の一律禁止を合憲とし、判例を再び変更した時期である。

(iii) **全農林警職法事件**（最大判 1973.4.25 刑集 27-4-547）

非現業の農林省職員らにより組織された全農林労働組合が、1958年の警察官職務執行法改正案に反対するため、同省職員らに職場大会への参加を慫慂したことが国家公務員法98条5項、同110条1項17号に反するとして起訴された事件である。一審の東京地裁（1963.4.19 下刑集 5-3・4-363）は合憲限定解釈により無罪、二審の東京高裁（1968.9.30 高刑集 21-5-365）は合憲限定解釈を否定して有罪の判決を下した。最高裁は、「全体の奉仕者」論より綿密な論理をとりつつも、公務員に対する争議行為を全面的に禁止する立場を再びとっている。最高裁は次の4点を理由としている。①全体の奉仕者である公務員の使用者は国民全体であることを前提に、公務員の地位の特殊性と職務の公共性を理由としている。最高裁は、「公務員が争議行為に及ぶことは、その地位の特殊性および職務の公共性と相容れないばかりでなく、多かれ少なかれ公務の停廃をもたらし、その停廃は勤労者を含めた国民全体の共同利益に重大な影響を及ぼすか、またはその虞れがある」と述べている。②公務員の勤務条件の決定方法が私企業における勤労者の場合と異なることについては、「『法律の定める基準に従ひ、官吏に関する事務を掌理すること』は内閣の事務であると定め、……公務員の給与をはじめ、その他の勤務条件は、私企業の場合のごとく労使間の自由な交渉に基づく合意によつて定められるものではなく、原則として、国民の代表者

---

(1) 憲法判例百選Ⅱ 304頁〔倉田原志執筆〕、市川正人「公務員の労働基本権の制限と最高裁」法教 247号 11頁参照。

により構成される国会の制定した法律、予算によつて定められることとなつているのであ」り、「公務員の勤務条件の決定に関し、政府が国会から適法な委任を受けていない事項について、公務員が政府に対し争議行為を行なうことは、的はずれであつて正常なものとはいいがたく、もしこのような制度上の制約にもかかわらず公務員による争議行為が行なわれるならば、使用者としての政府によつては解決できない立法問題に逢着せざるをえないこととなり、ひいては民主的に行なわれるべき公務員の勤務条件決定の手続過程を歪曲することともなつて、憲法の基本原則である議会制民主主義……に背馳し、国会の議決権を侵す虞れすらなしとしない」、と述べている。③公務員にはロックアウト（使用者による作業所閉鎖）や市場からの圧力のような歯止めがないことについては、「私企業においては、極めて公益性の強い特殊のものを除き、一般に使用者にはいわゆる作業所閉鎖（ロックアウト）をもつて争議行為に対抗する手段があるばかりでなく、労働者の過大な要求を容れることは、企業の経営を悪化させ、企業そのものの存立を危殆ならしめ、ひいては労働者自身の失業を招くという重大な結果をもたらすこととなるのであるから、労働者の要求はおのずからその面よりの制約を免れず、ここにも私企業の労働者の争議行為と公務員のそれとを一律同様に考えることのできない理由の一が存する」、と述べている。④代償措置として、公務員等の「争議行為等が、勤労者をも含めた国民全体の共同利益の保障という見地から制約を受ける公務員に対しても、その生存権保障の趣旨から、法は、これらの制約に見合う代償措置として身分、任免、服務、給与その他に関する勤務条件についての周到詳密な規定を設け、さらに中央人事行政機関として準司法機関的性格をもつ人事院を設けている」こと等から、「国公法98条5項がかかる公務員の争議行為およびそのあおり行為等を禁止するのは、勤労者をも含めた国民全体の共同利益の見地からするやむをえない制約というべきであつて、憲法28条に違反するものではない」、と述べている[2]。そして、全司法仙台事件判決を変更するに至っている。その一因に、全司法仙台事件判決から本件判決に至るまでの間に長官を含む半数以上の裁判官が入れ替わったことが判例変更につながったといわれている。本判決後はといえば、地方公務員法に関する岩手教組事件判決（最大判1976.5.21刑集30-5-1178）は都教

---

(2) 憲法判例百選Ⅱ 306頁〔大河内美紀執筆〕参照。

組事件判決を覆し、全逓名古屋中郵判決（最大判 1977.5.4 刑集 31-3-182）は全逓東京中郵判決を覆す判断を示した。

【avancée】

　本章で検討した社会権については厳しい事態となっている。その1つに現在各地で起こされている生活保護費をめぐる訴訟がある。2024年1月15日鹿児島地裁は、基準額の引き下げは「厚生労働相の裁量権を逸脱している」とし、減額決定を取り消す判決を下した。厚生労働省は2013年から15年にかけて、物価の下落を理由に、食費など生活費部分の保護基準額を最大10%減額した。一連の引き下げに対し、受給者が保護費減額の取消し等を求めて全国29の地裁へ提訴した。現時点で地裁、高裁併せて引き下げを違法とする判決が19件出されている（棄却14件）。生活保護基準額は、住民税の非課税限度額や最低賃金、医療や介護の利用者負担等の他の制度にも影響を及ぼすことが指摘されている。生活保護世帯ではないが「準要保護」として「就学援助」を受ける児童・生徒の数は約117万人と推定されている（2022年度）。認定の基準として使用されるのが生活保護基準であるが、この基準が下がると「就学援助」認定も厳しいものとなることが予想される[3]。憲法25条の定める理念を再検討することが求められているのではないか。

　先の衆院選で「手取りを増やす」と訴えた政党が躍進し、与党との政策協議が行われている。かような訴えが若い世代の支持へとつながった背景には、雇用の劣化が指摘されている。同党は基礎控除を引き上げることによって所得税を減税し、実質賃金がプラスになるまでの期間の消費税減税や社会保険料の軽減なども訴えた。現在、労働人口の約4割を非正規労働者が占めている。しかし、減税や社会保険料の引き下げは解決策たりうるのだろうか。一時的には手取りが増えるかもしれないが、効果はあくまで一時的なものにとどまろう。また、その減税分や社会保険料の引き下げ分は、元々は社会保障や教育に充てられていた財源である。その不足分はいかにして補うのか。本当に困っている人たちの状況は改善されないのではないか。賃上げも含めた労働環境の改善が求められているように思われる。

【参考文献】

朝日訴訟記念事業実行委員会『人間の裁判10年――朝日茂の手記』大月書店、2004年

市川正人「公務員の労働基本権の制限と最高裁」法学教室247号、11頁

遠藤比呂通『希望への権利　釜ヶ崎で憲法を生きる』岩波書店、2014年

---

(3)　朝日新聞2024年12月8日朝刊記事参照。

第 7 章　"罪"と"罰"の狭間で

　　1966 年 6 月、静岡県清水市（現静岡市清水区）で、放火され全焼した味噌加工工場の専務宅から一家 4 人が刃物でめった刺しにされた遺体で発見された。警察は、元プロボクサーで、当時この工場の従業員だった袴田巌さん（当時 30 歳）を逮捕し、便器を取調室に持ち込んでトイレにも行かせない状態で虚偽の自白に追い込んだ。また、起訴後に工場の味噌タンクから発見され、袴田さんのものとされた 5 点の衣類は、1 年 2 ヶ月以上 8 トンもの味噌につかっていたというにはシャツは白く、血液は鮮血色であり（弁護団の実験では、1 年 2 ヶ月以上味噌につけられると、衣類は焦げ茶色に、血液は黒色に変色することが明らかになっている）、さらにズボンにいたっては、袴田さんには小さすぎて、着衣実験では太股の辺りまでしか上がらなかった。袴田さんは公判で無罪を主張したが、1980 年に最高裁で死刑の有罪判決が確定した。これに対し、1981 年に第 1 次再審請求が行われたが、2008 年 3 月、最高裁はこれを棄却した。同年 4 月には第 2 次再審請求が行われ、2014 年 3 月に静岡地裁は、再審開始を決定するとともに、袴田さんに対する死刑及び拘置の執行を停止し、袴田さんは逮捕から 48 年ぶりに釈放された。検察官は即時抗告を行い、2018 年 6 月に東京高裁は再審開始決定のみを取り消したが、2020 年 12 月に最高裁は高裁決定を破棄差戻した。2023 年 3 月、東京高裁は再審開始を認めて検察の即時抗告を棄却し、検察が特別抗告しなかったため、再審開始決定が確定した。そして 2023 年 10 月に再審公判が開始され、2024 年 9 月に無罪判決が言い渡され、検察が控訴権を放棄したことで、無罪判決が確定した。この無罪判決までに事件発生から 58 年、判決確定から 44 年、最初の再審開始決定から 10 年もの歳月を要している。

　　この袴田さんの事件の他にも、布川事件（1967 → 2011 年）、足利事件（1990 → 2010 年）、東電 OL 殺人事件（1997 → 2012 年）とえん罪事件は後を絶たない（いずれも事件発生年→無罪確定年）。なぜ繰り返しえん罪事件が発生するのか。そして、なぜ無罪確定までにこれほどの年数を要するのか。日本の刑事司法制度の問題点について考えてみよう。

I　人身の自由

1　意義

　今まで見てきた様々な人権のベースともいうべき重要な人権が、自分の身体に関する自由＝人身の自由である。誰にも拘束されずに自由に移動または行動ができてこそ、精神的自由や経済的自由を享受できるからである。人身の自由は憲法18条で保障されている。憲法の条文は基本的に公権力を拘束するものであるが、この条文は私人間においても適用されると解されている。人の体を不当に拘束し、その意に反する労役を押しつけるのは、国家だけでなく、利潤や効率追求に目のくらんだ私企業であることも十分ありうるからである（労基法5条も参照）。

　すべての人権の要ともいうべき人身の自由であるから、それをやむを得ず制限しなければならない場合（主として国家がその刑罰権を発動するとき）には、当然ながら厳格な要件が必要とされる。この点につき、憲法31条は「何人も法律の定める手続によらなければ、その生命若しくは自由を奪はれ、又はその他の刑罰を科せられない」と定めている。

2　デュー・プロセスの保障

　この条文が、手続を法律で定めるよう要求しているのは文言上明らかであるが（法定手続の保障）、それだけでなく、その手続の内容が適正であることも要求していると解される（適正手続〔デュー・プロセス〕の保障）。いくら法律で手続を定めても、その内容が不合理なものであったら何の意味もないからである。また、31条は手続だけでなく、手続の前提となる実体（何をすれば「罪」となって、どういう「刑」が科せられるのか）も法律で定めること、及びその内容も適正であることも要求していると解される。このように、31条は、13条が憲法に明文のない「新しい人権」を包括的に保障する人権の一般規定であるのと同様（第1章参照）、他の憲法の条文から直接導き出せない手続や実体を保障する手続に関する一般規定といえよう。

　実体を法律で定めなければならないという考え方は「**罪刑法定主義**」と呼ば

れるものである。どういう行為が犯罪になるのか前もってわかっていなければ、私たちは安心して自由に行動することができないので、近代立憲主義国家の基本原理とされる。ここから、たとえば、ある行為がなされた後にそれを犯罪として処罰することの禁止＝遡及罰の禁止（憲法39条）などが導き出される。また、実体の内容が適正でなければならないという要請からは、法律の文言の明確性、罪刑の均衡、刑罰は必要やむを得ない場合においてのみ適用されるべきとする謙抑主義が導き出される。

手続の法定という要請からは、強制処分法定主義の原則が導き出される。これは、強制処分、すなわち「有形力の行使を伴う手段」のみならず、「個人の意思を制圧し、身体、住居、財産等に制約を加えて強制的に捜査目的を実行する行為」（最決1976.3.16刑集30-2-187）は、刑事訴訟法に根拠規定がなければ認められないということである（刑訴法197条1項但書）。また、手続の適正という要請からは、比例捜査原則（捜査の際に用いられる処分は必要に見合った相当なものでなければならない）や令状主義（後述）が導き出される。

「適正手続」の保障といえば、まず想定されているのは刑事手続についてであるが、手続の法定または適正が要請されるのは、刑事手続に限られない。刑罰を科されることはなくとも、行政手続において何らかの不利益処分を受ける場合、同じく個人の自由や財産に対する侵害に他ならないので、31条以下の手続的保障は原則として行政手続にも及ぶと解される。この点につき、最高裁も、**第三者所有物没収事件**（最大判1962.11.28刑集16-11-1593）において、「告知、弁解、防禦の機会」を与えることなく第三者の所有物を没収することは、「適正な法律手続によらないで、財産権を侵害する制裁を科するに外ならない」として、行政手続にも憲法31条の保障が及ぶことを認めている。

II　刑事手続の流れ

犯罪が発生すると警察は捜査を開始する。捜査が進むにつれ"アヤシイ"人物が浮かび上がってくる。警察としてはさっさとその人物を"しょっぴいて"口を割らせたい、自宅も調べたい。しかし、これらの行為は一歩間違えば重大な人権侵害となる。そのため、憲法は33条以下で、これらの権力が軽々しく

行使されないよう、様々な要件を設けている。ちなみに、刑事訴訟法上、逮捕され取調べをうけ起訴されるまでは「被疑者」(「容疑者」というのはマスコミ用語)、起訴され裁判の当事者となり判決が出るまでは「被告人」と呼ばれる(マスメディアでよく使われる「被告」というのは正確には民事裁判で訴えられている人のこと)。なお、憲法には「被告人」という言葉は出てくるが、「被疑者」という言葉は一度も出てこない。これは、憲法が「被疑者」と「被告人」とを特に区別しなかった旧刑訴法の考え方に基づいているからであり、したがって憲法上「被告人」に保障されている権利は場合によっては「被疑者」にも保障されると解される。

1　逮捕から起訴されるまで——被疑者の権利
(1)　不当な逮捕・捜索を防ぐために——令状主義

いくら捜査のためとはいえ、いきなり警察官に連行されたり、家の中をかき回されたりしては、私たちは安心して生活することができない。よって憲法33条は、現行犯でない限り、裁判官が発付する令状がなければ何人も逮捕されないと定めている。このように、捜査機関以外の第三者＝裁判官の判断を介することによって、逮捕権の濫用を防ごうとすることを**令状主義**という。したがって、裁判官には、単に犯罪があったかどうかだけでなく、本当に逮捕する必要があるのかをチェックした上で令状を発するという役割が期待されているのだが、実際には、令状請求の却下率はわずか0.1％(司法統計年報令和5年刑事編第15表)である。

冒頭で触れた現行犯逮捕が令状主義の例外として認められるのは、犯罪が行われたこと及びその犯人が明白であり、不当な人権侵害のおそれがないからである。しかし、刑事訴訟法は、「現行犯逮捕」のほかに、令状なしでも「罪を行い終わってから間がないと明らかに認められる」場合の「準現行犯逮捕」(刑訴法212条2項)や「死刑又は無期若しくは長期3年以上の懲役若しくは禁固にあたる罪を犯したことを疑うに足る充分な理由がある場合」の「緊急逮捕」(同210条1項)を認めている。逮捕後は直ちに令状を求めることが要求されてはいるが、捜査の必要性だけで手続的保障の例外が簡単に認められるのであれば、憲法が厳格な要件を定めた意味がなくなってしまうので、憲法の予定して

いない例外は安易に認めるべきではない。

　令状主義は逮捕の時だけでなく、捜索・押収の時にも適用される。憲法35条は、33条の場合を除いて、令状なしに住居・書類・所持品に対して侵入・捜索・押収することを禁止している。さらに令状には「捜索する場所」及び「押収する物」が特定されていなければならず、無制約な捜索・押収は許されない。この点につき、1999年に成立した「通信傍受法」（いわゆる「**盗聴法**」）で一定の要件を満たした上での電話盗聴が合法化されたが、盗聴の場合、そもそも捜索あるいは押収の対象の「特定」は不可能であり、「特定」ができない以上、「合憲的な」盗聴はあり得ないということになる。もっとも、「盗聴法」が成立する以前から、判例・実務においては検証許可状による盗聴捜査が認められており（最判 1999.12.16 刑集 53-9-1327）、「盗聴法」は「違憲」である捜査方法に対して「合法」というお墨付きを与えたにすぎない。

　一方、本人の承諾も令状もなしに自動車にGPS端末を取り付けて捜査が行われたことが争われた事例で、最高裁は、「個人のプライバシーの侵害を可能とする機器をその所持品に密かに装着することによって、合理的に推認される個人の意思に反してその私的領域に侵入する捜査手法であるGPS捜査は、個人の意思を制圧して憲法の保障する重要な法的利益を侵害するものとして、刑訴法上、特別の根拠規定がなければ許容されない強制処分にあた」り、「令状がなければ行うことのできない処分」であると判断している（最大判 2017.3.15 刑集 71-3-13）。ただし最高裁は、**GPS**捜査はプライバシーの侵害に該当するので許されないとしているわけではなく、「GPS捜査が今後も広く用いられ得る有力な捜査手法であるとすれば、その特質に着目して憲法，刑訴法の諸原則に適合する立法的な措置が講じられることが望ましい」と述べているように、あくまでも強制処分法定主義に則って判断しているにすぎない。

(2)　逮捕されるとどうなる？──「代用刑事施設」の問題

　警察は被疑者の逮捕後48時間以内に検察官にその身柄を渡さなければならず（刑訴法203条）、さらに検察官も留置の必要があると判断した場合には、裁判官に対して被疑者の受け取り後、24時間以内に勾留請求を行わなければならない（同205条）。検察官が被疑者を勾留できるのは10日間が限度であり、この間に起訴しないならば直ちに釈放しなければならない（同208条1項）。た

だし、勾留期間はさらに10日間を限度して延長を請求することができるので（同条2項）、最大23日間勾留が可能となる。

被疑者を勾留する場所は法務省管轄の拘置所が原則であるが、警察署内にある留置場も代わりに使うことができるとされている（刑事収容施設法15条）。しかし、留置場を使うのはあくまでも例外であるはずなのに、実務では9割近い被疑者が留置場に勾留されている（2023年度の勾留の令状請求却下率は3.8％である）。このように拘置所の代わりに留置場を使うことを「**代用刑事施設**[1]」という。そして取調官が必要と認めるとき（特に否認を続けているとき）は、長時間あるいは深夜に及ぶまで連日取調べが行われるため、それから逃れたいがために虚偽の自白をしてしまう事例は、冒頭でも紹介したように、枚挙にいとまがない。代用刑事施設とは、要するに「捜査機関が被疑者の身体を自己のコントロール下に置き、その生活全体を管理・支配することから生じる心理的圧力を取調べに利用するシステム」なのである。したがって、取調べの際に目に見える暴力や脅迫がなくとも、代用刑事施設に拘束すること、それ自体が重大な人権侵害に相当するのである。

代用刑事施設は日本独自のシステムであり、国際水準から大きく逸脱している。国際人権B規約9条3項は、被疑者は逮捕後速やかに裁判官の面前に連れて行かれなければならないと定めているが、これは被疑者を警察の支配下から極力引き離すことで、拷問や自白強要などの人権侵害が行われないにするためである（憲法34条が「何人も、理由を直ちに告げられ…抑留又は拘禁されない」と定めているのも同じ趣旨である）。B規約の監督機関である人権規約委員会は、代用刑事施設について10年以上も前から是正を求めているが、「廃止」という言葉が使われていなかったため、日本政府は一向にこれを改めようとしていない。そこで同委員会は、2008年の第5回政府報告に対する最終見解において、はっきりと代用刑事施設の廃止を勧告した（2014年の第6回最終見解も同旨。2017年の第7回最終見解でも前回の勧告に従うよう求められている）。また、拷問等禁止条約の監督機関である拷問等禁止委員会も、2013年の第2回政府報告に対する

---

[1] 2007年から法律の名称が「監獄法」から「刑事収容施設法」に変わったため、正式には「代用監獄」から「代用刑事施設」に変わったが、引き続き「代用監獄」の呼称を使う論者もいる。

最終見解において、代用刑事施設の廃止の検討を求めている。

　一方、**裁判員制度**（第12章参照）のもとでの裁判の迅速化の要請（これまでのように代用刑事施設での自白に任意性があるかどうかを争っていては裁判が長期化してしまう）と「取調べの適正化」のために、「取調べの可視化」（取調べ過程の録画・録音）が日弁連を中心に1999年頃から主張されはじめ、2006年からは検察官による取調べの一部の録画・録音が東京地検で開始され、さらに2016年の刑訴法改正により、裁判員裁判対象事件・検察官独自捜査事件について、身体拘束下の被疑者取調べの全過程の録画が義務付けられた（2019年6月施行）[(2)]。しかし、映像は多くの情報を含むため、感情的な心証形成をしたり、被疑者が取調官から受ける影響を過小評価したりする危険性があるため、裁判所も、このような記録媒体を実質証拠として利用することについては慎重な態度を示している[(3)]。

(3)　外界から孤立しないために——接見交通権の保障

　憲法34条は「抑留（「留置」＝一時的拘束）」または「拘禁（「勾留」＝継続的拘束）」にあたっては、弁護人を依頼する権利が保障されなければならないとしている。これは身体拘束中という圧倒的に不利な状態にある被疑者の防御権を保障するためのものである。また、37条3項は「被告人」については、財政的事情で弁護人をつけることができない場合に国選弁護人を頼むことができると明文で保障しているが、「被疑者」については言及していない。しかし、上述のように、憲法の「被告人」という文言は「被疑者」も含む広い意味であるから（憲法の英文でも"the defendant"ではなく、より広い意味の"the accused"が用いられている）、「被告人」に認められている権利のうち、その性質上「被疑者」にも認められるものは、当然に保障されると解すべきである。特に日本の場合、代用刑事施設のせいで虚偽の自白が引き出されがちであるにもかかわらず、いったん「自白」を行うと公判の場でこれを覆すのは非常に難しいという状況があるため、被疑者段階においても国選弁護人をつける権利を保障すべきである。し

---

(2)　ただし、これらに該当するのは全刑事事件の1.5％（2023年）にすぎない。最高裁判所事務総局「令和5年における裁判員裁判の実施状況等に関する資料」2頁。

(3)　東京高判2016.8.10判タ1429-132、東京高判2018.8.3判時2389-3、東京地決2020.7.4判時2430-150。

かし、これまで被疑者段階での国選弁護人制度はなかったため、1990年代から各都道府県の弁護士会が、逮捕されてから最初の接見（面会）だけは無料で行うという「当番弁護士」制度を実施してきたが、2006年の刑訴法改正により、死刑または無期懲役・禁固がある重大な事件につき国選弁護人が認められるようになった[(4)]。その後、2009年の法改正により、その対象が3年を超える懲役・禁固の事件まで拡大され、さらに2016年の法改正により、2018年6月までに、被疑者が勾留されているすべての事件への拡大が予定されている。

弁護人依頼権が実質的に保障されるためには、拘束中も弁護人に会ったり連絡をとったりできるようにしなければならない。刑訴法39条1項は、被疑者及び被告人は、弁護人と「立会人なくして接見し、又は書類若しくは物の授受をすることができる」と規定しているが、3項で「捜査のため必要があるとき」は検察官に接見を指定する権限を認めている。これを受けて実務では、弁護人等が接見を申し出た場合、検察官がその都度「捜査のための必要」の有無を判断して接見を認めるかどうかを判断し、認める場合にはその日時、場所及び時間を指定するということが行われている。被疑者・被告人の接見交通権が、実質的な弁護を受ける権利ならびに一方的な取調べに対する黙秘権（憲38条1項）の行使の実質的保障という点において「刑事手続上最も重要な権利」（最判1978.7.10民集32-5-820）であるにもかかわらず、一方当事者である捜査官に接見の日時・場所等を指定する権限を認めることは憲法に違反するといえるが、この点につき、最高裁は、「被疑者と弁護人等の接見交通権が憲法の保障に由来するからといって、これが刑罰権ないし捜査権に絶対的に優先するような性質のものということはできない」として、両者の調整を図る刑訴法39条3項を合憲としている（最大判1999.3.24民集53-3-514）。

---

(4) ただし、この新制度では被疑者の資産が50万以下の場合に国選弁護人の請求が可能という制限が設けられている。もっとも50万を超える現金・預貯金がある被疑者は国選弁護を受けられないというわけでも必ずしもなく、この場合はまず弁護士会に私選弁護人の選任を申し出、それがうまくいかなかったとき（経済的な理由や弁護方針の違いなど）、改めて国選弁護人の請求をすることができるという複雑なものとなっている。

2　起訴から判決が出るまで——被告人の権利

(1)　自白は「証拠の女王」？——不利益供述強要の禁止

　取調べの際、自白をとろうとするのは、捜査機関である警察にとっては自然な行動であろう。しかし、日本の場合、単に「犯人かどうか」を調べるのではなく、犯罪に至る動機や事情などをすべて解明し、さらには自白させることによって「犯人」に反省を促すという役割までも警察が担おうとするため、彼らが職務を真剣に遂行しようとすればするほど、代用刑事施設のもとで、被疑者が虚偽の自白に追い込まれる危険性が高くなってしまう。

　このような「自白」に頼る危険性を排除するため、憲法 38 条 1 項は、すべての人に対して「事故に不利益な供述を強要されない」権利を保障している。文言上は「不利益な供述」が対象となっているが、被疑者・被告人については、どのような供述であろうと不利益となるおそれがあるので、有利・不利を問わず一切の供述を拒否できる権利を保障するものと解されている。刑訴法はこれを受けて、被疑者・被告人につき、包括的黙秘権を保障している（刑訴法 198 条 2 項、311 条 1 項）。また同条 2 項で「強制、拷問若しくは脅迫による自白又は不当に長く抑留若しくは拘禁された後の自白」は証拠とすることができないこと、3 項では「自己に不利益な唯一の証拠が本人の自白である場合」には有罪とされないことを定めている。

　38 条 2 項の根拠について学説は分かれているが、憲法 35 条の令状主義のもとで違法に収集された証拠の証拠能力が認められない（違法収集証拠排除の法則）のと同様、自白についてもその採取の過程に違法があれば排除することによって、憲法 31 条が保障する適正手続を担保する趣旨と解するのが相当である。そうすれば、自白に任意性があるかどうか（嘘をいうような状況にあったかどうか）というような外部からは判断しにくい状況ではなく、自白採取過程における取調べ方法の違法性を判断すれば足りるので、証拠排除の判断基準はより明確になるからである。

(2)　"真実"を明らかにするために——公平かつ迅速な裁判を受ける権利

　憲法 37 条 1 項は、刑事事件につき「公平で迅速な公開裁判を受ける権利」を保障している（裁判の「公開」については第 12 章参照）。「裁判を受ける権利」はすでに 32 条で保障されているが、ここでさらに重ねてその保障を定めてい

ることからも、憲法が刑事事件における被告人の権利に配慮していることがわかる。

「公平な裁判」とは、戦前のように裁判官と検察官が一体となっていないことや、利害関係のある裁判官によって裁判されないこと（刑訴法20条以下で定められている裁判官の除斥・忌避の制度）だけでなく、裁判官自身が事件を審査するにあたって偏見や予断をもたないこと（**予断排除原則**）を意味する。そこから「**起訴状一本主義**」（起訴状に裁判官が予断や偏見を抱くような書類の添付を禁止する〔刑訴法256条6項〕）や「**当事者主義**」（証拠調べの主導権は裁判所ではなく当事者に委ねられている）、「**口頭弁論主義**」（裁判所はその面前で口頭で提供された証拠に基づいて裁判しなければならない）などが導き出されることになる。

この点につき問題となるのが、訴訟当事者が手持ちの証拠または資料について、相手方当事者にその内容を明らかにする、いわゆる証拠開示である。特に被告人（被疑者も）や弁護人は、捜査機関のように強制力をもって証拠を収集することができないので、捜査機関の手持ちの証拠又は資料を閲覧し、防御の準備をすることが必要となる。しかし、従来の刑訴法に検察官の手持ちの証拠の開示を義務づける明文規定が存在せず、実務では裁判所の訴訟指揮権（刑訴法294条）を根拠に一定の範囲内で証拠開示が認められてきた（最決1969.4.25刑集23-4-248）ため、防御に必要な証拠が十分に開示されない、あるいは被告人に有利な証拠（無罪の証拠）が開示されないといった問題が生じていた。

こうした中、裁判員制度の導入に向け、裁判の「迅速化」のために、2004年、刑訴法が改正され、新たに**公判前整理手続**が設けられた（刑訴法316条の2）。これは、第1回公判期日前に、裁判所の主宰により、検察官と弁護人が、争点を及び証拠を整理するために出頭して行う公判準備手続であり、裁判員裁判では必ず、それ以外の事件では必要があると認められるときに行われる。

これによれば、まず検察官は、①取調べを請求した証拠（検察官請求証拠〔同316条の14〕）と、②この証拠の証明力を判断するために重要な一定類型に該当する証拠（同316条の15）、及び被告人側に主張予定事実があるときは、③その主張に関連する証拠（同316条の20）を開示しなければならない。なお、②と③については、開示の必要性と弊害の有無、種類、程度等を勘案して、第一次的には検察官が開示・不開示を決定するが、当事者は開示不充足に対して裁判

所に裁定を請求することができる（同316条の26）。また、公判前整理手続で取調べ請求しなかった証拠は後から公判の段階で取調べ請求することは、「やむを得ない事由」がない限り認められないが、裁判官が職権で証拠調べすることを妨げるものではない（同316条の32）。

　この制度の導入により、従来に比べ、証拠開示の範囲が格段に広がったことについて異論にないとされている。最高裁も、この規定を積極的に解釈し、検察官が保管していない、警察官が作成したメモも開示対象になるとの判断を下している[5]。さらに、公判前整理手続の対象ではない事件についても、公判前整理手続に付した場合とほぼ同じレベルまで開示が行われたり、以前は証拠開示の壁が高かった再審についても証拠開示が進んだりしているのは、この制度の影響であるといわれている。

　しかし、開示の範囲はあくまでも争点に関する範囲に限られ、全面開示とはなっておらず、しかも被告人側に証拠の標目一覧が開示されないので（同316条の27）、開示してほしい証拠を特定するにしても、そもそもそのような証拠を検察側が持っているのかわからない。そのため、弁護人からの開示請求に対して、検察官から、それが存在しないという回答がなされた証拠が、後になって発見されたという事例や、そもそも検察官が証拠を破棄してしまったという事例もあったといわれている。また、この制度は、裁判官の裁量によるところが非常に大きいが、検察官請求証拠の取調べに弁護士をできる限り同意させようとする、検察官による証拠開示が始まってもいないのに、検察官請求証拠への意見を述べる期日を設定するなど、裁判官による強引な訴訟運営も指摘されている。

　「適正手続」の意味を証拠開示との関係で考えた場合、裁判の適正を確保し、誤判を防止するためにも、検察官は被告人に対して、手持ちの証拠をすべて開示して共通のものとして利用させ、十分な反証活動を保障すべきである。なぜなら、検察官が証拠を開示しなかったために、被告人がその証拠について争うことができなかったならば、被告人は公正な裁判を受ける権利を奪われたことになるからである。制限の多い制度の下、どこまで証拠が開示されるのかを大

（5）　最決2007年12月25日刑集61巻9号895頁、最決2008年6月25日刑集62巻6号1886頁、最決2008年9月30日刑集62巻8号2753頁。

きく左右する裁判官は、このことを踏まえた上で、訴訟運営にあたるべきであろう。

(3) 同じ罪で何度も裁かれない——一事不再理

憲法39条は前段の前半で遡及罰の禁止を定めている。これはいわゆる「事後法の禁止」を定めたもので、罪刑法定主義からも導き出される大原則である。さらに同条前段の後半には「既に無罪とされた行為については、刑事上の責任を問はれない」とあり、同条後段には「同一の犯罪について、重ねて刑事上の責任を問はれない」とある。前者は大陸法的な「**一事不再理**」の原則を定めたものであり、後者は英米法的な「**二重の危険の禁止**」を定めたものである。両者はよく似ているが、その意味するところは微妙に異なるので注意が必要である。

「一事不再理」とは、「同一の事件につき、一度審理を終えたら、再度審理をすることはできない」ということを意味する。同一の事件について何度も裁判できるとなると、刑事事件に限らず民事事件においても法的安定性や法に対する信頼が揺らいでしまうので、これは裁判制度が存在する以上、当然に要請される大原則といえる。他方、「二重の危険の禁止」とは、被告人という、身体的、精神的、経済的に多大な負担を強いられる立場にいつまでも縛りつけることは、個人にとって重大な不利益となるので、犯罪の解決という公益との調整のために、国家に「一度だけ」訴追する権限を認めることを意味する。つまり、国家がその「一度だけ」の権限を行使して裁判で負けたら（被告人が無罪になったら）それ以上の訴追は認めない、ということである。

この点につき問題となるのが、無罪判決に対して検察側からの控訴が認められていることである。39条の保障をもっぱら「一事不再理」と考えるならば、確定判決が出るまで（上告審まで）争うことができるので、検察官控訴も合憲となる（最大判 1950.9.27 刑集 4-9-1805）。この考え方によれば、39条後段の「二重の危険の禁止」は「二重処罰の禁止」を意味することになる。しかし、39条が人権規定であること、さらに「迅速な裁判」の保障や「推定無罪」の原則に鑑みれば、39条後段は英米法的な「二重の危険の禁止」と解し、原則として検察官控訴を認めるべきではない。実際、**甲山事件**のように、二度の一審無罪判決に対し検察側が控訴し、無罪確定まで25年もの歳月をかけさせるなど

の問題も生じている。これに対し、陪審制を採用しているアメリカでは、民主的正統性という観点から、一般市民が下した無罪判決に対する検察官上訴は認められていない。しかし、日本では裁判員制度導入にあたって検察官控訴の問題はほとんど手がつけられていない。39条後段の趣旨及び裁判員制度の意義に鑑みれば、検察官控訴は厳格に制限されるべきであろう。

(4) 「残虐な刑罰」の禁止——死刑制度の是非

　死刑制度の是非をめぐっては、存置論、廃止論がそれぞれ主張されているが、国際的な潮流は死刑廃止に向かっており、自由権規約も、それ自体は死刑を禁止するものではないが（ただしそのあり方については様々な制限を設けている〔6条2項～〕）、第二選択議定書で死刑廃止を定めている。

　死刑制度に犯罪抑止力があるのか、あるいは死刑を廃止したら被害者遺族の感情はどうなるのか、といった政策論は別にして、憲法上、死刑は容認されるのだろうか。この点につき最高裁は、13条や31条の反対解釈（「公共の福祉」の反しない場合、または「法律の定める手続」によれば人命を奪ってもよい）から憲法は少なくとも死刑を否定していない、そして死刑を否定していない以上、36条の「残虐な刑罰」にあたるようなやり方（火あぶり、磔など）でさえなければ死刑は憲法に違反しないとしている（最大判1948.3.12刑集2-3-191）。

　しかし、そもそも国家が何のために存在するのかという社会契約論的な議論に立ち返ってみるならば、それは人権保障のためであり、国家の刑罰権もそのために必要最小限度の範囲内で認められるものである。死刑は「生命の剥奪」という、いわば究極の人権侵害であり、はたして憲法がこのような権限まで国家に付与しているのかどうかは疑問であるし、13条や31条は積極的に死刑を容認するような趣旨の条文ではない。あるいは現代社会においては死刑そのものが「残虐な刑罰」ともいえる。

　また、日本では死刑の執行方法として絞首刑が採用されているが（刑法11条1項）、裁判員裁判において初めて死刑の残虐性が争われた事例で、死刑に実際に立ち会ったことのある元検察官が絞首刑を「正視に耐えないむごたらしいものである」と証言しており、第一審判決も「絞首刑には、前近代的なところがあり、死亡するまでの経過において予測不可能な点がある」と認めている（大阪地判2011.10.31判タ1397-104）[6]。

絞首刑そのものが残虐かどうかは別として、少なくとも、現在の日本における死刑制度の運用は明らかに「残虐な刑罰」にあたるといえる。なぜなら、処刑の期日は前もって本人にも家族にも知らされることはなく、処刑当日の1～2時間前にいきなり告知されるため、死刑囚はいつ実行されるともわからない死刑執行に毎日怯えながら、長期間拘束されて過ごすことになり、その結果、精神状態に異常をきたす場合もあるからである。冒頭で挙げた袴田さんは、逮捕から釈放されるまでの48年もの間、毎日死の恐怖に晒されながら拘禁されていたため、幻覚や妄想といった重篤の拘禁反応に罹患してしまい、2024年にようやく勝ち取った無罪判決も自ら法廷で聞くことはできず、代わりに袴田さんをずっと支えてきた姉の秀子さんが出廷した。

　刑事訴訟法では心神喪失状態にある者の死刑の執行は停止すべき旨が定められている（同479条）。2010年、袴田さんの精神状態の悪化を理由に死刑の執行停止の要望を受けた当時の千葉景子法務大臣は、初めて全国の拘置所を対象に収監中の死刑囚約100人の精神状態を調べるよう指示した。その結果、精神状態に異常をきたす「拘禁反応」が疑われる死刑囚が数人いたことがわかったが、具体的な人数や状態は明らかにされていない（2011年2月11日朝日新聞）。

III　刑事施設被収容者の処遇

1　人権保障 vs. 秩序維持

　いかなる場合に刑事施設に収容されるかは、大きく二つに分けることができる。一つは、被疑者あるいは被告人といった、まだ刑が確定していない段階での身柄拘束（未決拘禁）で、場所は拘置所や留置場（代用刑事施設）である。もう一つは刑が確定した後、懲役・禁錮・拘留等として行われる身柄拘束（既決拘禁）で、場所は刑務所等になる。同じ被拘禁者といっても、前者の目的は逃亡または罪証隠滅、後者の目的は逃亡の防止及び矯正教化というように、その

---

(6)　なお、控訴審判決（大阪高判2013.7.31判タ1417-174）も「死刑の執行方法について、今もなお、140年も前の明治6年に太政官布告…に依拠し、新たな法整備をしないまま放置し続けていることは…立法政策として決して望ましいものではない」としているが、最高裁は現行の死刑制度は憲法に違反しないとして上告を棄却している（最判2016.2.23裁判所HP）。

目的が異なる以上、どういう権利が制限されるかは、個別具体的に検討されなければならず、また、たとえ刑が確定した被拘禁者であっても、憲法上の権利は保障される以上、その制限は必要最小限度でなければならない。

特に未決拘禁の場合、裁判で刑が確定するまでは**推定無罪**の原則が働くので、できるだけ一般市民と変わらない生活が保障されるべきである。しかし、未決拘禁者に対する新聞記事の抹消が問題となった事例で、最高裁は「意見、知識、情報の伝達の媒体である新聞紙、図書等の閲読の自由」は憲法上保障されるので、それを制限する場合には、単に「規律及び秩序が害される一般的、抽象的おそれがある」だけでは足りず、「規律及び秩序の維持上放置することのできない程度の障害が生ずる相当の蓋然性」が必要であるとしつつも、本件における記事抹消は適法と判断した（「**よど号**」**ハイジャック新聞記事抹消事件**〔最大判 1983.6.22 民集 37-5-793〕）。

一方、受刑者が、刑務所内の処遇改善を求めて、すでに国会議員に送付済みだった手紙を新聞社にも送ろうとしたところ、不許可になった事例で、最高裁は、このような手紙を送ることにより「刑務所内の規律及び秩序の維持、上告人を含めた受刑者の身柄の確保、上告人を含めた受刑者の改善、更生の点において放置することのできない程度の障害が生ずる相当のがい然性があるかどうか」考慮しないで不許可にしたことは、裁量権の逸脱であるとして、国家賠償を認めている（最判 2006.3.23 判時 1929-37）。

受刑者の場合、他にも様々な権利が制限されているが、そのうちの一つが選挙権である（公選法 11 条 1 項 2 号）。今までそのことが問題とされることはほとんどなかった。しかし、2005 年に最高裁が、「選挙の公正を確保しつつ選挙権の行使を認めることが事実上不能ないし著しく困難であると認められる場合」でない限り、選挙権の行使を制限することは憲法上許されないとして、在外国民に選挙権を認めていなかった公選法を違憲とし（最大判 2005.9.14 民集 59-7-2087）、2013 年には東京地裁が、この最高裁の基準に従い、成年被後見人に選挙権を認めていなかった公選法の規定を違憲とした（東京地判 2013.3.14 判時 2178-3）流れを受けて、2014 年に大阪高裁が、同じく最高裁の基準によれば、受刑者であることそれ自体により選挙権を制限することは許されないと判断した（大阪高判 2013.9.27 判時 2234-29）。

その他、刑務所には、非常に厳しい所内動作規則があり、工場で作業中の私語やわき見が禁止され、トイレに行くにもいちいち挙手して刑務官の許可を得なければならず、居室内でも座る場所や日用品の整頓の仕方まで細かく規定されている[7]。また、刑務官には刑務所内の「規律及び秩序を維持するため必要がある場合」には、受刑者に対し「そ

図1

の生活及び行動について指示することができる」とされており（刑事収容施設法74条3項）、この指示に違反した場合には懲罰を科されるが、指示違反というのは主観的、相対的なものであるため、懲罰の要件が不明確であるとの批判がある。

2 監獄法改正

(1) 概要

2002年の5月と9月に、名古屋刑務所で、受刑者の肛門に消防用ホースで水を放出し直腸裂傷を負わせ死亡させた事件と、革手錠（図1参照）での締め付けにより受刑者を死亡及び重傷を負わせた事件が発覚したことを契機に、本格的な刑務所改革が行われることとなった（この革手錠は法改正に先立ち2003年より使用されなくなった）。まず2003年に行刑改革会議が設置され、その提言を受けて、2005年に一般受刑者を対象とした「刑事施設及び受刑者の処遇等に関する法律」が成立し、続く2006年、監獄法が全面的に改正され、未決拘禁者及び死刑囚も対象とした「刑事収容施設及び被収容者等の処遇に関する法律」

---

(7) 刑務所の様子については映画『刑務所の中』（日本、2002年）、河合幹雄『現代刑務所の作法』（ジー・ビー、2021年）を参照。

が成立した。

　旧監獄法は明治41（1908）年に施行され100年近く経とうとしていたにもかかわらず、今まで実質的な改正が行われてこなかったため、受刑者の権利義務や職員の権限が明示されておらず、そもそも受刑者の改善更生及び円滑な社会復帰の実現という理念に欠けていた。これに対し、新法は、これらを基本的な理念とし、その実現のために矯正処遇を充実させる規定や、受刑者の権利義務の範囲及び職員の権限を明確にする規定が設けられた。

　まず受刑者の処遇は、「その者の資質及び環境に応じ、その自覚に訴え、改善更生の意欲の喚起及び社会生活に適応する能力の育成を図ることを旨として行うもの」（30条）とされ、処遇要領は「受刑者の資質及び環境の調査の結果に基づき」（84条3項）「受刑者の希望を参酌して」（同4項）定めるという個別処遇の原則が明記され、これとの関連で従来形式的すぎると批判の強かった累進処遇制度が廃止され、代わって段階的処遇（88条）と優遇措置（89条）が導入された。また、矯正処遇として、作業の他に改善指導と教科指導が明記されたため（104条1項）、作業は一日8時間でなければならないという原則が取り払われ、受刑者によっては、改善指導や教科指導に多くの時間を費やすことが可能となった。

　さらに、「適正な外部交通が受刑者の改善更生及び円滑な社会復帰に資する」（110条）という発想のもと、親族に限られていた面会者が友人・知人に拡大され（111条）、面会への立会原則及び信書の全面検閲が撤廃されるとともに（112条、127条）。弁護士との面会及び信書の発受は原則として立会・検査を行わないこととされた（同）。また、これまで認められてこなかった電話の使用が開放処遇を受けている受刑者について認められることとなり（146条）、仮釈放が認められた受刑者については外部通勤、外出・外泊も可能となった（96、106条）。

　他方、名古屋刑務所事件の反省のもと、刑事施設の透明性を確保するために、刑事施設視察委員会という第三者チェック機関が設置されることとなった（7条～）。委員会は刑事施設に関する意見を述べ、刑事施設の長はそれに基づき必要な措置を講じ、その概要は公表される。また、不服申立についても、旧監獄法における請願と比べて詳細な規定が置かれ、矯正管区長に対する審査の申請と法務大臣に対する再審査の申請という二審制が採用されることとなった

(157 条〜)。

(2) 残された課題

以上のように、刑務所における改革はかなり進んだといえるが、依然として残された課題は多い。

たとえば、面会については、親族や訴訟関係者、更生保護に係わる者については、原則として面会を許可するものとなっているが（111 条）、上記に該当しない友人・知人等については、「…面会することを必要とする事情があり、かつ面会により、刑事施設の規律及び秩序を害する結果を生じ、又は受刑者の矯正処遇の適切な実施に支障を生ずるおそれがないと認めるとき」にしか認められていない。

また、信書の発受についても、原則として認められ（126 条）、検査を行うのは「刑事施設の規律及び秩序の維持、受刑者の矯正処遇の適切な実施その他の理由により必要があると認める場合」のみである（127 条 1 項）とされているにもかかわらず、実際には、受刑者が発受する信書のほとんどに対して、内容を閲読する方法で検査が行われている。しかも、弁護士から法的な援助を受けようとする場合でも検査が行われ、加えて、受刑者が刑事施設において自分が受けた処遇について書いた信書でさえ、閲読による検査が行われているため、日弁連や弁護士会に人権救済申立が行われているという。

それから、第三者機関であるはずの刑事施設視察委員会の委員の任命権は法務大臣にあり（8 条）、その独立性に疑問が残る。また、委員会は刑事施設を視察し、受刑者と面会ができるが、意見を述べても施設長の裁量だけでは対応できないとされる場合が極めて多い。不服申立制度についても、審査の対象となる行為が限られている（たとえば、面会や差し入れの不許可については申請できない）上に、30 日以内に申請しなければならないため、多くの申立が不適法として受理されずにいる。さらに、懲罰のうち、閉居罰[8]については、期間が終了すると訴えの利益がないとして却下されるため、実効性がない。

また、累進処遇制度に代わる個別的処遇制度の一環として導入された「制限

---

(8) 一定期間、単独室で、朝食後から夕方まで作業もせずに正座または安座で過ごさなければならない。その間日用品以外の私物は部屋に持ち込むことができないので、本を読むこともできない。

区分」の4種に該当する者は、一月に数回程度の運動・入浴時を除き、他の受刑者と遮断され、所内行事への参加は認められず、テレビも視聴できない等、教養・娯楽の機会も大きく制限されることになる。これが事実上の「隔離」（76条）となっているにもかかわらず、「制限区分」であるため、期間制限もなく、不服申立の対象外となっている（しかも矯正局長通達にある「制限区分4種」の指定基準は「生活態度の不良」などであり、「隔離」の要件と比べて非常に緩やかである）。このような長期間の独居拘禁は、身体的、精神的健康を根底から破壊する危険性を有すると言われており、国際的にも厳しく批判されている。

　刑務所にいる人は凶悪な犯罪をおかした怖い人ばかり。そんなイメージを抱いてしまいがちだが、実際には高齢者が増加している[9]。仕事も身寄りもなく、福祉にもつながりを持たずに社会で孤立している高齢者、あるいは障害者は、ホームレスになるか万引きや無銭飲食を重ねてでも生きていくしかない。病院や施設は受け入れを拒否できるが、刑務所はできない。だから、刑務所は、社会で拒否されてきた人の最後の「居場所」になっているとの指摘もある[10]。

　人とのつながりが希薄になり、社会のセーフティネットも十分に機能していない現在、アパートの一室で孤独死を迎えるのか、あるいは刑務所の中で一生を終えるのかは、決して他人事ではない。現在の刑務所の光景は、社会的弱者の居場所がない我々の社会の縮図なのかもしれない。

【avancée】「開かずの扉」は開くのか？——再審法改正に向けて

　えん罪は決してあってはならないが、もしえん罪で有罪判決を下された場合、救済手段となるのが再審である。しかし、刑事訴訟法には、再審に関する規定が19条しかなく、再審手続をどのように行うかは裁判所の広範な裁量に委ねられていることから、再審は「開かずの扉」とも言われている。

　特に問題といえるのが、捜査機関の手元にある証拠を開示させる仕組みについて明文の規定がないため、裁判官や検察官の対応次第で、証拠開示の範囲に大きな差が生じていることである。実際、袴田さんの事件においても、事件発生から48年後の2008年に申し立てられた第2次再審請求において初めて検察官の有する証拠

---

(9)　2023年版犯罪白書によれば、検挙人員の高齢者（65歳以上）率はほぼ一貫して上昇しており、2016年以降20％を上回り、2022年は23.1％となっている。

(10)　浜井浩一「インタビュー・刑務所から見えるもの」朝日新聞2013年1月22日朝刊。実際、2023年版犯罪白書によれば、再犯者率は高止まりしており、2022年は47.9％となっている。

の一部（約600点）が開示され、中には袴田さんの無罪を示す重要な証拠もあった。

　また、再審開始決定に対する検察官の不服申立て（刑訴450条による即時抗告）が認められているため、早期救済が妨げられている。実際、袴田さんの事件においても、2014年に再審開始決定が出された後、検察官が即時抗告をしたため、再審開始が確定するまで約9年も要してしまった。再審開始の決定に対して、検察官がなお有罪を求めるのであれば、再審公判において立証すればよいのであるから、再審開始決定に対する検察官の不服申立てを禁じたとしても問題はない。

　袴田さんの事件によって改めて浮き彫りとなった再審制度の問題点を是正すべく、法務省は2025年春に法務大臣の諮問機関である法制審議会に諮問し、見直しを検討する方針を固めている（朝日新聞2024年12月20日）。

　別のえん罪事件である大崎事件では、裁判所が3回も再審開始を決定したにもかかわらず、その都度検察官が即時抗告をしたため、1979年の事件発生時から40年以上も経っているにもかかわらず、いまだに再審は開始されていない（2024年現在、最高裁で係争中）。2024年に97歳となった請求者である原口アヤ子さんに残された時間はあまりにも少ない。同じくえん罪といわれている、1961年に発生した名張毒ぶどう酒事件で死刑判決を下された奥西勝さんは、逮捕から54年もの間拘禁され続け、9回も再審請求を行ったが、結局認められないまま、2015年に医療刑務所で死亡した。

　「くり返すあやまちを照らす灯」（中島みゆき「命の別名」より）をかざすためにも、再審法（再審に関する規定）の改正は急務である。

【参考文献】
藤原聡『姉と弟——捏造の闇「袴田事件」の58年』（岩波書店、2024年）
村山浩昭、葛野尋之『再審制度ってなんだ？——袴田事件から学ぶ』（岩波ブックレット1087、2024年）
高野隆『人質司法』（角川新書、2021年）

第 8 章　「憲法上の権利」としての基本的人権
　　　　──ロースクール時代を踏まえた
　　　　　　　人権論の行方──

> 「このようにして見てくると、判例は裁判官の思考過程を拘束するという二重の基準論の戦略に載(ママ)らない形で、憲法上の保護や制約の分析を斟酌しており……それが結果として二重の基準論の下位準則と一致することもありうると理解しておくのが穏当です。」（宍戸常寿・後掲書 66 頁）

　「人は自由で等しく権利を持つものとして生まれ、またそうであり続ける」。1789 年フランス人権宣言第 1 条は高らかにこう宣言する。そう、私たちは誰もが同じ人間というただそれだけの理由から、国家に頼るまでもなく、人として生きる上で必要な全ての自由と権利を平等に享受できるはずだ。

　しかし現実の社会の発展と複雑化は、このような自然権思想だけでは十分にカバーできないほどの多くの人権問題を生み出した。ここに言う人権問題とは、これまで見てきたように国家権力が発動されて実際に人権を侵害する場合に留まらない。たとえば社会の強者による弱者に対する「いじめ」のように、形の上では皆平等に国家権力による介入から免れることで、かえって実際には（弱者の）人権が「侵害」される結果を招く場合もある。あるいは実際の人権救済の場面では、人権問題のほとんどが裁判所という国家権力の発動を通じて解決されることに鑑みるならば、憲法上の価値序列を無視して裁判官が恣意的に利益衡量を行うところに人権「侵害」を見ることもできる。ここでは、憲法訴訟における裁判官の違憲審査の思考回路を予め設定し、彼らをこれに従わせるにはどうしたらよいかという課題が潜む。

　これらの問題は、憲法の人権規定を人の生まれながらに存在する自然権を確認したものと見るのではなく、むしろ国家権力によって特別に保障され、必要

な場合に特別な救済を受けるべき権利として当該憲法が創造したものと考える人権観念と結びつきやすい。この場合には基本的人権という概念自体も、**憲法上保障される権利**（「**憲法上の権利**」あるいは**基本権**と呼ぶこともある）として概念構成され直すことになる。したがって「憲法上の権利」とは、人として必要なすべての自由と権利が無条件に保障されるはずという自然権思想から離れることで、より緻密で現実的な人権の保障内容を示すことができる一方で、その保障内容をより狭い範囲に限定し、法技術的な制約に服することを認めるものとなる。ロースクール時代を迎え、日本の憲法学界でもこのような「憲法上の権利」の枠組みで基本的人権を考える風潮が強まっている。そのような風潮の功罪を考えることは重要であろう。

このような問題関心から、本章では立法権と司法権による保障のあり方の観点から、実定法規としての憲法の人権保障規定の意味を考える。なお本章では必要に応じて、前章までに言及した人権問題にも再び言及することにする。

I 法律によってその保障内容が形成される権利

1 自由権の場合

本来、自由権は精神的自由であれ経済的自由であれ、国家権力による介入・規制がなければそれだけで保障される性質の権利である。もちろん国家権力が存在しない状態では、一方の自然人による権利・自由の濫用が他方の自然人の権利・自由の侵害を生み出したとしても、その解決は互いの実力の行使に委ねられることになるため（ホッブズ〔Thomas Hobbes〕はこれを『リヴァイアサン』〔1588～1679年〕の中で「万人の万人に対する闘争」と呼んだ）、現実に力の弱い者には極めて不平等な結果を招く。そもそも安心して暮らせない。だからこそ万人の権利・自由を安全かつ平等に保障するために、社会契約を結び国家権力が創設された（と理念上考える）わけである。社会契約の下では、国家権力は市民が自己の権利・自由の侵害につき自力救済することを禁止し、誰もが他者から自分に加えられることを不当だと考えるような権利・自由の濫用行為を抑止するための必要最小限の制限を法律で定め、違反した場合に法的制裁を科すのである。

しかしこのように自由権についてですら国家権力の存在が必要であるにして

も、自由権についてはその内容と限界は自ずと明確に確定できるはずと考えられている。なぜなら、表現する自由や宗教を信じる自由などは、それぞれが当該分野で本人が望むこと全てがその権利内容となり、その限界も、第1章ですでに述べたように「立場の互換性」を基本に置くことで、全ての人間が等しく自由を享受するための必要最小限度の制約という意味での内在的制約原理を当てはめれば、合理的かつ客観的に自由の限界が定まるはずだからである。

　ところが、その人権行使の性質が必ず他者との関係を前提とせざるをえないものであり、しかも一方の不当な利益の享受が他方の不当な実害発生に通じるという意味で**社会的相互関連性**の大きい分野である経済的自由については、たとえ自由競争を是とする自由国家段階の場合であっても、なお一定のルールに基づいた競争を必要とする。実害の生じやすい分野でルール抜きの競争はありえないからである。一般にこうしたルールないし制度はまず市民社会（商品交換と契約の世界）の中で自生的に生まれ育つが、やがてそれは民法などの市民社会の一般法の中に明文で、あるいは不文の法原則として取り込まれる。たとえば民法における契約自由の原則や私的自治の原則、あるいは単独所有（一物一権）の原則などである。単独所有の原則は一般に民法206条の所有権の絶対的・排他的な使用、収益、処分権の規定に含まれるとされ、同じく共有物の分割請求権を定めた民法256条もこの原則を裏から支える規定と解されている。

　このような一定の私法上の基本的な制度については、憲法規定上にその保障が明示されていなくても、なお通常の法律によるその廃止や縮減に対して、憲法自身によって（すなわち憲法改正の手続きをとって明示的にそれを廃止しない限りは）その中核部分が保障されるという意味での「**法制度保障**」が与えられているとするのが、現代憲法学の有力な考え方である。**森林法共有林事件**最高裁判決（最大判1987.4.22民集41-3-408、第5章Ⅲ1参照）は、憲法29条1項の財産権保障の中に、このような「法制度保障」としての単独所有の原則を、そしてそのコロラリーとして、共有の場合には単独所有に戻るための分割請求権の保障を読み込んで、共有林の分割請求権を不必要かつ不合理に制限する森林法186条を違憲無効とした（石川健治『自由と特権の距離―カール・シュミット「制度体保障」論・再考―〔増補版〕』日本評論社、2007年、および同・後掲「法制度の本質と比例原則の適用」参照）。ここでは、法規範や法原則の間に優劣をつけることで、一部の実

定法規定やそれと結びついた不文の法原則に憲法規範としての保障が与えられている。このように自由権の一部にも、法律による内容形成と見なしうるものが存在するのである。

2　国務請求権（受益権）の場合

法律による内容形成が必要な権利としては、もちろん国家に対する不作為請求権である自由権よりも、作為請求権として共通に分類される社会権と受益権（国務請求権）の方が主要な事例となる。しかし社会権については、未だに１件も法律に対する違憲判決が最高裁で下されたことはない。おそらく最高裁の目からは、市場経済の中核原理である民法上の諸原則・諸制度とは異なり、社会権保障のための諸制度の場合は、すでに憲法規範化したといえるほどの国民的一致が未だ存在しないように見えるのであろう。しかしこれは、社会国家化した現代憲法の意義を軽視するものである。

他方で国務請求権（受益権）については、特に近代立憲主義国家の場合には、自由国家段階からこの権利が認められ、それを具体化する制度が発達してきた。それゆえ国務請求権を保障する法制度の基本部分については、一般人の意識でも当該制度は万人に等しく保障されるべきとの観念が出来上がっている、と裁判所は見ているようである。そのため社会権に比べて国務請求権の方が、法律により具体化された制度を憲法規範として認めやすくなっている。

国務請求権は、その分類の本質を「権利を保障するための（手段的な）権利」とし、全ての人がその権利主体となることを特徴とする。国務請求権の代表例は裁判を受ける権利であるが、この権利に対する最高裁の違憲判断としては、**「性質上純然たる訴訟事件」**に対して、憲法82条が定める公開の法廷における対審および判決の制度を備えていない手続きで事件を裁断する金銭債務臨時調停法７条・８条を適用した裁判所の判断を憲法32条違反で違憲とした判決があるにとどまる（最大決1960.7.6民集14-9-1657）。これは**処分違憲**であり、法令違憲の判断はまだ１件もない。

これに対して国家賠償請求権については、有名な**郵便法事件**最高裁判決（最大判2002.9.11民集56-7-1439）がある。同判決では、国家賠償責任の免除ないし制限が完全に立法裁量に委ねられるわけではないとし、事案の性質に即して「目

的の合理性並びにその目的達成の手段……の合理性と必要性を総合的に考慮して判断」した結果、国家賠償法の適用を免除ないし制限した郵便法の規定の一部を合理性、必要性に欠けると判断し違憲無効とすることで、その部分に関する国賠法の適用を認めた。つまり最高裁は、一般法たる国家賠償法の中核部分を憲法17条が保障すると考えることで、この中核部分を保障しない特別法の定めについては、いわゆる「特別法は一般法に優先する」という法律どうしの関係を規律する一般原則に囚われることなく、その特別法の制度的特質（**事の性質**）に即して検討したときに必要性と合理性を欠くと判断されたなら、特別法の当該部分は無効となり一般法こそが適用されると解したのである（詳しくは第12章Ⅰ2参照）。

Ⅱ　法律の「欠如」と人権「侵害」の関係

1　私人間紛争における基本的人権保障のあり方をめぐる歴史的背景

　近代の基本的人権の考え方は、一方で相手方が公権力であると私人であるとを問わず、いかなる場合でも人として必要なすべての権利・自由が平等に保障されるべき（あるいは保障されるはず）と考えてきた。他方で近代立憲主義に基づき構築された実際の国家にあっては、市民（私人）は対等で自立的な個人であるべきことが前提とされたため、私人間の紛争についても、対等な私人どうしが自由に交流し相互批判することで、市民社会の中で自律的に解決できるはずと考えられていた。したがって憲法の役割は、自律的に解決すべき私人間の関係に国家（公権力）が不当な介入をしないこと、すなわち犯罪その他の自由な市場原理（私的自治）の秩序を妨害・破壊する有害行為のみを、全ての当事者に等しい距離を採りつつ取り締まる活動にとどまるよう、国家を監視し統制を加えるものと考えられてきた。この意味で近代立憲主義の憲法は、国家と市民（私人）との間の関係のみを規律する法規範と考えられてきたのである。

　しかし19世紀から20世紀へと資本主義が展開し、現実の社会における貧富の差やその他の強者と弱者の格差が個人の努力では如何ともし難いほどに拡大し構造化していることが明らかになると、それに伴い国家が一定範囲の私人間紛争に積極的に介入することの必要性も明白となった。そのため憲法の役割も

変化した。現代立憲主義の憲法においては、一方の当事者を**社会的権力**と見なしうるような明白かつ構造化された格差が私人間に存在する場合には、基本的人権の本来の理念に基づき、近代立憲主義の根本理念が否定されない範囲内で（すなわち私的自治の原則がその重要な部分で否定されないという条件の下で）、弱者の人権を実質的に平等保障するために強者の人権を積極的に規制することは正当だ、と考えられるようになったのである。このような国家と憲法の役割の変化は、基本的には使用者と労働者との間の雇用契約や労働条件の交渉に国家が一定程度介入することを当然に予定する労働権（日本国憲法では27条）や労働基本権（同28条）などの社会権規定が憲法に挿入されることによって示される。また、奴隷制のあった国では奴隷的拘束の禁止の憲法規定が挿入され（合衆国憲法修正13条。その精神を受け継ぎつつさらに一般的な制度に発展させたものとして日本国憲法18条）、あるいは普通選挙の理念と連結するものとして社会的弱者に投票の自由を実質的に保障する目的から、秘密投票を保障し投票を理由とする責任追及から公的にも私的にも免れることを保障する規定が憲法に挿入される（日本国憲法15条4項）などの変化が見られた。

　社会権については、その権利の性質上、立法による具体化が必要というのが通説である。奴隷的拘束の禁止や秘密投票と投票を理由とする不利益処分の禁止については、細部についてなお法律による具体化が必要な場合が多いにせよ、基本的には私人間にも憲法の規定が直接適用されることを通説も認める。しかしいずれにせよ憲法が直接規律することが明らかな私人間関係の領域は極めて限られており、社会的格差が大きく、弱者側からは国家の介入により保護してほしいと考える広範な領域が残っている。そのような分野で、憲法の人権の理念が効力を発揮するには、国会の立法措置が必要になる。労働基準法や男女雇用機会均等法は社会権である憲法27条の具体化であるが、信条や性別による差別の禁止のように14条その他の平等原則や自由権の保障を具体化する場合もある。私人間で人権を実質的に保障するには、上述の一部の例外を除き立法による具体化が必要不可欠であるが、他方ではこの立法が介入し過ぎる場合には、逆に強者とされる私人（私法人を含む）の憲法上の人権が不当に侵害されることになるので、この意味で憲法違反（人権侵害）の問題が生じることにも注意しなければならない。これを国家、「弱者」の私人、「強者」の私人の3者

それぞれが取り結ぶ3面関係と呼ぶ者もいる。

　私人間の人権侵害が取りざたされる主要な場面は、私企業の労働者や私立学校の生徒・教職員の思想・信条、信教の自由、政治的表現の自由、あるいは男女・人種等の差別の問題である。公務員や公立学校の場合には、差別する側が公権力となるので、憲法が直接適用されるためこうした問題は生じない[1]。雇用された労働者については1947年制定の労働基準法3条が国籍、信条、社会的身分による差別を禁止しており、労働条件についての男女差別については1985年制定の雇用機会均等法が、採用の際の差別も含めてこれを禁止する。しかし現在でも、労働基準法は採用の際の思想・信条による差別や人種による差別を禁止しておらず、また1985年の雇用機会均等法制定までは、採用の際のみならず雇用中も男女差別を禁止する法律は存在していなかった（労働基準法3条は男女別の労働条件を禁止しておらず、同4条は同一職種における男女同一賃金を定めたにとどまる）。そのため、採用の際に思想等で差別されたとき、あるいは雇用機会均等法ができる前の民間企業において女性のみ早期定年退職の制度設ける就業規則（という名の包括的雇用契約）があるとき、これを違法とする根拠が見出しにくかった。そこで、法律の明示的な禁止規定がなくとも、憲法の人権保障規定に基づくことで、雇用契約などの法律行為における差別・人権侵

---

[1]　他方で、公務員や国公立学校の生徒の人権や平等保障については、伝統的に「特別権力関係」論あるいはその変種である「公務の特殊性」論や「営造物利用関係」論が用いられてきたため、憲法の人権保障規定の適正な適用が妨げられてきた（第6章Ⅳ3参照）。「特別権力関係」論とは、本人の自発的な選択（公務員の職を選択すること等）あるいは公法上の特別な根拠（刑事罰を受けるため刑事収容施設で人権を制限される被収容者〔受刑者〕等）に基づき、公権力と特別な関係に入る者をいう。「特別権力関係」下では、憲法の人権保障規定が適用される国家と市民との間の「一般権力関係」とは異なり、人権が保障されず、個別具体的な法律の根拠もなく公権力が包括的な支配権を持ち（法治主義の否定）、紛争が起こっても司法救済を得られない。これは公務員や公施設利用者の地位と権利を主権者である国王（日本の場合は天皇）の支配に都合がよい範囲内で認めただけのまさに君主主権国家（19世紀ドイツや大日本帝国憲法下の日本）の憲法理論であり、国民主権と基本的人権を保障する日本国憲法では認めるべくもない理論であるが、なお「公務の特殊性」や（公立）学校の教育の特殊性・専門性を過度に強調することを通じて、「特別権力関係」論の残滓が行政の解釈や裁判所の判決の中に散見されるのが現状である。

害を違憲（違法）無効とする可能性、あるいは思想による採用拒否や外国人の入店拒否のような事実行為における差別・人権侵害に対して裁判所に違法を確認させたり、損害賠償責任を認めさせたりする可能性が模索されたのである。これこそが、基本的人権規定の**私人間適用**（私人間効力）と呼ばれる問題の意味なのである。

2　基本的人権の私人間適用に関する学説と判例

私人間適用の可否については無効力説（不適用説）、直接適用説、間接適用説の3説が対立してきた。**無効力説**は私的自治を重視し、憲法は国家権力を制限することで市民の自由を保障することに任務を限定べきという19世紀的憲法観に基づくもので、憲法に特別の定めがある場合（15条4項や18条等）を除き、人権規定は私人間には全く適用されないとする。しかしこの説は現代社会にそぐわないとして一般に否定されている。**直接適用説**は、市民革命期の天賦人権思想は私人間を含むあらゆる場面で人権を保障する考え方だったはずという主張に加えて、実質的不平等が構造化した現代社会では「社会的権力」と呼びうるような存在が増えていることに鑑みても、国家権力の積極的介入による人権保障が不可欠になったとの認識に基づき、私人間紛争を処理する法律が無い場合には憲法の人権規定を直接援用して裁判的救済を求められるとする説である。しかしこの説に対しては、私的自治を否定することは個人の自由と自発性の抑圧に繋がる恐れがあることや、人権の本質は何よりも「国家からの自由」にあることなどの批判がある。加えて、知る権利やマスメディアへのアクセス権あるいは反論権といった現代的人権には複合的な性格があり、一方の側の知る権利や反論権の保障が他方の側の個人情報の保護や報道の自由を侵害することになるという場面を想定すれば分かるように、私人間での人権保障を国家に対する市民の人権保障と同列に扱うことには問題があるとの批判も根強く、これも通説にはなっていない。

現代では**間接適用説**が通説・判例の立場である。それは、私人間の人権紛争に憲法が直接適用されることを否定しつつも、私人間の甚だしい人権侵害が争われる裁判においては、私人間の紛争を規律することを任務とする民法その他の私法の一般条項（例えば民法1条2項の「信義則」や90条の「公序良俗」等）に、

関連する憲法の人権規定の趣旨・精神を可能な限りで読み込み、かつこの憲法規範による規律を一定程度社会通念に従って相対化することで、私人間の関係の自治・自律性をも尊重した判決を下すことが可能になるとする学説である。間接適用説は契約などの法律行為の効力が争われる場面で有効性を発揮するが、例えば「外国人の入店お断り」のような事実行為による差別・人権侵害には有効性を発揮し辛い。それでも甚だしい差別や人権侵害については、憲法の人権規定の趣旨・精神から私法上の権利の濫用を解釈し、当該行為の「不法行為」（民法709条）該当性を認めることは可能である。

近年、私人に対する国家権力の対等な関係の維持こそが近代立憲主義の基本であることから、この基本に立ち返り、憲法はあくまでも国家対私人の関係を規律する法規範であるべきと主張する「**新無効力説**」が現れている。「新無効力説」は、私人間紛争において基本的人権の理念から解決すべきことを裁判官に強いる規範としては、憲法の人権規定ではなく、現行民法2条の「この法律は、個人の尊厳と両性の本質的平等を旨として、解釈されなければならない。」という規定で十分と主張するところに特徴がある（高橋和之「人権規定の『私人間適用』と『第三者効力』」法律時報84巻5号86-98頁）。

しかしこの説には次のような問題がある。第1に、民法それ自体は私人の対等平等と自由競争を基本とする法規範であるから、民法が規定する「個人の尊厳と両性の本質的平等」の意味も、あくまで私人間の対等平等を基本に考えることにならざるをえない。したがって、現実社会で私人間に構造的な強者と弱者の関係が成立していることを認めたうえで、弱者に憲法上の人権の実質的保障を図ろうとする現代立憲主義の理念までも民法2条の趣旨に当然に含まれるとするのは困難である。そして第2に、今後、国会が民法2条を削除した場合や、私人間の形式的平等を強化する趣旨の新たな特別法を定めた場合には、私人間紛争における人権保障の理念を読み込む法的根拠が失われてしまうことである。

確かに現在の判例の多くは、一応は間接適用説の建前を採りながらも、実際には社会的強者が作り上げてきた社会通念の方を弱者の基本的人権保障の理念より優先させる傾向が強い。これならば「新無効力説」と変わりないではないかとの主張が現れる原因ともなっている。例えば、過去の学生運動歴等を隠して就職した元東北大生に対し、3か月の「仮採用」後の本採用の際に、こうし

た事実の秘匿は会社の幹部候補生にふさわしくないとして「本採用」を拒否したために裁判となった「**三菱樹脂事件**」がある。本事件は、「仮採用」が実質的に「本採用」と同じであるならば労基法3条の信条による差別禁止の規定が適用されて解雇無効になるので、この点こそが本来の争点であった。しかし控訴審判決（東京高判1968.6.12労民集19-3-791）が私企業でも採用の際には憲法19条が直接適用されるというに近い考え方を示したために、上告審判決（最大判1973.12.12民集27-11-1536）は、直接適用説を明確に否定したうえで、間接適用説を採るべき旨を示したのであった。しかも同判決は、私企業による採用の際には「企業者が雇用の自由を有し、思想、信条を理由として雇入れを拒んでも…違法とすることができない」とまで述べている。それはまさに日本の企業社会の「常識」を優先させたからに他ならない（もっとも本件は、上述の「仮採用」と「本採用」の事実上の連続性の有無について審理不尽として原審差戻しの判決となっていた。差戻審では両者の和解が成立している）。他方で、男性より5歳早い女性定年制の就業規則が問題となった「**日産自動車事件**」の上告審判決（最判1981.3.24民集35-2-300）では、性別による労働条件差別を禁止する1985年の男女雇用均等法の成立前であったにもかかわらず、憲法14条1項も参照した旨を示しながら、「性別のみによる不合理な差別を定めたものとして民法90条の規定により無効である」と判示している。このように間接適用説が有効に機能した事例も存在するのである。

つまり大事なことは、間接適用説をより深化させ、弱者の基本的人権保障の方を優先させる基準を明確化させることで、裁判官の恣意的な判断を拘束する憲法論を構築することなのである。この点で、国際人権B規約26条や人種差別撤廃条約5(f)条も加味する形で憲法14条1項を間接適用して、外国人の入浴を拒否した公衆浴場主の不法行為責任を認めた**小樽市公衆浴場入浴拒否事件**第1審判決（札幌地判2002.11.11判時1806-84）や、同様の論理で、外国人客の入店を拒否した宝石店主の不法行為責任を認めた**浜松市宝石店入店拒否事件**第1審判決（静岡地裁浜松支判1999.10.12判時1718-92）のように、**国際人権法**の発展と絡めることで、日本国内の社会通念の「遅れ」を乗り越える人権保障の新たなスタンダードを憲法の人権規定の内容として示す方向が有望視されている（第9章Ⅱ**1**も参照のこと）。

3　団体に対する個人・構成員の人権保障

　人権は集団で行使すればそれだけ強力になる。憲法は結社の自由（21条1項）を保障することで、こうした人権の集団的行使の権利を認めている。たとえば宗教法人の権利能力は憲法20条と同21条1項が、営利企業の権利能力は憲法29条（および22条1項）と21条1項が、マスメディアの権利能力は表現の自由と知る権利と結社の自由の3つを保障するものとしての憲法21条1項が、それぞれの団体の権利保障の憲法上の根拠となる。

　団体（ないし法人）の権利能力を憲法上に根拠づけようとする問題関心は、「**団体の人権（ないし法人の人権）**」と呼ばれる憲法概念を生み出した。もちろんその存在と行為能力の法的根拠には、憲法だけでなく、会社法などの民商法上の法人に関する諸規定や定款、規約などの各団体・法人自身の創設・運営規定も含まれる。しかしその創設には、当該団体（ないし法人）の構成員（組合員や会社員だけでなく、営利企業の場合には株主も含まれる）の何らかの**自発的意思に基づく結社行為**が必要である。なお法人格を欠く社団も「団体の人権」論の射程に含まれる。

　現代は巨大な団体が社会を至る所で支配している。むしろ個人が単独で人権を行使することを無意味にするほどに団体の力が強まっているため、その弊害も指摘されている。また構成員一人一人の人権を抑圧する側面を持つような団体の権利行使も問題である。**八幡製鉄政治献金事件**では、八幡製鉄の代表取締役2名が株主総会の議決に基づき行った特定政党への政治献金を、同社の株主の一部がその定款所定の事業目的の範囲外の行為であり定款違反に当たるとして、同取締役に対して同社に損害賠償をするよう株主代表訴訟（旧商法267条、現会社法847条）を起こした。この株主たちは上告理由の中で、営利企業による巨額の政治献金は国民の政治意思形成を歪める点で自然人にのみ認められる参政権の侵害となるので、民法90条の公序良俗違反に当たるとも主張していた。

　しかし同事件最高裁判決（最大判1970.6.24民集24-6-625）は、営利企業の定款が定める目的の範囲について、「その目的を遂行するうえに直接または間接に必要な行為であれば、すべてこれに包含される」との極めて緩やかな立場を採った。これは、正規の手続きによる団体（法人）の決定がある限り、当該定款が定める目的に明らかに反する行為以外は全て団体（法人）の権利能力に含まれ

かねない立論である。最高裁がこのように述べるのは、団体（法人）の人権享有主体性について**性質適用説**を採用しているからである。同判決は、「憲法第3章に定める国民の権利および義務の各条項は、性質上可能なかぎり、内国の法人にも適用される」と明言した。そして自然人の参政権侵害の論点についても同判決は、「会社は、自然人たる国民と同様、国や政党の特定の政策を支持、推進しまたは反対するなどの政治的行為をなす自由を有するのである。政治資金の寄附もまさにその自由の一環であり、会社によってそれがなされた場合、政治の動向に影響を与えることがあったとしても、これを自然人たる国民による寄附と別異に扱うべき憲法上の要請があるものではない。」と判示したのだった。もっとも最高裁も、政治資金規正法等の立法措置で企業献金を規制すること自体は否定していない。

確かに営利企業の株主の場合は、当該企業の政治活動が自らの政治信条に反すると感じたならば、保有する株式を売却し、自らの考えにより近い企業の株式を購入すればよいという理屈も成り立たないではない。そして立法措置による企業献金の規制には特に憲法上の要請はなく、過度に不合理な規制以外は国会の裁量に委ねられる、という考え方を最高裁は採っている。しかし当該事業の専門性と公共性の強さに鑑みて、当該事業を営む条件として、法律が特定の団体に加入することを条件としている場合は事情が異なってくる。税理士会や弁護士会、司法書士会などは全てこのような法律に基づく**強制加入団体**である。この強制加入団体による政治献金と団体構成員の思想・信条の自由との関係が問題になった事案こそ、**南九州税理士会政治献金事件**であった。

同事件の発端は、特殊公益法人である南九州税理士会が、税理士に有利な政策の実現を求めて特定政党への政治献金その他の政治活動を行うことを目的として南九州の各県に設立されていた南九州各県税理士政治連盟（以下、南九各県税政と略す。これ自体政治資金規正法上の政治団体である）に政治献金するための原資を、南九州税理士会の正規の手続に従い総会決議を挙げて特別会費として全会員から強制徴収する決定を行ったことにある。一部の会員はこの決定にもかかわらず、自らの思想・信条に反するとして特別会費の徴収に応じなかった。そのためこの一部会員らは、会費未納を理由にその後の税理士会役員選挙への参加を停止させられた。そこで本件特別会費納入決議が無効であること、自ら

に本件特別会費の納入義務がないこと、役員選挙における選挙権・被選挙権があることの確認や損害の賠償などを求めて出訴したものである。

　本件につき控訴審判決（福岡高判 1992.4.24 判時 1421-3）は、税制に関わる政治活動や政党への政治献金を行う南九各県税政に税理士会が政治献金をすることが、税理士法 49 条 2 項の定める税理士会の目的の範囲内に含まれるとしたうえで、税理士会多数派が少数派の反対を押し切ってそのための原資となる特別会費を会員から強制徴収する決定をしたことについても、当該行為が税理士会の目的の範囲内にある以上、「多数意見が一般通念に照らし明白に反社会的な内容のものであるとか……少数意見者の立場が、社会通念に照らして是認することができないほど過酷であるような場合」でない限り、税理士会の正規の決定について会員は協力義務を負うと述べ、税理士会によるこの種の政治献金が社会通念上許されないと判断される事情はないとの立場をとった。これは、税理士会の目的の範囲を確定するための税理士法 49 条 2 項という一般規定を解釈するに際して、特に少数者の参政権や精神的自由の保障を求める憲法の人権規定の趣旨を全く考慮せず、一般に日本ではどの団体でも組織決定に従い政治献金を行っているという社会通念のみに従って判断を下したものである。

　これに対して本件上告審判決（最判 1996.3.19 民集 50-3-615）は、税理士法における税理士会の目的の範囲を確定する際に、税理士会が法律に基づく公的な強制加入団体であり、税理士を続けようとする限り自由意思で脱退できない点に着目した。そして、税理士会の会員の中にも「様々の思想・信条及び主義・主張を有する者が存在することが当然に予定されている」ため、この税理士会が正規の手続により決定した意思に基づく活動についても、そのために会員に要請される協力義務についても、「おのずから限界がある」とした。この立場から最高裁は、税理士会が多数決原理を用いて「規正法上の政治団体に対して金員の寄付をすることは、たとい税理士に係る法令の制定改廃に関する要求を実現するためであっても、法 49 条 2 項所定の税理士会の目的の範囲外の行為といわざるを得ない」と判示し、当該決議が無効であることと、会員が本件特別会費の納入義務を負わないことを確認したのだった。

　以上みたように、人権規定の私人間効力の問題は団体の行為能力（**目的の範囲**）の解釈およびこれと連動した団体の決定に対する構成員の協力義務の範囲（言

いかえれば団体内における個々の構成員の人権保障の範囲）の解釈と深く関わっている。その意味で、やはり「（新）無効力説」ではなく、人権保障の趣旨を積極的に生かす間接適用説こそがふさわしい。私人間の人権保障は、法律の介在が必要であると同時に、裁判官による人権規定の趣旨の積極的な読み込みも必要なのである。

III 違憲審査の方法と人権保障

1 三段階審査論の登場

近年、アメリカ流の違憲審査基準論はもはや古い、ドイツ流の**三段階審査論**こそロースクール時代の憲法論としてふさわしい、という主張が強まっている。その支持者は、この方が違憲審査基準論よりも最高裁の判例傾向を整合的に説明できる点でも優れていると力説する。

論者による若干の相違を無視するならば、三段階審査論は人権侵害をめぐる争いに対して、(1)侵害されたと申し立てられている人権は、憲法上保障される権利（基本権）として考えた場合にいかなる「保護領域」を与えられているのか、(2)それが「保護領域」内の権利であることを証明できたとして、違憲性を申し立てられている当該規制措置がこの権利を法的な意味で「**制限**」（「侵害」と呼ぶ者もいる）していると認めることができるか、(3)当該権利が「制限」されていることが認められる場合に、この「制限」を憲法論的に見て「**正当化**」できるのかという3段階の審査を行うことで、当該規制措置の合憲性を合理的に判断できると考える。(3)の「正当化」の過程では、さらに法律の根拠があることや明確性の原則を満たすことなどの「形式的正当化」と、正当な目的（あるいは重要な目的）のために合理的で必要な手段であることという「実質的正当化」の2つが審査される。もっとも前者は、日本国憲法では31条（適法手続主義）や41条（国会中心立法の原則）から導かれる当たり前の原則なので、通常は後者の「実質的正当化」のみを「正当化」と呼んでいる。

さらに「実質的正当化」の審査では、当該規制目的の正当性を前提としたうえで、この目的を達成する手段について、①目的達成の上で効果があるか（手段の適合性まはたは「**合理性**」**の審査**）、②目的達成の上で必要か（「**必要性**」**の審査**）、

③規制により得られる利益と失われる利益とが釣り合っているか（**利益の均衡性**の審査または狭義の「**比例性**」の審査）を行い、これらの審査をクリアした場合に、当該規制を憲法論上「正当化」できる例外措置と見ることになる（小山剛「第3章・総説」芹沢斉他 75-79 頁、小山・後掲『「憲法上の権利」の作法〔第3版〕』、宍戸・後掲書等を参照のこと）。この三段階審査論の思考様式の意義と問題点を、本書が採用する違憲審査基準論の場合と比較しながら考えてみよう。

2　「保護領域」と「制限」の審査過程の意義と問題点

(1)「保護領域」の画定は、確かにこれを行うことで、憲法訴訟上、争われるべき権利の内容と外縁を明らかにできる点で意味がある。たとえば「保護領域」審査の過程で、憲法13条の幸福追求権に自殺の自由が含まれるかという論点や、21条の表現の自由に取材の自由が含まれるのかという論点に決着がつけられる。日本の通説・判例は自己決定権について人格的利益説を採ることから、前者の論点については自殺の自由を「保護領域」から外す（第1章Ⅲ〜Ⅳ参照）。また後者については、最高裁は「憲法21条の精神に照らし、十分尊重に値する」という言い方で、「保護領域」に含まれることは認めるものの、表現の自由そのものに比べて保障の程度が弱まるという判断をする（第4章Ⅱ1参照）。しかし一般的自由説を採る場合には、私生活に関する全ての自由が幸福追求権に含まれるので、法的救済になじむための権利内容の法律論的な構成に伴う一定の自由領域の限定はありうるものの、予め「保護領域」から除外されるべき権利か否かという論点は成り立たなくなる。また取材の自由についても、これと国民の知る権利を結びつけて理解すれば、表現の自由の保障内容そのものと見るべきという考え方も成り立ち得る。したがって「保護領域」の画定というプロセスが、人権保障の外縁を安易に狭めることがないよう注意する必要がある。

(2)「制限」についても、自動車一斉検問やNシステムなどの「強制力を伴わない任意手段」の場合にはこれに当たらないとされる。また実際に最高裁が多用しているが、**間接的、付随的な制約**（猿払事件最大判 1974.11.6 刑集 28-9-393）、あるいは単に間接的な制約（君が代起立斉唱職務命令事件最判 2011.5.30 民集 65-4-1780）という論理が用いられる場合には、当該規制は憲法論上の「正当化」が必要な「制限」に含まれるとしつつ、「制限」の程度が弱いことを理

由に、「正当化」の**審査密度**が低くて構わないとの判断がなされやすいことも、この段階での審査につきまとう問題点である。

　確かに法的に見て権利制限と呼べない事実上の制約や、制限の程度が弱い間接的な制約が存在することは事実であり、これらと真正の権利制限とを区別することは有用である。しかしこの三段階審査論は、その用い方によっては実際に最高裁が行っているように、当該権利そのものを否定する目的（例えば、君が代の起立斉唱を拒否する思想そのものを規制し弾圧しようとする目的）が明示されている場合でもない限り、当該権利の行使を事実上完全に否定する規制（公立学校教員でいたいなら、自己の思想・良心に反してでも君が代の起立斉唱に否応なく従わざるをえないという状況を作り出す学校長の職務命令）がなされているにもかかわらず、この「制限」を当該職務命令の目的（式典の円滑な遂行）だけを見て簡単に間接的な制約と即断しうる論理を含んでいるのである。

　実は違憲審査基準論も、まともなそれ（すなわち最高裁判決が一部で採用しているように見える歪な違憲審査基準論とは区別される憲法学説上のそれ）は、当該規制に適した違憲審査基準を当てはめる前に、当該規制がいかなる人権をどの程度侵害しているのかを考察しているのである。その際、予め二重の基準論という人権の価値序列から（なお、日本の憲法学説はさらに「三重の基準」論ともいうべき価値序列から考えるが）問題となっている人権の内容と外縁についても、その規制の実質的な有害性についても判断を加えているのである。前述の君が代起立斉唱事件の実例に即していえば、**まともな違憲審査基準論**では、思想・良心の自由の「優越的地位」に鑑みて、可能な限り広く憲法19条の保障範囲（「保護領域」と言いかえてもよい）をとり、またできる限り敏感に人権の実質的な侵害性（「制限」と言いかえてもよい）を認定することで、本件には最も厳格な審査基準を当てはめてその規制目的と手段の合憲性を審査することを裁判官に義務づけることになる。つまりまともな違憲審査基準論の場合には、「保護領域」審査と「制限」審査は、人権の価値と性質に即して予め同時に審査されているのである。

3　「比例性」審査と憲法的利益衡量

「（実質的）正当化」の審査の場面では、違憲審査基準論の立場からすれば、

②の「必要性」審査をするのであれば、それより緩やかな①の「合理性」の審査は不要であるように思える。しかし三段階審査論では、より緩やかな審査とより厳しい審査を組み合わせることで、**裁判官の自由な心証**の中で規制手段についての憲法判断が適正化すると考えているようである。そして確かに日本の最高裁は、経済的自由の規制に対する審査はもちろんのこととして、時に精神的自由の規制に対する審査の場合にまで、「必要性」と「合理性」の両面から判断を加える傾向が強い[2]。この点で三段階審査論は判例を説明しやすい理論であるといえる。逆に言えば、当該規制について「必要性」までの立証を求めるのか、「合理性」の立証で足りるとするのかという、違憲審査の際に**裁判官を予め拘束する基準**を定立する必要性に対する問題関心が薄いのが三段階審査論ということになる。

　③の「（狭義の）比例性」の審査は、規制により失われる利益との関係で得られる利益を検討することから、この過程で規制目的の合理性審査がなされる可能性も指摘されている。しかしその中心的な意味は、抽象的観念的な利益関係ではなく現実的具体的な立法事実に基づきながら、目的（得られる利益）と手段（失われる利益）との均衡が図られているかを検討するところにある。この均衡関係の審査について問題となるのは、一方が多数者の利益を背景とする公益であり、他方が少数者の人権であることから、前者に有利な判断が下されやすい点である。加えて、最高裁が利益の均衡を考える場合には、必ずしも多数者の人権保障の利益に留まらず、人権保障の論理からは直接的にも間接的にも導き

---

(2) 経済的自由規制について**森林法共有林事件**で最高裁判は、当該財産権規制の合憲性は、「規制の目的、必要性、内容、その規制によって制限される財産権の種類、性質及び制限の程度等を比較考量して決すべき」であるが、裁判所としては、「立法府がした右比較考量に基づく判断を尊重すべき」であるから、「立法の規制目的が前示のような社会的理由ないし目的に出たとはいえないものとして公共の福祉に合致しないことが明らかであるか、又は規制目的が公共の福祉に合致するものであっても規制手段が右目的を達成する手段として必要性若しくは合理性に欠けていることが明らかであって、そのため立法府の判断が合理的裁量の範囲を超えるものとなる場合に限り」、当該規制立法を違憲・無効とすることができるとした（最大判 1987.4.22 民集 41-3-408）。他方で精神的自由規制の事案である君が代起立斉唱職務命令事件（前掲）についても、最高裁は「職務命令の目的及び内容並びに上記の制限を介して生ずる制約の態様等を総合的に衡量すれば、上記の制約を許容し得る程度の必要性及び合理性が認められる」とした。

出すことのできない社会秩序の維持や道徳の価値までも公益に含める点である。猿払事件最高裁判決が公務員の政治活動による弊害の防止を論じる時、そこで保障される公益とは、公務の中立性が侵されて実際に国民に害悪が生ずることの防止に限定されるのではなく、行政の政治的中立性に対する「国民の信頼」を確保する利益にまで拡張されている（このような拡張された利益実現のためには、実害が発生しない公務員の政治活動も一律に禁止されることが正当化される）。もちろん利益衡量が不要というのではない。**憲法的利益衡量**とは、制約される人権の価値を人権の性質と事案の性質に応じて予め序列化したうえで、「優越的地位」にある人権については予め審査の密度（ないし厳格度）を加重して考えるものでなければならない。しかし三段階審査論、特に最高裁の判例傾向を説明する道具と化したそれは**人権間の価値序列**を論じない傾向が強く、この場合には常に多数者の利益その他の公益が重視されやすいことが問題なのである[3]。

なお三段階審査論の論者の中には、②の「必要性」審査には手段の必要最小限性の審査、とりわけ「より制限的でない他に選びうる手段（LRA）の基準」と同様の審査の仕方が含まれると主張する者もいる。しかし違憲審査基準論における「LRA の基準」とは、「優越的地位」にある人権にこそ適用される最も厳格な審査基準の 1 つであり、いかなる意味でも他の選択肢を許さないという厳格さが要求されるものである。しかし三段階審査論の論者が主張するそれは、②「必要性」の審査と③の「比例性」の審査を連結させつつ考えるものなので、実際には当該規制手段が過不足なく当該規制目的を達成し、利益の均衡がとれていればそれだけで合憲性が満たされるとする審査の仕方に、あえてこの用語を当てているとしか思えない。すなわちそれは一般的な手段の必要最小限性を言いかえたものに過ぎず、違憲審査基準論からみれば、中間審査基準レベルでの目的と手段との間の**実質的関連性**の審査に留まるものである[4]。

---

(3) 高橋和之は、アメリカ的な違憲審査基準論が「基準に基づく利益衡量」であるのに対して、ドイツ的な審査手法を「基準なしの『裸の利益衡量』」と呼ぶ（高橋 143 頁）。

(4) 「LRA の基準」は、**薬事法距離制限事件**最高裁判決（最大判 1975.4.30 民集 29-4-572）において経済的自由に対する消極的規制の合憲性を審査する際に用いられたため、これを中間審査基準の 1 要素と見なすべきとしたうえで、こうした中間審査基準を「厳格な合理性の基準」と呼ぶ者もいる（特に予備校本にこの傾

猿払事件では、政治活動の自由という「優越的地位」にある人権の侵害が問題となった。司事件第1審判決（旭川地判 1968.3.25 下刑集 10-3-293）では、民主主義社会における政治活動の自由の重要性に鑑み制約は必要最小限でなければならないと述べつつ、公務員の政治活動の制限を実害が生ずる場合に限定したうえで、違反者に対する制裁手段について「LRA の基準」を用いて審査した結果、国公法の制限と処罰の規定は憲法 21 条と 31 条に違反するとして**適用違憲**にした。これは違憲審査基準論でいうところの厳格審査基準を見事に当てはめた結果である。これに対して同事件上告審判決は、「合理的で必要やむを得ない」制限のみ合憲になると言いながら、実際には「行政の中立的運営」イメージに対する「国民の信頼」の確保という抽象的観念的な公益を持ち出し、「得られる利益は、失われる利益に比してさらに重要」との利益衡量を行って合憲判断を下している。その際、このように抽象化された目的（公益）と国公法で採用された規制手段（政治活動のほぼ一律全面的な禁止と処罰）との間で「**合理的な関連性**」があるとの審査しかしていない。このような最高裁の論理は、違憲審査基準論から見ればむしろ緩やかな審査基準しか用いていないことは明らかであ

向が強い）。この立場からすれば「LRA の基準」は、他の選択肢を絶対に許さないという意味での最高度の厳格度までも求めるものでなく、「比例性」の原則に適合する程度の「必要性」さえ見出せれば、当該規制手段を「他よりも制限的でない」手段の「1 つ」であると見なしやすい（すなわち「LRA の基準」を中間審査基準レベルで扱う）基準ということになる。このような緩い「LRA の基準」を説明するには、三段階審査論は都合がよいことになる。しかし違憲審査基準論の中心にいた芦部信喜は、規制目的に応じて中間審査基準（厳格な合理性の基準）と最も緩やかな審査基準とに二分する**規制目的二分論**が、硬直的に審査基準を目的別にただ振り分けるのではなく、**規制の態様**をも考え併せる必要があることを指摘していたはずである（芦部 248-249 頁）。芦部説では、特に本人の努力では解消不可能な方法で事実上新規参入を閉ざすような規制の態様（距離制限つきの許可制など）の場合には、通常の中間審査基準より厳格にその合理性を審査する必要があるとした。この視点から、薬事法距離制限事件最高裁判決も、こうした厳しい規制の態様があることに鑑みて、本来は中間審査基準で処理すべき消極目的規制の合憲性審査に、厳格審査基準の 1 つである「LRA の基準」まで加えて審査する必要性を認めた結果であると解したのである。この意味で「厳格な合理性の基準」は「中間審査基準＋α（＝時に LRA まで要求する基準）」と理解することができる。このように「LRA の基準」を最も厳格な審査基準の 1 つに分類し続ける方が、他の選択肢の欠如の証明まで求める厳しい審査を可能にする点で人権保障上優れているであろう。

り、その誤った審査方法は厳しく非難されなければならない。これに対して三段階審査論は、「合理性」と「必要性」と「正当化」の審査過程から同判決を合理的に説明することが容易なだけに、人権保障を優先させる別の論理を付け加えることが必要になろう。

いずれにせよ最高裁は、違憲審査の際に予め基準を立てて自己拘束することを極力避けようとする傾向が強い。これをいかに拘束するか。三段階審査論の長所を組み込んだ違憲審査基準論の発展こそが、今日求められているのだ。

【avancée】「判例はカミ〔＝神〕、学説はゴミ」か？
　上記の皮肉は、頭は抜群に良いが口が悪い、ある有力ロースクールの教授の言葉である（宍戸・後掲書317頁からの引用）。ロースクール以前の大学の憲法授業の多くは、最高裁を頂点とする裁判所の判例がいかに憲法の理念を無視・軽視しているかを批判しつつ、あるべき憲法解釈論を示し、これを憲法学説として判例と対置させてきた。おそらく司法制度改革とロースクールの設立は、このような憲法学説を実務と判例の前に引きずり出して、その非力さを白日の下に曝す役割を果たした。そして有力なロースクールの教授たちが「実務と理論（学説）の架橋」を特に前者に傾斜しつつ目指した時、判例を上手く説明できない憲法学説は「ゴミ」扱いされることになった。

　確かに司法や行政を統括する側が運営する試験に合格しなければ司法試験も公務員試験も受からないのだから、試験合格を目指す限りは、判例を効率よく理解し試験の際にそれを答案にきれいに書くことが肝要である。そのためには判例を上手く説明できる理論こそ正しいということになる。しかし注意してほしい。日本の裁判官たちの世界がいかに閉鎖的であり、外部と一緒に憲法を自主的に研究する自由さえ認められていないのかを（1971年宮本判事補再任拒否事件など）。特に全ての司法行政を統括すべき立場にある最高裁の裁判官に大学の法律研究者がほとんどおらず（現在の慣行では１５名中１名が原則）、しかも憲法学者はほぼ皆無であり続けたことを（行政法学者やアメリカ憲法学者はいたが）。法定の上告理由の第１は憲法違反であるにもかかわらず、各小法廷に１名ずつの憲法学者すらいない現実の最高裁裁判官たちの下で形成されてきた憲法判例を「神」として崇め奉るのは、既存の憲法政治のあり方を無批判に受け入れることに他ならない。

　そうはいっても、判例からかい離した学説だけを学んだのでは試験に受からないだろう。法律学は大人の学問である。合格するために必要な知識と論理は磨かねばならない。しかし、大学などで憲法を学び始めた時に持っていた正義感を失いたくなければ、常に判例に批判的な視点も持ち続けなければならない（最初から正義感などないという人については、ここでは論じない）。判例に批判的であるには、職権の独立（憲法76条3項）の頂点に君臨しつつ、実際には政治権力への遠慮や配慮を働かせられるように「自由な立場からの利益衡量」をしたがる最高裁の裁判官

たちに対して、それでも人権保障につながるような何らかの規範ないし基準による事前の拘束をかける方法を模索することである。違憲審査基準論も三段階審査論も、判例が客観的で一貫した内容となるように、そして人権を尊重するように拘束をかけるにはどうすればよいのかを模索している。学説を単純に信じ、その機械的な当てはめだけで事案を解くことが許されるのは学部の1、2年生までである。しかしその後に学説の非力さをあざ笑って判例崇拝に走るのではなく、学説を通じ判例を批判的に学び、判例に変化を促す道を模索しつづけることを忘れないでほしい。

【参考文献】
青井未帆「三段階審査・審査の基準・審査基準論」ジュリスト1400号（2010年）
宍戸常寿『憲法解釈論の応用と展開〔第2版〕』日本評論社、2014年
小山剛『「憲法上の権利」の作法〔第3版〕』尚学社、2016年
LS憲法研究会編『プロセス演習・憲法〔第4版〕』信山社、2011年（第1章「私的団体の強制加入性と構成員の人権」〔大津浩〕、第16章「法制度の本質と比例原則の適用」〔石川健治〕、第28章「私法関係における人権保障」〔大津浩〕）

第 9 章　共に生きる社会をめざして

> 「世界に共に生きるということは、ちょうどテーブルがその周りに占める人々の間にあるように、物事からなる世界がそれを共有する人々の間にあるということを本質的に意味している。世界はあらゆる〈間〉(in-between) がそうであるように、人々を関係づけると同時に切り離す〈間〉である。」(ハンナ・アーレント『人間の条件』〔齊藤純一訳〕)

I　マイノリティと憲法

1　マイノリティの権利

　社会には、ある属性を基準にして多数(マジョリティ)を構成する集団が存在する一方、その集団から漏れてしまう、**マイノリティ**が常に存在する。このようなマイノリティは、日本国憲法の枠組みのなかで、どのような問題を抱えているのだろうか。

　これについて、まずは憲法 14 条の法の下の平等原則との関係が問題となる。マジョリティに対して保障されている人権が、マイノリティに属するがゆえに保障されないのは、マイノリティに対する差別と考えられるからである。

　日本国憲法の基本原理である民主主義は、多数決による意思決定を伴うため、ともすればマジョリティを優先し、マイノリティを蔑ろにする原理として働きうる。この点につき憲法 13 条前段は、「すべて国民は、個人として尊重される」(個人尊重の原則)と定めており、この原則は、民主主義がマジョリティのためだけの原理となることを許さない趣旨と解される。また憲法 12 条は、各人が自己の権利の追求のみに邁進することも戒めている。個々人の「不断の努力によって保持」される権利は、1789 年のフランス人権宣言にも規定されているように(「自由とは、他人を害しないすべてをなしうること」〔4 条〕)、共に生きる他

者の権利を尊重するなかでこそ培われるものであろう。

　なお、マイノリティの権利保障という場合、集団としてのマイノリティに目が向けられがちであるが、集団内部における個々人の自由や権利が埋没することのないよう注意を要する。実際、集団としてのマイノリティへの個々の帰属意識や自覚は千差万別である。集団全体の、たとえば平等権の保障のために、その内部における各人の幸福追求が犠牲にされてはならない。

　マイノリティの権利は、日本においては、未だ十分に保障されているとは言えない。しかし、国際機関の要求（人権委員会の勧告等）という後押しもあり、注目すべき判決が、下級審で下されている。その事例を以下に紹介する。

2　マイノリティと憲法 13 条——裁判例（下級審）

(1)　先住民族としてのアイヌ

　1979 年、日本は、国際人権規約を批准した際に、その自由権 B 規約 27 条に定める**少数民族の権利**（「自己の文化を享有し、自己の宗教を信仰しかつ実践し又は自己の言語を使用する権利」）をアイヌ民族に保障する義務を負うことになった。ところが政府は、日本が単一民族国家であることを強調し、北海道旧土人保護法（1889 年に制定）による徹底した**同化政策**を改めなかった。

　北海道ウタリ協会は、こうして国際人権規約上の少数民族の権利、そしてそれをもう一歩進めた**先住権**を求め、法律の制定を要求するようになる。先住権とは、先住民族が、奪われた土地や資源等の返還や補償等を求める権利、またその文化を維持発展させる権利、そして先住民族の政治的自決権である。1997 年 5 月、北海道旧土人保護法が廃止され、「アイヌ文化の振興並びにアイヌの伝統等に関する知識の普及及び啓発に関する法律」（いわゆる**アイヌ新法**）が制定された。しかしそこでは、アイヌ民族の先住権については触れられなかった。

　この法律制定直前の 1997 年 3 月 27 日、**二風谷ダム訴訟判決**（札幌地判 1997.3.27 判時 1598-33）が下され、アイヌ系住民が 8 割を占める二風谷地区の土地を強制収用し、ダム建設を強行した国の行為の違法性が認められた。判決によれば、憲法 13 条の趣旨は「多様性ないし相異を前提として、相異する個人を、形式的な意味ではなく実質的に尊重し、社会の一場面において弱い立場にある者に対して、その場面において強い立場にある者がおごることなく謙虚にその

弱者をいたわり、多様な社会を構成し維持して全体として発展し、幸福等を追求しようとしたものにほかなら」ず、こうしたとらえ方は、「多数者が社会的弱者についてその立場を理解し尊重しようとする民主主義の理念にかなう」と述べている。またアイヌを「『先住民族』に該当する」とした上で、「本件収用対象地付近がアイヌ民族にとって、環境的・民族的・文化的・歴史的・宗教的に重要な諸価値を有していることは明らか」であるとする。この判決が下されたとき、すでにダムは完成していたため、**事情判決の法理**（行政事件訴訟法31条）により、国の行為の違法性は「宣言」されるにとどまった。2019年、1997年のアイヌ新法に代えて新たに公布・施行された**アイヌ施策推進法**（アイヌの人々の誇りが尊重される社会を実現するための施策の推進に関する法律）において、アイヌ民族は「先住民族」として明記された。

(2) ハンセン病国家賠償訴訟

2001年、ハンセン病国家賠償訴訟熊本地裁判決（熊本地判 2001.5.11 判時1748-30）は、1953年に定められたらい**予防法**[1]を廃止することなく、ハンセン病患者・元患者の**強制隔離政策**を何十年も続け、その人格の尊厳を侵害したとして、厚生大臣の職務行為と国会議員の立法不作為に国家賠償法上の違法性と過失を認める判決を下した。そして国に対し、精神的損害を含む一定の「共通損害」に対する賠償金の支払いを命じた。

ハンセン病に関しては、1873年にノルウェーのアルマウェル・ハンセン（Armauer Hansen, 1841-1912）が菌を発見して以来、明治政府により、患者に対する強制収容、強制労働、断種、堕胎などの施策がとられていた。判決は、薬（プロミン等スルフォン剤）の開発（1943年）等により、遅くとも1960年以降は、ハンセン病が医学的に隔離政策を要するほどの特別な疾患ではないことが知られ、世界保健機構（WHO）をはじめとする国際的な場においても隔離政策の廃止が繰り返し求められていた点を重視した。そしてらい予防法による隔離政策が、「ハンセン病予防上の必要を超えて過度な人権の制限を課すものであり、公共の福祉による合理的な制限を逸脱していた」と判断した。また隔離政策により、

---

(1) 1907年に制定された「癩予防ニ関スル件」は、1931年に改正され癩予防法となり、らい予防法はそれをさらに1953年に改正したもの。絶対隔離政策が継続された。

当該患者が「人として当然もっているはずの人生のありとあらゆる発展可能性が大きく損なわれ」、「憲法13条に根拠を有する人格権そのもの」が侵害されたとする。さらに、隔離政策を通して社会から差別的取扱いを受ける地位に置かれた患者・元患者の精神的損害も認められた。判決は、らい予防法の隔離規定は、「少数者であるハンセン病患者の犠牲の下に、多数者である一般国民の利益を擁護しようとするものであり、〔こうした政策〕の適否を多数決原理に委ねることには、もともと少数者の人権保障を脅かしかねない危険性が内在している」とも指摘している。国は控訴を断念し、本判決は確定した。

II　マイノリティと条約

人権条約の批准やそれを背景に制定された法律などを契機に、マイノリティの人権保障は、少しずつ改善されつつある。

1　人権条約の裁判所による適用

条約は、内閣による締結（日本国憲法73条）、国会による批准承認（同61条）によって、**国内的効力**を付与され、**自動執行力**を有する規定は、新たな法律の制定を要さずに、そのまま適用される。

条約の国内法上の地位は、国際法（条約法ウィーン条約）上各国法の定めに委ねられているが、日本国憲法98条2項は、「条約及び確立された国際法」を「誠実に遵守すること」を要求している。

条約の批准がほぼ決まった段階で、事前に、**内閣法制局**が既存の法との調整（関連法令の検証、必要に応じたそれらの改廃や制定）を行う。そのため、批准後に、裁判で法律に対抗して条約が援用される機会は少ないと言われている。

とりわけ憲法との関係で、過去に実際に人権条約が直接適用された例としては、国際人権B規約14条3項(f)の裁判所での**無料通訳を受ける権利**が適用された判決（東京高判1993.2.3 東高刑報44-1=12-11）、当時の**外国人登録法**に基づく**指紋押捺拒否**を理由とする逮捕に対する国家賠償請求事件において、同じくB規約7条の「品位を傷つける取り扱いに服さない権利」が適用された判決（大阪高判1994.10.28 判時1513-71）などがある。

私人間の訴訟としては、ブラジル国籍の女性の入店を拒否し、退去を求めた浜松市在住の宝石店経営者に対して、**人種差別撤廃条約**が禁止する人種差別に該当し、民法709条が定める不法行為であるとされた事例が注目される（**浜松市ブラジル人入店拒否事件**〔静岡地裁浜松支判1999.10.12判時1718-92〕）。なお、人種差別撤廃条約は、私人による人権侵害をも明示的に禁止している（2条1項(d)）（【avancée】記載の在特会事件民事訴訟も参照のこと）。

同種の事件として、小樽市の温泉施設を経営する会社から入浴を拒否された外国人が、会社と小樽市に対し損害賠償を求めた訴訟（**外国人入浴拒否訴訟**）で札幌地裁（札幌地判2002.11.11判時1806-84）は、「国際人権B規約及び人種差別撤廃条約は、国内法としての効力を有するとしても、その規定内容からして、憲法と同様に、……私人相互間の関係を直接規律するものではない」として、直接的には民法1条、90条に依拠しつつも、原告の1人が日本国籍保持者であることに着目し、「外見が外国人にみえるという、人種、皮膚の色、世系又は民族的若しくは種族的出身に基づく区別、制限であると認められ、憲法14条1項、国際人権B規約26条、人種差別撤廃条約の趣旨に照らし、私人間においても撤廃されるべき人種差別にあたる」と判断している。判決は、小樽市の責任は否定したものの、入浴差別廃止に「有効な施策を容易にとることができ、市民から見ても被告小樽市がその施策をとることを期待するのが相当であるのに、これを怠った場合に限って、違法となる」と述べ、限定的ながら、市が責任を負う場合があることを認めた点が注目される。

2　政府報告制度

国際連合（以下、「国連」）が中心となって、第二次世界大戦後、**世界人権宣言**（1948年）をはじめとする多くの人権条約が締結されており、日本は、難民の地位に関する条約（以下、**難民条約**。1954年発効・日本は1981年加入）、難民の地位に関する議定書（1967年発効・日本は1982年加入）、国際人権規約（社会権）A規約（経済的・社会的・文化的権利に関する国際規約、1976年発効・日本は1979年批准）、同B規約（市民的・政治的権利に関する国際規約、1976年発効・日本は1979年批准）、女性差別撤廃条約（1981年発効・日本は1985年批准）、子どもの権利条約（1990年発効・日本は1994年批准）、武力紛争における子どもの関与に関する子どもの権利条約

選択議定書（2002 年発効・日本は 2004 年批准）、子どもの売買等に関する子どもの権利条約選択議定書（2002 年発効・日本は 2005 年批准）、人種差別撤廃条約（1969 年発効・日本は 1995 年加入）、**拷問禁止条約**（1987 年発効・日本は 1999 年加入）、強制失踪条約（2010 年発効・日本は 2009 年批准）、**障害者権利条約**（2008 年発効・日本は 2014 年批准）などに、それぞれ批准・加入している。

　これらの人権条約には、**欧州人権条約**のように独自の裁判機関は設置されていない。しかし、国際人権規約（A、B 両規約）、人種差別撤廃条約、女性差別撤廃条約、拷問等禁止条約、子どもの権利条約、障害者権利条約には、**政府報告制度、国家通報制度、個人通報制度**[(2)]と呼ばれる制度が定められている。これにより、それぞれの条約の下で個別に定められた委員会が、締約国による条約の実施状況を「監視」する。委員会は、個人資格で選ばれた独立の専門家で構成されている。このうちの政府報告制度において、締約国の政府は、条約の実施状況を各委員会に定期的に報告するよう義務づけられている。たとえば国際人権 A 規約、B 規約の場合、締約国政府は 5 年ごとに報告書を提出する（それぞれ 16 条等、40 条）。提出された報告書はそれぞれの「規約委員会」で審議され、委員と政府代表の間で質疑応答が行われる。ここで NGO からカウンター・レポート（対抗報告書）が委員に手渡され、政府報告書では触れられていない事実などが明らかにされれば、審議の結果、規約違反が認められた場合に、委員会から是正が勧告される。

　政府報告書は、子どもの権利条約（44 条）では 5 年ごと、女性差別撤廃条約（18 条）、拷問等禁止条約（19 条）、人種差別撤廃条約（9 条）ではそれぞれ 2 年ごとに提出が要求される。障害者権利条約では少なくとも 4 年ごととされ、それ以外にも委員会の要請により報告書の提出を求められる場合がある（35 条）。

　こうした人権条約の批准や定期的に実施されている政府報告制度は、日本におけるマイノリティの人権保障への大きな足がかりになっている。

---

(2) 国家通報制度は、外交上の配慮から利用されたケースがほとんどなく、機能していないといわれる。個人通報（申立）制度は、個人などが条約上の権利や自由が締約国によって侵害された旨委員会に通報し、権利救済を図る制度。弁護士会をはじめ、国内で強い要望があるにもかかわらず、制度の適用に必要な宣言や第一選択議定書の批准を日本は未だ行っていない。

Ⅲ　外国人の人権

1　日本国籍取得要件——血統主義

　憲法は国家を単位として制定されるため、国家の人的構成要素は、第一義的にはその国の国籍を保持する国民であると考えられてきた。そして、国際法上その国籍をどのように付与するかもそれぞれの国の定めに委ねられている。

　日本における憲法の人権保障は、国民には当然に及ぶと考えられているが、国籍をもたないマイノリティ、すなわち外国人は、憲法上の人権を享有する主体とはなりえないのだろうか。まずは、外国人が日本国籍をどのように取得できるのか、見てみたい。

　憲法 10 条に基づいて国籍法に定められている日本における国籍取得制度の第一の特徴は、血統主義であること、つまり国籍の継承が、基本的には親子関係に基づいて実施されることである。これにより、国籍の取得事由は、(i)出生による場合、(ii)届出による場合、(iii)帰化による場合の 3 種に分かれている。

　(i)出生による場合とは、子の出生時に父か母のどちらかが日本国籍を有していれば、自動的に日本国籍を取得することを意味する（父母両系血統主義、国籍法 2 条）。1985 年までは、父が日本国籍をもつ場合にのみ、子への国籍の継承が認められていたが、2 章でも解説した通り、女性差別撤廃条約批准に伴う法改正によって、男女平等になるよう、現行の規定に改められた（母のみが日本国籍を有する場合、生まれた子は母の戸籍に入る）。例外的に日本で生まれた子の「父母がともに知れないとき、又は国籍を有しないとき」には、**出生地主義**による国籍の取得が認められている。

　(ii)届出による場合とは、父または母のどちらか一方が日本人である子が、出生後に父または母の認知を受けた場合に、法務大臣への届出によって国籍を取得することである（3 条 1 項、2 項）（第 2 章、2008 年の最高裁国籍法違憲判決参照）。なお、国籍法改正の折に、虚偽の届出をした者に 1 年以下の懲役または 20 万円以下の罰金を科すとの規定（20 条）が設けられた（2009 年施行）。さらに、2022 年には「前 2 項の規定は、認知について反対の事実があるときは、適用しない」と定める第 3 項が新設された（2024 年施行）。このような規定は、虚偽

の届出に対して刑罰による制裁を加えるだけでなく、仮に認知について「反対の事実」が判明した場合には、当該認知子の日本国籍取得の事実そのものを遡って奪うものである。つまり、出生後に父または母の認知を受けて日本国籍を取得した子は、遡ってその国籍を失うことになり、**国外退去**を余儀なくされかねない。この規定は、そのような危険を、当該認知子に一生を通じて（無期限に）背負わせるものであり、その権利や利益の重大な侵害が懸念される。

　(ⅲ)**帰化**による場合とは、一定の条件を充たす外国人を対象に、法務大臣の許可によって国籍が付与されることである（4－9条）。すなわち、(ⅰ)「引き続き5年以上日本に住所を有すること」(ⅱ)「18歳以上で本国法によって行為能力を有すること」(ⅲ)素行が善良であること」(ⅳ)「自己又は生計を一にする配偶者その他の親族の資産又は技能によって生計を営むことができること」(ⅴ)「国籍を有せず、又は日本の国籍の取得によってその国籍を失うべきこと」(ⅵ)「日本国憲法又はその下に成立した政府を暴力で破壊することを企て、若しくは主張し、又はこれを企て、若しくは主張する政党その他の団体を結成し、若しくはこれに加入したことがないこと」である（国籍法5条1項）。

2　外国人の「人権」は出入国管理制度の枠内でのみ保障される？

　国籍をもたない外国人は、日本国憲法上、人権の享有主体となりうるか。学説の概ね一致した見解および最高裁の判例は、「権利の性質上日本国民のみを対象としていると解されるものを除き、わが国に在留する外国人に対しても等しく及ぶものと解すべき」（**マクリーン事件**〔最大判 1978.10.4 判時 903-3〕）とする（**性質説**）。また、「人種」による差別を禁止する14条に関連して、最高裁は、「わが憲法14条の趣旨は、特段の事情の認められない限り、外国人に対しても類推さるべきものと解するのが相当である」と述べている（最大判 1964.11.18 刑集 18-9-579。同様の趣旨で、最判 1950.12.28 民集 4-12-683、最大判 1957.6.19 刑集 11-6-1663 参照）[3]。

---

　(3)　外国人には、政治道義的な人権の保障しか及ばず、立法政策の問題とする否定説や、肯定説の中でも、各人権規定の主語が「国民は」であるか「何人も」であるかを基準とする文言説は、いずれも少数説。性質説は、自然権思想や憲法の国際協調主義（前文3段、98条）に基づいて、原則として外国人の人権保障を認めつつ、例外的にその「性質」により、外国人には保障されない権利があるとす

しかし、そうした「建前」とは裏腹に、日本における外国人の人権保障は、出入国管理・在留制度を規定する法律やその他の法令が定める**国籍条項**、さらには、出入国管理を司る法務大臣および雇用や社会福祉という生活領域を扱う厚生労働大臣などの行政府の裁量に大きく依存している。また、外国人の人権享有主体性に関わる上記性質説をはじめとする憲法学説は、それらの立法・行政裁量の不合理な点を是正する役割を十分に果たしているとは言えない。以下、5種の権利について検討したい。

(1) 　入国・再入国の自由

最高裁は、伝統的に「国際慣習法上、国家は外国人を受け入れる義務を負うものではなく、特別の条約がない限り、外国人を自国内に受け入れるかどうか、また、これを受け入れる場合にいかなる条件を付するかを、当該国家が自由に決定することができる」（上記マクリーン事件最高裁判決）ことを指摘している。問題は、こうした国際慣習法に依拠する1978年の判決が、国境を越えた往来が当たり前になっいる現在においても、見直されることなく外国人の入国管理のベースになっていることである。

出入国管理及び難民認定法（以下、入管法）に基づき、日本に上陸を許可された外国人は、それぞれの在留資格（入管法別表第一・第二）に応じて、一定の活動や就労が認められ、在留期間が定められる。同法が定める事由に該当する場合には、国外退去を命じられることがある（24条）。先に引用したマクリーン事件最高裁判決は、「外国人に対する憲法の基本的人権の保障は、……外国人在留制度のわく内で与えられているにすぎ［ず］……在留期間中の憲法の基本的人権の保障を受ける行為を在留期間の更新の際に消極的な事情としてしんしゃくされないことまでの保障が与えられているものと解することはできない」と述べている（傍点筆者）。

在留期間の更新も、法務大臣がこれを「適当と認めるに足りる相当の理由があるときに限り」許可される（同21条3項）。マクリーン事件の原告（アメリカ国籍）は、英語教師として在留資格を認められたが、在留中行った政治活動（ベトナム反戦・日米安保条約反対・出入国管理法案反対など）を理由に、法務大臣によって在留期間更新の不許可処分を受けた。最高裁は、原告が参加した集会やデモ

　　る。保障が及ばない根拠は、一般的に国民主権原理によって説明される。

行進が「いずれも平和的かつ合法的行動の域を出ていない」とし、その参加の態様は「指導的又は積極的なものではな」く、「直ちに憲法の保障が及ばない政治活動であるとはいえない」と評価しているにもかかわらず、法務大臣の裁量を広範に認め、その「処分を違法であると判断することはできない」と結論づけた。日本において外国人に保障されている「自由」は、単に出入国管理制度の狭い枠内でしか行使しえず、また法務大臣の意向次第で容易に奪われかねない、脆弱なものである。

(2) 再入国の自由

森川キャサリーン事件（最判 1992.11.16 集民 166-575）の原告（アメリカ国籍。入国後に日本人と結婚）は、1973 年に留学資格で日本に入国し、その後日本人と結婚し、子どもとともに日本に居住していた。原告は、当時の外国人登録法が定めていた指紋押捺制度[(4)]に基づき、3 回にわたり指紋押捺を行った。その後、1979 年に国際人権 B 規約を日本が批准したのを受けて、その 7 条が禁止している、人の「品位を傷つける取扱い」に指紋押捺制度が該当するとして、1982 年 9 月、押捺を拒否した。そして同年 11 月、韓国への旅行計画を立て再入国

---

(4) 外国人登録法（1952）に基づく制度で、1955 年から実施された。1992 年法改正で**特別永住者、永住者**のみを対象に写真・署名・家族事項の登録制度に代えられ（1993 年施行）、1999 年 8 月法改正で全面的に廃止された（2000 年施行）。外国人登録法そのものは、2009 年に廃止され、2012 年より過去 60 年間在留外国人の身分証明書として用いられてきた外国人登録証明書も廃止された。代わりに、入管法の改正に基づき、中長期在留者（3 ヵ月を超えて日本に適法に在留する者）には在留カードが交付され、「日本国との平和条約に基づき日本の国籍を離脱した者等の出入国管理に関する特例法」（入管特例法）の改正によって、特別永住者には**特別永住者証明書**が交付されることとなった。さらに中長期在留者、特別永住者、一時庇護許可者または仮滞在許可者、出生による経過滞在者または国籍喪失による経過滞在者は**住民基本台帳**法の対象とされ、日本人同様、世帯ごとに住民票が作成されることとなった。

なお、2001 年 9 月 11 日のアメリカ同時多発テロの発生を受けて、2006 年、入管法が改正され（2007 年 11 月施行）、日本に入国する 16 歳以上のすべての外国人（特別永住者等を除く）に、上陸審査時に指紋や顔写真等の個人識別情報の提供が義務づけられた（6 条 3 項）。特別永住者、16 歳未満の者、政府が招聘した者などは免除される。登録された指紋等は、犯罪捜査を目的として保管・利用される可能性がある。プライバシー権や自己情報コントロール権、人格権の侵害を防ぐ具体的な方策が必要である。

の許可を法務大臣に申請したところ、上記指紋押捺拒否を理由に申請が認められなかったため、旅行を断念せざるなかった。原告は、法務大臣の処分の取消しと国家賠償を求めて提訴したが、第一審、控訴審がその請求を棄却したことから、最高裁への上告となった。

上告に際して原告は、(i)憲法22条1項(居住・移転の自由)に基づき、「在留外国人の再入国の自由は、当該在留外国人の日本における地位や再入国の目的、性格などの要素を考慮して決められるべきものである」とした。また、(ii)原判決が、国際人権B規約12条4項にいう「自国に戻る権利」の「自国」を国籍国に限定したのは、同項に違背する解釈であり、(iii)指紋押捺拒否を理由になされた法務大臣の再入国不許可の処分に裁量権の濫用を認めなかった判断は誤りであると主張した。しかし、最高裁は、外国人の入国の自由を否定した1957年6月19日の最高裁判決(刑集11-6-1663)および上記マクリーン事件最高裁判決を引用し、「我が国に在留する外国人は、憲法上、外国へ一時旅行する自由を保障されているものでない」とし、その他の点についても原審の判断を「是認」した。

法務大臣に広範な裁量を認めるこれらの判決を前提とする限り、出入国管理・在留資格制度の下、在留中の外国人の基本的人権は容易に制限され、司法的救済が得られない。日本での在留の更新を望み、あるいは日本への再入国を必要とするすべての外国人は、在留期間中、憲法上保障されているはずの基本的人権の行使を憚らざるをえず、萎縮した状態に置かれている。

(3) **参政権**

参政権は、公職選挙法上、国政レベルでも地方レベルでも外国人には認められておらず、**選挙権**および**被選挙権**は日本国民に限定して保障されている(9条、10条)。国政参政権について、最高裁は、憲法15条1項(公務員選定罷免権)の「国民」を国籍保持者と解し、国民主権を理由に、永住者等であっても外国人には認めない旨の判決を下している(**アラン参議院選挙権訴訟**〔最判1993.2.26判時1452-37〕、**李英和訴訟**〔大阪高判1996.3.27訟月43-5-1285〕参照)。

これに対して、**地方参政権**を外国人に認めることについて、学説は、(i)国民主権の問題であり、許されないという禁止説、(ii)外国人の参政権を認めないのは違憲であるとする要請説、(iii)立法政策の問題とする許容説に分かれている。

最高裁は、「住民」に選挙権を保障する憲法93条2項は、外国人に選挙権を保障したわけではないが、「憲法第八章の地方自治に関する規定は、民主主義社会における地方自治の重要性に鑑み、住民の日常生活に密接な関連を有する公共的事務は、その地方の住民の意思に基づきその区域の地方公共団体が処理するという政治形態を憲法上の制度として保障しようとする趣旨に出たものと解されるから、我が国に在留する外国人のうちでも永住者等であって、その居住する区域の地方公共団体と特段に緊密な関係を持つに至ったと認められるものについて」、法律で地方公共団体での選挙権を付与する措置を講ずることは憲法上禁止されないとして、「永住者等」を対象に許容説をとっている（金正圭訴訟〔最判1995.2.28民集49-2-639〕）。

外国人が日本に滞在する理由や背景は千差万別であるが、**特別永住者**には、1991年の入管特例法（日本国との平和条約に基づき日本の国籍を離脱した者等の出入国管理に関する特例法）により永住が認められている。その他、入管法22条に基づき、素行の善良、独立の生計を営むに足りる資産または技能の保有など、特定の要件の下に法務大臣が永住を許可した永住者、日本人の配偶者等、永住者の配偶者等に永住が認められる。また法務大臣が特別な理由を考慮し一定の在留期間を指定して居住を認める**定住者**（1990年施行の法改正により創設された在留資格。後述する**第三国定住難民**、日系二世・三世およびその配偶者、帰化による日本国籍取得者・永住者・定住者・特別永住者の未成年の子など）という在留資格もある（別表第二参照）。1995年の最高裁判決が想定する「永住者等」の範囲は、以上のような外国人で、生活の基盤が日本にあり、納税義務を果たしている者（「**定住外国人**」とも呼ばれる）が対象とみなされる。

(4) 公務就任権

外務公務員法（7条1項）や公職選挙法（10条）、地方自治法（19条）などには、いわゆる国籍条項が付され、外務公務員、衆参両議員、都道府県・市町村議会議員、都道府県知事、市町村長などに就任するためには、日本国籍が必要とされている。これに対して、一般の公務員について定めた国家公務員法や地方公務員法、裁判所法や最高裁判所規則等には、国籍の保有が就任要件として明記されていない。しかし、平和条約発効（1952年）に伴う国籍離脱者の公務員としての身分について内閣法制局が見解を示し、法の明文はなくても、「公務員

に関する**当然の法理**として、公権力の行使又は国家意思の形成への参画に携わる公務員となるためには、日本国籍を必要とする」とした（1953.3.25 法制局一発29号）。これにより、国家公務員採用試験について、人事院規則 8-18 に「日本の国籍を有しない者」に受験資格がないことが明記された（9条）ほか、防衛省職員、国会職員、裁判所職員についても、採用試験要項に同様の欠格事由が定められた[5]。他方で、1982年の特別措置法により国公立大学における外国人教員の任用が認められ、また最高裁は、2009年11月に司法修習生の採用選考要項から国籍条項を削除した（ただし、外国人は、裁判官・検察官になることはできない）。

地方公務員について、上記「当然の法理」により、従来は、採用に際して日本国籍の保持が必要とされてきた。しかし、1996年に川崎市が、1997年に高知県が、職員採用試験における国籍条項を撤廃したのを皮切りに、都道府県、市町村の両レベルにおいて、同様の撤廃を行う地方公共団体が増えている。ただし、自治体の意思形成や公権力の行使に関わるなど、一部の職種への任用は除かれ、管理職への就任にも制限が設けられている。

東京都に勤める定住外国人の保健婦管理職選考試験受験資格をめぐる**外国人管理職就任権訴訟**において、控訴審判決（東京高判 1997.11.26 民集 50-3-459）は、公務員をその職の性質ごとに分類し、外国人が、(i)「国の統治作用である立法、行政、司法の権限を直接に行使する公務員（国会議員、内閣総理大臣、国務大臣、裁判官等）」に就任することは、国民主権原理から、憲法上禁止されるが、(ii)「公権力を行使し、又は公の意思の形成に参画することによって間接的に国の統治作用に関わる公務員」への就任については、「職務の内容、権限と統治作用との関わり方及びその程度を個々、具体的に検討する」必要があるとし、(iii)「それ以外の上司の命を受けて行う補佐的・補助的な事務又はもっぱら学術的・技術的な専門分野の事務に従事する公務員」については、国民主権に反するおそれがほとんどないので、外国人にも就任が認められるとする見解を示した（上告審判決〔最大判 2005.1.26 民集 59-1-128〕は、原判決を破棄、控訴を棄却）。

---

(5) 調停委員等についても、やはり明文はないにもかかわらず、運用上最高裁が外国籍保持者を候補者としない立場をとり続けていることにより、日本国籍の保持が任命の要件となっている。

公立学校においては、1991年の文科省の通知により、教員採用選考試験の受験は認められたが、「当然の法理」により、校長、教頭、学年主任、教務主任等の管理職に就きうる「教諭」としてではなく、「任用の期限を付さない常勤講師」として採用されるにとどまっている。

(5) **社会権**

日本の戦後の社会福祉・社会保障政策は、原則として日本国民だけを対象としていた。しかし、人権条約への批准や加入に伴い、こうした立場の見直しに迫られている。1979年に日本が批准した国際人権Ａ規約（1966年採択、1976年発効）は、**内外人平等主義**に基づき「社会保険その他の社会保障制度についてのすべての者の権利」の確保を締約国に求めている（9条）。また、難民条約（1951年採択、1954年発効）は、「公的扶助及び公的援助」・「労働法制及び社会保障」に関して、**難民への内国民待遇**を保障している（条約23条、24条）。1981年、難民条約への加入にあたり、「貧困者、放浪者、身体障害者等で生活上国又は地方公共団体の負担になっている者」は、出入国管理令上の**退去強制**事由から外され（出入国管理令その他関係法律の整備に関する法律〔1981年法律第86号〕）、**国民年金法**（1959年成立・施行）や児童手当3法（児童手当法、児童扶養手当法、特別児童扶養手当法）の国籍条項が撤廃された（1982年施行）。

しかし、国民年金に関しては、附則（1981年の法律第86号）第5項が、「施行日前に生じたものに基づく同法による福祉年金の不支給又は失権については、なお従前の例による」と定めたことから、国籍条項撤廃以前に福祉年金の受給権がないとされていた者について、遡って受給が認められることはなかった。**塩見訴訟**の原告（在日韓国人）は、戦争終結前に日本で生まれ（1934年の出生により日本国籍を取得）、失明した（1936年）。平和条約（1952年）により日本国籍を喪失した後、国民年金法が制定・施行された（1959年）ものの、国籍条項により障害福祉年金の支給対象から除外された。この後、日本人と結婚し、帰化して（1970年）障害福祉年金の支給を申請したが、法施行日の時点で日本国籍を有しなかったことを理由に認められなかった。最高裁は、無拠出制の障害福祉年金について、国が「限られた財源の下で福祉的給付を行うに当たり、自国民を在留外国人より優先的に扱うことも許される」として、立法府の広い裁量を容認した（最判1989.3.2判時1363-68）。このような見解は、上記国際人権Ａ

規約上の内外人平等主義に反すると言えよう。

　1985年の法改正により、1986年4月から基礎年金制度が発足し、永住者および特別永住者に対して、国籍条項のために加入できなかった1961年4月1日から1981年12月31日までの期間を老齢基礎年金受給のために必要な25年に、合算対象期間として算入することができるようになった。しかし、改正法が施行された1986年1月1日の時点ですでに60歳を超えていた外国人には合算を認めず、合算が認められた者についても年金額には反映されなかったため（いわゆる「カラ期間」）、永住者や特別永住者の受給額は極めて低額となった。

　生活保護法（1950年）は、生活保護の対象を「すべての国民」と規定したため、平和条約により日本国籍を失った旧植民地出身者を視野に、1954年、厚生省は、生活に困窮する外国人に、日本国民に準じて必要と認める保護を行う旨の通知を都道府県知事に出している（1954年5月8日付厚生省社会局長通知〔社発第382号〕「生活に困窮する外国人に対する生活保護の措置について」）。また国際人権A規約や、難民条約への批准・加入にあたって、政府は、上記1954年の通知により、「実質的に」内外人平等な取扱いで保護を実施しているため、両条約と何ら抵触しない旨、国会で答弁している。

　しかしその後、外国人労働者の増加とバブル経済の崩壊による不況を背景に、1991年、厚生省は、国や自治体の負担にならないことを条件に入国していることを理由に、入管法の別表第一に該当する場合（特別永住者、永住者、定住者等以外の在留資格を有する外国人）、および当該外国人が不法に滞在する場合は、生活保護の対象にならない旨の通知を発出している。さらに最高裁は、日本で生まれ育ち、日本で結婚し生活をしてきた中国籍の女性による生活保護申請却下処分の取消しを求めた訴訟（**大分県生活保護訴訟**）において、原判決（福岡高判2011.11.15判タ1377-104）を破棄し、「難民条約等に加入した際の経緯を勘案しても、本件通知〔上記1954年の通知〕を根拠として、外国人が〔生活保護〕法に基づく保護の対象となり得るものとは解されない」と判断している（最判2014.7.18判例地方自治386-78）。このように、外国人の生活保護の受給は、行政レベルの裁量で保障されているにとどまり、法律上の権利として定められていないため、司法的救済も得られない。

3　難民の認定とその庇護申請手続

　日本は、1981 年に難民条約に、1982 年に難民の地位に関する議定書に加入した。難民条約において、難民とは「人種、宗教、国籍もしくは特定の社会集団の構成員であることまたは政治的意見を理由に迫害を受けるおそれがあるという十分に理由のある恐怖を有するために、国籍国の外にいる者であって、その国籍国の保護を受けられない者またはそのような恐怖を有するためにその国籍国の保護を望まない者」をいう（1 条）。この難民条約における難民の定義に基づく難民を「**条約難民**」という。それ以外に、隣国の難民キャンプ等で一時的な庇護を受けた難民を、第三国として日本での定住を認める「**第三国定住難民**」がある。定住難民は、2020 年度より、対象を出身国や地域を問わずアジア地域に一時滞在する難民に拡大し、家族単位での受入れに加え、単身者も受け入れることとし、受入れ人数も年に約 60 人の範囲内に拡大された。

　これら以外に、法務省は、戦争や国内紛争など、難民同様、やむを得ない理由で国籍国に帰ることができない等の者に対し、人道的な配慮に基づき、**在留特別許可**を付与することがある。2023 年の在留特別許可による庇護対象者は、1,005 人であった。

　また、2023 年、入管法が改正され、難民条約上の「難民」に加え、紛争避難民など、条約難民とは異なる理由で迫害を受ける恐れがあり、保護を必要とする外国人を、「**補完的保護対象者**」として保護する制度が新たに設けられた[6]。

　こうして保護された難民は、定住者としての在留資格を得る。また「独立の生計を営むに足りる資産又は技能を有すること」という入管法上の要件を満た

---

(6)　2023 年の補完的保護対象者認定申請数は、678 人、そのほとんどがウクライナ人（98.7％）であった。認定処理数は 0 であったが、難民と認定されなかった者のなかから、補完的保護対象者として認定された者が 2 人いた。なお、2024 年に施行されたその他の重要な改正には、以下のものがある。(i)難民認定申請が 3 回目以降の場合、3 年以上の実刑前科者、テロリスト等は、難民認定申請中であっても、本国への強制送還が可能となった。ただし 3 回目以降の申請の場合、「相当な理由」を示す資料が提出されれば、送還は停止される。(ii)退去命令を受けたにもかかわらず、送還を妨害した場合に、刑事罰が新たに科されることになった。(iii)入管施設への収容の要否が 3 カ月ごとに見直されることになった。(iv)収容施設に代わり、支援者や親族など、入管が認めた監理人の下で生活できる制度が新設された。

さない場合であっても、法務大臣の裁量によって永住許可を受けることができる（入管法61条の2の14）。

難民条約には、難民認定の手続に関する定めがなく、これらは基本的に締約国の立法に委ねられている。以下、日本における難民認定手続について検討する。

(1) 第一次難民認定手続

日本の難民認定手続の最大の問題点は、認定にあたる機関や審査委員の専門性・独立性に対する配慮の欠如である。カナダ、ベルギー、フランス、スウェーデンなど各国が認定機関の所管省庁からの独立性を重視し、あるいは審査委員に**国連難民高等弁務官事務所**（UNHCR）の指名を受けた者を加えるなど専門性を確保しているのに対して、日本においては、難民認定は法務大臣の権限とされ（入管法61条の2）、一般外国人の出入国管理と同じ役所（法務省及び出入国在留管理庁）の所掌事務とされている（法務省設置法29条1項、4条1項34号）。難民認定されれば、定住者の在留資格を得ることができるが、認定されなければ、不法滞在者として退去強制手続の適用を受け、送還までの間、入管施設に収容される。収容期間が長期化するなか、収容者の自殺や病死が多発し、2021年には収用施設内でスリランカ国籍の女性（ウィシュマ・サンダマリさん）が適切な医療行為を受けられず亡くなるという事件が起きている。

収容令書または退去強制令書の発付を受けて収容されている被収容者について、健康上、人道上その他これらに準ずる理由により、相当と認められる場合に、収容を一時的に解除する**仮放免**の制度があるが、身元保証人を要し、許可決定後に300万円を上限としては超えない範囲で保証金の納付を要し（通常は10万〜50万円程度）、住居および行動範囲の制限に服し、呼出しに対する出頭義務等の条件が付される。さらに、仮放免中は、在留資格がないため就労することができない。

関連する大きな問題点は、他国との比較において、年間の難民認定率、認定者数が著しく低いことである。2023年における難民認定申請者数は、13,823人、難民認定申請処理数は、8,184人。そのうち認定者数は289人であり、これに後述する不服申立てに理由ありとされた者14人を含めて303人（この条約難民の数に、定住難民47人、補完的保護対象者2人、特別在留許可による庇護対象者1,005人すべてを加えても、難民庇護対象者の合計は、1,357人）であった。条約難民について、

「その年の認定数÷(同年の認定数＋不認定数)」で算出した認定率は、3.8%である。この数字は、カナダ68.4%、イギリス61.5%、アメリカ58.5%、フランス24.0%、ドイツ20.0%、イタリア10.4%と比べて極めて低い。認定者数で見ても、日本の303人に対し、アメリカやドイツは6万人を超え、イタリアも5,000人近くに上る。

　日本における第一次難民認定手続は、地方入国管理局での「難民認定申請」の後、**難民調査官**の事情聴取等による調査に始まる。難民調査官は、事情聴取以外に、申請者から提出された証拠資料、申請者本国の情勢および申請者個人の状況についての調査等をもとに事案概説書等を作成し、地方入国管理局長に報告する。地方入国管理局長は、それに意見を付した一件記録を法務本省入管局長に進達し、後日、本省入管局長から法務大臣の処分の通知を受ける。

　こうした難民認定の第一次手続において重要な役割を果たす難民調査官は、一定等級以上の入国審査官から指名されるため、難民の保護よりも、出入国管理に傾斜した業務が行われることが懸念される。事情聴取に際しては、弁護士の立ち会いが認められておらず、難民調査官が収集した資料や情報の開示、それに対する申請者の釈明の機会も保障されていない。また、通訳の選定や方法など、調査の公平性、中立性を担保する手続的な保障が不十分なこと、さらに「**難民該当性**」について、難民自身に立証責任が課されていることも問題である。

　2004年の入管法改正により、在留資格をもたずに日本に入国した難民認定申請者を直ちに退去強制手続に付すのではなく、原則として6カ月間の**仮滞在許可**の制度が新設され、期間中は同手続が停止されることとなった。この制度の対象となるには、(ⅰ)上陸後(日本にいる間に難民となる事由が生じたものについては、その事実を知った日から)原則として6カ月以内に申請が行われていること、(ⅱ)迫害の恐れがあった領域から、直接日本に入国したこと、(ⅲ)すでに退去強制命令書が出されていないことなど、一定の条件を満たす必要がある(61条の2の4第1項)。2023年に仮滞在許可の可否が判断された人数は914人、そのうち、許可取得者は148人(16%)にすぎない。

(2) **異議申立手続(第二次手続)**

　第一次難民認定申請手続において不認定と判断された申請者は、7日以内に法務大臣に異議申立を行うことができる(入管法61条の2の12)。法務大臣は、

異議申立てに対する決定にあたって、**難民審査参与員**の意見を聴かなければならない。難民審査参与員とは、法務大臣の任命により、2年の任期で（再任可）「難民の認定に関する意見を提出させるため」法務省に若干名置かれた非常勤職である。「人格が高潔」であり、異議申立てに関し「公正な判断をすることができ、かつ、法律又は国際情勢に関する学識経験を有する者」から選ばれる（同61条の2の13）。この難民審査参与員は、2004年の法改正で新たに設けられたものであるが、任命権は法務大臣（入国管理局）が有しており、中立性や公平性が十分に確保されているとは言えない。

2023年の異議申立数は5,247人、処理数は3,459人、そのうち理由あり（難民認定）とされたのは14人にとどまる（0.4%）。この認定率も、他国との比較において極端に少ない。

異議申立てによっても難民認定が得られなかった場合には、裁判に訴えることができる。2021年、東京高等裁判所は、スリランカ国籍の男性2人を、異議申立の裁決における不認定処分に対する取消訴訟等の告知の翌朝に強制送還した出入国在留管理庁の対応が、憲法32条等の適用違憲に該当するとして、次のように判断した。「入管職員が、控訴人らが集団送還の対象となっていることを前提に、難民不認定処分に対する本件各異議申立棄却決定の告知を送還の直前まで遅らせ、同告知後は事実上第三者と連絡することを認めずに強制送還したことは、控訴人らから難民該当性に対する司法審査を受ける機会を実質的に奪ったものと評価すべきであり、憲法32条で保障する裁判を受ける権利を侵害し、同31条の適正手続の保障及びこれと結びついた同13条に反するもので、国賠法1条1項の適用上違法」（東京高判2021.9.22）となる。

【avancée】ヘイトスピーチの禁止

1995年、日本が批准した人種差別撤廃条約は、いわゆる**ヘイトスピーチ（差別的憎悪表現）**を、刑罰をもって禁止している。その4条は、(a)人種的優越または憎悪に基づく思想の流布、扇動、活動に対する援助の提供が犯罪であることを宣言すること、(b)人種差別を助長、扇動する団体および組織的宣伝活動を法的に禁止し、団体、活動への参加を犯罪と認めること、(c)国または地方の公の機関による人種差別の助長、扇動を認めないことを、締約国に義務づけている。批准の際に日本は、(a)と(b)について、アメリカ合衆国同様、表現の自由の重要性を根拠に留保した。

日本におけるヘイトスピーチは、とりわけ在日朝鮮人に向けられた言動が深刻な

問題を引き起こしている。

　2009 年 12 月から 2010 年 3 月にかけて、右派系団体「在特会（在日特権を許さない市民の会）」のメンバーが、京都の朝鮮学校による公園の無許可使用に抗議する名目で校門前において示威活動を行い、公園にあった学校の器物を損壊し、シュプレヒコールで在日朝鮮人に対するヘイトスピーチを繰り返した、いわゆる**在特会事件**では、被告人に対し、執行猶予付きの有罪判決（侮辱罪・威力業務妨害罪・器物損壊罪）が下された（第一審：京都地判 2011.4.21、控訴審：大阪高判 2011.10.28、上告審：最判 2012.2.23）。

　同じ事件の民事訴訟では、被告在特会に対して 1,200 万円余の賠償金が課された（京都地判 2013.10.7 判時 2208-74）。人種差別撤廃条約との関係で、京都地裁は、被告の行為が「在日朝鮮人の平等な立場での人権及び基本的自由を妨げる目的」を有しており「全体として人種差別撤廃条約 1 条 1 項所定の人種差別に該当」し、「『専ら公益を図る』目的でされたものとは到底認めることはできない」と評価した。さらに、同条約の私人間における民事訴訟における効力について、「裁判所は、人種差別撤廃条約上、法律を同条約の定めに適合するように解釈する責務を負う」と判断した（**適合解釈義務**）（控訴審：大阪高判 2014.7.8 判時 2232-34（ただし、人種差別撤廃条約の適合解釈義務は否定）、上告審：最判 2014.12.9）。

　2017 年、在特会が再び同様の事件を同じ場所で引き起こし、翌年、元幹部が名誉毀損罪で起訴され、京都地方裁判所で罰金 50 万円の有罪判決が下された（京都地判 2019.11.19）。しかし、同判決では、行為者の発言に公益性が認められ、ヘイトスピーチ（民族差別）については触れられなかった（控訴審：大阪高判 2020.9.14、上告審：最判 2020.12.14）。

　国会では、2016 年、「**ヘイトスピーチ解消法**（本邦外出身者に対する不当な差別的言動の解消に向けた取組の推進に関する法律）」が成立し（同年施行）、国や地方公共団体には、相談体制の整備、教育の充実、啓発活動の努力義務が課された。

　また、自治体レベルでは、2016 年の大阪市（「大阪市ヘイトスピーチへの対処に関する条例」）を皮切りに、全国の自治体にいわゆる**ヘイトスピーチ条例**制定の動きが広がった。2019 年の川崎市の条例では、はじめて罰則（50 万円以下の罰金）が定められている。

　大阪市の上記条例は、一定の表現活動をヘイトスピーチとして定義した上で、ヘイトスピーチの「拡散防止措置」、ヘイトスピーチを行った者（拡散した者を含む）の氏名等の公表などを定めている。ヘイトスピーチの拡散を理由にハンドルネームを公表された大阪市在住者が、こうした条例の規定が表現の自由を保障した憲法 21 条 1 項等に違反して無効であり、条例の実施に伴う公金支出は違法であるとして、地方自治法 242 条の 2 第 1 項 4 号に基づき、大阪市に、当時の市長に対する損害賠償請求を行うよう訴えを提起した（公金支出無効確認等請求事件）。

　大阪地裁は、表現の自由の重要性を指摘しつつも、当該条例の(i)目的が、特定の人種・民族あるいは国籍の人びとの名誉の保護、偏見・差別意識・憎悪等の感情の助長の抑止である点で「合理的」かつ「正当」であり、(ii)表現の自由に対する制限が、事後的で、制裁を伴わず、プロバイダ等に対する氏名開示の義務づけもな

く、学識経験者等により構成される附属機関への諮問が予定されるなど、「公共の福祉による合理的で必要やむを得ない限度の制限にとどまる」と判断し、請求を棄却した（大阪地判 2020.1.17 判自 468-11）。大阪高等裁判所も、控訴を棄却し（大阪高判 2020.11.26 判自 488-18）、最高裁も上告を棄却している（最判 2022.2.15 民集 76-2-190）。

　最高裁は、表現の自由に対する制限の是非の判断は、「目的のために制限が必要とされる程度と、制限される自由の内容及び性質、……具体的な制限の態様及び程度等を較量して決めるのが相当」とした。その上で、本件条例の目的について、民事上・刑事上の責任が発生しうる表現活動だけでなく、「民族全体等の不特定かつ多数の人々を対象とする表現活動のように、直ちに上記責任が発生するとはいえないものについても」「人種又は民族に係る特定の属性を理由として特定人等を社会から排除すること等の不当な目的をもって公然と行われるものであって、その内容又は態様において、殊更に当該人種若しくは民族に属する者に対する差別の意識、憎悪等を誘発し若しくは助長するようなものであるか、又はその者の生命、身体等に危害を加えるといった犯罪行為を扇動するようなものであるといえるから、これを抑止する必要性が高いことに変わりはない」と判断しているのが注目される。

　また、本件条例により制限される表現活動の内容及び性質は、「過激で悪質性の高い差別的言動を伴うものに限られる上、その制限の態様及び程度においても、事後的に市長による拡散防止措置等の対象となるにとどまる」とし、制限の態様や程度等については、拡散防止措置として実施される「看板、掲示物等の撤去要請や、インターネット上の表現についての削除要請等」に制裁はないことなどから、条例による「表現の自由の制限は、合理的で必要やむを得ない限度にとどまる」と判断された。条例の内容は、過度に広汎な規制であるとも言えず、憲法 21 条 1 項に反しないと結論づけられた。

【参考文献】

大谷恭子『共生社会へのリーガルベース（法的基盤）―差別とたたかう現場から―』現代書館、2014 年

田中宏『在日外国人　第三版―法の壁、心の溝―』岩波新書、2013 年

野口貴公美「『難民を認定する行為』の行政法学的分析」一橋法学 17 巻 2 号、2018、275-291 頁

第10章　私たちが真の主権者であるために

> 「イギリスの人民は自由だと思っているが、それは大まちがいだ。彼らが自由なのは、議員を選挙する間だけのことで、議員が選ばれるやいなや、イギリス人民はドレイとなり、無に帰してしまう」（ルソー『社会契約論』（桑原・前川訳）第3編第15章、岩波文庫、133頁）

I　国民主権と代表制

1　国民主権の意味

　日本国憲法は、前文で「主権が国民に存する」ことを宣言し、1条で天皇の地位を「主権の存する日本国民の総意に基く」とし、国民主権原理を掲げる。これらの規定は、明治憲法時代の天皇主権を排し、**主権が国民のものとなった**ことを表現している。

　この場合の主権は、(i)国家権力そのもの（＝統治権）、(ii)国家権力の対内的最高性、対外的独立性、(iii)国政についての最高の決定権という3つの意味に解される（芦部39-40頁）。国民主権とは、次の項目で述べるそのとらえ方の違いによって、上記(i)または(iii)の意味の権力が、国民に帰属することを意味する。

　芦部信喜教授によれば、国民主権の概念は、国民の憲法制定権力の思想に由来し、そこには、(i)国家の権力行使を正当づける究極的な権威が国民に存するという**正当性の契機**と、(ii)主権の権力性を前提とする**権力的契機**という2つの要素が含まれるという。前者の正当性の契機において、国民主権原理は、建前ないし理念としてしか機能しない。そのため自らは政治的意思決定を行いえない国民に代わり、議会が意思表示をする代表民主制（または代表制、議会制、間接民主制）が必須となり（芦部41-42頁）、選挙を通じて選ばれた議会の構成員（議員）は、国民の**政治的代表**（表決の自由が保障される）となる。他方で、国民主権の

権力的契機は、「国の政治のあり方を最終的に決定する権力」（傍点筆者）の帰属を意味し、この場合の主権の意味は、上記(iii)となる。ただし、同教授によれば、この意味の国民主権は、具体的には、「憲法改正を決定する権能」と同義であるとされ（芦部42頁）、それ以外の場面において、国民主権は、議会の意思決定を究極的に正当化する契機としてのみ機能する。

2　「国民（ナシオン）主権」と「人民（プープル）主権」

国民主権に関するこの2つの要素の区別は、フランス憲法学における**国民（ナシオン〔nation〕）主権**（la souveraineté nationale）と**人民（プープル〔peuple〕）主権**（la souveraineté populaire）の対比にほぼ匹敵する。しかし、フランス憲法学においては、ジャン・ボダン（Jean Bodin）が『国家論』（1576）において近代的な主権概念を確立して以来、フランスでは、主権は、一貫して国家権力（統治権）そのもの、つまり上記(i)の意味で用いられている（杉原②191頁）。この場合の主権の範囲は、憲法改正決定権だけではなく、国家権力一般に及ぶのであって、上記の芦部教授の学説とはこの点で区別される。ボダンによれば、主権は、絶対的、永続的かつ「最高・単一・不可分の権力」であり、具体的には立法権、宣戦講和権、高官任命権、最高裁判権、恩赦権、忠誠と服従の要求権、貨幣鋳造権、課税権がそれに属するとされる。また主権を唯一拘束する神法と自然法の最高解釈権は主権者自身にある（杉原①96-97頁）。

問題は、主権の帰属主体であるが、「国民（ナシオン）主権」の下における「国民（ナシオン）」は国籍保持者の総体であるとされる。すなわち、そこには、政治的意思決定を行いえない人（例えば乳幼児など）が含まれるため、主権者「国民（ナシオン）」は、現実に権力を行使する主体とはみなされない。代表者と選挙民の関係は**代表委任**（mandat représentatif）（**自由委任**ともいう。後述する**命令的委任**は禁止される。）とみなされ、議員に表決の自由を保障する**純粋代表制**（le régime représentatif-pur）が採用される。また、抽象的、観念的な「国民（ナシオン）」に代わって国家権力を行使する際に、代表者には個別的利害を離れて考察しうる能力やゆとりが必要とみなされ、その選出にあたって、一定の財産の保有などを選挙権の資格要件とする**制限選挙制**も容認される。

これに対し、「人民（プープル）主権」の「人民（プープル）」とは、**社会契約**

参加者、すなわち政治に参加しうる年齢に達した者（有権者、市民）の総体をいい、具体的、能動的に権力を行使する主体としてとらえられる。人民（プープル）主権の下では**直接（民主）制**（la démocratie directe）が基本とされ、代表制が採用される場合でも、代表者の選出に、財産にかかわらず、すべての人民が参加する**普通選挙制**が採用され、選ばれた代表者が、選挙民の意思に拘束される**命令的委任**（mandat impératif）の制度が結びつけられた。

　このように、2つの主権原理は、代表者のあり方や選挙民の構成、選挙民と代表者などとの関係において、決定的な違いをもたらす。フランス革命期の1791年憲法下で実際に確立したのは、国民（ナシオン）主権－純粋代表制であった。人民（プープル）主権原理は、1793年憲法に結実するが、同憲法は施行されなかった。

　しかしその後、**普通選挙制**の導入に伴い、選挙民の意思と議員意思とを明確に分離する純粋代表制が通用しなくなり、両者の意思の一致を求める**半代表制**が標榜されるようになる。また半代表制と直接制の中間形態として、国民投票やリコール制などの直接民主制を部分的に採用した**半直接（民主）制**（la démocratie semi-directe）が区別され、フランスにおける代表制論は純粋代表制－半代表制－半直接制－直接制という4つに類型化されるようになる（杉原①215-217頁、辻村346頁参照）。

3　日本国憲法下の国民主権

　日本国憲法は、冒頭でみたように、国民主権原理の採用を前文で謳いながら、「権力は国民の代表者がこれを行使」するとして、代表民主制の採用を宣言する一方で、国民に「固有の権利」としての公務員の選定罷免権（15条1項）を認めている。また公務員は、「全体の奉仕者であって、一部の奉仕者ではない」と定め（同2項）、両議院の議員は「全国民を代表する」地位にあるとする（43条1項）。さらに、法律の定める場合を除いて、議員には、「国会の会期中逮捕されない」**不逮捕特権**（50条）および「議院で行った演説、討論又は表決について、院外で責任を問われない」**免責特権**（表決の自由、51条）が与えられている。芦部教授は、このうちのとくに15条2項と43条1項の定める「全体の奉仕者」あるいは「全国民」という表現から、主権を保持するのは、自らは政治的意思

決定のできない、抽象的な、国家権力の正当性の淵源としての国民であるとする。また51条で、選出された議員に免責特権、すなわち表決の自由が保障されていることも、国民主権がそのように理解される理由となるという。ただし、15条3項が普通選挙制を保障していることもあり、日本国憲法43条1項のいう「代表」の解釈に関しては、古典的な「国民（ナシオン）主権」－純粋代表制論は修正され、半代表制論を導入したもの、あるいは**政治的代表**という意味に加えて、**社会学的代表**を定めたものと理解されるべきであるとする。すなわちそこでは、「国民意思と代表者意思の事実上の類似」（傍点筆者）が求められているという（芦部318頁）。

これに対し、フランス近代憲法の歴史を上記の「国民（ナシオン）主権」から「人民（プープル）」主権への発展としてとらえる杉原泰雄教授の立場からは、日本国憲法における「国民主権」は、フランスの「人民（プープル）主権」原理に最大限適合的に解釈されなければならない。すなわち、43条1項の「全国民」（英文では、all the people）は、主権者たる「人民」、すなわち有権者（市民）の総体を意味し、両議院の議員は、「人民」の「代表（representative）」である。51条については、民事・刑事責任、弁護士等の懲戒責任は免責されるが、**政治責任**は免責されない。また15条1項は、公務員の選定罷免権を人民に「固有の権利」（英文では、the people have the inalienable right）としており、この規定は、政治責任を原因とする国会議員の「罷免」手続を、法律上、具体的に定めるよう立法府を義務づける趣旨と解される。すなわち、現行法上それが定められていない状況は、国会の立法不作為による憲法への違背であるとみなされる。「人民（プープル）主権」の下では、選挙民に対する選挙公約の遵守も含め、「『人民』とその単位に対する議員の従属性の確保」が重要となる（杉原②168-169頁）。

4　「市民主権」論

上述の「人民主権」論においては、主権は、単一・不可分・不可譲のものとして、総体としての「人民」に帰属し、「人民」の構成員である有権者（市民）は、主権そのものは分有しない。しかし有権者（市民）は、「主権の行使に参加する当然の権利をもつ」（杉原①108頁）。こうした「人民主権」論を基礎としつつ、「人民」を構成する政治主体個人としての「市民」に着目し、「市民主権」を提

唱する辻村みよ子教授の学説がある（辻村 348-350 頁）。

フランス憲法学は、主権の単一・不可分・不可譲性および「共和国」が不可分であることを前提に、「人民」を抽象化、均質化し、各構成員の属性を排除してとらえる伝統がある（共和主義的普遍主義）。「**市民主権**」論は、主権をどのようにとらえるかという問題は残るものの、「人民」の構成員である「市民」に着目することで、その同質性の擬制を打破し、「差異への権利（droit à la différence）」の要求が高まる「現代立憲主義の下での民主主義」（辻村みよ子『憲法〔第3版〕』2008年、26、71頁）の実現への「途を開く」学説として注目される[1]。

II 参政権

1 意義

国民は、政治に参加し、主権者としての意思表示をする権利を有する。日本国憲法は、間接民主制を前提に、国民の参政権（狭義）として、公務員の選定罷免権（15条1項）、国会議員の選挙権・被選挙権（44条）を国民に付与し、最高裁裁判官のリコール制としての国民審査制（79条）を定め、地方公共団体の長・地方議会議員等の選挙権（93条）を住民に保障する。それと同時に、憲法改正国民投票（96条）、地方自治特別法の住民投票（95条）など、直接民主制の手続も採用している。なお広義の参政権には、これらに加え、公務就任権も含まれると解されている。

以下、国会議員の選挙権・被選挙権について、その法的性格や有権者の範囲について検討する。

2 選挙権の法的性格

フランス革命期には、選挙権を主権者の個人的な権利とみなす**権利説**と公の職務を遂行する義務とみなす**公務説**とが対立していた。選挙権の法的性格

---

[1] 辻村教授の学説は、「人民主権」論において、主権を有する「人民」の構成要件に「国籍の保持」が必須ではないことを強調し、「国籍の保持」を前提とする「日本国民（a japanese national）」（日本国憲法10条、国籍法）と「人民（people）」（日本国憲法前文、第3章表題、15条1項、43条1項ほか）の両概念を切り離す（辻村350-351頁）。

は、国民主権のとらえ方と密接に関わり、公務説は上記「国民（ナシオン）主権」の下で提唱され、制限選挙制を正当化した。権利説は「人民（プープル）主権」を前提に、普通選挙要求の一環として主張された。この場合の権利は、自然権ではなく、憲法上の「実定的権利」であり、権利主体は政治的意思決定能力をもつ「人民」（主権者人民を構成する市民）に限定される（辻村313頁）。また**権限説**は、国家法人説や国家主権論に基づき、選挙権を国家機関の権限であるとみなす、19世紀ドイツ国法学で主流となった学説である。その後普通選挙制の確立や議会制・政党政治の発達に伴い、選挙権を権利であると同時に義務でもあると解する**二元説**が通説となった（清宮137頁）。「選挙権は、人権の一つとされるに至った参政権の行使という意味において権利であることは疑いないが、…純粋な個人権とは違った側面をもっているので、そこに公務としての性格が付加され」るという。この場合、選挙権とは、「公務員という国家機関を選定する集合的な行為」（＝選挙）に「各有権者が一票を投ずることによって参加することができる権利」であるとされる（芦部284-285頁）。

3　有権者（市民）の範囲と立法裁量の限界

日本国憲法15条は、公務員の選挙権が「国民固有の権利」であることを宣言し（1項）、近代選挙の5原則のうち直接・普通・秘密・自由の原則を定めた規定である。選挙権は、憲法上、「成年者」に付与されている（15条3項）。この点につき、1945年以来、衆参両院の選挙権は20歳以上の日本国民が有すると定められてきたが、2015年の**公職選挙法**（以下、公選法）の改正で、選挙権保障の年齢は、「満18年以上の者」に引き下げられた（9条）。それに伴い、選挙運動の禁止も18歳未満に引き下げられている（137条の2）。

日本国憲法44条前段は、「両議院の議員及びその選挙人の資格は、法律でこれを定める」とし、但書は、「人種、信条、性別、社会的身分、門地、教育、財産又は収入」に基づく差別を禁止し、平等選挙の原則を定めている。こうした有権者の確定に関する憲法上の要請との関係で、立法府の裁量はどの程度認められ、15条や44条但書の平等原則はどのように立法府の作為／不作為を限界づけるのかが問題となる。

公選法上、「**選挙人名簿**又は**在外選挙人名簿**に登録されていない者は、投票

をすることができない」と定められている（42条前段）。また選挙は選挙区ごとに行われ（12条）、「選挙人名簿」に登録された者、すなわち「当該市町村の区域内に住所を有する年齢満十八年以上の日本国民…で、その者に係る登録市町村等…の住民票が作成された日…から引き続き三箇月以上登録市町村等の住民基本台帳に記録されている者」に投票が認められている（21条）。

(1) **在外日本国民の選挙権**

1998年、公選法の改正により、外国に3カ月以上滞在する20歳以上（現在は、18歳以上）の日本国民に投票の機会を保障する**在外投票制度**が、衆参両議院の比例代表選挙に限定して創設された（49条の2）（2000年の選挙から実施）。それまでは、公選法が日本の市町村の「選挙人名簿に登録されている者」のみに投票が限定されていたため、外国に在住する日本国籍保持者は、選挙権を行使できなかった。そうした**在外日本国民**により、選挙権を行使する地位の確認を求める訴訟および立法不作為による国家賠償請求訴訟が提起された（確認訴訟の意義については、第13章参照）。

同訴訟の最高裁判決（最大判2005.9.14民集59-7-2087）は、選挙権が「国民の国政への参加の機会を保障する基本的権利」であり、「議会制民主主義の根幹」をなすとし、選挙権の重要性を強調する。さらに「民主国家においては、一定の年齢に達した国民のすべてに平等に与えられるべきもの」であるとし、日本国憲法44条但書は「[日本国憲法15条1項が]国民に対して固有の権利として[の選挙権を]保障しており、その趣旨を確たるものとするため、国民に対して投票をする機会を平等に保障しているものと解するのが相当である」とする。

そして、「国民の選挙権又はその行使を制限することは原則として許されず」、「やむを得ないと認められる事由」、すなわち「そのような制限をすることなしには選挙の公正を確保しつつ選挙権の行使を認めることが事実上不能ないし著しく困難であると認められる場合でない限り」、選挙権の制限は、立法不作為も含めて憲法違反となるとし、選挙権の制限に厳格な違憲審査基準を適用する立場を示している。

判決の要点に、以下の通りである。

(i) 1996年10月20日の衆議院総選挙当時、「在外国民であった上告人らの投票を全く認めていなかったこと」（立法不作為）が憲法15条1項・3項、43条1

項、44条但書に違反すると判断した。

（ⅱ）1998年の公選法の改正により創設された在外投票制度の対象となる選挙が、「当分の間」衆参両議院の比例代表選出議員の選挙に限られた（付則8項）ことに関して、「遅くとも、本判決言渡し後に初めて行われる衆議院議員の総選挙又は参議院議員の通常選挙の時点において」、衆議院小選挙区選出議員の選挙および参議院選挙区選出議員の選挙について在外国民に投票を認めないのは、憲法15条1項・3項、43条1項、44条但書に違反すると判断した。

（ⅲ）予備的確認請求、すなわち「在外国民である同上告人らが、次回の衆議院議員の総選挙における小選挙区選出議員の選挙及び参議院議員の通常選挙における選挙区選出議員の選挙において、在外選挙人名簿に登録されていることに基づいて投票をすることができる地位にあることの確認」の訴えを適法とし、またその地位を認めた。

（ⅳ）国会議員の立法行為または立法不作為が、(a)「国民に憲法上保障されている権利を違法に侵害するものであることが明白な場合」や、(b)「国民に憲法上保障されている権利行使の機会を確保するために所用の立法措置を執ることが必要不可欠であり、それが明白であるにもかかわらず、国会が正当な理由なく長期にわたってこれを怠る場合」（立法の懈怠）などにおいて、それが「例外的に、……国家賠償法1条1項の規定の適用上、違法の評価を受ける」とし、国家賠償法上の違法性を判断する新たな基準を示した。そして本件との関係で、国会が、1984年に公選法改正案を提出しながらも、実質的な審議なしに廃案とし、そのまま10年以上も立法措置を執らなかったことについて、国家賠償法1条1項の適用上違法であったと判断した。

　この最高裁判決を受けて、2006年に公選法がさらに改正され、在外日本国民は、2007年の選挙から衆参両議院の選挙区選挙、補欠選挙、再選挙においても投票できるようになった。また、2007年に成立した「日本国憲法改正手続に関する法律」の施行によって、2010年には憲法改正国民投票が、2022年の最高裁違憲判決（最大判2022.5.25.民集76-4-711。憲法15条1項、79条2項、3項違反を認定）を受けて、同年の法改正により、最高裁裁判官国民審査が在外選挙の対象に加えられた。

(2) **ホームレス、成年被後見人、受刑者の選挙権**

　これらの最高裁判決によって、国内在住／在外の基準に基づく差別の非合理性を下に、在外日本国民に投票機会が保障された。その一方で、選挙人名簿への登録が投票権行使の前提となっているため、**ホームレス**をはじめ、定住所を有しないがゆえに投票機会を保障されていない者がいることに、「やむを得ない事由」があるかどうかが検討されなければならない。

　また、上記最高裁判決が掲げた基準に沿って、**成年被後見人の選挙権**を巡り、2013年3月14日に東京地方裁判所が、それを一律に剥奪していた公選法11条1項1号を違憲と判断し、選挙権を行使する地位を確認する判決を下している（東京地判 2013.3.14 判時 2178-3）。判決の約2か月後、国会は同法11条1項1号を削除した。

　さらに、禁錮刑（2025年6月より拘禁刑）以上の**受刑者の選挙権**を一律に制限する公選法11条1項2号の憲法15条1項・3項、43条1項、44条但書との適合性に関連して、2013年9月27日、大阪高裁は、「一律に制限するやむを得ない事由はなく違憲」と判断した（大阪高判 2013.9.27 判時 2234-29）。ただし、控訴人の刑期が終了しており、同欠格条項が適用されないことから、判決は、選挙権行使の地位の確認の訴えを却下した。さらに、国家賠償請求についても、2005年最高裁判決の基準（上記(iv)）を用いつつ請求を棄却した。立法時およびそれ以降の憲法学説等を根拠に「憲法上の権利を違法に侵害していない」として、立法府の懈怠についても否定したものである（控訴人は上告せず、判決は確定）。しかしその後は、同規定が「いわば制裁の一つとして」受刑者に対する欠格事由を定めたものとされ（東京高判 2013.12.9）、あるいは、選挙権の権利としての性質と並んで公務としての性質に基づき、受刑者が「法秩序を著しく侵害」したがゆえに「公務不適格者」であること（広島高判 2017.12.20）、受刑者の「規範意識の欠如」（東京高判 2024.3.13）等を理由に、合憲と判断する裁判例が続いている。

(3) **重度身障者等の在宅投票制**

　憲法上の投票機会の平等は、形式的な平等だけではなく、実質的にも保障されなければならない。投票権を有しながら、すなわち選挙人名簿または在外選挙人名簿に登録されながら、現に投票所に足を運べない国民の実質的な投票機

会の平等が問題となる。

　この点に関連して、公選法は、**投票現場自書主義**を原則としている（44条1項）。同法は、1950年制定当時、「疾病、負傷、もしくは身体障害のため、または産褥にあるため歩行が著しく困難な選挙人」に対する**在宅投票制度**を採用し、郵便による投票や親族による投票を認めていた。しかし翌年の地方統一選挙で悪用され、多数の選挙違反があったことを理由に、1952年に廃止された。廃止のために選挙権を行使することができず、身体障害を原因とする差別を受け、精神的苦痛を被ったとして、国に対し損害賠償請求を行った事件で、第一審判決（札幌地裁小樽支判 1974.12.9 判時 762-8）は、選挙権を「国民主権の表現として、国民の最も重要な基本的権利」であるとし、「投票現場自書主義……の下では、……選挙の意思と能力を有しながら、身体障害等により、選挙の当日投票所に行くことが不可能あるいは著しく困難な者にとって、……実質的に見れば、選挙権を奪うのと等しい」ことになると指摘する。悪用による選挙違反の是正は、「より制限的でない他の選びうる手段」によるべきであったとして、在宅投票制度の廃止は立法裁量の限度を超え合理性を欠き、憲法15条3項、44条、14条1項に違反すると判断している。しかし控訴審の札幌高裁判決（1978.5.24 高民集 31-2-3）は、在宅投票制度廃止後の立法不作為につき、国会議員の故意・過失を認めず、原判決を取り消し、上告審（最判 1985.11.21 民集 39-7-1512）も選挙に関する事項の決定を法律に委ねる憲法47条を根拠に立法裁量を理由として、立法不作為への国賠法1条の適用を否定した。なお、1975年の公選法改正により、一部の重度身体障害者につき、在宅投票制度が復活している（49条2項）[2]。

4　被選挙権の法的性格

　被選挙権の法的性格については、従来は権利能力と解され、「選挙人団によって選定されたとき、これを承諾し、公務員となりうる資格」であるとする説が支配的であった（権利能力説、清宮142頁）。これに対し、最近では被選挙権の

---

　[2]　洋上投票など、その他の不在者投票制度については49条参照。なお、投票現場自書主義のその他の例外として、記号式投票（46条の2）、点字投票（47条）、代理投票（48条）、期日前投票（48条の2）の各制度が設けられている。

内容を立候補権（立候補の自由）としてとらえる学説が有力である（立候補権説）。また選挙権同様、被選挙権も主権的権利であるとする説においては、立候補権を中心とする個人的権利として理解される（主権的権利説、辻村 315 頁）。労働組合員の立候補権に関する**三井美唄炭鉱労組事件判決**（最大判 1968.12.4 刑集 22-13-1425）において、最高裁は「立候補の自由」が「選挙権の自由な行使と表裏の関係にあり、自由かつ公正な選挙を維持するうえで、極めて重要である」とし、「憲法 15 条 1 項には、被選挙権者、特にその立候補の自由について、直接には規定していないが、これもまた、同条同項の保障する重要な基本的人権の一つと解すべきである」としている。被選挙権の権利性を強調する見解として注目される。

その他、被選挙資格年齢を選挙資格年齢よりも高くすることの合理性（公選法 10 条）や多額の**供託金**（衆参の選挙区選出議員の候補者 1 人あたり 300 万円に対して、比例名簿登載者は、1 人あたり 600 万円）の要求をはじめとする比例代表選挙における個人の立候補の制限（同 86 条の 2 第 1 項、86 条の 3 第 1 項、92 条 2 項、3 項）などについての合憲性も議論の余地がある。なお下級審判例は、供託金制度は立法裁量の範囲内の措置であり、憲法 14 条 1 項、15 条 3 項に反しないとする（神戸地判 1996.8.7 判時 1600-82）。

5 選挙運動の自由の制限

(1)「選挙の公正」確保要請に基づく制限

選挙運動の自由の制限例として、公選法の買収罪（221 条、252 条 1 項、3 項）による被告人の選挙権・被選挙権の停止や戸別訪問の禁止がある。

前者について最高裁は、「国民主権を宣言する憲法の下において、公職の選挙権が国民の最も重要な基本的権利の一」であるとし、「選挙の公正」確保の観点から、「一旦この公正を阻害し、選挙に関与せしめることが不適当とみとめられるものは……しばらく、被選挙権、選挙権の行使から遠ざけて選挙の公正を確保すると共に、本人の反省を促すことは相当である」と判断している（最大判 1955.2.9 刑集 9-2-217）。「やむを得ない事由」がない限り、選挙権の制限は認められないとした、在外国民の選挙権に関する上記 2005 年最高裁判決も、この点については、「自ら選挙の公正を害する行為をした者等の選挙権について

一定の制限をすることは別」であるとして、選挙犯罪処刑者に対する制限を憲法違反とはみなしていない。

戸別訪問を全面的に禁止する公選法の規定（138条、239条）は、明治憲法下の1925年に**男子普通選挙**が施行された際に設けられた厳しい選挙運動規制の1つが今日まで維持されてきたものである。最高裁は、1950年判決（最大判1950.9.27 刑集4-9-1799）や1955年判決（最大判1955.3.30 刑集9-3-635）において、選挙の公正の確保と表現の自由に対する「公共の福祉」による制約として、同規定を合憲と解した。1969年判決（最大判1969.4.23 刑集23-4-235）以降は、(i)戸別訪問が不正行為の温床になる、(ii)情実に流された投票が行われる、(iii)無用な競争を招く、(iv)被訪問者への迷惑になるなどの理由で、やはり合憲と判断している。これに対し、下級審のレベルでは、1967年東京地裁判決（1967.3.27 判時493-72）をはじめとし、70年代に戸別訪問禁止を違憲とする無罪判決が多数下されている。選挙運動の自由は、候補者の立候補の自由を保障し、主権の行使に不可欠な情報の交換・収集の手段として憲法15条によって保障されるはずである。また選挙運動の自由は、議会制民主主義実現のために不可欠な表現の自由や思想・信条の自由に基礎づけられている権利と考えられることから、戸別訪問禁止に対する合憲性の判断は再考されるべきである。

(2) **インターネット選挙運動**

2013年、公選法が改正・施行され、インターネットを利用した選挙運動が可能となった。選挙運動の期間は、候補者の届出のあった日から当該選挙の期日の前日までである（129条）。(i)ウェブサイト等（ホームページ、ブログ、SNS、動画共有サービス、動画中継サイト等）および(ii)電子メールを利用して、文書図画を頒布することができるようになった（142条の3、142条の4）。(i)のウェブサイト等による頒布は、候補者や政党だけでなく、一般有権者にも認められているが、(ii)の電子メールの利用による頒布は候補者と政党に限って認められる。電子メールの送信対象は厳しく制限され、電子メールアドレス・氏名・名称のほか、送信拒否通知の通知先等の表示が義務づけられている（142条の4）。またウェブサイトや電子メール等によって掲載・送信された文書図画は、転送または印刷して頒布することはできない（142条）。

公務員、教育者、18歳未満の者、選挙犯罪等により選挙権・被選挙権を有

しない者については、インターネット選挙運動を含む選挙運動一般が禁止されている（136条、136条の2、137条、137条の2、137条の3）。

　これらの禁止・義務規定に違反した者には、刑罰が科せられるほか、選挙権・被選挙権も停止される（239条、239条の2、241条、243条、244条、252条）。

　2024年7月、東京都知事選挙で、一政治団体が擁立した多数の候補者の掲示板の枠が事実上販売され、風俗店などの広告や売名行為に利用された。これに対して、選挙のポスターへの品位を損なう内容の記載を禁止し、営利目的で使用した場合に罰金を科すことなどを定めた公選法改正案が国会に提出された。しかし「品位」の内容を巡り恣意的な判断がありうるため、慎重な運用が必要である。

　同年11月、県議会の不信任決議を受けて失職した元知事が再度出馬した兵庫県知事選挙では、不特定多数の人による虚偽情報の通報に基づき、別の候補者のSNSアカウントが凍結され、同候補者に関する虚偽情報や誹謗中傷がネット上拡散された。また上記政治団体の党首が、自らの当選を目的とせずに立候補し、他の候補者（失職した元知事の再選）のために「選挙運動」を行う、いわゆる「2馬力」行為が問題となった。

　今後の選挙においても、期間中、虚偽情報や誹謗中傷が、SNS等を通じて一般国民により瞬く間に拡散されてしまうケースが想定される。しかしこれらを公選法上逐一規制すれば、政治的表現の自由を侵害するリスクも高まる。したがって、現状では、有権者自身の情報リテラシーに頼らざるを得ない。

　なお、選挙運動期間中ウェブサイト上に頒布された文書図画の情報による名誉の侵害を理由に、「公職の候補者等」は、当該情報の削除を申し出ることができるが、その際、(i)プロバイダが情報発信者に対する同意照会を行い、2日間（通常は7日間）発信者から反論がなかった場合、および(ii)発信者に電子メールアドレス等の表示義務違反があった場合において、プロバイダは、情報発信者に照会せずに直ちに情報を削除することができるものとされた（その場合、プロバイダは、情報発信者に対する損害賠償義務を負わない。**情報流通プラットフォーム対処法**4条1号）。

Ⅲ　選挙制度と投票価値の平等

1　選挙制度の類型

　選挙区制は、選挙区の多数派が議席を独占する**多数代表制**、少数派にも当選の可能性を与える**少数代表制**、得票数に比例して議席を配分する**比例代表制**に大別される。各選挙区から1議員のみを選出する**小選挙区制**は、基本的に多数代表制であるが、1回投票の相対多数で当選を決めるか（イギリス式）、2回投票式で決選投票を行うか（フランス式）によって性質が変わる。各選挙区から2人以上の議員を選出する**大選挙区制**は、議員定数と同数の候補者を記載して投票させる完全連記であれば多数代表制であり、そうでない場合には少数代表制であるといわれている。また比例代表制は、当選に必要かつ十分な得票数（当選基数）を超える票を選挙人の指定する順序に従って、他の候補者に順次移譲させる**単記移譲式**と、選挙人が予め政党の作成した候補者名簿に対して投票し、名簿上の候補者間で投票の移譲を行う**名簿式**とに大別され、名簿式の下、移譲を行う際の名簿順位の拘束度に応じて、**拘束式**と**非拘束式**とに分けられる。

　小選挙区制は、(ⅰ)小党乱立を防ぎ、二大政党化を促進し、政局が安定する、(ⅱ)区域が狭いため、選挙費用が節約できる、(ⅲ)選挙人は候補者を知りやすいという長所がある反面、(ⅰ)**死票**が多く、政党ごとの得票率と議席率の乖離が大きい、(ⅱ)地域の有力者に有利になり、新人が選出されにくい、(ⅲ)競争が激化されやすく買収などの選挙腐敗を招きがち、という欠点が指摘されている。

　他方、大選挙区制は、(ⅰ)死票が少なく、(ⅱ)候補者の選択の幅が広くなり、(ⅲ)選挙腐敗が少なくなるという長所がある反面、(ⅰ)同一政党から複数の候補者が立ち共倒れが起こりやすい、(ⅱ)地域が広くなり、選挙費用がかさむ、(ⅲ)選挙人と候補者の関係が疎遠になる、などの欠点があるといわれている。

　比例代表制は、(ⅰ)多様な民意を反映し、(ⅱ)死票が少なくなる、などの長所がある反面、(ⅰ)群小政党が議会に進出し、政局が不安定になる、(ⅱ)技術的な困難を伴い、手続が煩瑣である、などの欠点が指摘されている。とくに名簿式の場合、選挙人と議員の間に政党が介在して中心的な役割を果たす制度である。

2　投票価値の平等

日本国憲法47条は、「選挙区、投票の方法その他両議院の議員の選挙に関する事項は、法律でこれを定める」としている。公選法は、**1人1票原則**を定め（36条）、選挙権の形式的平等を保障するとともに、衆参両議院議員選挙の選挙区に関する詳細を定めている（3章と別表）。選挙区の分け方は、事実上選挙の結果に大きく反映することから、それを人為的に操作して特定の党派や候補者に有利な選挙区割（ゲリマンダリング）が行われかねない。そうした事態を阻止し、有権者（市民）の1票の重みが、実質的に平等になるよう、確保されなければならない（**投票価値の平等**）。立法裁量はそうした憲法上の要請のもとで制限される。公選法上、市町村・都道府県といった行政区域を基準に選挙区が構成されているが（13条、14条、別表第1～第3）、投票価値平等の観点からは、原則として、選挙区ごとの議員定数は、人口（有権者数）に比例して設定されなければならず、人口変動によって、選挙区間で議員定数と人口との関係に不均衡が生じた場合には、ただちに是正されなければならない。

投票価値の平等に関する学説は、衆議院議員選挙については、1人1票原則を根拠に、2対1までを合憲とするのが通説である（芦部150頁）。また参議院議員選挙については、2対1とする見解から、5対1を許容する説まで多岐にわたる。しかし「投票価値の平等が、主権者としての価値の平等を意味し、それが人口比例原則によって実現される」とする立場からは、衆参いずれの選挙においても、「技術的に可能な限り1対1に近づけることが憲法上要請され」、「たとえ1対2以下でも違憲問題は生じる」と考えるのが妥当である（辻村326頁）。

3　衆議院議員総選挙

(1)　選挙制度

衆議院は、「全国民を代表する選挙された議員」で組織される（日本国憲法43条1項）。議員定数、選挙区、投票の方法その他選挙に関する事項は、公選法で定められ（同43条2項、47条、公選法4条1項、13条、第6章他）、2025年1月現在465人を議員定数としている。総選挙は、**小選挙区比例代表並立制**によって行われ、小選挙区制で289人、比例代表制で176人が選出される。衆議院議員の任期は4年だが、解散の場合は、任期満了前に資格を失う（日本国憲法45条）。

被選挙権は、満25歳以上である（公選法10条1項1号）。

　選挙制度については、戦後第一回の総選挙で、都道府県を単位に、定数を5人ないし14人とし、2人ないし3人以内を連記投票する大選挙区制限連記制の選挙が採用されたのを除いて、1925年の普通選挙制度の導入以降、1994年の改正まで、各選挙区から3人ないし5人の議員を選出する**中選挙区制**（単記投票制）がとられていた。これは、小選挙区制や大選挙区完全連記投票制のような多数代表制ではなく、「穏健な多党制」を維持する制度であった。投票者は候補者個人に投票するため、しばしば同一政党から複数の候補者が立ち、また多くの「保守系無所属」議員を誕生させた。選挙が没政策的になりがちで、同一政党内の派閥を助長し、選挙費用がかさむ、などの欠点が指摘されたと同時に、結果的に政党支持率に比例した議員選出を可能にし、比例代表制のように機能したとの評価もある。

　1994年、「政党中心の選挙」制度の樹立を目的として、小選挙区比例代表並立制が導入された。これは、小選挙区制と比例代表制（**拘束名簿式**）とを組み合わせた制度で、全国289の小選挙区と全国を11ブロックに分け、定数を176とする比例代表の二本立ての選挙である（公選法13条）。

　有権者は、小選挙区については、投票用紙に候補者名1人の氏名を自書し（単記投票法）、比例代表については、政党の名称または略称を自書し、それぞれ1票ずつ計2票を投票する（同36条、46条1項・2項）。比例代表選挙においては、各党の得票は、ブロック単位で集計され、各党の得票数を1、2、3……の数で順に除し、商の大きなものから、各党の比例名簿登載者の上位より順次、当選を決める**ドント式**が採用されている（同95条の2第1項）。

　また政党候補者に限って、小選挙区と比例代表への**重複立候補**が認められ、小選挙区で落選しても、比例代表で当選する道が開かれている。各党は、複数の重複立候補者を、比例名簿の同一順位に並べることができ、その場合、小選挙区落選者の当選順位は、各小選挙区における最多得票者（当選者）の得票数に対するそれぞれの得票数の割合（惜敗率）の高い者から順番に定められる（同86条の2第4項・6項、95条の2第3項）。ただし、2000年1月の公選法および国会法の改正により、重複立候補者の比例代表での復活当選が制限され、小選挙区における得票数が供託金没収点（有効投票総数の10分の1）に達しない重複立

候補者の比例代表選挙における当選が排除されることとなった（同95条の2第6項）。こうした改正は、重複立候補制度の採用により、小選挙区で落選した候補者が後から比例区で当選することに対する有権者の戸惑いを背景にしている。

なお、選挙制度改正後最初の1996年総選挙に関して選挙無効を求める訴訟（公選法204条）において、最高裁1999年11月10日の判決（最大判1999.11.10民集53-8-1577）は、「両議院の議員の各選挙制度の仕組みの具体的決定」は、「国会の広い裁量」に委ねられているとして、並立制において採用された重複立候補制、比例代表制、小選挙区制等について、合憲と判断している。

(2) **衆議院議員選挙における投票価値の平等**

最高裁は、当初、衆議院の定数配分については、立法裁量の問題であるとしていたが（最大判1964.2.5民集18-2-270）、1976年の判決で、選挙権の平等には、投票価値の平等も含まれることを認め、最大較差4.99倍に達していた1972年の衆議院議員総選挙当時の定数配分規定を違憲と判断した（最大判1976.4.14民集30-3-223）。ただし、行政事件訴訟法31条1項前段が示唆する法の一般原則としての事情判決の法理により、選挙そのものは無効にされなかった。その後、1983年判決（最判1983.11.7民集37-9-1243）では、3.94倍の較差につき、違憲状態（「違憲の問題を生ずる程度の著しい不平等状態」）にあるとされ、1988年判決（最判1988.10.21民集42-8-644）では、2.92倍の較差が合憲とされ、それ以降、3対1の基準が暫く定着した。

1994年、小選挙区比例代表並立制が導入されたのと同時に、**区画審設置法**が制定され、3条1項において、衆議院議員選挙区画定審議会（区画審）が必要に応じて内閣に勧告する選挙区改定案は、人口較差が2倍以上にならないことを基本とした上で、行政区画、地勢、交通等の事情を総合的に考慮して合理的に作成されなければならないと定められた。また同条2項では、過疎地域への配慮との理由で小選挙区における**1人別枠方式**[3]が採用された。1999年

---

(3) 各都道府県に1議席ずつ割り振り（計47議席）、その残りだけを人口配分する方式。1996年総選挙では、小選挙区制における得票率と議席率の乖離が示され、自民党は得票率38.6％に対し、議席率は56.3％、民主党の得票率は10.6％に対し、議席率は5.7％、共産党の得票率は12.6％に対し、議席率は0.7％となった（辻村みよ子『憲法（第3版）』2008年、373-374頁）。

11月10日の最高裁判決（最大判 1999.11.10 民集 53-8-1441）は、同方式を合憲と判断したが、その後も最大較差が2倍以上となる状況が続いた。最高裁は、2011年3月23日（最大判 2011.3.23 民集 65-2-755）、自公政権から民主党に政権交代をもたらした2009年8月の総選挙に関して、1人別枠方式を較差の要因とみなし、最大 2.304 倍（較差が2倍以上となっていた選挙区は45選挙区）の較差が違憲状態にある（ただし是正のための合理的期間を過ぎておらず憲法違反とまでは言えない）との判決を下し、国会に1人別枠方式の廃止と較差の是正を促した。

2012年11月16日、違憲状態にあるとされた選挙区のまま衆議院が解散され、12月16日に総選挙が行われた。国会は、解散当日に1人別枠方式を廃止するとともに、各都道府県の選挙区数の「0増5減」を定めた法案を成立させたが（11月26日公布、施行）、較差は2.425倍に拡大した。その後、2013年3月、区画審の勧告に基づく区割改定の結果、較差は1.998倍となった。しかし、2014年12月14日に行われた解散総選挙において、最大較差が再び2.129倍に上ったため、選挙の無効を求めて17件の訴訟が提起され、2015年11月25日、最高裁は、同選挙を違憲状態（ただし、合理的な是正期間が過ぎておらず、憲法違反ではない）と結論づけている（最大判 2015.11.25 集民 251-55）。

2016年に区画審設置法および公選法が一部改正され、小選挙区選挙における都道府県への議席配分に**アダムズ方式**[4]が導入されることになった（区画審設置法3条2項）。また当面の違憲状態を解消するため、衆議院議員の定数が10人削減された（小選挙区－6、比例代表－4）（公選法4条1項）。なお、アダムズ方式による都道府県別定数配分は、制度の安定性のため、10年に一度の大規模国勢調査でのみ行うこととされ、区割変更は2020年の国勢調査に基づいて実施されることになった。

実際、2020年の国勢調査に基づき、2022年の公選法改正によって、小選挙区数が「10増10減」され、25都道府県の140選挙区で区割り変更が行われた。その結果、一票の較差は、最大1.999倍になった。

---

(4) アダムズ方式とは、各都道府県の人口を一定の数値（X）で除し、それぞれの商の整数に小数点以下を切り上げて得られた整数を各都道府県の定数とし、その合計数が小選挙区選挙の総定数と一致するようXを調整する、という方式。人口が減少しても、各都道府県に最低1議席は配分されるが、別枠ではなく全体が比例的に配分される。

2022年の上記区割変更前に、新たな議員定数の下で実施された2017年の総選挙での最大較差1.979倍について、2018年の最高裁判決（最大判2018.12.19民集72-6-1240）は、上記法改正を評価し、合憲と判断した。同じく区割変更前に実施された2021年の総選挙での最大較差2.079倍についても、2023年の最高裁判決（最大判2023.1.25民集77-1-1）は、合憲判決を下した。「本件区割りの下で拡大した較差」が「新区割り制度の枠組みの中で是正されることが予定され」た「自然的な人口異動」の範囲内のものとの評価に基づいている。

　なお、上記2023年の最高裁判決で反対意見を述べた宇賀克也裁判官は、「1票の価値の不均衡を争う」議員定数不均衡訴訟が、形式的には公選法204条に基づく選挙無効訴訟の下で行われてきたが、「実質的」には「判例法としての**基本権訴訟を創出したもの**」であると指摘している。実質的な不平等にさらされている基本権が「投票権という国民主権の基本を成す権利」であることを改めて見据えた上で、今後は訴訟形態について、議論を深めることが重要である。

4　参議院議員選挙

(1)　参議院の特徴

　参議院は、衆議院同様、「全国民を代表する選挙された議員」で組織される（日本国憲法43条1項）。やはり議員定数、選挙制度等に関する事項は、公選法で定められている。2025年1月現在、248人を議員定数としている（公選法4条2項）。都道府県を単位とする選挙区選出議員148人および全国を単位とする比例代表選出議員100人で構成され（2018年法改正による）、議員の任期は6年だが、3年ごとに行われる通常選挙で、総定数の半数ずつが改選される（日本国憲法46条）。また、衆議院と異なり、参議院には解散がない。

　日本国憲法は、二院制を採用し、衆議院に一定の事項について優越を認めて国政の機能的な運営を図りながらも、参議院にも、立法をはじめ多くの事項について衆議院とほぼ等しい権限を与えている。しかしながら、参議院議員の任期を長くし、解散もなく、選挙を3年ごとの半数改選としている憲法の趣旨は、「多角的かつ長期的な視点からの民意を反映させ、衆議院との権限の抑制、均衡を図り、国政の運営の安定性、継続性を確保しようとしたもの」とされている（最大判2012.10.17民集66-10-3311、最大判2014.11.26民集68-9-1363）。参議院の理

念は、従来より「数の政治」に対して「理の政治」であるとされてきた。

(2) **選挙制度**

参議院の通常選挙は、現在、都道府県単位で定数1～6人が選出される選挙区選挙と非拘束名簿式の比例代表選挙の並立制が採用されているが、衆議院議員の総選挙と異なり、重複立候補は認められていない。被選挙権は、満30歳以上である（公選法10条1項2号）。

戦後、通常選挙は、総議員定数250人のうち、一方で、都道府県単位の選挙区で2ないし8人（半数改選のため、実質は1ないし4人）の議員を選出する地方区（単記投票制）選出議員が150人（その後、沖縄復帰により地方区は2人増員されている）、他方で、全国区選出議員が100人と定められ、3年ごとの半数改選が行われていた。衆議院と異なる選挙制度を定めることにより、参議院に特徴を与え、その存在意義を確保する趣旨であった。その後、選挙費用軽減を目的に、1982年、全国区（「銭酷区」・「残酷区」とも言われていた）に変えて、拘束名簿式比例代表制を採用する参議院選挙制度改正が行われた。さらに2000年10月、拘束名簿式比例代表制が**非拘束名簿式比例代表制**に改正された（公選法12条2項、14条、別表第三）。これにより、各政党は順位をつけずに候補者名簿を作成し、有権者は「政党名投票」か、名簿中の候補者個人に投票する「候補者投票」のいずれかを選択することになった。各党の議席数は、政党名と候補者名を合算した得票数に基づいて、ドント式により決定され、各党の当選者は、「候補者投票」の多い順に決定される。

(3) **参議院議員選挙における投票価値の平等**

最高裁は、参議院の定数配分については、1983年判決で最大較差5.26倍を合憲と解するなど（最大判1983.4.27民集37-3-345）、二院制、半数改選制、参議院の地域代表的・職能代表的性格などの**非人口的要素**を重視し、合憲判断を繰り返してきた。参議院の定数配分は、1994年の公選法改正時まで一度も是正されず、いわゆる**逆転現象**[5]も生じていた。是正直前の1992年の参議院議員通常選挙時の最大較差は6.59倍にまで拡大し、最高裁は、これを立法裁量権の限界を超えないと判断しつつも、1996年、その違憲状態を初めて認めた（最

---

(5) 人口の少ない選挙区への定数配分が、人口の多い選挙区への定数配分より多くなる現象をいう。

大判 1996.9.11 民集 50-8-2283）。2000 年に非拘束名簿式比例代表制が導入され、定数が削減された後には、逆転現象は解消されたものの、最大較差はほとんど変わらず、2001 年の選挙時で 5.06 倍の較差があった。2004 年 1 月 14 日の最高裁判決は、これも合憲と判断した（最大判 2004.1.14 民集 58-1-56）。ただし、6 人の裁判官は、反対意見で違憲と解し、4 人の裁判官の補足意見は、参議院選挙制度の地域代表的要素または都道府県単位の選挙区制が立法政策の問題であり、憲法上直接の保障があるとは言えないとする一方で、憲法上の要請である投票価値の平等を重視しなければならないと述べていた。そしてその後は、同旨の補足意見を伴う合憲判断が続いた。

　しかし、2012 年 10 月 17 日の判決（最大判 2012.10.17 民集 66-10-3311）において、最大 5.0 倍の較差について再び違憲状態にあると判断され、定数配分 4 増 4 減措置（2012 年）の後に行われた 2013 年の通常選挙に関する 2014 年 11 月 26 日の判決（最大判 2014.11.26 民集 68-9-1363）においても、最大 4.77 倍の較差について違憲状態が認められ、「投票価値の著しい不平等状態が生じ、かつ、それが相当期間継続しているにもかかわらずこれを是正する措置を講じないことが、国会の裁量権の限界を超えると判断される場合には、当該定数配分規定が憲法に違反する」ことになるとされた。

　2012 年および 2014 年の上記最高裁判決は、衆議院と参議院が、両議院とも政党に重きを置き、「都道府県又はそれを細分化した地域を選挙区とする選挙と、より広範な地域を選挙の単位とする比例代表選挙との組合せという類似した選出方法」がとられていることから、選挙制度の同質性を指摘する。

　また両判決は、衆議院が「投票価値の平等の要請に対する制度的な配慮として、選挙区間の人口較差が 2 倍未満となることを基本とする旨の区割りの基準が定められていること」を指摘し、「参議院は衆議院とともに国権の最高機関として適切に民意を国政に反映する責務を負っていることは明らかであり、参議院議員の選挙であること自体から、直ちに投票価値の平等の要請が後退してよいと解すべき理由は見いだし難い」とする。そして、結論として「都道府県を各選挙区の単位とする仕組みを維持しながら投票価値の平等の実現を図るという要求に応えていくことは、もはや著しく困難な状況」にあると述べ、立法府に参議院選挙制度の抜本的な改革を促した。

このような最高裁判決を受けて、2015年、公選法が改正され、選挙区選出議員の選挙について、長野県、宮城県、新潟県の定数が2人ずつ6減されるとともに、鳥取県と島根県、徳島県と高知県がそれぞれ**合区**されて定数が1人ずつ計2人とされ（4減）、兵庫県、北海道、東京都、福岡県および愛知県が2人ずつ増員された（10増10減。これにより最大較差は、2.97倍となった）。この定数に基づく2016年の通常選挙の時点で、最大較差は3.08倍になっていたが、最高裁はこれを合憲と判断している（最大判2017.9.27民集71-7-1139）。

　その後、合区の対象となった4県を中心に各都道府県から批判が噴出したため、2018年の公選法改正により**特定枠制度**が設けられた。要するに、非拘束名簿式比例代表選挙の下で、各政党が、選挙区選挙における合区の影響で候補者を出せなかった県から、比例代表選挙で立候補させ、個人の得票数とは無関係に優先的に当選されるよう特定枠を各候補者名簿に設けることが認められたのである。各政党が、この枠を利用するか否かは自由であり、立候補者の人数にも上限がないがないため、非拘束名簿式の比例代表制を、事実上拘束名簿式に変えることも理論上は可能となった。この公選法改正の際、比例選挙の定数が4増され、選挙区選挙の定数が2増された。これによって、1票の最大較差は、2.99倍となったが、2019年の通常選挙時には、3.00であった。最高裁は、これも合憲と判断し（最大判2020.11.18民集74-8-2111）、続く2022年の通常選挙時における3.03倍の較差についても、合憲とした（最大判2023.10.18民集77-7-1654）。

　このように、2017年判決以来、3倍もの定数不均衡を繰り返し合憲と判断している最高裁の立場は、2020年の最高裁判決における林景一裁判官反対意見が指摘する通り、「約3倍という…較差をいわば『底値』として容認し、あとは現状を維持して較差が再び大きく拡大しなければよいというメッセージ」と受け取られかねない。「これにより、今後の国会における較差是正の努力が止まり、3倍もの較差が永続するような結果となることが懸念される」のである。

　【avancée】 比例代表制と党籍移動および除名処分に伴う繰上げ当選の効力
　　衆参両議院の選挙における比例代表制の採用以来、比例代表選出議員の党籍移動の問題が生じている。つまり、政党名簿によって選出された議員が、後に除名・離党・党籍変更等により当該政党に所属しなくなった場合に、議員資格はどうなるか、という問題である。学説は、憲法43条の委任関係を厳格にとらえる**議席喪失説**と、

自由委任ととらえる**議席保有説**とに分かれている。また、議席保有説を基礎にしつつ、党籍変更、離脱の際の議員の意思の自発性の有無を基準に、自発的な意思による場合には、議員職を失うとする説もある。

　2000年の国会法および公選法改正の際、衆議院または参議院の比例代表選出議員について、当選後、その選挙に参加していた他の政党等に移籍した場合に、議員の職を失うという制度が設けられた（国会法109条の2、公選法99条の2）。比例代表制の下で、選挙時に示された特定政党への帰属を前提に選出された議員が、党籍の喪失に伴って議員資格を失うことには、合理性があると考えられる。

　しかし、その一方で、上記立法の下では、特定政党から無所属への転換や選挙に参加していなかった政党への移籍を失職の対象に含んでいないことから、党籍を離脱しても、議員を継続するケースが多々見られる。

　また、議会の議員に欠員が生じた場合に行われる繰上補充に関して、現行制度の下では、(ⅰ)議員に欠員が生じたときに、先任議員と同じ政党名簿上の次点者をもって当選人とし、(ⅱ)繰上補充の事由が生じた日の前日までに、その政党に所属するものでなくなった旨の届出が出されているときは、その名簿登載者を当選人とすることができないものとされている（公選法97条の2、98条、112条）。

　関連して、除名の無効を理由に当選訴訟（公選法208条）を提起し、中央選挙管理会（選挙会）が行った繰上補充による当選人の当選無効を求めた事件（**日本新党繰上補充事件**）がある。原告は、参議院の拘束名簿式比例代表選挙（1992年）における次点者であったが、選挙後の繰上補充に際して、所属政党からなんら告知・反論の機会もなく除名され、繰上補充のための届出名簿からも除外された。

　東京高裁判決（東京高判1994.11.29判時1513-60）は、(ⅰ)比例代表選挙における党の名簿登載者選定は、選挙の最も重要な一部を構成し、当選人決定の実質的要件となっており、(ⅱ)とくに投票後の名簿登載者の除名は、名簿登載者およびその順位を考慮して政党に票を投じた選挙人の意思を無視するものであるとして、原告の請求を認めた。これに対して、最高裁判決（最判1995.5.25民集49-5-1279）は、「政党等の政治結社…に対しては、高度の自主性と自律性を与えて自主的に組織運営をすることのできる自由を保障しなければならないのであって、…除名その他の処分の当否については、原則として政党等による自律的な解決にゆだねられている」として、原判決を破棄した。このような最高裁判決に対しては、学説上、比例代表選挙における手続的適正の確保よりも、政党の自律権を重視し過ぎており、政党に関して司法的・民主的コントロールを一切排除しかねないとの強い批判がある。

【参考文献】
杉原泰雄『国民主権の研究』岩波新書、1971年
杉原泰雄『国民代表の政治責任』岩波新書、1977年
只野雅人『選挙制度と代表制―フランス選挙制度の研究―』勁草書房、1995年
辻村みよ子『市民主権の可能性』有信堂、2002年
大山礼子『日本の国会―審議する立法府へ』岩波新書、2011年

第11章　国会と内閣の適切な関係を求めて

> 「西洋自由民主主義体制の普遍性の神話は崩壊してしまった。……民主主義体制の危機は根深い。それは、民主主義体制の発祥地であった国々にも、民主主義体制を養子縁組して受け継いだと考える者のいる国々にも及んでいる。我々は、……民主主義とは再び閉じられてしまう〔人類史上の〕一つの短い挿入句に過ぎなかったのではないかとすら自問してしまう。」(Bertrand Mathieu, *Le droit contre la démocratie ?*, L.G.D.J., 2017, pp.16-17〔大津仮訳〕)

I　政治主導の国政運営とは？

1　議会主権・議会中心主義の変容

　19世紀から20世紀初頭にかけて、イギリスやフランスでは議会政治の黄金期が出現した。「議会は女を男にし、男を女にする以外は何でもできる」という格言をもつイギリスでは、議会主権が政治の基本原理だった。フランスでも大統領が議会解散権を失った第三共和制期に、議会が国政決定権を独占する議会中心主義が確立した。

　これに比べると現代はどうか。イギリスは依然として議会主権を掲げるが、実際には政治の実権は首相とその内閣に移っている。議会が可決する法律の多くは内閣提出法案から生まれているし、委任立法も数多い。このような行政権優位の政治実態は、二大政党制と小選挙区制の下院議員選挙を通じて、首相が有権者から直接選ばれたかのような民主的権威をもつことによって正当化されている。フランスでは、さらに議会の役割が低下している。憲法自体が議会の立法権を狭い範囲に限定し、それ以外の事項は政府の命令で定めるようになっている。議会の立法自体も多くは政府提出法案で占められ、さらに委任立法も多い。フランスの大統領は有権者が直接選挙で選ぶことから、「行政権までの

民主主義」の理念によって、議会に対する行政権の優位が正当化されている。

2　日本の構造改革と政治のリーダーシップ

　日本はさらに国会[1]の影が薄い。政策や法案の大部分は実際には官僚が作成し、首相や大臣は官僚の助けを借りなければ国会答弁も満足にできない。長い間、政権の座にあり続けた自民党の議員の多くは、選挙区や支持団体への利益誘導と既得権益の保護に走り、政策は官僚任せだった。先進諸国に追いつき経済大国になることを国家目標としていた時代は、それでも支障はなかった。しかしバブル経済の崩壊後は、低成長とデフレの危機、そしてグローバリゼーションへの対応に迫られ、しかも官僚や政治家の汚職が蔓延している事実が発覚するに至り、20世紀末には既存の利益分配構造の問い直し、つまり「聖域なき構造改革」が求められるようになった。

　1994年、衆議院議員選挙に有権者自身による政権選択の意味をもたせることを目的に、イギリス流の小選挙区制が導入された（政治改革）。2001年には、22省庁もあって肥大化していた中央行政組織を簡素化・スリム化することをめざして、1府12省庁に統合する中央省庁改革が断行された[2]。そして官僚に対する各大臣の統率力の強化と政策立案に関する政治主導を目的として、副大臣制の導入や政府委員制度の廃止（官僚は原則として国会答弁ができなくなる）、そして首相の地位と権限を強化し、さらに官僚に対する内閣の支配力強化をめざす諸改革が行われた（内閣府の設置、首相単独の閣議提案権を認める内閣法の改正など）。

　その頃から、政治主導の国政運営は現代型民主主義の最も重要な柱のようにいわれ、その「政治」の主体は首相および内閣と考えられるようになった。ここでは国会の役割はかえって薄くなり、官僚だけでなく国会も、多様な既得権益層を代表する改革反対勢力とみなされた。首相・内閣による強力な国政運営をめざす理論（後述する国民内閣制論など）が支持を集め、憲法を改正し首相公選制を実現する主張も現れた。当時は、住民が直接選挙する自治体の首長の中に、強い指導力を発揮して改革を断行する者がいたために（大阪の例など）、首

---

[1]　日本では、国の議会を国会と呼ぶことが通例である。
[2]　なお2007年法改正により、防衛庁は省に昇格した。

相公選制の支持者が増加したこともあった。

しかし、国会の役割を弱めて首相や内閣の強権的政治を認めることは、民主主義にとってはたして良いことなのか。実際に「安倍一強」と言われた2012年12月から2020年9月までの強力な「首相統治」型政治は、日本の社会と民主政治に何をもたらしたのか。本章では憲法を学ぶ者として、時流に流されることなく、近代立憲主義がめざした国会と内閣・行政府の関係をもう一度確認した上で、「民意を尊重するバランスの取れた政治」という視点から、現代日本の国政運営のあるべき姿について考えてみることにしよう。

II 議院内閣制は何をめざしたか

1 権力分立制の2つの型

かつてモンテスキュー（Charles de Secondat MONTESQUIEU, 1689-1755）は『法の精神』（1748）の中で、すべての国家には立法権、万人に関する事項の執行権（行政権）、市民法に関する事項の執行権（司法権）の3つの作用があると述べた上で、同じ人間や集団が立法権と執行権を併せもつならば権力の濫用が起こり、市民の自由は失われると論じた。この見方は、国家権力をその性質に応じて区別し、異なる機関にこれを別々に委ね、互いに**抑制・均衡**させることで市民の自由を守るという**権力分立**の原理を生み出した。この原理は、その後、近代立憲主義の不可欠の要素となった。

三権のうち特に国政に強い関わりをもつ立法権と行政権の関係については、**大統領制**と**議院内閣制**の2つの権力分立の型がある。一般に大統領制はアメリカが理念型として示される。これに対して議院内閣制は、イギリスとフランスで実現された2つの政治体制から理念型がつくられている。

アメリカの大統領制は、(i)独任制の大統領が国家元首の地位と行政権をもち、議会が立法権をもつ、(ii)大統領と議会は有権者から別々に選出され、閣僚と議員の兼職ができない、(iii)大統領の地位は議会の信任と無関係でその罷免を受けず、大統領も議会を解散できない、(iv)大統領が国家元首となり実質的な政治的権力を握る、(v)大統領には法案提出権がなく、拒否権はあるものの、両院の3

分の２の再議決で法律が成立するなどの厳格な権力の分離を特徴とする。なお議会には大統領の犯罪を裁くための弾劾裁判権があるが、これは行政府首長の政治責任を追及する不信任制度とは別の例外的な制度だ。

これに対してイギリスを典型とする議院内閣制は、(i)合議制の内閣が行政権をもち、議会が立法権をもつ、(ii)首相と主な大臣は国会議員との兼職が普通であり、通例は議会多数党の党首が首相となる、(iii)内閣の存立は議会、特に下院の信任を要し、不信任案が可決された場合には総辞職を強いられるが、反対に内閣（実質は首相）も議会の実質的解散権をもつ、(iv)国家元首（イギリスの場合は国王）は形式的儀礼的な権能しか持たず、首相の選任についても、議会（下院）が選出した首相候補を形式的に任命するにとどまる、(v)政治的実権を握る首相と彼が統率する内閣は議会への法案提出権を持ち、実際の立法にも与党を通じ深く関与している。それは権力の分離よりもむしろ権力の協働を特徴とする。

しかしフランスの場合は、イギリス型の議院内閣制も存在したけれども、議会中心主義が頂点を極めた第三共和制のように、政府に議会解散権がなく議会が常に優位する議院内閣制も存在した。後者は、議院内閣制の本質を、(i)立法府と行政府への権力分立と、(ii)内閣の存立が議会の信任を要し、議会が内閣の政治責任を常に追及できるところにみる[3]。

---

(3) フランスは、社会主義者を含む急進共和派による人民主権を志向する反乱を武力で鎮圧した1871年の「パリ・コミューン」事件の後、穏健（保守）共和派と王党派の妥協による第三共和制が成立した。法的には1875年の３つの憲法的法律によって確立したこの体制は、議会の両院総会で選出される大統領に大臣任命権、法律発案権、法律の執行権、軍事大権、外交権等の強い政治的権限を与えており、下院の解散権も与えていた。議会は内閣不信任議決権をもつものの、大統領の罷免権はなかった。この体制は権力の均衡を本質としていた（**均衡本質型議院内閣制**）が、「**二元型議院内閣制**」とも呼ばれていた。それは19世紀前半の立憲君主制（「七月王政」）と似た体制であり、国王の地位に大統領を据えたにすぎず、やがて王党派が強くなれば君主制に戻すことを狙った体制ともいわれていた（「**王制待ちの共和制**」）。しかししだいに共和派の力が強くなり、1877年5月16日の「**セーズ・メ事件**」により大統領の下院解散権が事実上使用不可能となった後は、議会の内閣不信任権のみが立法府と政府（行政府）の関係を決するようになったため、首相の実質的な選出権も議会に移ってしまい（「**一元型議院内閣制**」への変化）、大統領の権限も形骸化形式化してしまった。この議会優位（議会中心主義）型の権力分立制が**責任本質型議院内閣制**として定式化されたのである。

他方で、現代フランス（第五共和制）の政治体制では、有権者による直接選挙

そこで議院内閣制の理念型については、イギリス型以外を認めない**均衡本質説**とフランス第三共和制の型も含めて考える**責任本質説**とが対立することとなった。もっともどちらの説をとっても、日本の権力分立制が議院内閣制であることに違いはない。しかし実質的な解散権の所在をめぐる議論では、責任本質説を無視することはできない（**【avancée】**を参照）。

2　内閣の成立・責任・総辞職

内閣は内閣総理大臣（首相）とその他の大臣（閣僚）からなる合議体であり、首相と大臣が任命されることによって成立する。日本国憲法では、首相は指名権をもつ国会の議決によって実質的に決定され（67条1項）、その後で天皇により形式的に任命される（6条1項）。首相指名手続は、他のすべての案件に先立って行われなければならない（67条1項）。衆参両院はそれぞれ別々に指名の議決を行う。衆議院先議の原則はない。両院の議決が食い違ったときには両院協議会を開催し協議するが、それでも一致しないとき、あるいは両院協議会の成案を衆参どちらかが否決した場合には、衆議院議決が国会の議決となる。また衆議院がすでに議決しているのに10日以内に参議院が議決しなかった場合も、衆議院議決が国会の議決となる（67条2項）。ここには**衆議院の優越**の原則が存在する。首相は国会議員で文民でなければならない（67条1項，66条2項）。

大臣の任命権は首相がもち（68条1項）、天皇はこれを形式的に確認（認証）する（7条5号）。総辞職後に新内閣成立まで引き続き職務を担当する前内閣は、新首相の任命によって直ちに職務を終了するので（71条）、首相の任命と大臣の任命の間に時間差がある場合は、首相単独の内閣が成立することもある。しかしほとんどの場合、国会による首相指名後、当該首相「候補」は直ちに組閣

> で選ばれた大統領が首相の任命権と首相の提案に基づく閣僚の任命権をもつ（首相の辞表提出に基づく首相罷免権ももつ）。首相と閣僚によって構成される政府が法案提出権や命令制定権を含む日常的な政治的権限を有するが、大統領も、政府の閣議主宰権を通じた政府指揮権、軍事大権、外交権等の強大な政治的権力をもつ上に、下院の解散権をもつ。議会は政府に対する不信任議決権をもつが、大統領罷免権はもたない。この体制は再び「二元型議院内閣制」に戻ったようにもみえるが、大統領が直接公選である上に閣議主宰者として実質的日常的に最高の政治決定権を行使している点で大統領制とみることもできる。そこで、フランスではこの体制を**半大統領制**と呼んでいる。

を行い、その後に天皇による当該首相「候補」の親任式と大臣の認証式を同時に行うことで、首相単独内閣となることを避けている。大臣の資格要件は文民であることと、その過半数が国会議員であることである（66条2項、68条1項）。ただし、衆議院解散により総選挙後の首相任命まで、国会議員の地位を失った首相が存在することや過半数の大臣が国会議員でなくなることは当然なので、憲法には反しない。

　内閣は行政権の行使につき、国会に対して連帯して責任を負う（66条3項）。ここでの責任は民事・刑事責任とは異なる政治責任だ。通常の責任追及は、衆参両院の国政調査権（62条）や首相・大臣の国会答弁義務（63条後段）を通じて日常的な質疑手続の中で果たされる。しかし個々の大臣の罷免要求や内閣の総辞職要求という責任追及もある。参議院は問責決議案の可決でこれを行うが、参議院単独の責任追及は政治的批判の意味しかもたず、これ以上の法的効果はない。しかし、衆議院の内閣不信任案の可決（または信任案の否決）はそれだけで内閣総辞職、あるいは解散を選択した場合も総選挙後の内閣総辞職という法的効果を生むので、衆議院の不信任議決は効果の点で法的責任といえる（渋谷・赤坂② 22-23頁）。衆議院による個々の大臣の不信任議決も参議院の問責決議と同様に政治責任にすぎず、その辞職は大臣自身の政治判断に委ねられると解するのが通説だが、内閣の対議会責任の趣旨から個々の大臣にも辞職の法的義務が発生するという説もある（樋口ほか②〔中村睦男〕1041頁）。

　内閣が終了するのは、(i)自発的に総辞職する場合、(ii)衆議院で内閣不信任案が可決あるいは信任案が否決され、10日以内に衆議院が解散されない場合（69条）、(iii)首相が欠けた場合（70条前段。なお国会議員であることが首相の在職要件なので、議員辞職や当選訴訟等により国会議員の地位を失った場合もこれに含まれる）、(iv)総選挙後に初めて国会が召集されたとき（70条後段）である。2000年の小渕首相脳溢血事件では、意識不明で当分回復の見込みがない場合も「首相が欠けた場合」とみなされた。また1980年の大平内閣の実例によれば、総選挙後の新国会召集前に首相が欠けた場合は、内閣は直ちに総辞職した上で、新首相任命までの間、職務執行内閣として存続することになる。

Ⅲ　行政権と立法権を区別する意味

1　行政権の実質的定義

　権力分立原理に従い、日本国憲法は立法権を国会に（41条）、行政権を内閣に（65条）、司法権を裁判所に割り当てる（76条1項）。問題は、いかなる作用が立法、行政、司法かということだ。このように国家作用の特質面に着目して理論的に分類し、それぞれの権限を各国家機関に割り振る考え方を**実質的定義**（**実質的意味**）と呼ぶ。これに対して、「立法とは、国会が憲法59条の手続により法律の名称を持つ法規範を定立する作用をいう」というように、形式的側面から定義を行う場合もある（**形式的意味**）。権力分立を実質的意味で考えた場合、三権のうち司法権の定義は比較的容易であり、「具体的争訟に法を適用し宣言することで、これを裁定する作用」が通説となっている（第12章参照）。しかし他の二権については、これまで大きな争いがあった。

　行政権は日常的な国家の活動全般にわたるため、その実質的定義はとりわけ難しい。「法のもとに法の規制を受けながら、現実具体的に国家目的の積極的実現をめざして行われる全体として統一性をもった継続的な形成的国家活動」（田中二5頁）というように行政権を積極的に定義する試みがなされてきたが（**積極説**）、そのいずれも過不足の批判を浴び、一致点が得られなかった。そこで現在通説となっているのは、行政権の実質的定義でありながら、その内容を積極的に示すことなく、「全ての国家作用のうちから立法作用と司法作用を除いたもの」と消極的に定義するものだ（**控除説**）。控除説をとる場合には、立法権の内容がより広くなる定義にすればそれだけ行政権の守備範囲は狭くなり、逆に立法権を狭く定義すればそれだけ行政権は広がる。

2　立法権の実質的定義

　立法権の実質的な定義（実質的意味の立法）については、明治憲法下では、君主主権に立つ19世紀ドイツの憲法学の定義に倣って、「国民の権利を制限し、または国民に新たに義務を課す法規範の定立作用」とする**法規説**がとられてきた。法規説は、国民の代表者である議会の同意を意味する立法がなければ権

利制限を許さない点で、国民の権利自由を君主の恣意的な権力から守るという積極的な意味をもつ。しかしこの説では、公務員制度や行政組織、軍隊の編成、あるいは社会保障などの国民に利益を与える制度に関する法規範の定立は、すべて立法権から外されてしまう。

　近代立憲主義時代のフランスでは、国政に関する基本事項はすべて主権者国民の代表からなる国会が定めるべきだという考えが強かった。当時の立法権の定義は、「一般的抽象的法規範の定立作用」というものであった。つまり特定の人や事件を想定せずに、誰にでも適用可能なルール（**法規範**）を事前につくっておくことが立法であり、この作用を国民代表府である国会が独占することで、公平で透明性が高く民主的な政治が可能になると考えたのだ。日本でも、現在はこの**一般的抽象的法規範説**が通説になっている（芦部320頁）。

　ただし、現代国家は国民生活に国家が積極的に介入する必要性が増えたため、措置法や処分法律と呼ばれる個別具体的な内容の法律を定める場合が増えている。また行政の高度化・複雑化・迅速化に対応するためにはすべての行政の根拠に法律を求めることは無理とする主張も実務や行政法学界では根強い。そこで、「原則として一般的な法規範のうちで、市民生活にとって重要なものを定立する作用」というような折衷的な定義（**市民生活規範説**、**重要事項留保説**）も有力に唱えられている（渋谷・赤坂②32-33頁）。

　いずれにせよ現代国家は、行政権優位の傾向を常に持っている。そのため、現代のフランスでは、従来実質的意義の立法にあたるとされてきた事項であっても、政府（行政権）が発する命令で定めることが多くなっている。現在のフランス憲法では、国会の立法権は34条が定める立法事項に限られている。したがって今では、立法とは憲法上で立法事項とされたものの規範定立とする定義が主流となっている。「行政国家」への移行を積極的に受け入れたフランスは、立法の実質的定義を手放すことで立法権の範囲を狭めてしまったのだ。

　現代日本も、こうした「行政国家」化を積極的に受け入れねばならないのだろうか。日本国憲法は権力分立に関する限り、もっと近代立憲主義を大事にしているのではないだろうか。

Ⅳ 国会の権能とそれを保障する諸原則

1 唯一の立法機関

　国会の主な権能はなんといっても立法権だ。憲法は41条で国会を「国の唯一の立法機関」と定める。国会を「唯一」の立法機関とするために、憲法は2つの原則を義務づけている。

(1) 国会中心立法の原則

　これは、国の行う実質的意味の立法が、憲法に特別の定めがある場合を除き、常に国会の手で行われなければならないことをいう。憲法上の例外としては、議院規則（58条2項）と最高裁判所規則（77条1項）がある。自治体の条例は、垂直的権力分立という別の側面からの憲法上の例外だ（94条）。内閣の発する政令には、単に法律を執行するだけの性格しかもたないもの（**執行命令**）と、法律の具体的委任を受けて行われる内閣による実質的意義の立法（**委任命令**）の2つがあるが、後者は、国会中心立法の原則を重視するならば、白紙委任的な一般的包括的委任となってはならないはずだ。憲法の規定では、政令に罰則を設ける場合に法律の委任を義務づけるにとどまるが（73条6号）、立法の実質的定義を一般的抽象的法規範の定立と考える場合には、国民の権利を制限する場合に限らず、実質的に新たな一般的抽象的法規範の定立にあたる場合には常に、法律による個別的具体的な委任が必要と解すべきだ。

　委任命令の合憲性について判例は、公務員の政治活動を制限する人事院規則に対して白紙委任に近い規定をする国家公務員法102条1項を合憲とした（最判1958.5.1刑集12-7-1272．この先例を引くことで**猿払事件**〔最大判1974.11.6刑集28-9-393〕も同規定を簡単に合憲とした）。他方、（旧）監獄法が原則として接見を認めていた幼年者について、同法50条の委任を受けた（旧）監獄法施行規則が原則として接見禁止にしてしまっている点で、法律の「委任の範囲」を越えて無効とされた事例（最判1991.7.9民集45-6-1049）や、児童扶養手当の支給対象をさらに拡大する趣旨で児童扶養手当法が政令に委任した（4条1項5号）にもかかわらず、この委任に基づき未婚女性が出産した母子家庭への適用を定めておきながら、そこから「父から認知された児童」を除外した（旧）児童扶

養手当法施行令1条の2第3号の規定を、「法の趣旨、目的に照らし両者の間の均衡を欠き、法の委任の趣旨に反するもの」とした事例（最判 2002.1.31 民集 56-1-246）もある。判例は政令に「委任の範囲」を遵守させる点では比較的厳格である。

(2) **国会単独立法の原則**

これは憲法上の例外を除き、国会以外の機関の関与なしで、国会の議決のみで法律が成立することをいう。憲法上の例外には、**地方（自治）特別法**の制定に際して、住民投票による同意の義務づけがある（95条）。7条1号が規定する天皇の法律公布行為には、明治憲法6条のような法律の裁可権の意味はなく、天皇は常に公布義務を負う。

内閣の法案提出権については、憲法の明文規定はないが内閣法5条で定められており、通説はこれを合憲とする（芦部321頁）。理由としては、(i) 72条前段の「議案」に法律案も含まれると解されること、(ii) 国会議員のみが法律発案権をもつとしても、閣僚の過半数は国会議員であるから、内閣の法律発案を禁止しても実益がないこと、(iii) 国会は内閣提出法案を自由に修正し否決できること、(iv) 議院内閣制は国会と内閣の協働を要請することなどが挙げられる（**内閣の法案提出権肯定説**・野中ほか②〔高見勝利〕78頁）。さらに「行政国家」化を肯定し、内閣の地位強化を認め、73条1号の「国務の総理」に国政総合調整機能を認める立場は、重要政策立案機能の一環として法案提出権は不可欠の権能とすら考えている（後述）。

しかし、現実の立法のほとんどが内閣提出法案で占められ、しかも内閣提出法案のほとんどが実際には官僚主導で作成され、提出前に各省庁間で調整が図られ、かつ官僚と与党の間のみで政策調整（「根回し」）が行われており、野党を含む国会の場が真の立法機関となっていないことを問題と考える立場からは、国会単独立法の原則を緩やかに解することはできない（**内閣の法案提出権否定説**・杉原② 219-220頁）。つまりここで問われているのは、二権の間の曖昧領域を内閣に安易に帰属させることの是非なのだ。

2　立法権以外の国会の権能

立法権以外に憲法が定める国会の権能としては、(i) 憲法改正の発議権（96条

1 項)、(ⅱ)首相の指名権 (67 条 1 項)、(ⅲ)内閣の報告を受け、内閣を一般的に追及し統制する権能 (72、91 条等)、(ⅳ)裁判官の罷免手続を行うための弾劾裁判所の設置権 (64 条)、(ⅴ)内閣の条約締結に際して事前または事後に行う条約の承認権 (61 条、73 条 3 号)、(ⅵ)租税の賦課徴収や予算案の承認等の財政に関する監督・議決権 (83-91 条) がある。これらの権能についても、立法権と行政権の間の曖昧な領域が存在する。例えば国会の予算増額修正は認められるか、条約の修正付き承認は認められるかなどの問題がある (詳しくは、『旧四重奏』201 頁を参照のこと)。すべて問題は、国政全般の総合調整機能を内閣に求めるのか、それとも国会に求めるのかという憲法観の違いに帰着する。

3　国権の最高機関の意味

憲法は 41 条前段で、国会を国権の最高機関と定めている。通説は、権力分立原理を強調し、この規定を法的意味のない単なる政治的美称としてきた (**政治的美称説**)。もちろんこれと対立する少数説の**統括機関説**のように、行政権のみならず司法権にまで介入する意味を最高機関性から導くことは間違いだ。しかし、国民主権原理を重視するならば、少なくとも行政権との関係においては、国会は積極的にその活動を調査し、質疑を通じてコントロールし、さらに立法権や予算・条約の修正権等を駆使して国政の総合調整を行うべきだ。こう考えるならば、国政全般の総合調整機能を担うのは内閣ではなく国会であり、国権の最高機関性はこの意味で理解すべきだと考えられる。国会は憲法上有する権能を可能な限り広く活用して、この機能を果たすことができる (**総合調整機能説**)。

国会の最高機関性をめぐる対立は、62 条の議院の国政調査権の性質と限界をめぐる議論にも現れる。通説は政治的美称説に立った上で、国会の憲法上の権能行使のための補助的権能と解する (**補助的権能説**)。これに対して統括機関説は、他の二権に介入できるほどの最高機関性を根拠として、立法権などの通常の権限とは別に強力な調査も可能とする (**独立権能説**)。総合調整機能説も補助的権能説と結びつくので、司法権の独立を侵すような調査は許されないが、国会の総合調整機能を強調する観点から、この説の場合には、内閣・行政権のすべての活動を広く調査することは総合調整機能を実現する上で重要であり、国民の知る権利実現のためにもその調査活動は広く認められることになる。

司法権の独立との関係についても、いわゆる並行調査は、裁判批判そのものを目的としない限り広く認められると解される。

4　二院制の意義と各議院の権能

日本の国会は衆・参議院の二院制をとる。両院とも「全国民を代表する選挙された議員で」構成される（43条）。その意義は、国会審議に慎重を期すことと、異なる選挙時期や方法を通じた民意の多元的な反映にある。

両院は対等を基本とするが、一定の**衆議院の優越**が認められる。予算と条約承認の議決では、衆議院先議権と両院不一致時の衆議院議決の国会議決化がある（60条、61条）。首相指名と内閣不信任案決議についても前述のように衆議院優越あるいは衆議院単独決定となっている。一般の法律案の議決には衆議院先議権はない。両院の議決が不一致の場合は、衆議院の3分の2が当初案を再可決した場合に法律が成立する点で（59条）、衆議院が優越する。

衆参各議院は、議員の釈放要求権（50条後段）、議員の資格争訟の裁判権（55条）、役員選任権（58条1項）などの内部組織に関する自律権と、議院規則制定権・議員懲罰権（58条2項）などの運営に関する自律権をもつ。さらに前述した国政調査権も議院の権能である。

V　内閣・首相の地位・機能強化の行方

1　内閣の責任と活動

内閣は、実質的意味の行政権をもち（65条）、国会に対し連帯して責任を負う（66条3項）。ただし憲法は、実質的意味の行政権のすべてを内閣に帰属させているわけではなく、他方、実質的意味の司法権の一部や立法による委任を条件とする実質的意味の立法権を憲法上の例外として内閣に与えている（73条7号の恩赦権や同条6号の命令制定権等）。66条で内閣が負う責任の対象は、形式的意味の行政権になる。

65条は、立法権を国会に帰属させた41条や司法権を裁判所に帰属させた76条1項に比べて、それほど強く内閣が行政権を独占することを求めていない。まず、内閣は自らに属する権能を必ずしも自ら直接行使する必要がない。一般

的には行政各部が行政権を行使し、内閣は行政各部を指揮監督し全体を総合調整できれば、憲法の要請を満たす。次に、人事院、公正取引委員会、国家公安委員会のように、内閣が指揮監督権をもたず、人事（任免）権と予算権をもつにすぎない**独立行政委員会**の存在を許容する（人事・予算権しかもたない場合、その機関は内閣・各省の所轄下に置かれるという）。独立行政委員会は、その作用中に立法的な作用や司法的な作用を含み、また政治的中立性を強く求められる機関であることなどから、主として行政的な作用を営む機関でありながら65条の例外であることが認められる。この場合、66条3項が定める内閣の対国会責任は、内閣がもつ人事・予算権行使の範囲にとどまる。

内閣の連帯責任から内閣法4条1項は、「内閣がその職権を行うのは、閣議による」と定める。大臣は一体となって行動する義務を負い、閣議と異なる意見を外部に公表できない。

2　内閣に帰属する権能

形式的意味の行政権は、実質的意味の行政権から憲法が認める例外を削除・追加したものからなる。73条が列挙する内閣の諸権能はその内の主要なものの例示で、(i)法律の誠実な執行と国務の総理、(ii)外交関係の処理、(iii)条約の締結、(iv)官吏に関する事務の掌理、(v)予算の作成と国会への提出、(vi)政令の制定、(vii)恩赦の決定、(viii)その他の一般の行政事務となっている。憲法はさらに、天皇の国事行為に対する助言と承認（3条、7条）、最高裁長官の指名とその他の裁判官の任命（6条2項、79条1項、80条1項）、国会の臨時会の召集の決定[4]（53

---

[4]　憲法53条後段は、衆参いずれかの議院の総議員の4分の1以上が要求した場合には、内閣は臨時会の召集を決定しなければならないと規定する。2017年6月22日に臨時会の召集要求があったのに、当時の安倍内閣は9月28日まで召集を遅らせた後、臨時国会冒頭で衆議院を解散してしまった。これに対して召集要求をした国会議員が、内閣は当該要求後20日以内に召集する義務を負うことの確認請求と、これが果たされなかったことによる臨時会召集要求権の侵害と、かつ国会議員として有する権能の行使が妨げられたことで受けた損害を理由とする国賠請求の訴訟を提起した。最高裁（最判 2023.9.12 民集 77-6-1515）は、解散後の請求となる本件は将来の臨時会召集要求に対する判断を求めるものとなるので、具体的な確認の利益が無いこと、並びに憲法53条後段は内閣に臨時会召集を義務付けているものの、そのような制度が個々の国会議員に臨時国会で議員活動を

条)、予備費の支出（87条）、国会への決算提出（90条）、国民・国会への財政状況報告（91条）などの権能を定めている。

3 「国務の総理」権と執政権説

従来、73条1号の「国務の総理」権能に重要な意味はないと解されてきた。すなわち国務とは行政事務を指し、それを総理するとは、最高の行政機関として内閣が行政事務を統括し、行政各部を指揮監督する意味にすぎないとされてきた（**行政事務統括説**・清宮323頁）。これに対し近年、「行政国家」化の進展を前提にして、国会よりも内閣を政治の中心に据えることで政治主導の国政運営の実現をめざす傾向が強まっている。この立場は、国務を行政だけでなく立法と司法をも含む概念と解し、それを総理するとは、立法権や司法権を直接行使する意味までは含まないまでも、国政全般が調和的に運営されるために内閣が政治の中心に立って、重要政策の企画立案・総合調整を積極的に行うことだと主張する（**国務総合調整説**・野中ほか②〔高橋和之〕205-206頁。小嶋370-371頁および442頁は、この立場から内閣の法案提出権を根拠づける）。

さらにこの国務総合調整説は、実質的意味の行政権概念を問い直す動きとも連動している。つまり、憲法65条が内閣に帰属させている行政権そのものが、法律の執行を本質とする行政事務にとどまらず、立法権と並ぶ国の基本政策の立案・決定にまで及ぶ執政権を含むという説（**執政権説**・阪本後掲論文261頁）と連動しているのだ。この立場は内閣の地位を強化し、日本の内閣にアメリカやフランスの大統領とその政府に近い役割を認めようとしているようにみえる。

4 首相の地位と権能

内閣の地位強化の傾向は、さらに内閣における首相の地位の強化論と結びついている。すでに憲法は、首相に合議体の首長としての地位を認め（66条1項）、大臣の任免権を与え（68条）、さらに「内閣を代表して議案を国会に提出し、一般国務及び外交関係について国会に報告し、並びに行政各部を指揮監督する」（72条）権能を与えている。明治憲法では、首相は「同輩中の首席」にとどまり、

する権利または利益を保障したものとまでは解されないので国賠請求も認められないと判示した。

閣内不一致の場合は衆議院解散か総辞職の選択肢しかなかったのに比べて、格段に地位が強化されている。

　しかし現実には、一方で日本の強固な官僚制と妥協し続けてきた保守・自民党政治の結果として、他方で独断専行を嫌い、全会一致を好んで根回しを続ける従来の日本政治の結果として、閣議で首相のリーダーシップが発揮されることはあまりみられなかった。さらに閣議の案件自体が、事前に行われる事務次官会議で合意が得られなければ閣議にかからないというような、官僚主導の政治運営がまかり通っていた。政治主導の国政運営を求める1990年代以降の風潮は、何よりもまず首相のリーダーシップ強化をめざすものであり、その結果1999年に内閣法改正が行われ、4条2項で閣議での首相の案件発議権が明記された。しかし、もともと首相の閣議主宰権の中に案件発議権も含まれているはずで、あらためて法律の明文で首相の主導権を確認しなければならないところに、従来の保守・自民党政治の弱さがあった。

　他方、利益誘導型政治や利権獲得の面では、合議体としての内閣の運営のあり方を無視しうるほどに、もともと首相のリーダーシップは強かった。例えば、特定機種の選定購入を民間航空会社に勧めるよう運輸大臣に働きかけた首相の収賄とその職務権限をめぐって争われた**ロッキード事件丸紅ルート**（最大判1995.2.22刑集49-2-1）では、行政各部に働きかける首相の行為がその職務権限に含まれると解するには閣議での合意が必要とする従来の考え方を踏襲して、下級審は当該方針を決定した閣議を特定することに苦しんだのに対し、最高裁は、首相には閣議了承を必要とする行政各部への指揮監督行為とは別に、大臣任免権等を背景とする強い首相の地位そのものから、「内閣の明示の意思に反しない限り、行政各部に対し、随時、その所掌事務について一定の方向で処理するよう指導、助言等の指示を与える権限を有する」ことを認めている。こうした実例をみるならば、政治主導の国政運営のためには、立法府の領域にまで内閣の権限拡大を許す理論を展開し、あるいは首相の主導権を法律上に明記することよりも、利権政治以外には政治家が主導権を発揮せずに官僚に依存してきた従来の保守・自民党政治そのものを改める方が重要だったと言えよう。

5　「行政国家」化への２つの対応
(1)　強力な行政府の首長に依存する政治の限界

　以上のように政治主導の国政運営といっても、国会の総合調整機能を充実させる方向か、それとも「行政国家」化を受け入れて、首相と内閣にその機能を果たさせる方向かの対立がある。後者は、衆院選に小選挙区制を導入し、さらに日本の政治を二大政党化させていくことで、総選挙が実質的に有権者による首相公選制に代わるものになると考え、このように「行政権までの民主主義」が実現する場合には、内閣を政治の中心に据えることが民主主義の名の下に正当化されるという**国民内閣制論**（高橋後掲書）と結びつく。首相主導の国政運営をより強化する立場からは、国会の首相指名投票の前に国民投票で首相候補者を選び、国会がその中から首相を指名するという**首相準公選制**や、憲法改正による完全な**首相公選制**の主張すら現れている。

　2009年末の総選挙により、戦後政治史上初めて選挙による政権交代が実現し民主党政権が成立した。しかしその稚拙な政治運営や官僚組織との軋轢に加えて、東日本大震災と福島の原発事故への対処の失敗により、同政権は間もなく機能不全に陥ってしまった。特に、2010年夏の参議院選挙での敗北と与党内の相次ぐ分裂騒動の結果、参議院では野党が多数を占めるようになり、かつ衆議院でも再議決のための３分の２の多数を失ったために、「**ねじれ国会**」と「**強すぎる参議院**」の状態が出現した。同政権末期の野田内閣の時には、予算に実質的な裏付けを与えるための赤字公債特例法案可決のために、衆議院の早期解散を野党の自民党に約束せざるを得ないほどに政権が弱体化し、「**決められない政治**」への批判が強まった。こうした政治不信は、逆に強力な政治家（特に首相）のリーダーシップによる強権政治への期待を生み、2012年末の総選挙により自民党の政権復帰と自公の両与党だけで衆議院の３分の２を超える絶対多数を握る「**１強多弱**」が生まれた。その後も自民党が、小選挙区制では相対１位が勝ち残る制度的特性と、議席の約５分の２弱に適用されている比例代表制で生き残る多数の弱小野党間の過度の対立を利用して総選挙に勝ち続け、政権が盤石化した。2014年には内閣府人事局が設置され、中央省庁の幹部の人事権を官邸主導で行えるようになった結果、今度は官僚たちが常に官邸の顔色を窺い、首相とその取り巻きに気に入られようと腐心し、時に違法な便宜供与を

行う事例すら現れた（いわゆる「安倍 1 強」政治と「森友・加計」問題）。

　しかし強い首相による強権政治は、いくら選挙による民意の一時的な現れの結果であるとしても、それは真の国民主権の姿ではない。真の国民主権は、国民の間であれ国会議員の間であれ、手のかかる熟議とその結果としての妥協を必要とする。国民が熟議に慣れていない場合には、むしろ首相候補者のスタイルや政策抜きの理念のみを手がかりに投票し、政権交代か継続かの選択のみで満足し、実際の政治は一部の政治エリートに「白紙委任」してしまう傾向がある。特に国力の低下に直面する現代日本は、相変わらず「強いものに巻かれる」傾向の強いその国民性とも相まって、官僚層と親和性を保ちつつ強力な政治的リーダーシップを発揮するタイプの保守政治家が権力を握る時には、適度な政権交代による民意の国政反映よりも、むしろ政策面での違和感を押し殺して強権的な首相に政治を丸投げするような安定志向型政治に走りやすい。小選挙区制は対抗勢力が弱いと、頻繁な政権交代どころか、「1 強多弱」の長期化を生み出してしまうのだ。

　安倍政権の終焉後は、日本政治も世界的な政治の不安定化と歩を合わせるように次第に不安定化を強めている。2024 年総選挙では自民・公明の与党が過半数割れを起こした。2024 年末の時点で、両党はなお政権に留まっているが、丁寧な政治を心がけ、野党との妥協に努めなければ、直ちに政治は激動と混迷の状況に突入するであろう。しかし政治の混迷化を前にすると、「政治不信」の中で我々はいっそうの「強力な行政府の首長への依存」の方向に進む危険性もある。

(2) **全世界的な民主主義の危機**

　確かに現在の民主政治は世界中で暗礁に乗り上げつつあるように見える。本章冒頭のフランスの憲法学者による皮肉を込めた警句は、従来の左翼・右翼の主要政党間の対抗による政権交代の図式が崩れ、頑なに欧州統合に反対し移民排斥を叫ぶ極右勢力が強大化する中での 2017 年大統領選挙で、予想外の得票を得て当選したマクロン大統領をめぐる政治現象、並びにそこから想起される世界各国の伝統的な民主政治の機能不全を分析する研究書からの引用であった。確かにアメリカでは、従来の民主党と共和党の穏健な対立図式ではなく、「トランプ対反トランプ」に象徴される政治の極端な 2 極化が進行している。トラ

ンプ大統領は移民排斥と極端な保護主義（「アメリカ・ファースト」）の政策をとるだけでなく、連邦最高裁裁判官の党派的な人事を通じて司法の極端な保守化までも進めようとしている。ロシアのウクライナ侵攻やイスラエルのパレスチナ・ガザ地区の軍事弾圧などに伴う国際社会の不安定化、ウクライナ支援などに伴う各国の財政悪化やエネルギー危機、並びにグローバル化による世界的な経済格差拡大の反映としての各国内の経済的社会的分断化の進展と貧困層の増大は、選挙のたびごとに政治の不安定化とそれに伴う既存の民主政治システムの機能不全を露にしているようにも見える。第2期マクロン政権の途中で、無謀な解散をしたマクロンの与党が大敗し、フランスでも極右と極左の2大勢力が下院の3分の2以上の議席を占めるようになり、議会による政府不信任の危機にさらされて組閣自体が困難になっている。極右勢力の台頭と政治の不安定化はドイツでも同様である。日本の隣国である韓国では、執拗な野党の政権攻撃に業を煮やした尹大統領が2024年12月、無謀な非常戒厳の宣布を行った結果、激しい弾劾騒動を引き起こしてしまい、政治は混迷を極めることとなった。現代ではどの国でも政治の極端な2極化が進んでいる。政権側も野党側も頑なに妥協を拒んで相手への攻撃に傾注し、政争に明け暮れ、それが政治に対する不信を増大させている。こうした民主政治の機能不全を見て、ヒットラー・ナチス政権を生んでしまったドイツ・ワイマール民主政の失敗や戦前の日本での政党政治の機能不全に対する軍部台頭との共通性を指摘する声すらある（朝日新聞2024年12月30日記事「特集デモクラシーと戦争・政党政治は希望か落とし穴か」）。

(3) 立憲民主主義の真髄は「よりましな政治」の模索

　確かに現代国家は、近代立憲主義が標榜した国会主導の政治だけでは維持困難なように見える。官僚や既得権益層の抵抗に負けない政治家のリーダーシップは確かに必要である。しかし民主主義の機能不全は、総選挙による政権選択のみでその後の一定期間、全ての政治が決まってしまうやり方ではなく、あるいは熟議プロセスを欠いたままの国民投票制を導入することにより一挙に白か黒かを付ける乱暴な決定の仕方でもなく（もちろん重要場面での直接民主主義的決定は否定されるべきではない）、与野党が適度に政権交代する状況を積極的に受け入れたうえで、国会内及び国会と政府との間の熟議と妥協の政治を重ねることが何よりも重要である。今の日本は余りにも行政権優位の政治となっている。

この点で、国会中心の政治運営は、時間はかかるが利害調整と情報公開の面で優れていることを思い起こすべきである。対立する利害の調整と改革の着実な推進との調和点は、真剣な熟議を経れば必ず見つかるはずである。バランスをとるためにも、国会に今よりも多くの政治的決定権を保障する制度改革が必要である。加えて、いっそうの地方自治の発展や行政の NPO 委託の推進などによる国家の過重負担の軽減と市民参加の身近な政治の拡充による補完も不可欠であろう。

　それは、国民が主権者として成長する方向でもある。本章冒頭の警句を述べた学者とは別のフランス政治学の碩学は、政治不信が蔓延る現代政治に対して次のように述べている。「満足のいく参加型の〔政治〕運営のための唯一の処方箋を提供する『ただ一つのベストな道』など存在しないし、完全に満足のいくような代表制の形態も存在しない」（Pierre Rosanvallon, *La contre démocratie*, Éditions du Seuil, 2006, p.319 [5]）。私たち国民も政治の機能不全に怯えたり、フラストレーションから過激なポピュリズムに走るのではなく、立法府と行政府、与党と野党、そして国民代表と有権者の間の「よりましな」関係を不断に模索する政治のあり方に慣れて、これを使いこなすことが求められているのである。

VI　財政の民主的統制

1　財政民主主義

　国や自治体が活動する上で必要な資金は、徴税や借金（起債）、投資その他の経済活動を通じて賄われるが、そのほとんどは結局のところ国民の負担するところとなり、また金利政策や財政投融資等の財政活動は広く国民生活に重大な影響を及ぼす。市民革命の多くが国民の同意を得ない国王の一方的専横的な課税・増税に対する反発から発生したことを考えても、財政活動への民主的統制が重要なことは明らかだ。憲法 83 条は、「国の財政を処理する権限は、国会の議決に基づいて、これを行使しなければならない」と定め、**財政国会中心主**

---

(5)　同書の邦訳にはピエール・ロザンヴァロン著（嶋崎正樹訳）『カウンター・デモクラシー』（岩波書店、2017 年）があり、該当部分は 310 頁に訳されているが、ここでは大津の訳し方で記述している。

義を明確にしている。この財政国会中心主義は、**財政民主主義**とも言い換えられる。しかし次の2点において財政民主主義の意味は深められるべきである。

　まず、財政は単なる行政作用の一部と考えてはならない。財政は国政の重要部分であり、国政決定権は本来的に立法作用と考えるべきであるから、財政もすべて国会の予算議決権を通じてその内容が決定されなければならない。前述したように予算作成作業は立法と行政の協働作用ととらえるべきであり、国会の予算増額修正権は常に認められなければならない。

　第二に、財政民主主義は納税者の権利保護と財政分野における国民主権の徹底化（財政国民主権主義）を意味する以上、財政に対する民主的コントロールは国会だけで実現できるものではない。国民主権の徹底化を人民主権説の文脈で理解する場合、市民が身近に財政を決定できるように自治体（特に基礎自治体）に対する最大限の権限移譲と税財源移譲が求められる（第14章参照）。そして財政民主主義は自治体の場では当然に財政地方議会中心主義を要求するが、それだけでなく、違法または不当な公金の支出や管理等に対する住民監査請求制度（地方自治法242条）と監査結果になお不満がある場合の住民訴訟制度（同242条の2）も、住民（国民）自身による実効的な財政統制手段である以上、徹底した財政民主主義として理解した場合の憲法83条がこれを要求することになる。この観点からは、未だに立法化されてはいないが、国の違法または不当な財政活動に対する納税者訴訟（国民訴訟）の制度も、同様に83条から要請されると考えることができよう。

2　租税法律主義

　憲法84条は「あらたに租税を課し、又は現行の租税を変更するには、法律又は法律の定める条件によることを必要とする」と定める。この規定は、財政国会中心主義（財政民主主義）を財政収入面で具体化したもので、**租税法律主義**と呼ばれる。租税法律主義は地方税については**租税条例主義**となる。租税法律主義は、単に課税の根拠として法律が必要というだけでなく、国民の財産権保障と適正手続保障のために**課税要件法定主義**（地方税については**課税要件条例主義**）と**課税要件明確主義**を要求する。

　課税要件法定主義とは、納税義務者、課税物件、課税標準、税率等の課税要

件と、租税の賦課徴収の手続が法律で定められていなければならないとする原則である。租税法の解釈や適用の具体的基準を示すために出される通達は、本来は行政の内部文書にすぎないから、法改正抜きの「通達課税」によって新たな租税の創出を行うことはできないはずであるが、実務ではそれに近い運用がみられる。**パチンコ球遊器事件**（最判 1958.3.28 民集 12-4-624）において最高裁は、通達の内容が法律の正しい解釈に合致する場合には、それまで別の解釈で非課税だった対象に、「通達を機縁として」課税しても違憲にはならないとした。しかし課税されないまま長期間経過し、一般に非課税と理解されている対象には、新たな立法なくして課税することは課税要件法定主義に反するであろう。

　課税要件法定主義は、課税に関する法律や命令が、国民が予め自分が課税対象者であるのか否か、課税対象者である場合にはいかなる要件に基づきいくら課税されるのかの予測がつくような明確性を備えた定め方をすべきこと、すなわち課税要件明確主義を含んでいる。**秋田市国民健康保険税条例事件**の高裁判決（仙台高裁秋田支判 1982.7.23 行集 33-7-1616）は、憲法 84 条の租税法律（条例）主義が課税要件条例主義と課税要件明確主義を含むとした上で、課税権者の恣意が介入する余地のある不確定概念を用いた条例の規定により国民健康保険税を徴収する秋田市条例を、憲法 92 条および 84 条に反し無効と判示している。

　租税法律主義の対象となる租税の範囲は必ずしも「税」の名称が付くもの（形式的意味の租税）に限られない。「国（または地方公共団体）が、特別の役務に対する反対給付としてではなく、その経費にあてるための財力取得の目的で、その課税権に基づいて、一般国民に対して一方的・強制的に賦課し、徴収する金銭給付」（佐藤〔功〕516 頁）というのが租税の実質的な意味であるが（佐藤は「固有の意味の租税」と表現する）、この意味の金銭徴収にはすべて憲法 84 条の租税法律主義が厳格に適用され、課税要件法定主義と明確主義の遵守が義務づけられることになる。財政法 3 条は、形式的意味の租税だけでなく、国の課徴金、専売価格、事業料金についても国会の議決を求めるが、その中には強制性の乏しいものや、強制性はあっても利用者や加入者がその結果として一定のサービスを受けることをその本質とするものも含まれるので、通説は財政法 3 条を憲法 84 条の確認規定ではないとする。実質的意味の租税以外の公課の強制徴収についても国会の民主的統制が及ぶべきことについては、これを憲法 83 条の

財政国会中心主義から導き出す学説が有力である（野中ほか② 336-338 頁）。

市区町村が実施する国民健康保険事業の経費については、地方税法に基づき国民健康保険税として徴収する方法と国民健康保険法に基づき国民健康保険料として徴収する方法のいずれかを、自治体が自ら条例を定めて選ぶことができる。地方税として徴収する場合には租税法律主義の遵守が厳格に求められることは前述したが、保険料の場合も同じであろうか。この点につき、徴収権者の恣意的介入の余地のある不確定概念を用いて保険料を徴収する制度について最高裁が初の判断を加えた**旭川市国民健康保険条例事件**（最大判 2006.3.1 民集 60-2-587）は、保険料を「被保険者において保険給付を受け得ることに対する反対給付として徴収されるもの」であるから租税ではないと判断し、また保険料が強制徴収されることについても、「社会保険としての国民健康保険の目的及び性質に由来するもの」と理解すべきであって租税の性質をもつこととは無関係とした。その上で最高裁は、「保険料に憲法 84 条の規定が直接に適用されることはない」と判断したのである。

もっとも最高裁は、「租税以外の公課であっても、賦課徴収の強制の度合い等の点において租税に類似する性質を有すべきものについては憲法 84 条の趣旨が及ぶ」とするが、この場合は租税以外の公課は性質が多種多様であるため、課税要件明確主義等の租税法律主義の要請は「当該公課の性質、賦課徴収の目的、その強制の度合い等を総合考慮して判断」されるにとどまるとした。したがって、たとえ保険料強制徴収制度に憲法 84 条の趣旨が及ぶことを認めたとしても、保険料算定に必要な基準の一部につき徴収権者の合理的選択に委ねざるをえない国民健康保険の制度的特質や、保険事業特別会計の予算と決算の場面で地方議会の民主的統制が及ぶ点などを踏まえるなら、不確定概念を用いた保険料徴収制度が憲法 84 条の趣旨に反するとまではいえないとしたのである。なお同判決は、同じ国民健康保険事業であってもこれに税の名称が付く限り、憲法 84 条の規定が直接に適用されると述べている。

3　その他の憲法上の財政原則

以上の基本原則の他にも憲法は、国費の支出と国の債務負担行為に国会の議決が必要であること（85 条）、国費支出のための国会の議決は予算の形式でな

されるべきこと（86条）、予備費の設定も国会の議決によるべきことと内閣による予備費の支出は事後的に国会の承諾を要すること（87条）、皇室財産はすべて国有とし、皇室費用は予算に計上し国会の議決にかけること（88条）、国の収入・支出の決算は会計検査院がこれを検査し、内閣はこの決算と会計検査院報告を次年度の国会に提出すべきこと（90条1項）を定める。91条は、内閣が「国会及び国民に対し、定期的に、少なくとも毎年1回、国の財政状況について報告」すべきことを規定するが、この規定は、すでに述べたように憲法の財政民主主義が単なる財政国会中心主義にとどまるものではなく、国民自身が可能な限り財政決定に直接・間接に参加することを保障する財政国民主権主義であることの根拠ともなる（杉原② 427-428頁）。

さらに憲法89条は、「公の支配に属しない慈善、教育若しくは博愛の事業」に対する公費の支出について、たとえ国会の承認や立法があろうともそれを禁止している（**公費支出の制限**）。89条前段は20条が定める政教分離原則を財政面から補強するものである。89条後段の目的については、私的団体の自主性確保説、宗教や思想に対する国家の中立性確保説、公費濫用防止説の3つの理解の仕方があるが、3説は必ずしも排他的ではない。

幼児教室助成事件（東京高判1990.1.29 高民集43-1-1）では公費濫用防止説をとりつつ、「公の支配に属する」の意味については、「公の権力が当該教育事業の運営、存立に影響を及ぼすことにより、右事業が公の利益に沿わない場合にはこれを是正する途が確保され」ていれば足りるとし、当該事業の人事や予算に公権力が直接関与する必要はなく、法律による規制も不可欠ではないとした。

> **【avancée】**憲法上、衆議院の実質的な解散権はどの国家機関に帰属し、またその解散権の行使に制約はあるか。
>
> 　衆議院の解散とは、任期満了前に全衆議院議員の身分を失わせる行為をいう。現在の実務では解散権は首相の専権とされ、自らの党に有利な時期を狙ってこれを行使する。解散権をこのように権力者の都合良いように用いることが許されるかについては、実質的な解散権の憲法上の根拠規定はどこか、この権能が帰属する国家機関はどこかという問題と関わり、大きな論点となっている。
>
> 　大別して4説が対立している。(1)解散権行使の根拠を憲法69条に限定する**69条説**は、衆議院による内閣不信任案の可決（あるいは信任案の否決）の場合に限って、その対抗手段として69条が内閣に与えた権能として解散の実質的決定権を解する。

したがってこの説では、内閣が解散権を行使できるのも、内閣不信任案の可決あるいは信任案否決の場合に限られる（**69条限定説**）。しかしこの説には、69条の文言は内閣の総辞職規定としか読めないこと、適宜民意を問うという解散の民主的な意義が軽視されること等の点から批判がある。次に、(2)65条の行政権概念に関する控除説を利用することで、無限定の解散権が内閣の行政権に含まれるとする**65条説（65条控除説）**がある。しかし元来控除説には内閣の権能を無限に拡大する危険性が指摘されており、無限定の解散権を行政権に含めることは立憲主義の破壊になる。さらに、(3)憲法上に実質的な解散権の根拠を示す明文規定はないと考えたうえで、議院内閣制の本質からして、衆議院に内閣不信任権があることと釣り合いを持たせるために内閣にも解散権があるはず、とする**議院内閣制説**が有力に唱えられた（権力分立制の本質として内閣に解散権があるはずと主張する**制度説**もこの亜種である）。この説でも、内閣の解散権行使は内閣の自由裁量となる（**無限定説**）。しかしこの説には、議院内閣制の定義自体に均衡本質説と責任本質説の2つがあり、議院内閣制（あるいは権力分立制）を採用していることだけを根拠に、立法府と行政府の間の均衡と後者への解散権帰属を導くことはできないという批判が加えられることになる。それゆえ、(4)形式的儀礼的な解散権（解散詔書公布の形式や手続きの決定権）のみならず実質的な解散決定権（解散するか否かの決定権）も、憲法規範上は7条3号により天皇に帰属するとしたうえで、憲法3条及び7条により国事行為の全てに不可欠とされる内閣による事前と事後のコントロール（助言と承認）を加えることで、形式的解散権も実質的解散権も全て内閣に移るとする**7条天皇説**が有力となった。

　この説には、日本国憲法が国民主権を基本原理としていることに反する、あるいは憲法4条が定める天皇の政治的無権能性に反するとの批判が加えられている。しかし7条天皇説からは、天皇の国事行為はその全てが始源的に形式的儀礼的なわけではなく、憲法上他の国家機関に帰属していることが不明な一部の権能については、規範論理上の問題として最初は実質的決定権が天皇にあると考えるほかはなく、内閣の助言と承認を通じてこれが内閣に移り、天皇のそれは形式化儀礼化されることで天皇の（最終的な）政治的無権能性という憲法4条の要求も満たされるとの反論がなされる。なお7条天皇説を採った場合にも、解散権の行使は内閣（首相）の自由裁量とする無限定説と結びつく場合が通例であるが、天皇の国事行為は「国民のために」行われなければならないとする7条冒頭の規定から、党利党略的な解散は禁止されており、イギリスの憲法習律のように解散権の行使は国民の選択を問うべき重大な争点発生の場合や与党（連立内閣）の構成の変動の場合に限られるとする有力説もある（**憲法習律限定説**。杉原②293頁）。もっとも解散権行使がこの限界を超える「違憲」の解散か否かの司法審査は困難なので、実際には政治的な意味での限界を認めるに過ぎない。

　通説・下級審の先例は、実質的解散権と形式的解散権の区別を曖昧にしたままで、解散権の内閣帰属の根拠を7条3号に求めている（**苫米地事件**〔東京地判1953.10.19行集4-10-2540、東京高判1954.9.22行集5-9-2181〕）。最高裁は、解散権の所在も解散事由の制限の存否についても統治行為論を採るところから、立場を明ら

かにしていない（最大判 1960.6.8 民集 14-7-1206）。なお、選挙期日の決定については統治行為論は及ばないとして司法審査を行いながら、結局のところ内閣の選挙期日の決定権に制約を認めなかった下級審の先例がある（**衆参同日選挙事件**〔名古屋高判 1987.3.25 行集 38-2・3-275〕）。従来はこの通説と苫米地事件下級審判決の立場を 7 条（天皇）説と呼ぶことが通例であった。規範論理上の理由からとはいえ、出発点において天皇に実質的な政治的権能の一部を認めるかのような 7 条天皇説は、日本国憲法が国民主権を採用したことを重視する立場からは避けたい解釈である（天皇制については 16 章Ⅱも参照）。しかし憲法規定の文言（文理解釈）を尊重しつつ、解散の民主的な意義や議院内閣制をめぐる憲法理論を重視する場合にはやむを得ない立場であろう。

　それでも 7 条天皇説を避けるとするならば、69 条説と 65 条控除説を修正のうえ合体させて、憲法 69 条が不信任案可決の場合に解散を予定していること自体は憲法上明らかであるから、この場合に限り 65 条の行政権に不信任への対抗措置としての内閣の解散権を認める立場を採るべきであろう（**69 条限定の控除説**）。権力者の武器と化した解散権行使に歯止めをかけるほうが立憲民主主義にかなうという考え方は、民主政治が暴走したワイマール共和国への反省から生まれた現在のドイツ憲法にも見られるところである（ドイツ連邦共和国基本法 68 条）。均衡本質説の母国であるイギリスでさえも、キャメロン政権下の 2011 年に制定された議会任期固定法で、下院の 3 分の 2 以上の特別多数の賛成がある場合の解散のほかには、下院の単純過半数による内閣不信任決議とその後の 14 日以内の新内閣の信任決議が可決されない場合に解散を限ることが試みられた。確かに同法は、強引な政治手法が特徴のジョンソン政権の下で、2022 年に議会解散及び召集法が可決されたことに伴って廃止され、結局、首相の任意の解散権が復活してしまった。しかし少なくとも、現在の日本のように首相に解散のフリーハンドを認めることが、自由民主主義国の常識とは言えないことには留意すべきであろう。

【参考文献】

杉原泰雄「権力分立の近代と現代」『基本法学 6　権力』岩波書店、1983 年

阪本昌成「議院内閣制における執政・行政・業務」佐藤（幸）ほか編『憲法 50 年の展望Ⅰ　統合と均衡』有斐閣、1998 年

高橋和之『国民内閣制の理念と運用』有斐閣、1994 年

第12章　裁判所

> 「どうか私たちを、あなたたち自身が裁いてほしいと思うやり方で裁いてください。」（アンジェラ・デービス編著『もし奴らが朝に来たら―黒人政治犯・闘いの声―』現代評論社、1973年）

　2009年5月に、一定の重大犯罪について、一般市民から選ばれた裁判員とプロの裁判官が一緒に審理を行う裁判員制度がスタートしてから、2024年で15年となる。最高裁判所が2022年に実施したアンケート調査によれば、裁判員に選ばれる前は「あまりやりたくなかった」又は「やりたくなかった」と回答した人は39.1%であったが、裁判員として裁判に参加した後では、96.3%もの人が「非常によい経験と感じた」又は「よい経験と感じた」と回答しており、満足度は非常に高い。

　一般市民が参加することによって「裁判」は変わったのか。あるいはこれからどう変わるべきなのか。

I　基本的人権を守るための権利

1　国務請求権

　憲法は、自由権や社会権といった基本的な人権のみを保障するだけでなく、それらの権利を確保するために、市民が国家に対して積極的に働きかけることができる権利も保障している。それらは**国務請求権**（あるいは**受益権**）と呼ばれるものであり、損害の救済や公務員の罷免などに関する**請願権**（16条）、公務員の不法行為に対する**国家賠償請求権**（17条）、抑留又は拘禁された後に「無罪の裁判を受けた」場合の**刑事補償請求権**（40条）、そして「**裁判を受ける権利**」

(32条)がこれに相当する。

(1) 請願権

　請願権とは、もともと近代的な議会制が成立する以前の絶対君主制の時代に、為政者に対して民意を伝える手段として認められたものであり、国民主権原理のもとで参政権が保障されている現代憲法下ではさほど大きな意義はもたないといわれている。しかし、今日の代議制は必ずしも国民の意思を反映しているとはいえず、また参政権は外国人や未成年者には認められていないが、請願権は誰でも行使できるので、請願権を一種の参政権的役割を果たすものとして積極的に捉える見解もある。現在、請願の扱いについては各機関の判断に任されており、審査や回答の義務は特に課せられていないが、請願権の行使を実質的に保障するためには、少なくとも請願内容についての審査や審査結果の報告を義務づける立法措置は必要であろう（詳しくは請願法参照）。

(2) 国家賠償請求権

　公権力の不法な行使に対する賠償請求が認められるようになったのは、国民主権原理が確立した近代以降であり、日本でも明治憲法下では「国家無答責の原則」のもと、国民が国の不法行為により被害を被っても事実上泣き寝入りするしかなかった。

　それでは、17条が設けられたことによって具体的な請求権が認められることになったのか、それともこの条文を実施する法律によって初めて具体的な請求権が認められることになるのか。実際には、この条文を具体化するために国家賠償法が1947年に制定されているので、特に問題はないようにみえるが、国家賠償法1条にいう「公権力の行使」に国会の立法行為や立法不作為が含まれるのかどうかにつき、下級審では認めた例もあるが（山口地裁下関支判1998.4.27判時1642-24、熊本地判2001.5.11判時1748-30）、最高裁は非常に消極的に解していた（最判1985.11.21民集39-7-1512）。しかし、近年、立法行為につき、17条は「国又は公共団体に対し損害賠償を求める権利については、法律による具体化を予定している」が、これは「公務員のどのような行為によりいかなる要件で損害賠償責任を負うかを立法府の政策判断にゆだねたものであって、立法府に無制限の裁量権を付与するといった法律に対する白紙委任を認めているものではない」とした上で、「公務員の不法行為による国又は公共団体の損害賠

償責任を免除し、又は制限する法律の規定が同条に適合するものとして是認されるものであるかどうかは、当該行為の態様、これによって侵害される法的利益の種類及び侵害の程度、免責又は責任制限の範囲及び程度等に応じ、当該規定の目的の正当性並びにその目的達成の手段として免責又は責任制限を認めることの合理性及び必要性を総合的に考慮して判断すべきである」として、国の賠償責任をきわめて狭く制限している郵便法の条文は違憲であるとしたり（**郵便法事件**〔最大判 2002.9.11 民集 56-7-1439〕）、立法不作為についても、在外選挙制度に関する立法不作為を国賠法上違法と認めたりしている（**在外国民選挙権訴訟**〔最大判 2005.9.14 民集 59-7-2087〕詳しくは第 13 章参照）。

(3) 刑事補償請求権

刑事裁判が有罪か無罪かを判断するものである以上、「抑留又は拘禁」された結果、無罪となることも制度上やむを得ないことであり、それは必ずしも国家の違法行為とはいえない。しかし、憲法 40 条は、公務員の行為の違法性や故意・過失に関係なく、本来必要のなかった抑留又は拘禁による重大な人権侵害に対して補償を行うことで、事後的ではあるが救済を図ろうとするものである（なお、公務員の故意・過失による違法が認められるときは 17 条の国家賠償請求による救済も可能である）。

40 条の具体的実施については 1950 年に制定された刑事補償法が定めている。これによれば「未決の抑留又は拘禁」を受けた場合、及び再審等によって無罪判決を受けた者がすでに「刑の執行又は拘置」を受けていた場合に補償を請求できる [1]。補償の請求は無罪の裁判が確定した日から 3 年以内に、その裁判を行った裁判所に対してしなければならない。

「無罪の裁判を受けたとき」をどう解するかについては、無罪判決が確定したときだけでになく、不起訴の場合も含まれると解するべきであるが、刑事補償法には後者についての規定がない。代わりに 1957 年に法務省訓令として「被疑者補償規程」が定められ、刑事補償法の範囲内での補償が認められているが、

---

(1) 補償の内容は、抑留又は拘禁、懲役・禁固等の場合 1 日につき 1,000 円以上 1 万 2,500 円以下、死刑執行後の場合は 3,000 万円以下（ただし本人の死亡による財産上の損失額が証明された場合にはその損失額に 3,000 万円が加算される）、罰金・科料の場合は年 5 分の割合を加算した額、などである。

これには司法的な救済手続が備わっておらず不十分なものである。また少年事件についても「少年の保護事件に係る補償に関する法律」が1992年に制定され、刑事補償法の範囲内の補償が認められているが、家庭裁判所の補償決定に対する上訴が認められていないなどの不備がある（最高裁はこれを合憲と判断している。最決2001.12.7刑集55-7-823）。

2　裁判を受ける権利

(1)　「裁判」とは

　憲法32条は「裁判を受ける権利」を保障している。これはもともと絶対王政下での恣意的な裁判に対抗して、個人の権利を実質的に保障するために主張されてきたものである。したがって、そこで要求されるのは、単に「裁判」を受けることができるというだけでなく、「公正な裁判」が受けられなければならないということである。また、裁判所による違憲審査制を採用している日本国憲法のもとでは、この権利は人権保障や憲法保障の手段としても重要な意義を持つことになる。

　それでは「裁判」が「公正」であるためには何が必要か。まず裁判を行う場である「裁判所」は、憲法及び法律に則って設置され、かつ政治部門から独立した「裁判所」でなければならない（76条1項）。また、特別裁判所の設置や行政機関による裁判は禁止される（同2項）。

　次に「裁判」そのものの公正さを保つための手続が問題となる。この点につき、32条から導き出される基本原則は「対審・公開の原則」である。「対審」とは、訴訟当事者が裁判官の面前で、口頭でそれぞれの主張を述べあうことをいう。民事訴訟も刑事訴訟も原則としてこの「対審」手続を採用している。なぜなら、利害の対立する両当事者の言い分を照らし合わせることにより、裁判官が中立的・客観的立場から最も納得のいく結論を下せると考えられるからである。

　裁判の「公開」も、裁判の公正さを担保する上で重要である。憲法は82条1項で裁判全般について、さらに37条1項で刑事事件について重ねて「公開裁判」を保障している（例外については82条2項）。なお、最高裁は、法廷でメモをとる行為について、「特段の事情がない限り、これを傍聴人の自由に任

せるべき」として、報道関係者だけでなく一般人についてもメモをとる自由を認めている（ただし、積極的に「権利」として承認しているわけではない。最大判1989.3.8民集43-2-89）。これを、憲法21条により保障される表現の自由の一環としての情報収集の自由と考えるだけではなく、82条の裁判の公開から導き出される市民の裁判への参加の権利（アクセス権）としてのメモ採取の自由として構成する考え方もある。

(2) **非訟事件と「裁判を受ける権利」**

以上のように、憲法32条が保障する「裁判を受ける権利」とは、基本的に「対審・公開」の手続による裁判を受ける権利であるが、民事事件のうち、必ずしも当事者間の紛争を前提とせず、紛争の予防のため裁判所が一定の法律関係を形成する非訟事件においては、「対審・公開」の手続は必要とされていない（非訟事件手続法11～13条、家事審判法7条、借地借家法42条など）。この点につき、最高裁に、「性質上純然たる訴訟事件」につき、「事実を確定し当事者の主張する権利義務の存否を確定するような裁判」が「公開の法廷における対審及び判決によってなされない」ならば憲法82、32条に違反するが（最大決1960.7.6民集14-9-1657）、家事審判法の審判は「本質的に非訟事件の裁判であって、公開の法廷における対審及び判決によって為すことを要しないものである」から、同法の手続は合憲であると判断している（最大決1965.6.30民集19-4-1089）。

しかし、今日では、個人の生活に対する国家の後見的な立場からの介入の要請が強まり、当事者間の紛争であっても非訟手続によって処理する、いわゆる「訴訟の非訟化」という現象が起こっており、訴訟事件か非訟事件かの区別は形式的すぎるとの批判もある。たとえば、離婚や相続といった争訟性の高い家事審判が非公開であるのは、それが非訟事件だからではなく、当事者のプライバシーを侵害するおそれがあるからである。このように、「対審・公開」の原則に対する例外は、事件の内容・性質に即して判断されるべきである、との見解も有力になっている。

(3) **審級制度と「裁判を受ける権利」**

日本の裁判は「三審制」であると一般にいわれているが、実際には、民事事件においても刑事事件においても、最高裁への上告は憲法違反を理由とする場合などに限定されている（民訴法312条、刑訴法405条）。また上告審では原則

として事実関係は争われず、もっぱら法律の解釈についてのみ判断（＝法律審）することになる（例外として刑訴法411条）。さらに1996年には、最高裁の負担を軽減するために民訴法が大々的に改正され、法令違反を理由とする上告の受理については最高裁の判断に委ねる裁量上告制度（民訴法318条）が導入される一方、高等裁判所の決定・命令に最高裁の判例と相反する判断がある場合などに、原裁判を行った高等裁判所が許可したときは最高裁への抗告を認める許可抗告制度（民訴法337条）が新設された。

　このような事実上の「二審制」ともいえる制度の導入は、「裁判を受ける権利」の侵害とはならないのか。この点につき、最高裁は一貫して、上訴の範囲や要件などの審級制度をどのように定めるかは、憲法81条の要請以外は、合理的な範囲である限り立法政策の問題であるとしており（許可抗告制度につき最決1998.7.13判時1651-54、裁量上告制度につき最判2001.2.13判時1745-94）、通説も同様の立場をとっている。

　これに対し、近年、憲法32条は、裁判手続に関するデュー・プロセスを要求し、権利侵害に対して実効的な救済を受けることを保障しているとの主張がなされている。この立場によれば、最高裁の上告理由に一定の制限を設けることは認められるが、一定の事件について最高裁への上告を一切認めないような制度は「裁判を受ける権利」を侵害するものということになる。審級制度や訴訟類型などの訴訟要件については、基本的には立法裁量を認めつつも、それらが手続的に「公正」な裁判を保障し、かつ実効的な救済を阻害するものではないかが常に検討されねばならないだろう。

II　裁判所

1　司法権とは

(1)　司法権の概念

　権力分立のもと、立法・行政とならぶ国家作用の1つである「司法」をつかさどるのが裁判所である。「司法」とは、「具体的な争訟について、法を適用し、宣言することによって、これを裁定する作用」と一般に定義される。明治憲法下では、民事事件と刑事事件のみが「司法権」の範疇として通常の裁判所で扱

われ、行政事件については別個の行政裁判所で扱われていた。これに対し、日本国憲法は、行政事件も含めたすべての裁判を「司法権」の範疇とし、行政裁判所のような特別な裁判所の設置を禁止している（憲法76条2項）。

　それでは、裁判所が扱う「具体的な争訟」とは何か。この点につき、裁判所法3条1項は「一切の法律上の争訟」と定め、最高裁は「法律上の争訟」とは「法令を適用することによって解決し得べき権利義務に関する当事者間の紛争」と定義している（最判1954.2.11民集8-2-419）。つまり、裁判所が扱うのは、当事者間の具体的権利義務ないし法律関係についての争いで、かつ法律を適用することによって解決できるもの、ということになる[(2)]。

　このような定義からすると、以下のものが「司法権」の対象から除外される。まず、具体的な権利侵害がないのに、抽象的に法令の解釈又は効力を争うことはできない（警察予備隊違憲訴訟。最大判1952.10.8民集6-9-783。第13章参照）。その他、単なる事実の存否、個人の主観的意見の当否、学問上・技術上の論争についても裁判所は関与しない（たとえば、国家試験の合格・不合格の判定など。最判1966.2.8民集20-2-196）。また、宗教団体内部における争いについては、一見民法上の紛争に見えても、その前提として宗教上の教義に関する判断が必要となる。このような場合、最高裁は、前提問題としての信仰対象の価値又は宗教上の教義に関する判断が当該訴訟の帰趨を左右する必要不可欠のものである場合には、結局法令の適用による終局的な解決は不可能であるから「法律上の争訟」にはあたらないとする一方（「板まんだら」事件。最判1981.4.7民集35-3-443）、その判断内容が宗教上の教義の解釈にわたらない限り、裁判所による審査は可能であるとも判断している（種徳寺事件。最判1980.1.11民集34-1-1）。宗教上の教義に関わるとはいえ、裁判所が安易に司法権の行使を控えることは、私人による自力救済を禁止した上で保障されている「裁判を受ける権利」を侵害することになるので、宗教団体の自律の尊重と裁判による救済の必要性のバランスを考慮した上での審査基準の精緻化が求められる。

---

(2)　これを「主観訴訟」というのに対して、具体的な権利侵害がなくとも、行政の適法性の確保を目的として行われる訴訟を「客観訴訟」という。これには「選挙人たる資格その他自己の法律上の利益にかかわらない資格」で出訴できる「民衆訴訟」（行訴法5条）と国又は公共団体の機関相互間の紛争についての「機関訴訟」（同6条）とがある。

(2) 司法権の限界

　以上のように、裁判所は「一切の法律上の争訟」を扱うが、これには権力分立やその他の理由による例外もある。憲法が明文で認めている議員の資格争訟の裁判（55条）や裁判官の弾劾裁判（64条）、あるいは国際法上の治外法権や条約による裁判権の制限などである。国会ないし議院の自律権に関する事項（議院の懲罰や議事手続などの内部事項）についても、最高裁は裁判所の審査権は及ばないとしているが（警察法改正無効事件。最大判1962.3.7民集16-3-445）、定足数や議決の要件などは憲法に定めがある以上（56条）、違反が明白な場合まで裁判所による審査を否定する理由はないといえる。

　これとは別に、地方議会、大学、政党などの内部問題については、それぞれの団体の自治を尊重すべきであるから、司法審査は控えるべきだという考え方がある（「部分社会の法理」）。たとえば、最高裁は大学について「国公立であると私立であるとを問わず…一般社会とは異なる特殊な部分社会を形成している」ので、「単位授与（認定）行為は、他にそれが一般市民法秩序と直接関係を有する」と認められる特段の事情がない限り、裁判所の審査対象にならないとしている（富山大学事件。最判1977.3.15民集31-2-234）。また、政党についても、「高度の自主性と自立性」を保障しなければならないので、「政党が党員に対してした処分が一般市民法秩序と直接関係を有しない」限り裁判所の審査は及ばず、当該除名処分が「一般市民としての権利利益を侵害する場合」であっても、その処分の当否は「当該政党が自律的に定めた規範が公序良俗に反するなどの特段の事情がない限り」その規範に照らし適正な手続に則ってされたかどうかを判断するにとどまる、としている（共産党袴田事件。最判1988.12.20判時1307-113）。なお、地方議会について、最高裁は、議院に対する懲罰などは「内部規律の問題として自治的措置」に任せるべきであるとする一方、除名処分の場合は「議院の身分の喪失に関する重大事項で、単なる内部規律の問題に止まらない」ので司法審査が及ぶとしていた（最大判1960.10.19民集14-12-2633）。しかしその後、「出席停止の懲罰が科されると…議事に参与して議決に加わるなどの議員としての中核的な活動をすることができず、住民の負託を受けた議員としての責務を十分に果たすことができなくなる」ため、「議会の自主的、自律的な解決に委ねられるべき」とはいえないとして、出席停止の懲罰の適否も司法審査の対象と

なると判例を変更した（最大判 2020.11.25 民集 74-8-2229）。

　最高裁は、一般的な「部分社会の法理」を認めているようであるが、設立趣旨や問題となっている憲法上の権利がそれぞれ異なるものをまとめて「部分社会」とみなし、そこでの内部紛争に司法審査が及ばないとするのは、かなり乱暴な議論である。各団体の内部問題はそれぞれの憲法原理に従って判断すべきであり、一般的・包括的な「部分社会の法理」を安易に用いるべきではない。

2　司法権の独立
(1)　意義
　公正な裁判が行われるためには、裁判所は外部からいかなる干渉も受けることがあってはならない。そこから司法権の独立の保障が導き出されることになる。これにはまず、司法権自体が他の立法権や行政権から独立していなければならない（広義の司法権の独立）という意味と、裁判を担当する個々の裁判官が独立してその職権を行使できなければならない（狭義の司法権の独立）という二つの意味がある。

　前者については、両議院の国政調査権との関係で問題となる。係属中の事件につき、同時並行的に国政調査を行うことは可能であるが、それが事実認定や判決内容の当否、裁判長の訴訟指揮の仕方に対する批判などに及ぶ場合は、司法権の独立を侵害するものとなる（浦和事件、二重煙突事件〔東京地判 1956.7.23 判時 86-3〕）。後者については、司法内部における上級裁判所の下級裁判所に対する監督権のあり方が問題となるが、個々の裁判への干渉（吹田黙祷事件、平賀書簡事件など）よりも、通常の司法行政の与える影響が重大である（後述）。

(2)　裁判官の身分保障
　司法権の独立を確保するためには、裁判官の身分が保障されていなければならない。そのため、憲法は、裁判官が身分を失う場合を明文で限定している。裁判官が身分を失うのは、辞職と定年を除くと、次の3つの場合である。

(i)　弾劾裁判

　憲法 78 条は「公の弾劾」による場合の裁判官の罷免を認めている。64 条にはこれを受けて、国会に弾劾裁判所の設置を認めている（詳細は国会法と裁判官弾劾法参照）。国会による弾劾裁判が認められているのは、国民の代表である国

会を通じて裁判所に対して民主的統制を図ろうという趣旨である。

弾劾裁判は、両議院の議員各10名からなる訴追委員会からの「罷免の訴追」があった場合に開かれる。訴追委員会は、特定の裁判官について、国民や最高裁判所から罷免訴追の請求があったときはもちろん、請求がなくとも独自の判断で「罷免の事由」があるかどうかを調査し、訴追・起訴猶予・不訴追のいずれかを決定する。「罷免の事由」とは、「職務上の義務に著しく違反、又は職務を甚だしく怠ったとき」、あるいは「職務の内外を問わず、裁判官としての威信を著しく失うべき非行があったとき」である（裁弾2条）。訴追が決定されると、両議院の議員各7名で構成される弾劾裁判所で刑事手続に準じて審理が行われ、3分の2以上の多数意見があれば当該裁判官は罷免となる。弾劾裁判で罷免されると、裁判官の身分のみならず法曹資格も失い、退職金も支払われない。また、不服申立てを行うこともできない。ただし、罷免された裁判官には同じく弾劾裁判所による資格回復の裁判も認められており、今まで罷免訴追事件は10件あり、うち8名について罷免判決が出され、そのうち4名は資格を回復している。

(ii) 分限裁判

憲法78条は、「心身の故障」を理由とする罷免も認めている。これを受けて裁判官分限法が定められ、「回復の困難な心身の故障のために職務をとることができないと裁判された場合」の罷免が認められている（裁限1条）。これを判断するための分限裁判は、最高裁裁判官及び高裁裁判官については最高裁の大法廷で行われ、その他の裁判官については当該裁判官に対して監督権を持つ裁判所の申立により高等裁判所で5人の合議体による裁判が行われる。この決定に対しては最高裁大法廷への抗告が認められている。

また78条は、行政機関による懲戒処分も禁止している。これを受けて、裁判所法49条は、裁判官に「職務上の義務に違反し、若しくは職務を怠り、又は品位を辱める行状」があった場合、裁判による懲戒を定めている。この裁判は分限裁判と同じ手続で行われる。一般公務員の場合には懲戒処分には罷免も含まれるが、裁判官の場合は罷免の事由は憲法上限定されているので、懲役による罷免はない。また、「免官、転官、転所、職務の停止又は報酬の減額」（裁48条）も身分保障の観点から許されないので、懲戒の種類は「戒告又は1万円

以下の過料」のみである（裁限2条）。

(iii) 最高裁裁判官の国民審査

　以上の場合とは別に、最高裁判所の裁判官については国民審査制が定められている（憲法79条2項）。最高裁の裁判官は、任命後初めて行われる衆議院総選挙の際に国民審査を受け、その後10年を経過した後、初めて行われる衆議院総選挙の際に再び審査に付され、その後も同様とする。これは弾劾裁判よりもさらに直接的に司法府に対する民主的統制を認めるものであり、15条1項の定める公務員の選定罷免権を具体化したものとして非常に重要である。最高裁も、審査権は「国民主権の原理に基づき憲法に明記された主権者の権能の一内容である点において選挙権と同様の性質を有する」ものであるから、選挙権と同様、「国民の審査権又はその行使を制限することは原則として許されず、審査権又はその行使を制限するためには、そのような制限をすることがやむを得ないと認められる事由がなければならない」として、在外国民に国民審査権の行使を認めていない国民審査法を憲法15条及び79条違反と判断し、さらに立法不作為に基づく国家賠償も認めている（最大判2022.5.25民集76-4-711）。

　しかし、実際には国民審査は機能しているとはいいがたい。その原因の1つは現行の投票方式である。それは、裁判官の氏名が記載された投票用紙について、投票者が罷免した方がいいと思う裁判官の氏名の上欄に×をつけ、その×が過半数を超えた場合に罷免が成立するというもので、×以外の印（たとえば○）を書くと無効となる。これでは、罷免すべきかどうかわからないので何も書いていない票も「罷免をしなくてもいい」票として扱われることになり、投票者の意図とは異なる効果が与えられてしまう。

　最高裁は、国民審査制は解職（リコール）制度であるから、積極的な罷免の意思さえわかればいいとして、現行制度を問題なしとしているが、国民審査制が単なる解職制度ではなく、任命の事後審査の機能も有していることからすれば、○×方式にして、わからない場合は何も書かなくてもよい、すなわち棄権の自由を認めるべきであろう。

　また、国民審査が形骸化している原因として、国民の関心の低さも挙げられるが、2024年に行われた国民審査では、審査対象となった6人全体での不信任率は10.46％となった（10％を超えたのは4人であり、もっとも不信任率が高かっ

たのは長官の今崎幸彦氏の 11.46％であった）。全体の不信任率は近年 6～9％台で推移しており、10％を超えるのは 1990 年審査（11.62％）以来、34 年ぶりである。このような不信任率の高さの要因として、SNS で国民審査に関する豊富な情報が出回っていたことが指摘されている。選挙権と同様の重要性を有するこの制度を活性化していくためにも、私たち自らも引き続き積極的に裁判官や判決内容に関する情報にアクセスしていく必要がある。

3　裁判所の組織

裁判所は、大きく最高裁判所と下級裁判所に分けられる。下級裁判所には高等裁判所、地方裁判所、家庭裁判所、簡易裁判所がある。簡易裁判所は、少額・軽微な事件を簡易かつ迅速に処理するための裁判所であり、争いの対象が 140 万円以下の民事事件及び罰金刑以下の刑事事件の場合には、ここが第一審裁判所となる。家庭裁判所は、家庭事件や少年事件の審判を行うために特に設けられた裁判所であるが、最高裁を頂点とする裁判所の系列に組み込まれているので（つまり高等裁判所や最高裁判所に上訴可能なので）、憲法 76 条 2 項が禁ずる特別裁判所にはあたらない。

裁判所は、それぞれ法律で定められた範囲で裁判管轄権を有するとともに（最高裁はこの意味で終審裁判所である）、分限・懲戒を含む行政事務を行う行政機関でもある（最高裁はこの意味ですべての裁判所の監督権を有する）。後者は、司法権の独立を担保するため、裁判所の内部事項についてはできるだけ司法府の自律に委ねようという趣旨である。その主な権限は、規則制定権（憲法 77 条 1 項）と人事行政権であるが、特に人事行政権は個々の裁判官の独立との関係で問題をはらんでいる。

(1)　最高裁判所の構成と権限

最高裁判所は、長官とその他の裁判官 14 人の計 15 人によって構成される。長官は、内閣の指名に基づいて天皇が任命し（憲法 6 条 2 項）、その他の裁判官は内閣が任命し天皇がこれを認証する（憲法 79 条 1 項）が、このうち少なくとも 10 人は法律の専門家（詳細は裁 41 条）でなければならない。15 人の最高裁裁判官は 3 つの小法廷に 5 人ずつ所属する。判例の変更や違憲立法審査を行うとき（第 13 章参照）は、裁判官全体の合議体である大法廷で裁判が行われなけ

ればならない。大法廷は9人以上の裁判官が出席していれば審理可能である。

　最高裁判所の裁判官の任命権が内閣にあるのは、行政権が司法権に対して統制を行うためであるが、それが政治的・恣意的になってはならない。特に日本の場合は、議院内閣制の下、内閣が議会多数派によって形成されるので、任命が政治的・恣意的になると少数者の人権を守るべき立場の裁判所がその機能を果たせなくなる。事実、1960年代末に公務員の争議行為を認める判決が最高裁で相次いで出されたとき、当時の法務大臣や彼が推薦した最高裁長官による裁判官の入れ替えにより、わずか数年後の1970年代初頭には、最高裁の判決が逆転、一気に保守化したという経緯がある。下級裁判所の裁判官については、後で述べるように、一般市民も参加する「下級裁判所裁判官指名諮問委員会」が設置されたが、同様の制度は最高裁の裁判官についても導入されるべきである。

(2)　**下級裁判所の構成と権限**

　高等裁判所に全国に8カ所（と6カ所の支部）設置され、さらに2005年4月から、知的財産に関する事件を扱うための知的財産高等裁判所が、東京高等裁判所の「特別の支部」として設置されている。高等裁判所での裁判は原則として3人の裁判官の合議体により行われる。地方裁判所は都道府県庁所在地等に50カ所（と203カ所の支部）設置され、事件の性質に応じて単独の裁判官又は3人の裁判官の合議体で行われる。家庭裁判所も同じく50カ所（と支部203カ所、出張所77カ所）設置され、原則として1人の裁判官が事件を扱う。簡易裁判所は全国に438カ所設置され、1人の裁判官（簡易裁判所判事）が事件を扱うが、簡易裁判所判事には司法試験に合格していない法律の専門家が任命されることもある。

　下級裁判所の裁判官は「最高裁判所の指名した名簿」によって内閣が任命する（憲法80条1項）。内閣の任命は実質的な人事権を有する最高裁判所の指名に従うのが原則であり、明白な任命資格の欠如の場合を除いて、内閣は拒否できないと解されている（実際に内閣が拒否した例もない）。下級裁判所の裁判官には、高等裁判所長官、判事、判事補及び簡易裁判所判事の4つの「官」があるが、内閣による任命はこの「官」についてであり、たとえば「東京地方裁判所判事」という「職」に就かせる行為「補職」はすべて最高裁判所が行う。司法

行政機関としてこの任務を負う最高裁判所の機関は裁判官会議という合議体であるが、最高裁の判事は多忙であるため、実際には最高裁判所事務総局がその任務にあたり、裁判官会議はただの追認機関となっている。

また、下級裁判所の裁判官の任期は10年と定められているが（憲法80条1項）、この点につき最高裁は、10年経てば当然にその地位を失うことになり、再任が認められるとしてもそれは新任と同じことであり、任命権者（指名権者）の自由裁量に委ねられるとしている。これに対し、学説の多くは、10年の任期は特段の事由のある不適格者を排除するためのものであり、したがって特段の事由がない限り、当然に再任されるべきであるとしている。裁判官の身分保障という観点からすれば、後者が妥当である。さらに「特段の事由」についても、再任拒否が事実上罷免の意味を持ち、かつ懲戒事由と弾劾事由が異なることからすれば、78条の定める免官・罷免事由に限るべきであろう。

裁判官の任免や再任に関しては、最高裁判所事務総局が事実上その権限を掌握し、かつその理由についても一切明らかにされない。こうした裁判官の人事の不透明さを払拭するために、2003年から「下級裁判所裁判官指名諮問委員会」が設置され、下級裁判所の裁判官に任命されるべき者（判事補としての最初の任命と裁判官としての再任を含む）についてその適否を審議し、最高裁に意見を述べることとなった。また、2004年には、評価内容の本人開示と不服申立手続を設けた新しい裁判官人事評価制度が発足し、「裁判官の人事評価に関する規則」も定められた。しかし、本来裁判官同士は平等であり、高裁長官や裁判所所長は同輩の中で総括する立場であるにすぎないにもかかわらず、この規則ではこれらの者が評価権者となっている。これまでは、人事評価の根拠が曖昧であったため、同輩の中で総括する以上の権限を行使しにくい面があったのに対し、規則で明文化されたために、権限が強化され、一般裁判官に萎縮効果をもたらす危険性も出てきた。透明化された人事評価制度を無駄にしないためにも、裁判官自身がこの制度を活用し、かつ弁護士等からも外部情報の提供を積極的に行っていくことが必要であろう。

(3) 裁判官の市民的自由

裁判は公正でなければならず、そのために司法権の独立が憲法上保障され、さらにそれを担保するために裁判官の身分保障も定められている。この"期

待"に応えるべく、裁判官自身も「公正・中立」であるべきだといわれてきた。そのような「公正・中立」な「裁判官らしさ」を保つよう、たとえば裁判所法52条1号は「積極的な政治活動」を禁止しているが、それは裁判官の市民的自由を不当に制限することにならないのか。

　このことが争われた**寺西事件**（最大決1998.12.1民集52-9-1761）で、最高裁は、ここでいう「積極的な政治活動」とは、「組織的、計画的又は継続的な政治上の活動を能動的に行う行為」で「裁判官の独立及び中立・公正を害する恐れがあるもの」であるとした上で、**猿払事件**（第4章参照）と同様に、①規制の目的、②目的と規制手段との合理的関連性、③規制によって失われる利益と得られる利益の比較衡量という基準を用い、「裁判官の独立及び中立・公正を確保し、裁判に対する国民の信頼を維持する」という目的の正当性、及びその手段としての「積極的な政治活動」の禁止との合理的関連性も認め、さらに比較衡量において、当該規制は「行動の禁止に伴う限度での間接的、付随的な制約」に過ぎないとして、当該規定を合憲としている。しかし、一回限りのシンポジウムに傍聴者として参加した行為が「組織的、計画的又は継続的な政治活動」に該当するといえるのかは疑問である（なお、本決定には5人の裁判官による反対意見が付されている）。そもそも裁判官に対して政治活動を禁止すること自体にはたして合理性はあるのか。この点については、一般公務員の場合と同様、もっと詳細な検討がなされるべきであろう。

　また、SNSによる一連の投稿につき厳重注意処分や分限裁判（最大決2018.10.17民集72-5-890、最大決2020.8.26判時2472-15）により2度の戒告処分を受けていた岡口基一裁判官は、2024年4月に弾劾裁判により罷免された（裁判官弾劾裁判所2024.4.3官報号外108-9）。本件判決は、裁判官の表現の自由について、裁判官が「憲法の番人」として権力の暴走に歯止めをかける役割も期待されていることを考慮すれば、裁判官が「国家権力に対し、批判的見地から物を申すことについて委縮するような状況を招くことのないよう細心の注意を払うべきである」としつつも、罷免事由である「裁判官としての威信を著しく失うべき非行」の認定については「国民の信託に背反する」かどうかという、極めて曖昧な判断基準を用いている[3]。また、本件判決は、弾劾裁判において初めて「SNSによる投稿」が問題となった事例であることを理由に先例との比較対象はでき

ないとしているが、過去に例をみない事例であるからこそ、先例との均衡を重視すべきであり、直近の罷免事案がいずれも刑事事件で有罪判決を受けた事例であった点は重要といえよう。

Ⅲ 裁判員制度

1 「裁判員制度」とは何か
(1) 導入の経緯

1990年代以降、「政治改革、行政改革、地方分権推進、規制緩和等の経済構造改革」（司法制度改革審議会最終意見書）といった新自由主義的改革が推し進められ、日本における「過度の事前規制・調整型社会から事後監視・救済型社会への転換」（同）が図られた。司法制度改革は、その「最後のかなめ」（同）として位置づけられており、2001年以降、法科大学院の設立やADR（裁判外紛争解決手続）の拡充などが実施されてきたが、その最たるものが2009年から始まった裁判員制度といえる。

戦後、日本の裁判は職業裁判官のみが審理を行い、アメリカやイギリスなどで採用されている、一般市民が参加する陪審制は導入されなかった[4]。しかし、新自由主義的改革の一環としての司法制度改革は「国民の統治客体意識から統治主体意識への転換」（同）を促そうとするものであるため、「司法に対する国民の理解の増進とその信頼の向上に資すること」（「裁判員の参加する刑事裁判に関する法律」1条）を目的として、裁判官と一般市民がともに審理を行う裁判員制度を新たに設けることとなった[5]。その概要は以下のとおりである。

---

(3) なお、遺族が提起した民事訴訟では岡口元裁判官の投稿が人格的利益の侵害にあたると認定されている（東京高判 2024.1.17LEX/DB25573461）。

(4) 日本でも1923年に陪審法が制定され、1928年から陪審制度が導入されたが、制度的な不備が多かったため浸透せず、1943年に停止されて以来"凍結"状態となっている。

(5) 裁判官と一般市民が一緒に審理を行う制度としては、フランスやドイツ、イタリアなどで採用されている参審制がある。参審制の場合、一般市民だけでなく専門的な知識が必要な裁判（商事や労働事件）にはその分野の専門家を関与させることもある。日本の裁判員と同じく、参審員は事実認定だけでなく量刑も判断す

(2) **概要**

　まず裁判員制度の対象となるのは刑事事件のみ、しかも殺人や傷害致死といった重大犯罪のみであり（2条1項）、被告人に裁判員による裁判を拒否する権利はない。

　裁判員の選定にあたっては、有権者の中から裁判員候補者名簿が作成され、事件ごとに抽選でその事件の裁判員候補者が選ばれる。裁判員候補者に選ばれると通知が来るので、裁判所に出頭し、被告人や被害者と関係がないかどうか、不公平な裁判をするおそれがないかどうかなどを質問され、検察官又は弁護士に除外されなかった候補者の中から裁判員が選ばれる。年齢が70歳以上の者、学校の学生又は生徒、重い病気又は傷害により裁判所に出頭することが難しい者、同居の親族の介護・養育をしなければ支障が出る場合などは辞退も可能であるが（16条）、単なる「仕事の都合」や「家庭の事情」では辞退は認められない。この点につき、裁判員になるため仕事を休んだことに対し、解雇などの不利益な取り扱いをしてはならないとされている（100条）。なお、裁判員選任のために裁判所に正当な理由なく出頭しなかったときは10万以下の過料（112条）、選任手続において質問に対し虚偽の回答、あるいは回答を拒否したときは30万以下の過料が科せられる（111条）。

　審理は、裁判官3人・裁判員6人の合議体で行われるが、被告人が起訴事実を認めており争いがなく、検察官・弁護人双方に異議がない場合には、裁判官1人・裁判員4人の合議体も可能である（2条2項、3項）。裁判員制度で行われる裁判については**公判前整理手続**（第7章参照）により迅速化が図られるため、裁判員として拘束されるのは数日間といわれており、その間は日当が支給される。裁判員は、裁判官とともに、事実認定、法令の適用、量刑について審理する。評決は過半数で行われるが、必ず裁判官1人、裁判員1人以上の賛成がなければならない。

　裁判員を含め何人も、裁判員や裁判員候補者の氏名、住所その他の個人を特定するに足りる情報を公にしてはならないとして（101条）裁判員のプライバシーが保護される一方、裁判員は、裁判員裁判に参加することによって得た秘

　　　るが、裁判員と異なり参審員には一定の任期の期間があり、任期の期間中は複数の事件を担当する。

密を漏らしてはならず（70条）、これに違反した裁判員もしくは裁判員であった者には6ヶ月以下の懲役又は50万円以下の罰金が科せられる（108条）。

2　問題点

(1)　裁判員制度の合憲性

裁判員制度の導入に対しては反対論も根強く、違憲論も主張されている。その内容としては、①憲法が想定しているのは職業裁判官のみによる裁判である（32条、76条1項違反）、②裁判員を関与させることは裁判官の独立を侵害する（76条3項違反）、③裁判員になることは「意に反する苦役」にあたる（18条違反）、④死刑判断に関与させることは思想信条ないし宗教上の自由を侵害する（19条、20条違反）、などがある。

これに対して最高裁は、大法廷において全員一致で裁判員制度を合憲とする判断を下した。すなわち、旧憲法が「裁判官による裁判」を受ける権利を保障していたのに対し、現行憲法では「裁判所における裁判」を受ける権利に表現が改められていることから、下級裁判所については国民の司法参加を禁止しているとは解されないとした上で、裁判員制度の仕組みを考慮すれば「公平な『裁判所』における法と証拠に基づく適正な裁判が行われること（31条、32条、37条1項）は制度的に十分に保障されている上、裁判官は刑事裁判の基本的な担い手とされているものと認められ、憲法が定める刑事裁判の諸原則を確保する上で支障はない」ということができ、「評決制度の下で、裁判官が時に自らの意見と異なる結論に従わざるを得ない場合があるとしても、それは憲法に適合する法律に拘束される結果であるから」76条3項違反とはいえない、また、裁判員としての職務は「司法権の行使に対する国民の参加という点で参政権と同様の権限を国民に付与するもの」であるから、これを「苦役」というのは適切ではなく、かつ、国民の負担を考慮して辞退に関して柔軟な制度を設けていることから、憲法18条後段にも違反しないとした（最大判2011.11.16刑集65-8-1285）。

(2)　残された課題

裁判員制度については、2012年12月に最高裁判所事務総局が施行後3年を経過した時点での検証報告書を公表、これを受けて、2015年に、①長期間の

審理を要する事件を裁判員裁判の対象から除外する、②重大な災害発生のために出頭が困難であることを新しい辞退事由として追加する、および辞退の申出を行うこと自体が困難と認められる候補者を呼び出さない、③裁判員選任手続の際に被害者等のプライバシーに配慮する、という改正が行われた。また、成人年齢の引き下げに伴い、2022年に裁判員の対象年齢が18歳に引き下げられた。

　冒頭でも述べたとおり、裁判員制度が導入されてから15年が経過し、裁判員や補充裁判員として審理に関わった人は12万人を超え、裁判員に裁かれた人は約1万6,000人となっている。一方で、辞退率は年々上昇しており、2023年は66.9%にも上っている。その一因として、裁判員経験者の満足度が非常に高いにもかかわらず、厳格な守秘義務のため、その経験が社会一般で共有されていないことが挙げられる。また、人の一生を左右する重大な判断を行った裁判員経験者がその辛さを身近な人と共有できず、さらに苦しい思いをするという問題も指摘されている。そのため、裁判員経験者ネットワークからは、プライバシー保護に留意しつつ、裁判員又は補充裁判員であった者が評議に関して話しても、発言者を特定しない方法であれば守秘義務違反にならないよう裁判員法70条を改正する、裁判員候補者が過度に萎縮しないよう、裁判員候補者の公表禁止規定を必要の範囲内までに見直す、などの提言がなされている。

　また、裁判員の心理的負担に関しては、2013年5月、裁判員を務めた女性が、公判に証拠として提出された遺体のカラー写真を見たり、119番の音声記録で被害者の悲鳴を聞いたりしたことが原因で急性ストレス障害になったとして国に損害賠償を求める裁判を提起している（福島地判2014.9.30判時2240-119）。この女性の主張は認められなかったが（仙台高判2015.10.29訟月62-7-1183）、その後、各地の裁判所は白黒の写真を用いたり、裁判員選任手続の際に「遺体の写真を見たくない」という人の辞退を認めたりするなど柔軟な対応をとっている。しかしそもそも証拠として遺体の写真は必要なのだろうか。単に「死亡の事実」を確認するためだけなら遺体の写真は不要であるし、死因等に争いがある場合には遺体の損傷状況等が重要な意味を持つことになるが、それも写真ではなく図を用いて説明すれば済むことである。一方で、被害者の生前の写真も提示されることがあるが、これも何を立証するためのものかはっきりしない。結局、遺体の写真も生前の写真も、徒に裁判員の感情をゆさぶるだけで、不公平な偏

見をもたらす危険性が高いといえるので、証拠としての採用は極力控えるべきであろう。

【avancée】上訴審は裁判員裁判の結果をどう受け止めるべきか？

　裁判員関与の判決に対しては有罪であろうと無罪であろうと控訴が可能であり、かつ控訴審は従来通り職業裁判官のみが行うため、控訴審で職業裁判官が裁判員関与の判決と逆の判決を下すことも当然ありうる。アメリカの陪審制においては、陪審が下した無罪判決については原則として上訴が禁じられているが、日本では裁判員制度を導入する際、控訴審のあり方については何も変更されなかった。しかし、裁判員裁判の結論を、控訴審が覆すということは、裁判員裁判の意義そのものを否定することにならないのか。

　この点につき、最高裁は、裁判員裁判による無罪判決を控訴審が事実誤認を理由に破棄した事件で、原判決を破棄し、控訴を棄却して無罪判決を確定する判決を下し、その理由を次のように述べている。すなわち、刑訴法が控訴審の性格を「事後審」（第１審と同じ立場で事件そのものを審理するのではなく、第１審判決に事後的な審査を加えるべきもの）としていることからすれば、「控訴審における事実誤認の審査は、第１審判決が行った証拠の信用性評価や証拠の総合判断が論理則、経験則等に照らして不合理といえるのかという観点から行うべき」ものであり、「このことは、裁判員制度の導入を契機として、第１審において直接主義・口頭主義が徹底された状況においては、より強く妥当する。」（最判 2012.2.13 刑集 66-4-482）

　この判決は、裁判員裁判の事実認定について上訴審の慎重な姿勢を認めたものとして、一般に好意的に受け止められているが、ここで示された判断基準は、裁判員裁判が下した有罪判決についても該当するのか。この点については、最高裁が何をもって「論理則、経験則等に照らして不合理」としているかは、有罪判決に対する場合と無罪判決に対する場合とでは異なるという指摘もある。

　それでは、量刑についてはどうか。一般的に、裁判員裁判の量刑は裁判官裁判の量刑よりも高い傾向があることが指摘されているが、実際、求刑を超える裁判員裁判の判決数は、裁判官裁判の判決数の 10 倍にも上っている。このような状況のなか、最高裁は、2014 年 7 月、求刑の 1.5 倍の量刑を行った裁判員裁判の判決を「あまりに不当」として、初めて破棄自判した（最判 2014.7.24 刑集 68-6-925）。

　この判決に対しては賛否両論がある。たしかに、裁判員制度の趣旨が「司法に一般市民の意見を反映させる」ことであるならば、裁判員裁判の量刑を「あまりに不当」として破棄自判するのは、裁判員制度そのものの否定になるだろう。一方で、事実認定や情状酌量の判断の場合は、多様な市民の知識や経験が有益であるが、「量刑目的ないし量刑基準」や「具体的な量刑の決定」については、市民は知識や経験を持っていないゆえに、その量刑判断を尊重すべき根拠はないとの指摘もある。量刑判断が公平さを欠く場合には、これを是正することも、上級審の役割といえるだろう。

【参考文献】
「特集・裁判官とは何か」現代思想 2023 年 8 月号
一橋大学刑事法部門・葛野尋之編著『裁判員裁判の現在：その 10 年の成果と課題』（現代人文社、2021 年）
川名荘志『密着　最高裁のしごと』（岩波新書、2019 年）

第13章　憲法違反の法律を無効にする

> 「立法部の権限は限定され、制限されている。この制限が誤解されたり、忘れられたりすることのないように、憲法は起草された。…憲法は通常の手段で変更することのできない至高の法だろうか、それとも他の法律と同様に立法府が自由に変更できるものだろうか。もし前者が正しいとすれば、憲法と矛盾する法律は法ではないということになる。もし後者が正しいとすれば、成文憲法というものは、その性質上制限不可能な権力を制限しようという、人民の愚かな試みということになる。
> 　成文憲法をつくったすべての人が基本的かつ至高の国法を創設していると考えていたことは間違いない。したがって、憲法に反する法律は無効ということになる。
> 　そこで、もしある法律が憲法に違反し、かつ特定の事件にその法律も憲法も適用される場合、裁判所は、憲法を無視して法律を適用するか、法律を無視して憲法を適用するか、どちらかを決定しなければならない。…それこそが、まさに司法の義務だからである。もし裁判所が憲法を尊重し、憲法は通常の法律より上位にあると解するならば、通常の法律ではなく憲法を当該事件に適用しなければならない。」Marbury v. Madison, 5 U.S. (1 Cranch) 137 (1803).

　戦後生まれた日本国憲法には、アメリカ合衆国からの影響が数多く見られるが、その最も特徴的なものが憲法81条で定められている違憲立法審査制度（違憲審査制）であろう。アメリカ特有の違憲審査制は、もともと憲法に明文規定があったわけではなく、上記の Marbury v. Madison 判決におけるマーシャル連邦最高裁長官の憲法解釈によってその原理が確立されたものであった。そもそもマーシャルがこのような判決を導き出したのは、連邦の権限を強化したいという政治的思惑があったからなのだが、今日ではそのような思惑を超えて、違憲審査制は世界各国で導入されている。なぜなら、かつては国民の代表である国会が作った法律を、裁判所が審査することは国民主権、ないしは権力分立に反すると考えられていたが、今日では、基本的人権の尊重を基盤とする最高

法規である憲法が、政治部門によって侵害された場合、それを救済できるのは法の解釈・適用を通じて法律そのものの是非を問える裁判所しかない、と考えられるようになったからである。

それでは、日本における違憲審査制は、一体どのようなもので、実際にどう機能しているのだろうか。

I　違憲審査制

1　違憲審査制の類型

違憲審査制は、大きく分けるとドイツ型とアメリカ型に分類できる。ドイツ型とは、通常の裁判所とは別に特別の憲法裁判所を設け、具体的事件と関わりなく、法令そのもの及びその他の国家行為の違憲審査を行うやり方で、個人の具体的な権利救済よりも、より広く憲法秩序の維持に重きが置かれている（この型は**抽象的違憲審査制**とも呼ばれる）。これに対し、アメリカ型とは、通常の裁判所が、具体的な事件を解決する際に、当該事件に適用される法律の合憲性についての判断が必要と認められる場合に、これを審査するというやり方で、主として個人の権利救済を目的としている（この型は**付随的〔具体的〕違憲審査制**とも呼ばれる）。

しかし、実際の運用を見てみると、両者の間にはそれほど差はない。たとえば、アメリカにおける違憲審査制は、たしかに具体的な争訟がなければ発動されないが、「具体的な争訟」かどうか（したがって裁判所が審査できるかどうか）を決定する「事件性」や「原告適格」のなどの要件を緩やかに解することで違憲審査を行い、憲法に反する法令を無効とする憲法保障の役割も実質的に果たしている。他方、ドイツにおいても、法令そのものの抽象的審査だけしか認められないわけではなく、具体的な権利侵害に対する個人の申立（Verfassungsbeschwerde＝「憲法訴願」または「憲法異議」と訳される）も認められており、しかも憲法裁判所の扱う事件の90％以上がこれに相当することから、実際には個人の権利救済の要素がかなり強くなっているといえる。

なお、裁判所によるものではないが、フランス独自のものとして、「憲法院（le Conseil constitutionnel）による違憲審査制がある。これは、9名の評議員（任期9年）

と元大統領（終身）によって構成され、国会を通過した法律に違憲の疑いがある場合、その公布前に大統領、総理大臣、国民議会議長、元老院議長あるいは60名の国民議会議員または同数の元老院議員が憲法院に当該法律の合憲性の審査を要求するという制度である。そこで違憲と判断された場合、その法律は公布されないこととなり、憲法院の裁決は最終的な拘束力を有する。もともとは政治部門内で法律の最終チェックを行うという程度の役割を想定されていたが、1971年に結社の自由に関する判決を下して以降、独自の人権保障機関としての役割を担っている。

それでは、日本の違憲審査制は、アメリカ型とドイツ型、どちらを採用しているのだろうか。違憲審査制のもつ「憲法保障」的性格を重視して抽象的違憲審査制も認められるとする考え方もあるが、学説の多くは、①日本国憲法は基本的にアメリカの制度にならったものである、②81条は「司法」の章に置かれている、つまり司法の担当者としての通常の裁判所の違憲審査権を認めている、③裁判所が国会の作った法律そのものを審査するということは、従来の司法権では説明できない強大な権限を裁判所に与えることを意味するものであり、もしそのような権限を認めているのならば、憲法上何らかの明文があるはずである、などの理由により、付随的違憲審査制しか認められないと解している。

判例も、**警察予備隊違憲訴訟**（最大判1952.10.8民集6-9-783）において、「わが現行の制度の下においては、特定の者の具体的な法律関係につき紛争の存する場合においてのみ裁判所にその判断を求めることができるのであり、裁判所がかような具体的事件を離れて抽象的に法律命令等の合憲性を判断する権限を有するとの見解には、憲法上及び法令上何等の根拠も存しない」として抽象的違憲審査制を否定している。ただ、この判決は、「現行の制度下」とか「憲法上及び法令上」というように限定をつけているようにも読めるので、立法による抽象的違憲審査制の承認までをも否定するものではないという見解もあるが、その権限の重大性に鑑みれば、やはり憲法レベルで議論すべき問題であろう。

なお、81条には「最高裁判所」としか書いていないが、付随的違憲審査制の性格上、下級裁判所も違憲審査権を有すると解されており（最大判1950.2.1刑集4-2-73）、実際に下級裁判所は違憲審査権を行使しており、その中には違憲判決も含めて興味深いものも数多くある[1]。

2　違憲審査制の対象

違憲審査制の対象となるのは、「一切の法律、命令、規則又は処分」（憲法81条）である。これは国内の法規範すべてを含む趣旨なので、ここに挙げられていない地方自治体の条例や裁判所の判決も当然に含まれると解される。それ以外に違憲審査の対象となるかどうかが問題となるのは、以下のものである。

(1)　条約

国内の法規範が対象となることについては問題ないが、国際的な法規範、すなわち条約が対象となるかどうかについては争いがある。そもそも条約の場合、まず憲法との効力関係が問題となる。条約の方が憲法より優位にあると解するならば違憲審査の問題は生じないが、通説は憲法優位説をとっているので、81条の解釈が問題となる。憲法優位説の立場でも、81条や98条1項に「条約」の文言がないことや、条約が国家間の合意に基づくものであることを根拠に、条約は違憲審査の対象とならないとする説もあるが、多くの学説は肯定的に解している（ただ、その場合でもどの程度審査権が及ぶのかによって説が分かれる）。

条約の違憲審査において問題となるのは、その国内法的効力であって国際法上の効力ではない。また、憲法優位説に立つ以上、国内法的効力を有する条約を違憲審査の対象外とすることは、「統治行為」（後述）のような例外を認めることになり、「法の支配」の原則に照らして好ましくない。以上のことから、条約を違憲審査の対象から除外するのは妥当ではない。

最高裁は、安保条約につき、その違憲性の判断は国会及び内閣の「高度の政治的ないし自由裁量的判断と表裏をなす点が少なくない」ので、「一見極めて明白に違憲無効」でない限り、司法審査の範囲外であるとしているが（**砂川事件**〔最大判 1959.12.16 刑集 13-13-3225〕）、この判決は、「高度の政治性」を理由に違憲審査を差し控えているので、条約一般についてはむしろ違憲審査の対象となる前提に立っているとみることができる。

(2)　統治行為

「統治行為」論とは、法律上の争訟として司法判断が可能であっても、それが「高度に政治的な問題」である場合には、あえて司法審査の対象から除外する、という考え方である。その根拠としては、権力分立のもとでは「高度に政

---

(1)　樋口陽一他『憲法判例を読みなおす〔新版〕』（日本評論社、2011年）参照。

治的な問題」は裁判所が判断すべきではないという内在的制約説、またはそのような問題について裁判所は判断を差し控えるべきだとする自制説などがある。

　何が「統治行為」かについては、外交問題（条約の締結など）、政治部門の自律に関する事項、防衛・安全保障に関する事項などが挙げられている。最高裁は、衆議院の解散につき、「直接国家統治の基本に関する高度に政治性のある国家行為のごときはたとえそれが法律上の争訟となり、これに対する有効無効の判断が法律上可能である場合であっても、かかる国家行為は裁判所の審査権の外にあ」るとして、事実上「統治行為」論を認めたが（**苫米地事件**〔最大判1960.6.8民集14-7-1206〕）、これについては「統治行為」論を用いずとも、立法府の自律権の問題として扱えるとの批判もある。また、条約についても、上述のように最高裁も全面的に違憲審査を否定しているわけではないので、純粋な「統治行為」論とはえいない。そもそも重要な問題であればあるほど「高度に政治的」であるのは当然であって、それを理由に司法審査の対象外となることを認めてしまえば、政治部門の決定が憲法に違反しないかをチェックする機能が裁判所に認められている意義がなくなってしまう。結局、徹底した「法の支配」を定める日本国憲法の下では、曖昧な「統治行為」論は認められないというしかない。

　なお、2017年、憲法53条後段及び国会法3条に基づき、内閣に臨時会の召集を求めたにもかかわらず、92日間にわたり召集を決定しなかったことが争われた事例において、最高裁は、憲法53条後段は内閣の臨時会召集義務を定めたものであるが、個々の国会議員に臨時会召集要求に係る権利又は利益を保障したものではないとして、臨時会召集決定の遅滞を理由とする国家賠償の請求を認めなかったが、統治行為論を用いていない点が注目される（最判2023.9.12民集77-6-1515）。

（3）**立法不作為**

　ある法律なり処分なりが憲法に違反しているかどうかというのは、当然に違憲審査の対象となるが、ある事柄について立法府が何もしていない（法律を作っていない、あるいは法律を改廃していない）ことが違憲審査の対象となるかどうかは難しい問題である。これを安易に認めると、裁判所が国会に対して立法を命じることになってしまい、権力分立が脅かされる恐れがある。かといって、具体的な法律がない（あっても憲法の要求する水準を下回っている）ために、憲法上

保障されている権利が享受できないというのは、立法府の怠慢であり、憲法違反ということになる。

　この点につき、最高裁は、「国会議員の立法行為は、立法の内容が憲法の一義的な文言に違反しているにもかかわらず国会があえて当該立法を行うというごとき、容易に想定し難いような例外的な場合でない限り」国賠法上違法とはいえないとしたが（**在宅投票制事件**〔最判 1985.11.21 民集 39-7-1512〕）、このような基準は、事実上立法不作為の違憲確認訴訟の道を閉ざすものであり、学説からの批判も強い。

　これに対し、ハンセン病患者が「らい予防法」が廃止される 1996 年まで 90 年近く強制隔離されていたことが争われた事件で、熊本地裁は、遅くとも 1960 年には特効薬の開発により隔離に合理性がないことが明白であったにもかかわらず、その後も隔離規定を改廃しなかった立法不作為につき、国家賠償を認めた（**ハンセン病国賠訴訟事件**〔熊本地判 2001.5.11 判時 1748-30〕）。ここで熊本地裁は、先例である在宅投票制事件判決につき、「もともと立法裁量にゆだねられているところの国会議員の選挙の投票方法に関するものであり、患者の隔離という他に七類のないような極めて重大な自由の制限を課す新法の隔離規定に関する本件とは、全く事案を異にする」ものであるとしつつ、しかし同判決は「立法行為が国家賠償法上違法と評価されるのは、容易に想定し難いような極めて特殊で例外的な場合に限られるべきである旨」を判示するもので、その限りでは本件にも妥当するとした上で、ただし「立法の内容が憲法の一義的な文言に違反している」ことは、立法行為の国家賠償法上の違法性を認めるための絶対条件」と解されず、最高裁判決が「立法の内容が憲法の一義的な文言に違反している」との表現を用いたのも、立法行為が国家賠償法上違法と評価されるのが、極めて特殊で例外的な場合に限られるべきであることを強調しようとしたにすぎない」として、最高裁の先例に従いつつも、立法不作為に対する審査基準を緩和する方向で再構築しようと試みている。

　さらにその後、最高裁自身も、在外国民に選挙権が認められていなかったことが争われた事例において、「立法の内容又は立法不作為が国民に憲法上保障されている権利を違法に侵害するものであることが明白な場合や、国民に憲法上保障されている権利行使の機会を確保するために所要の立法措置を執る

ことが必要不可欠であり、それが明白であるにもかかわらず、国会が正当な理由なく長期にわたってこれを怠る場合」は立法不作為に対する国家賠償が認められるとして、この基準は在宅投票制判決と異なるものではないとしつつも、事実上、判断基準を緩和している（**在外国民選挙権訴訟**〔最大判2005.9.14民集59-7-2087〕）。

　なお本件は、立法不作為を争う手段として、国賠請求訴訟の他に、2004年の行政事件訴訟法改正の際に明示された「公法上の法律関係に関する確認の訴え」（4条）の利用も認めている。立法不作為については、上述のように、ただでさえ判断基準が厳しいのに加えて、国賠請求訴訟として提起したとしても、本来、違憲状態の是正や権利の実現を直接求めるものではない、あるいは行訴法3条の無名（法定外）抗告訴訟として提起したとしても、それが認められるための厳しい要件をクリアできないといった訴訟形式の問題もあった。しかし、行訴法の改正により確認訴訟の提起が認められたことは、立法不作為に対する新たな救済の道を切り拓くものであるとされている（この規定に基づく確認訴訟は、その後の国籍法違憲判決（最大判2008.6.4民集62-6-1367）でも認められている）。

II　憲法訴訟

1　司法積極主義と司法消極主義

(1)　「二重の基準」論

　上述のように、日本における違憲審査制は付随的違憲審査制であるから、法令そのものの合憲性を争うための特別の手続が存在するわけではなく、あくまでも通常の訴訟手続の中で、問題解決に必要な限りにおいて、違憲審査権は行使される。したがって、民事訴訟や刑事訴訟、行政訴訟とは別に"憲法訴訟"という類型があるわけではなく、何らかの憲法上の争点を含む訴訟を総称して「憲法訴訟」という。

　違憲審査権を行使して法律を違憲と判断することは、一方で多数派である国会が作った人権侵害のおそれのある法律を少数派の立場から裁判所が正すという意義を有するが、他方で直接国民を代表していない裁判所が、直接国民を代表している国会がつくった法律を否定するということも意味する。そのた

め、この権限を行使するにあたって、裁判所はいかなる態度で臨むべきかについては、以前から議論がなされてきた。特に違憲審査制発祥の地であるアメリカにおいては、1920年代後半から30年代前半のニューディールの時期に、連邦最高裁判所が社会・経済立法をことごとく否定したことを契機に議論が活発化し、違憲審査制に対する裁判所の態度を大きく「**司法消極主義**」と「**司法積極主義**」に分類するようになった。前者は、政治部門の政策決定をできるだけ尊重し、それに介入することをなるべく控えるようとする態度を指し、後者は、違憲審査制の有する憲法保障の役割を考慮し、政治の場で十分に保護されない少数者の人権を守るために積極的に違憲判断を行おうとする態度を指す。

どちらの態度が正しいとは一概にはいえず、付随的違憲審査制の下では、個々の具体的な訴訟ごとに、問題となっている権利の性質などを考慮して判断するしかない。一般的に社会・経済立法の場合は、政策的判断によるところが大きく、政策決定過程において修正も可能であるから、消極的な態度でもいいが、精神的自由に対する規制の場合は、政策決定過程そのものを危うくするものであるから、積極的に判断していくべきであろう。このような考え方を「**二重の基準**」論という。すなわち、経済的自由の規制に対しては合憲性を推定し、当該立法が「合理的」かどうかを判断すれば足りるが、精神的自由の規制に対しては違憲性を推定し、厳格な審査基準で臨まなければならないとするものである。「二重の基準」論に対しては、経済的自由の規制であっても厳格な審査基準が必要な場合がある、あるいは単純な人権二分論で足りるのか、といった批判もあるが、基本的な審査基準の枠組としてはなお有効といえよう。

なお、最高裁は、「二重の基準」論について、経済的自由の規制立法については、精神的自由の規制立法とは異なる審査基準が用いられるべきであることを示唆する判決を出しているが（小売市場開設許可事件〔最大判 1972.11.22 刑集 26-9-586〕）、精神的自由の規制立法について、「二重の基準」論を用いて厳格な審査基準を用いたことはない。このように「二重の基準」論が、単に経済的自由の規制立法の合憲性を「積極的」に判断するためにのみ用いられているとすれば本末転倒である。

(2) **日本の場合**

日本の裁判所に関しては、過度の「司法消極主義」であることが、従来から

批判されてきたが、「司法消極主義」「司法積極主義」という場合、憲法判断を行うことに「消極的」「積極的」なのか、それとも違憲判断を行うことに「消極的」「積極的」なのか、に留意する必要がある。違憲審査権の最終的な行使者である最高裁判所が、戦後約 80 年の間に法律を違憲と判断したのはわずか 13 件のみであり、この点では「**違憲判断消極主義**」といえる。しかし、**皇居前広場事件**では、メーデー（5 月 1 日）の集会のための皇居外苑使用不許可処分の取消が求められたのに対し、すでにメーデーが過ぎてしまったので「訴えの利益」はなくなったとしつつも、「念のため」と称して本件不許可処分は憲法 21 条に反しないと判示している（最大判 1953.12.23 民集 7-13-1561）。また、**朝日訴訟**でも、「上告人の死亡により本件訴訟は終了した」としつつも、同じく「念のため」と称して本件生活保護処分が憲法 25 条に反しないと判示している（最大判 1967.5.24 民集 21-5-1043）。この点からすれば、日本の最高裁は、憲法判断そのものについては必ずしも「消極主義」の立場ではなく、「念のため」判決などを見ると、「**合憲判断積極主義**」と言うこともできる。

　しかし、2000 年代に入ってから、先に挙げた**郵便法違憲訴訟**（最大判 2002.9.11 民集 56-7-1439）や**在外国民選挙権訴訟**（最大判 2005.9.14 民集 59-7-2087）、**国籍法違憲訴訟**（最大判 2008.6.4 民集 62-6-1367）、**砂川市空知太神社訴訟**（最大判 2010.1.20 民集 64-1-1）、**婚外子相続分差別違憲決定**（最大決 2013.9.4 民集 67-6-1320）など、違憲判決が相次いでいる。この背景には、1990 年代以降の政権の変動の中で、自民党以外の政党が最高裁の人事にあたるようになり、最高裁判所がもはや「体制の番人」である必要がなくなったことがあると言われている。

　もっとも、最高裁の違憲判決が相次いでいるとはいえ、憲法の人権規定を積極的に擁護するというよりも、国籍法違憲訴訟や婚外子相続分違憲決定などのように、立法事実の変動により時代に合わなくなった規定を是正するという程度にとどまっている。

2　憲法判断の回避

　付随的違憲審査制の下では、訴訟の過程で憲法上の争点が提起されても、事件の解決に特に必要でない場合には、裁判所は憲法判断を行わないという選択も可能である。司法消極主義の立場からこれを定式化したのが「憲法判断回避

の準則」、いわゆる「ブランダイス・ルール」と呼ばれるものであり[2]、次の2つに大別できる。

(1) 憲法判断そのものの回避

これは、「裁判所は、憲法問題が適切に提起されていても、もし事件を解決できる別の理由が存在するならば、その憲法問題には判断を下さない」というものである。

日本でこの手法が使われたのは**恵庭事件**である。この事件は、自衛隊の演習による騒音被害に悩まされた牧場主が基地内の電話線を切断し、自衛隊法121条違反に問われて起訴されたのに対し、そもそも当該法律によって存在を認められている自衛隊そのものが違憲であるとして争ったものである。札幌地裁は、同条の定める「その他防衛の用に供する物」に電話線は該当しないとして牧場主を無罪とし、そのような結論に達した以上、「憲法問題に関し、なんらの判断をおこなう必要がないのみならず、これをおこなうべきでもない」として憲法判断を回避した（札幌地判 1967.3.29 下刑集 9-3-359）。

(2) 違憲判断の回避——合憲限定解釈

これは、「法律の効力が問題となった場合、合憲性について重大な疑いが提起されても、裁判所は、憲法問題を避けることのできるような当該法律の解釈が可能かどうかをまず確認すべきである」というものである。これは、憲法判断そのものを回避するのではなく、法律の文言の解釈によって違憲判断を避ける手法であり、合憲解釈または合憲限定解釈と呼ばれるものである。

これを実際に用いたのが、**全逓東京中郵事件判決**（最大判 1966.10.26 刑集 20-8-901）や**都教組事件判決**（最大判 1969.4.2 刑集 23-5-305）である。これらは、公務員の争議行為（及びその教唆）を一律に禁止していると読める条文を、「違法性の強いもの」のみを対象としていると限定的に解釈することによって、法律自体は合憲としつつも、個別具体的な場面において個人の救済を図ろうとするものである。

また、国籍法3条が、非嫡出子のうち準正子（父母の婚姻及びその認知によって嫡出子となった子）についてのみ届出による日本国籍取得を認めていることが

---

(2) Ashwander v. TVA, 297 U.S. 288 (1936) 判決において、ブランダイス判事が補足意見の中で述べたものである。

憲法14条に反するかどうかが争われた事例において、東京地裁は、2005年の判決では同条1項のいう「父母の婚姻」とは「法律上の婚姻だけではなく内縁関係も含む」と合憲的に解釈したが（東京地判 2005.4.13 判時 1890-27）、翌2006年の判決では「父母の婚姻」を要件とすること自体合理性がないとして、同条1項の「準正」要件を定める部分を違憲無効とし、認知のみでの日本国籍の取得を認めている（東京地判 2006.3.29 判時 1932-51）。

(3) どう考えるべきか

「ブランダイス・ルール」とは、もともと司法消極主義の立場を定式化したものであり、上述のようにそれが必ずしも裁判所のとるべき態度というわけでは決してない。それを絶対視してしまうと、違憲審査制の有する憲法保障の役割が損なわれてしまうので、事件の重大性や憲法違反の程度、その及ぼす影響などを考慮した上で、憲法判断を行わずとも解決可能でも、あえて憲法判断に踏み込むべきという場合もあるだろう。恵庭事件の判決について評価は分かれているが、自衛隊法121条の「限定」解釈にはやはり無理がある。憲法判断を回避しようとして、強引な解釈を行うことは、かえって法的安定性や法への信頼を損なうことにつながるので、そのような解釈しかできないのならば、最初から憲法判断を行うべきであろう。

また、合憲限定解釈についても、精神的自由の規制立法が問題となっている場合には、そもそもそうした行為を一律に禁止しているように読める条文自体が「過度の広汎」であるがゆえに文面上違憲無効とされるべきである。また、違憲判断回避のために、立法者の意図を超えるような無理な解釈を行うことは、裁判所による新たな「立法」になりかねない。法律の解釈はあくまでも「法の文言と立法目的から判断して合理性をもつもの」でなければならないのである。

3　違憲判断の方法

合憲限定解釈は黙示の違憲判断の方法といえるが、明示の違憲判断の方法としては、次の2つに大別できる。

(1) 法令違憲

これは法令そのものを違憲と判断する方法で、きわめて単純明快である。しかし、上述のように、最高裁がこの判断を下した事例は、今のところ13件し

かない。

　最初の事例は、尊属殺に対し死刑と無期懲役しか定めていなかった旧刑法200条につき、普通殺（刑199条）の法定刑に比べて、著しく差があることが憲法14条に反するとしたものである（**尊属殺違憲事件**〔最大判1973.4.4刑集27-3-265〕）。ただしこの判決は、「尊属に対する尊重報恩の保護」という極めて封建的な旧200条の目的自体は合憲とし、その目的を達成する手段としての法定刑が極端に重いことを違憲としているため、その理由づけに対しては批判が強い。

　次に、経済的自由について、薬事法による薬局の距離制限につき、不良医薬品の供給防止という目的達成のための手段としては不合理であるから、憲法22条1項に反するとしている（**薬事法距離制限事件**〔最大判1975.4.30民集29-4-572〕）。この判決は、単に法令の文言解釈にとどまらず、その立法事実についても詳細な検討を加え、さらに経済的自由の規制の立法目的を消極目的と積極目的とに分け（5章参照）、前者についてはより厳しい審査基準が求められるとの判断を下している点が評価されている。しかし、その後の最高裁は、この目的二分論を必ずしも踏襲しているわけではなく、同じ経済的自由の規制が問題となった森林法の共有林分割制限規定については、目的二分論によらず単なる厳格な合理性の基準によって違憲と判断している（**森林法共有林事件**〔最大判1987.4.22民集41-3-408〕）。

　また、議員定数不均衡問題については、公選法における衆議院の議員定数配分規定が選挙権の平等を侵害するものであり、憲法14条に反するとする判決が2度下されているが、選挙結果自体は「**事情判決の法理**」（行訴法31条）により無効とはされていない（最大判1976.4.14民集30-3-223、最大判1985.7.17民集39-5-1100）。

　上でもふれたように、2000年代に入ってからは法令違憲判決が相次いでいる。その先鞭をつけたのが、書留や小包の事故に対する国家賠償につき、故意や重大な過失で損害があった場合にまで賠償を免責・制限している郵便法の規定が憲法17条に反するとした**郵便法違憲訴訟**（最大判2002.9.11民集56-7-1439）。その後、**在外国民選挙権訴訟**（最大判2005.9.14民集59-7-2087）では、在外国民につき、1998年の公選法改正まで選挙権の行使を認めず、改正後も衆議院小選

挙区選出議員選挙と参議院選挙区選出議員選挙における投票を認めていなかったことが憲法15条1項等に違反するとして、立法不作為に対する国家賠償も認めている。

さらに**国籍法違憲訴訟**（最大判2008.6.4民集62-6-1367）では、婚外子につき、父母が婚姻した場合（＝準正子）にのみ届出による日本国籍取得を認めていた旧国籍法3条が違憲とされた。そして、1995年に大法廷で合憲決定（最大決1995.7.5民集49-7-1789）が出て以来、国内外の批判が強かった婚外子の相続分を婚内子の1/2とする民法900条4号但書についても、2013年、ついに違憲とする判断が下された（**婚外子相続分差別違憲決定**〔最大決2013.9.4民集67-6-1320〕）。

これに続いて2015年には民法733条1項が定める女性の再婚禁止期間のうち100日を超過する部分を違憲とする判決も下された（再婚禁止期間違憲判決〔最大判2015.12.16民集69-8-2427〕。なお、この判決により民法が改正され、女性の再婚禁止期間は100日に短縮されたが、その後、2022年の民法改正により、この条文は削除されることとなった〔施行日は2024年4月1日〕）。

また、2005年の在外国民選挙権訴訟に続いて、2022年には、今度は在外国民が最高裁判所裁判官に対する国民審査権を行使できないことは憲法15条、79条に反するとする判決も出ている（在外国民による国民審査権訴訟〔最大判2022.5.25民集76-4-711〕）。

さらに、2023年には、性同一性障害特例法が戸籍上の性別を変更する要件として生殖能力をなくす手術を受けていることを求めていることは憲法13条違反であるとの判断が下されている（最大決2023.10.25民集77-7-1792）。そして、2024年には、旧優生保護法の下で障がい者に対して不妊手術を強制したことが憲法13条、14条に違反するとした上で、国家賠償を認める判決が出ている（最大判2024.7.3裁時1843-1）。

(2) **適用違憲**

これは、法令自体は合憲であっても、それが当該事件に適用される限度において違憲と判断する方法である。

具体的には、まず法令の合憲限定解釈が不可能なとき、そのような法令を当該事件に適用することを違憲と判断する場合がある。たとえば、**猿払事件**第一審判決は、国家公務員の政治的行為を制限する国公法110条1項19号には「制

限解釈」（＝合憲限定解釈）の余地はまったく存在しないので、これを当該被告人の行為に適用する限度において憲法21条及び31条に反すると判示している（旭川地判 1968.3.25 下刑集 10-3-293）。

　その他、法令の合憲限定解釈が可能であるにもかかわらず、執行者が限定的に解釈せずに適用したことを違憲とする場合（**全逓プラカード事件**第一審判決〔東京地判 1971.11.1 行集 22-11・12-1755〕）や、法令そのものは合憲でも、執行者が人権を侵害するような形で解釈適用した場合に、その解釈適用について違憲と判断する場合がある。後者の例としては、いわゆる**教科書裁判**で、現行の検定制度を合憲とした上で、その審査が教科書の記述内容の当否にまで及ぶ場合には憲法21条2項の禁止する「検閲」に該当すると判示したものがある（東京地判 1970.7.17 行集 21-7 別冊 -1）。

　なお、第三者所有物の没収につき、適正な手続を保障していない関税法旧118条1項が憲法31条に反すると判断された**第三者所有物没収事件**について、これを法令違憲と解する学説もあるが、違憲とされているのは当該規定そのものというよりも手続規定の不備であることから、適用違憲の例としてあげられることが多い〔最大判 1962.11.28 刑集 16-11-1593）。

　適用違憲の手法については、合憲限定解釈の場合と同じことがいえる。すなわち、合憲的とも違憲的とも解釈しうる法令の文言は、特に精神的自由の規制立法の場合には、「漠然性」あるいは「過度に広汎」であるがゆえに文面上違憲無効とすべきである。司法消極主義の立場からの立法府への「干渉」を極力避けることが必要な場合もあるだろうが、過度の「尊重」が裁判所による新たな「立法」になってしまっては元も子もないからである。

4　違憲判決の効力

(1)　学説と実務

　違憲審査権の最終的な行使者である最高裁が違憲判決を出した場合、その法令は当該事件においてのみ無効となるのか（**個別的効力説**）、それともその法令自体が無効となるのか（**一般的効力説**）については、学説上争いがある。

　個別的効力説の根拠は、憲法81条が定める違憲審査制はあくまでも付随的なものである、すなわち、個別具体的な事件を解決するために必要な限りにお

いて憲法判断がなされたのであるから、その効力も当該事件にとどまる、一般的効力を認めることは、法律の廃止という、一種の消極的立法作用を裁判所に認めることになり、憲法41条に反する、などである。

これに対して一般的効力説からは、憲法の最高法規性（98条1項）からすれば違憲の法律は効力を持ちえない、またそのような法律を内閣が「誠実に執行」する義務（73条1号）を負うというのもおかしな話である、同じ法律が再び争われたときに法執行者や下級裁判所に混乱を招く、という批判がなされている。

学説はこのように二分できるが、純粋な個別的効力説をとる論者はきわめて少なく、そのほとんどが、個別的効力説を前提としつつ、国会による当該違憲法律の改廃と、内閣によるその執行の停止を事実上期待しているので、両者の間に実質的な差はない。実務においても、これまで違憲と判断された法律の条文は、国会でかなり迅速に改廃手続がとられている。ただ、尊属殺の規定だけは、判決後直ちに刑法改正案が国会に提出されたにもかかわらず、当時単独与党であった自民党の抵抗が強く、判決後尊属殺であっても普通殺人罪で起訴するよう実務が変わった後も条文自体は残り続け、1995年の刑法の口語化に伴い、ようやく削除されることとなった。

(2) 救済のあり方

ある法律の規定について違憲判決を出す場合、具体的な救済はどうするのかも重要な問題である。上述のように、「憲法訴訟」という独自の訴訟類型が存在せず、抗告訴訟や国賠訴訟という形式で争われる以上、ある法律の規定が「違憲」であることを確認しただけでは（確認訴訟そのものでない限り）裁判としては不十分だからである。そして、そのことが、裁判所をして、積極的に違憲判決を出すことをためらわせる原因にもなっている。たとえば、先に挙げた婚外子相続分差別訴訟において、相続は死亡によって開始し（民882条）、遺産分割の効力は相続開始時に遡る（同909条）ことからすれば、当該規定を違憲と判断した場合、相続発生時から本件規定が違憲無効であったとの判断を下すことになる。それでも個別的効力説に立つのであれば、当事者以外に遡及効は及ばないはずであるが、最高裁は、違憲判決の効力が当該事件のみならず、既に裁判が確定した他の事案にも及ぶことを前提として、違憲判決の遡及効によって法的安定性が脅かされることを重視している。ゆえに、2013年の違憲決定では、

2001年7月を1つの区切りとして、それ以降に開始された相続で、まだ確定しない事案についてのみ、当該決定が適用されるとして、権利救済と法的安定性の整合性を図っている。

また、2008年の国籍法違憲判決では、旧国籍法3条1項を全体として無効とすることなく、準正という過剰な要件を設けている部分のみを除いて、婚外子で認知されたにとどまる子にも同規定による国籍取得を認めることは、「裁判所が法律にない新たな国籍取得の要件を創設し、国会の本来的な機能である立法作用を行うものである」との反対意見の批判に対し、法廷意見は、そのような解釈は憲法14条1項の平等原則と国籍法における父母両系血統主義を踏まえ合理的なものであり、「本件区別による不合理な差別的取扱いを受けている者に対して直接的な救済のみちを開くという観点からも相当性を有する」と反論している。

一方で、一連の議員定数不均衡訴訟判決においては、法的安定性を重視するあまり、「違憲」ないし「違憲状態」であることは認めつつも、最終的には「事情判決の法理」に逃げているため、選挙区割りを行う国会に軽くあしらわれ、逆に「法の支配」が脅かされる状況になっている。憲法上の権利の侵害が争点となっている国賠訴訟では、当該法令が違憲であることは認めつつも、その法令に基づく処分に対する国賠請求は棄却されることが多々あるが、それは個別の侵害に対する「救済」を切り離すことによって違憲判断を出しやすくするとともに、その後の政府による適切な立法措置が期待できるからである。「事情判決の法理」によって、その後の国会による不平等の是正が期待できないのであれば、もはや「救済」なき違憲判断は正当化できない。国会の誠実な対応を促すためには、将来効判決や限定的な選挙無効といった判決のあり方を模索すべきであろう[3]。

【avancée】国会と最高裁との建設的な「対話」に向けて──誰もが「憲法の番人」
　近年、憲法保障は最高裁の違憲審査という1つの点のみで実現するのではなく、

---

(3) 下級審では将来効判決や選挙無効の判決が出ている。2012年の衆議院選挙につき、将来効判決を出したのが広島高判 2013.3.25 判時 2185-36、選挙無効としたのが広島高裁岡山支判 2013.3.26LEX/DB25500398。2013年の参議院選挙につき、選挙無効としたのが広島高裁岡山支判 2013.11.28 裁判所HP。

最高裁、国会等による憲法的対話という相互作用のプロセスにより実現するという「対話的違憲審査の理論」(以下「対話理論」)が提唱され、学界で注目を集めた。これによれば、最高裁と国会との対話には、最高裁の違憲判決→国会の法改正という１回的な対話(たとえば尊属殺違憲判決)と、最高裁の違憲判決→国会の法改正→改正後の法律の違憲審査→更なる法改正という継続的対話(たとえば一連の議員定数不均衡訴訟判決)の２種類があり、最高裁の違憲判決等を受けて、国会等は違憲性を解消するために法改正等の必要かつ適切な対応をとるべき憲法上の義務を負うが、国会の対応には①違憲判決に従い法律の改廃等を行う服従型、②違憲判決に従いつつ、改正の際に違憲判決の内容を超える範囲の法改正を行う拡張型、③国会が違憲とされた法律と異なる立法目的・手段によって、それと類似する法律を制定する対向型がある。そして、「理想的な対話のプロセス」とされるのは、①国会がある人権制約的な法律を制定する際、国会審議の中で立法事実(当該法律の制定を基礎づけ、法律の必要性や合理性を支える社会的、経済的、科学的な諸事実)を明示しつつ、当該法律が合憲である理由を説明してその法律を成立させる、②その法律が最高裁の違憲審査に服する場合、国側はその法律の合憲性について主張・立証する、③最高裁は、立法目的を合憲としつつも、人権制約の範囲が広すぎるとの理由で立法手段を違憲とする等、違憲判決後に国会が対応することのできる余地を残す違憲判断を示す、④国会は、最高裁の違憲判決をふまえ、独自の憲法論を展開して、当該立法目的を維持しながら、人権制約の範囲がより狭い新たな立法手段を採用する法改正を行う、⑤その後、改正された法律が最高裁の違憲審査に服し、必要であれば判例変更もありうる、⑥このような一連の流れを国民等が注視し、選挙、最高裁判所裁判官の国民審査、世論形成等によって国民等の憲法意識を最高裁や政治部門に示す、という流れである(詳しくは佐々木雅寿『対話的違憲審査の理論』(三省堂、2013 年)を参照)。

　国会と最高裁との継続的対話の代表例とされる一連の議員定数不均衡訴訟判決において、最高裁は違憲判断を回避しているが、その背景には、違憲判断がもたらす難問を避けるとともに、国会との対立を慎重に避けつつ、「違憲状態」判決後の国会の対応を求める、という実践的な配慮があるのではないかとの指摘がなされている。このような最高裁と国会との「対話」を、まさに「司法部と立法府とのキャッチボール」(最大判 2015.11.25 民集 69-7-2035 における千葉勝美判事の補足意見)として肯定的に評価する向きもあるが、他方で、最高裁が国会の動向を"忖度"するあまり、法原理部門としての本来の役割を果たしていないのではないか、という指摘もなされている。

　結局のところ、国会は、明示的な法令違憲判決に対しては、概ね速やかに法改正を行っているが、それ以外の最高裁のメッセージ(たとえば「違憲状態」判決や、補足意見や個別意見における違憲の疑いの指摘)に対しては、ほとんど反応していない。ゆえに、国会を「対話」のテーブルにつかせるためには、最高裁が明示的な違憲判決を出すしかない、ということになる。

　そして、最高裁が明示的な違憲判決を出す上で重要な役割を果たしているのが、下級審の違憲判決の多さであるとされている(たとえば婚外子相続差別に関する訴

訟)。下級審が違憲判決を出せたということは、下級審に違憲判決を出させるような主張が原告から出されたということであり、それは訴訟当事者や弁護士、研究者などの努力のたまものといえよう。

　そもそも、憲法訴訟が提起されなければ、「対話」のスイッチは入らない。その意味で、裁判官や弁護士、研究者だけではなく、国民もまた「憲法の番人」としての役割を有しているのである(「対話的違憲審査」理論の検討については、佐々木雅寿他「座談会」論ジュリ 12-218(2015 年)参照)。

【参考文献】
渡辺康行他編著『憲法訴訟の実務と学説』(日本評論社、2024 年)
吉原秀他編著『代理人たちの憲法訴訟』(弘文堂、2022 年)
山口進、宮地ゆう『最高裁の暗闘―少数意見が時代を切り開く―』(朝日新書、2011 年)

第14章　地域の未来は住民が決める

> 「…地方自治にあって、極めて重大な判断を必要とする場合、主権者であります町民自らの判断を仰ぐことは当然であり、**町民総意で将来の道を選択する必要があります**。…**賛成多数であれば建設の方向に向かい、反対多数であれば町有地を売却せず、建設は不可能になる**ことは当然であります。主権者自らの判断が下された以上、今後の行政にあっては町長、議会もまた、その結果を重く受け止め、その意思に従っていかなければなりません」(1996年の巻原発に関する住民投票告示日に町長が町民に送ったメッセージ、今井後掲書60頁。太字は原文のまま)。

I　住民投票は単なる参考投票なのか？

　近年、住民が地域の未来を決める際に住民投票を行う例が多い。上掲の巻町町長のメッセージは、地方自治を国民主権原理の重要な一内容としてとらえる考え方を明瞭に示している。この視点は、たとえ国会の制定法である地方自治法が、住民投票の結果に法的拘束力を認めていなくても、国民主権を定める憲法自体がこうした法的拘束力を認める考え方に通じる。

　しかし、住民投票で米軍基地建設反対の立場が多数を占めたというのに建設賛成を表明した市長に住民が損害賠償請求した事件で、2000年5月9日に那覇地裁は次のように述べている(ジュリスト1201号〔2001年〕24頁)。

　「……本件条例は、住民投票の結果の扱いに関して、……『……地方自治の本旨に基づき市民投票における有効投票の賛否いずれか過半数の意思を尊重するものとする。』と規定するに止まり……仮に、住民投票の結果に法的拘束力を肯定すると、間接民主制によって市政を執行しようとする現行法の制度原理と整合しない結果を招来することにもなりかねないのであるから、右の尊重義務規定に依拠して、市長に市民投票における有効投票の賛否いずれか過半数の

意思に従うべき法的義務があるとまで解することはできず、右規定は、市長に対し……住民投票の結果を参考とするよう要請しているにすぎない……」。

地方自治とは何だろう。それは、私たちが住民として暮らす市町村や都道府県では、国の政治と異なる独自の政治を行えることを意味するのではなかったか。しかしそれは、法律が認めていなくとも、住民の望むやり方で地域の未来を選び取る自由まで含んでいるのだろうか。実は、国会が定めた制度や権限配分に逆らう自由まで自治体に認めようとする法律家はきわめて少ない。その原因を探るためにも、まず憲法と地方自治法を概観してみよう。

Ⅱ　現行の地方自治の法制度

1　住民自治と団体自治の原理からみた憲法規定

憲法 92 条は、地方自治に関することは国会が制定する法律によらねばならないとしつつも、この立法が「**地方自治の本旨**」に従った内容のものでなければならないとも述べている。国会は、地方自治の内容を自由に改変したり削減したりできるわけではない。一般に地方自治は、民主主義の原理である**住民自治**と、自由主義・分権の原理である**団体自治**から成るといわれるが、92 条の「地方自治の本旨」はこの二原理を意味している。

さらに憲法は、住民自治にとって最低限不可欠な内容を 93 条で明示している。それは、地方議会議員と自治体首長（市町村長や都道府県知事）を住民が直接選挙で選べることであり、議院内閣制をとる国政とは異なり、議会と行政府首長の双方が主権者住民を直接代表する「**二元型代表制**」がとられている。

また 93 条は、議員と首長以外に「法律で定めるその他の吏員」の公選も定めている。以前は、1948 年制定の教育委員会法によって地方教育委員が住民の直接選挙で選ばれていた。しかし、1956 年の「地方教育行政の組織及び運営に関する法律」により、自治体首長が議会の同意を得て教育委員を任命する制度に変えられてしまった。現在は公選の「その他の吏員」は存在しない。

団体自治についても、憲法は 94 条でこれを一定程度具体化している。すなわち自治体は、財産を管理し、事務を処理し、行政を執行し、法律の範囲内で条例を制定する権能を保障されている。ただし具体的な保障内容については、

後にみるように大きな争いがある。

加えて憲法95条は、国会が「一の」自治体のみに適用される法律を定める際には、当該自治体の住民投票による過半数の同意が必要とする**地方（自治）特別法**の制度を定める。ここにいう「一の」自治体とは特定の自治体の意味であり、単独の自治体の場合に限られない。「広島平和記念都市建設法」や「旧軍港市転換法」など1949年から51年にかけて15の特別法がつくられ、18都市で住民投票が行われた。95条は住民自治に直接民主制の意味を付け加える点できわめて重要である。しかし1952年以降は、特定自治体に関連するように思われる法律でも、全国的に適用されるかのような形式を与えたり、「特定自治体の組織や権利・義務の特例を定める法律のみを意味し、特定地域の住民に不利益を与えるにすぎない法律はこれに含まれない」といった解釈をとることで、歴代政府は地方特別法の制度を用いないまま現在に至っている。

2　地方自治法が定める直接民主主義的諸制度

1947年に憲法と同時に施行された地方自治法は、住民自治を具体化するなかで直接民主主義的な諸制度も導入した。これらは1999年の地方自治法大改正後も基本は変わらない。

まず、住民自身が一定の有権者の署名を集めることで地方の政治・行政に直接介入することを可能とするいくつかの制度がある。これらはまとめて**直接請求制度**と呼ばれる。この直接請求制度のうちで、当該自治体の有権者総数の50分の1以上の署名を集める場合が2種類ある。1つは同法74条が定める**条例の制定改廃請求の制度**である。法定必要数以上の署名が集まった場合、自治体首長は請求を受理し、自らの意見を付けて議会に提出しなければならない。議会は通常の条例案と同様にこれを審議し議決する。議会は自由に採否を決せられるので、住民が最終決定権をもつわけではない。もう1つは、監査委員に自治体の事務処理について節約と合理的運営の観点から調査するよう求める制度で、**事務監査請求制度**と呼ばれる（75条）。

加えて、当該自治体有権者総数の3分の1（40万超〜80万以下の自治体は40万×1/3＋超過分×1/6、80万超の自治体は40万×1/3＋40万×1/6＋80万の超過分×1/8）以上の署名を必要とする制度が3種類ある。1つは**地方議会の解散請求の**

制度である（75条）。もう1つは**自治体の議員や首長を個別にリコールするための解職請求制度**である（80条、81条等）。両制度とも、法定必要署名数が集まった場合には住民投票にかけられ、投票総数の過半数の賛成で必ず解散・罷免となる。ここでは、住民自身に最終決定権がある。最後の1つは86条が定める**自治体役員の解職請求制度**である。対象となるのは副知事、副市町村長、選挙管理委員、監査委員等である。しかしこの場合は、役員の人事決定権が首長や議会にあるため、住民は実際には解職発案権をもつにすぎない。

一定数の署名を集める制度とは異なるが、住民個人の自発的な行動により自治体行政に直接介入することを可能にする制度もある。1つは、自治体の執行機関や職員の行為が財務会計上の疑念を招く場合に監査委員に監査を求める制度で、**住民監査請求制度**と呼ばれる（242条）。請求は住民なら誰でも可能で、監査対象となる行為とは公金の支出・管理・処分等であり、必ずしも違法な場合に限られず、不当と思われる行為でもよい。監査委員は請求に理由ありと認めたときは議会や首長等に期限付きで必要な措置をとるよう勧告を出さなければならない。さらに住民監査請求の後に、監査委員の結論や勧告を受けた機関の是正内容に不服がある者は、242条の2に基づき、当該行為の差止、取消、無効確認、違法確認または求償等義務づけを請求して裁判所に訴えることができる。この制度は**住民訴訟**と呼ばれる。これらは固有の意味での直接民主制に属する制度ではないが、住民の直接参加制度の1つに数えられる。

さらに町村の場合には、条例により地方議会を設置せず、有権者住民の総会をもってこれに代える町村総会制度が認められている（94条）。町村総会は、住民投票以上に直接民主主義を徹底した制度といえる。

以上のように地方自治法は、直接民主主義の導入にかなり積極的なようにみえる。しかしこれが憲法の要求するものかという点では、後にみるように争いがある。また市町村合併に関する住民投票を除く住民投票、とりわけ今日の地方政治で重要な意味をもつ政策選択のための住民投票の制度は、地方自治法やその他の地方自治関係法律に規定がない。

3　旧地方自治法における権限配分と紛争処理

団体自治の保障にとり、権限と財源の配分のあり方並びに国と地方の紛争処

理のあり方は決定的に重要である。1999年の地方自治法大改正までは、自治体の処理する事務は**自治事務**と**機関委任事務**に区別されていた。後者は、国または他の自治体その他の公共団体の事務のうち、法令により自治体の機関すなわち首長に委任された事務をいい、特に国の事務に関しては委任された機関（首長）は国の機関とみなされ、当該機関が知事の場合には主務大臣の、市町村長の場合には知事の指揮監督を受けることになっていた（旧法148、150条等）。地方議会は機関委任事務に関しては条例を制定することができなかった。機関委任事務は年を追うごとに膨れ上がり、特に都道府県の場合には支出面でみるならばその事務の7割強が機関委任事務で占められるほどであった。また膨大な機関委任事務の存在は、自治事務、機関委任事務の区別なく自治体が国の指示（市町村の場合には都道府県の指示も）を仰ぐ慣行を生み出した。

　これに、地方税を主な財源とする自主財源が地方の支出総額の3割程度しか割り当てられていないという財源配分の不均衡の問題（いわゆる3割自治）が加わる。不足財源の約半分は、自治体間の財政格差の是正を目的とする制度である地方交付税を通じて国税が地方自治体に回される。しかし残りの半分は、交付に関して国の裁量が働く国庫支出金（いわゆる補助金）として国税が地方に回されるため、財政面でも自治体は国から自立することが困難だった。起債についても旧法では自治大臣の許可が必要であり、国の支配から自由ではなかった。

　このような事務配分と財源配分の下では、自治体の自主性は萎縮せざるをえない。自治事務に関しては、国の法律の枠内ならば自由に政策選択できるはずなのに、国（市町村の場合には都道府県も）の政策に自ら追従する傾向が強かった。

　他方、機関委任事務については、国の機関とみなされた自治体首長が法令や上級庁の処分に違反したり、職務を怠った場合、知事に対しては主務大臣が、市町村長に対しては知事が、高等裁判所に職務執行命令訴訟を提起できることになっていた。そして裁判所が職務執行命令を出した後でも、判決で定めた期間内に首長が当該義務を履行しない場合は大臣（または知事）が自治体首長に代わり当該職務を代行できることになっていた。さらに1991年の地方自治法改正までは、国は職務執行命令訴訟で勝訴した後で、なお自治体首長が当該職務を執行しないことを確認する「確認の裁判」に勝訴する手続が必要ではあったが、職務の代行が可能となるだけでなく、当該首長を罷免できるという強力

な制裁手段を用意していた。ただ実際には、国の法律や政策を憲法違反等の理由によって真っ向から否定し、機関委任事務に関して違法行為をあえて行う自治体は稀有であった。具体的にいえば、日米安保条約や日米地位協定の違憲性や地域的差別性のある運用を理由にして、米軍基地用地の強制収用や強制的使用契約継続の手続に関する機関委任事務の遂行を拒否した**砂川町長事件**（最大判 1960.6.17 民集 14-8-1420）や**沖縄県知事事件**（最大判 1996.8.28 民集 50-7-1952）があるにすぎない。両事件とも、裁判所は最終的には日米安保条約等関係法令の違憲性について統治行為論（第 13 章参照）を用いてしまったために町長・知事の側の敗訴となってしまったが、それでも最高裁ですら、正当な理由がある場合には自治体首長による機関委任事務の執行の拒否に合法性がありうることを認め、したがって機関委任事務に関しても国と自治体首長とが「上命下服」の関係にはならないことを確認している点は重要だ。なお 1991 年法改正前の砂川事件の場合も、町長の罷免は行われなかった。

4　1999 年及びその後の地方分権改革

　一方で世界的な地方分権化の高まりを背景にして、他方で従来型の行政指導や利益誘導に頼った曖昧な行政手続ではなく、ルール重視で透明性のある行政手続が必要になってきたことを受けて、1999 年に地方自治法改正を含む**地方分権一括法**が可決され、特に権限配分と国・地方間紛争処理が大改正された。

　権限配分では、何よりも機関委任事務が廃止され、その一部は自治事務に移され、残りは別種の自治体の事務である**法定受託事務**になったことが注目される。後者は、国（あるいは都道府県）が本来果たすべきものでありながら、法律や政令によって自治体が処理するものとされた事務をいい、その適正な処理に対して国（あるいは都道府県）が特に責任を負うものとされる。機関委任事務との違いは、国（あるいは都道府県）の事務という性格づけが消えたこと、したがってその処理を担当する自治体の議会が条例で規律できるようになったこと、そして法定受託事務にするには法令による明文の根拠が必要になったこと等である（新地自法〔以下同〕2 条 9 項・10 項）。統制については、大臣（あるいは都道府県の執行機関）が処理基準を設定でき、また法令違反や著しく不適切な執行の場合に細部にわたる具体的是正を指示でき、さらに旧法の職務執行命令訴訟と

類似する制度であるが、法定受託事務につき大臣の指示に従うべきとする国からの訴訟が認容された後に、なおも自治体の長が執行を怠る場合に国が代執行できることになっている（245条の7、同条の8、同条の9）。

　自治事務については、旧法のような例示の規定はなく、概括的な表現で、「住民の福祉の増進を図ることを基本として、地域における行政を自主的かつ総合的に実施する役割」にあたる事務が広く含まれるものとなった（1条の2第1項）。国の役割は、国際社会における国家としての存立に関わる事務、全国的に統一して定めることが望ましい国民の諸活動、地方自治に関する基本的な準則に関する事務、全国的な視点に立って行わなければならない施策および事業の実施、その他の国が本来果たすべき役割と述べることで、ある程度限定的に示され、他方で自治体については、「**住民に身近な行政はできる限り**」自治体に委ねることを基本とすると定めることで（1条の2第2項）、自治体が自主的に自治事務の対象を広げることが容易になった。しかし、全体として自治事務と国の事務を徹底して峻別するやり方はとらず、むしろ現代行政における国と自治体の協業を展望しつつ、「**適切な役割分担**」がめざされていると思われる。

　国による自治体の統制については、自治事務についても旧法より国の関与手段を明確化するとともに（245条1項）、法令上の根拠を要することや自治体の自主性や自立性に配慮すること等が定められた（245条の2、同条の3）。自治事務に関しても法令違反や著しく不適切な執行の場合に大臣は是正を要求できるが（245条の5）、それでもあえて抵抗する自治体に対し代執行等の強制措置をとる可能性が法文上は残されている（245条1号ト。ただし政府の説明では、当面は自治事務の代執行を制度化するつもりはないという）。

　他方で、国地方係争処理委員会がつくられ、「適切な役割分担」の観点から国の関与を審査する可能性も生まれた（250条の7〜20）。また、この委員会が行う勧告や調停あるいはその不作為に対して不服がある場合に、自治体側から高等裁判所に提訴できるようになった（251条の5、252条）。

　全体として1999年の地方分権改革は、自治体の自主性と自立性を高めつつも、国が法令に基づき自治体の活動に関与する手段を整備することで、市場経済適合型のグローバルな法治主義を強化するものであったといえる。他方、財源の再配分についてはほとんど手がつけられず、法定外目的税の新設、ならび

に法定外課税と起債の際に国の許可制から事前協議制（ただし国の同意必要）に変更したこと以外には、自主財源の拡充は実現しなかった。

　その後、小泉内閣は 2004 年度から 2006 年度までに、4 兆円程度の国庫支出金（補助金）の廃止と 3 兆円規模をめざした税源移譲（補助金の一般財源化）、そして地方交付税制度の見直し（縮小）を同時に進める**「三位一体」改革**を試みた。この改革により、地方の財政的自立と自律が進むと主張された。しかしこの改革には、一方で公共事業補助金の交付金化による温存のように、中央省庁による財政的干渉の余地がかなり残されている問題が、他方で、地域間格差の放置により弱小自治体とその住民生活の切り捨てが強まる危険が指摘された。

　さらに 2007 年 4 月の地方分権改革推進委員会発足、民主党政権下の「**地域主権**」への政治標語の架け替えと自民党の政権復帰によるこの標語の追放などを経ながら、2011 年以降、数次にわたる「地域の自主性及び自立性を高めるための改革」推進のための一括法が制定・実施された。それは、自治事務の処理基準に対する国の法令による規律密度を低めること（**法令による義務づけ・枠づけの緩和・撤廃**）を通じて、「立法権分権」を目指すものと言われた。しかし実際には、あくまでも国の都合で自治体の関与に対する規律密度を緩和したに留まっており、国と自治体の間の真の「立法権分有」には至らないままで、自民党の政権復帰後は次第に「立法権分権」の機運自体が消えかかっているように見える。

　こうした経緯の中で、2012 年の地方自治法改正により、自治体の事務処理が国から見て違法又は著しく適正を欠き、明らかに公益を害していると認める場合に、国から当該自治体に対して行った是正の要求（自治体事務の場合）あるいは是正の指示（法定受託事務の場合）に自治体がなおも応えようとしなかった時、国の側から提訴できる違法確認請求訴訟が制度化された（251 条の 7、252 条）。これを法治主義の進展として積極的評価をする者もいるが、自治体の「立法権分有」が十分に認められない場合には、法治主義の名による国の自治体統制のみが一方的に強まる危険性が指摘されている（辺野古違法確認訴訟〔最判 2016.12.20〕等）。

　さらに最近では、集権化の強まりが危惧される別の問題も出現している。地方分権改革の基本的な考え方では、自治事務については国からの是正の要求が

出された場合でも、自治体には是正する義務は発生するものの、法定受託事務の場合とは異なり、国からどのように是正すべきかの具体的な指示を出すことはできないはずであった。万が一、是正の指示を自治事務に対して加える必要が明らかとなった場合には国会による個別の立法が必要であり、立法府がそのような強い統制が必要な例外的な場合に当たるか否かを個別に判断することが最低限のルールとなっていた（例えば感染症法や災害対策基本法）。

　しかしコロナ禍での国と自治体間の対応の齟齬並びに自治体間の対応の齟齬に対する反省などを理由に、いわば「火事場泥棒」的なやり方で国会での議論を収束させ、2024年6月に地方自治法を改正して「国の補充的指示権」の制度が付け加えられたのである（新設の第14章）。これは、「大規模な災害、感染症のまん延その他の及ぼす被害の程度においてこれらに類する国民の安全に重大な影響を及ぼす事態」に至ったと各大臣が判断したときで、複数の市町村間の事務の調整を図るためであれば、それが自治事務であっても個別の立法抜きで、閣議決定だけで自治体に具体的な指示を発することができるようにするものだった（252条の26の4）。加えてこの「補充的指示権」の制度では、それが単独の自治体の自治事務の場合であっても、上記の事態に加えて、「生命等の保護の措置の的確かつ迅速な実施を確保するために特に必要がある」と各大臣が判断した場合には、やはり閣議決定だけで具体的な是正の指示を出せるようにしている（252条の26の5）。国会による個別的な必要性の判断もなく、行政府の判断一つで自治事務の性質を失わせるこうした制度改変は、分権改革の理念を変質させるものではないか。

Ⅲ　憲法が保障する地方自治権の意味

1　地方自治の本旨論争

　以上の説明のほとんどは、地方自治法その他の国会制定法が定めた制度についてのものだった。たしかに地方自治の諸制度は立法で具体化されたものが多く、従来は憲法第8章の内容を現行法から語ることが通例だった。それでは、国会の多数派が現行法をより中央集権的に改変した場合にも、あるいは直接請求制度を廃止した場合にも、それを憲法が認める制度とみなしてよいのだろう

か。あるいはまた、現行地方自治法上の制度のおかしな部分までも、憲法が認める制度とみなしてよいのだろうか。この点学説は以下のように分かれる。

固有権説は、自治権を憲法以前、国家以前から存在する自然権と考える。したがって固有権説からすれば、自治権を侵すあらゆる改変は、立法によってのみならず憲法改正によっても許されないことになる。この説はやがて現行憲法の解釈と結びついて新固有権説となる。

新固有権説は、自治権を本来は自然権としながらも、住民自治権の部分については国民主権や選挙権を定める前文や15条1項で現行憲法が再確認しており、また団体自治権の部分も、現行憲法第3章の各人権保障条項が、法人としての自治体にも自然人と同様の人権を保障するという意味で自然権を再確認していると主張する。憲法93条と94条もこれらの再再確認規定とする。以上の（新）固有権説は国会の制定法と無関係に自治権を主張できるようにみえるが、実際には自治権の具体的内容を明確にできない欠陥があった。

これに対し**伝来説**は、近代国家において自治権は自然権ではなく、単一不可分の主権・統治権から自治体に授権されたものと解する。伝来説のうち**承認説**は、憲法92条以下の地方自治保障条項は、行政権の中央集権制を定めた憲法65条に立法で例外を設けることを許容する意味しかないとし、極端な場合には地方自治を全廃する立法すら憲法は許すという**保障否定説**まで唱えられた。

伝来説に立ちながらも、憲法92条以下の条項が自治権をなんらかの意味で国会の立法に対しても保障していることを立証することに力点を置くのが**制度的保障説**だ。制度的保障説は、一般に立法による地方自治の改変を認めながらも、「地方自治の本旨」という憲法規定は、一方で地方自治拡充の立法指針（すなわち努力目標）となり、他方で一定部分については立法によっても侵しえない地方自治の核心部分（すなわち規範的部分）を示すと主張する。この説の代表的論者は、この核心部分を憲法条文からの類推と歴史的沿革から提示しようとする。例えば92条は制度としての地方自治体の存在を保障するが、個々の自治体の存在を保障するものではない。基礎自治体・広域自治体の二層制は保障するが、東京都特別区のように特別な理由がある場合には例外も認める。93条は地方議会の存在を保障する以上、議会の決定権を完全に奪い諮問機関化することを禁止する。しかし、直接請求制度等は地方自治法で初めて制度化され

たものにすぎず、法改正によって直接民主主義的諸制度を全廃しても違憲にはならない。「その他の吏員」の範囲も立法裁量となる。94条は自治事務における活動領域の普遍性、自主組織権、人事権、自主財政権、条例制定権等を保障する。しかし、だからといって法改正により個別の自治事務を改変・剥奪しても違憲にはならず、ただ自治事務の全廃のみを明確に禁止するにすぎない。制度的保障説は現在でも通説だが、自治制度の全廃に至らない限りは、法改正により無限に自治権縮減を許しかねない欠陥がある。また直接民主制を保障する憲法論を導き出せない点も批判される。

　主権の単一不可分性と憲法からの授権に基づく地方自治権という枠組みは認めつつも、現行憲法自体に内在する主権原理と人権保障原理の再解釈から立法によっても侵しえない自治権の内容を広く認めようとするのが**人民主権（人民主権型地方自治権）**説だ。人民主権説は市民の日常的な主権の行使を基本原理とするので、直接民主主義の可能な限りの実現と、市民に身近な政府（自治体）でできる限り多くの政治・行政が行われることを憲法の国民主権原理から導き出す。したがって、事務配分に際しての自治体優先、特に市町村最優先の原則が出てくる。さらに、地方自治法上の直接民主主義的諸制度も憲法自体が保障することになり、住民投票の制度化のような拡充の方向は許されても削減の方向は憲法違反となる。条例と法律の関係は、94条の「法律の範囲内」での条例制定という規定があるので、原則として条例は法律に抵触できないが、人権保障最優先を求める13条、97条から、住民の人権保障に不可欠な場合には法律に抵触する条例にも合法性を認める。だが人民主権説は、その主権論自体への批判もあり、裁判所で採用されるに至っていない。

2　判例にみる立法権と地方自治権の関係

　判例は制度的保障説を採用していると思われる。この場合、地方自治を縮減する法律と自治権の関係はどう扱われてきたのだろうか。

　まず92条が保障する自治体という制度枠についてであるが、通説は基礎自治体と広域自治体の二層制しか保障していない。しかも**渋谷区長選贈収賄事件**（最大判1963.3.27刑集17-2-121）では、歴史的沿革の不十分さを理由にして、東京都特別区を完全自治体の枠から外すことになる区長の議会選任制への地方自治

法改正を合憲と判示し、二層制原則に対する例外まで認めてしまった。

　財産権制限、課税、刑罰の３つの分野については、憲法自身が法律でこれを定めるよう義務づけていることもあり（29条２項、30条、84条、31条）、条例で独自に規制できるか否かが昔から争われてきた。財産権規制に関しては**奈良県ため池条例事件**（最大判1963.6.26刑集17-5-521）以降、財産権の濫用に対する規制は条例でも可能と考えられるようになり（最高裁多数意見）、また財産権の「内容」に関する規制は法律によらねばならないが、その「行使」に関する規制は条例でも可能とする解釈（同判決入江補足意見）も有力に唱えられている。

　自主課税についても、**大牟田市電気税訴訟**（福岡地判1980.6.5判時966-3）や**秋田市国民健康保険税条例事件**（仙台高裁秋田支判1982.7.23行集33-7-1616）で、自治体の課税権が憲法から直接伝来していることが承認されている。もっとも大牟田市の訴訟では、地方税法制定によって国会が選んだ課税制度に対して自治体が自主課税権を根拠にどこまで修正できるかが論点となった。裁判所は、憲法が保障するのは抽象的な自主課税権にとどまり、国会の立法権に対抗しうる具体的課税権（具体的税目決定権）までは保障していないと判示している。

　罰則付きの条例の合憲性についても**売春勧誘行為等取締条例違反事件**（最大判1962.5.30刑集16-5-577）以来、地方自治法14条５項（現14条３項）の罰則制定規定や同旧２条３項[(1)]の自治事務の例示規定に立法から条例への罰則委任をこじつけることで合憲としてきた。すなわち、法律による条例に対する授権が「相当程度に具体的であり、限定されておれば足りる」とか（同判決多数意見）、条例は民主的自主立法であるから「条例への罰則の委任の仕方は、政令等行政府のみで制定する法令に対する委任の場合に比較して、より緩やかなものであってもよい」（同判決入江補足意見）等の言い方で、委任の要件が緩和された。

　しかし法律と条例の規定が真っ向から対立する場合には、判例が条例の合法性を認めることはなかった。近年は乱開発を生みかねない個人の財産権行使と自治体のまちづくりや環境保護を目的とする規制条例とが対立する事例が増え

---

(1) 現２条は、前述のように自治事務の例示をやめ、１条の２第１項の国と自治体の役割分担を前提とした「地域における事務及びその他」という概括的規定に変わっており、この点からも、判例（特に入江補足意見）が依拠していると思われる要件緩和説は成立しがたくなっている。

ている。**高知市河川条例事件**（最判 1978.12.21 民集 32-9-1723）や**宗像市環境保全条例事件**（福岡地判 1993.3.18 判タ 843-120）では、開発行為を規制する条例が河川法や産業廃棄物処理法が許す財産権の行使にさらなる規制を加えるもので違法であると判示している。ここでは法律による規制がすでにある分野に対する**上乗せ規制**（同一対象同一目的の加重規制）・**横出し規制**（法律規制対象外の規制）を違法とする**法律先占論**の名残がみられる。もちろん法律先占論自体は、**徳島市公安条例事件**（最大判 1975.9.10 刑集 29-8-489）によって一応は放棄された。同判決は、法律と条例の文言上の抵触関係にとらわれることなく、「それぞれの趣旨、目的、内容及び効果を比較し、両者の間に矛盾抵触があるかどうか」という視点から、場合によっては上乗せ・横出し規制条例を合法と解釈できることを明らかにしたからだ（**目的効果基準論**）。しかしこの判決後も、地域的必要性から国の法律の趣旨・目的・効果に真正面から抵触する条例までも合法とした最高裁判例はない。

Ⅳ 住民投票結果は自治体を拘束できるか

1 住民投票の広がりの意味

地方自治法には政策選択のための住民投票制度は規定されていないにもかかわらず、近年、条例による住民投票の制度化が広がっている。住民投票を市民の側が条例制定直接請求で制度化する例もある。制度化された条例はそのすべてが、投票結果を首長は尊重する義務を負うと規定するのみで、これを通例、**諮問型住民投票**と呼ぶ。これに対して、首長を投票結果に法的に従わせ、違反行為には法的制裁を科す制度を**拘束型住民投票**と呼ぶ。

住民投票には衆愚政治、少数者の人権抑圧、プレビシット化、住民の判断力不足、地域エゴによる全国的利益無視等の危険性が繰り返し指摘される。しかし、代議政治についても政治家の密室談合政治、議員や首長の専門知識不足、国益の名による少数者抑圧等の批判が成り立つので、この対立は、最終的には論者の民主主義観の違いによるものといえる。

2　民主主義観の違いと独自条例に基づく住民投票の拘束性

国民主権・代表制原理と住民投票との関係については三説が対立する。

第一説は、憲法の国民主権は間接民主制を基本とし、直接民主制は明文規定がある場合に限られた例外的補完しかできないと考えた上で、国と自治体の民主主義原理も同一と考えて、独自条例による住民投票の制度化は諮問型も拘束型も憲法・地方自治法に違反すると考える。この立場は、地方自治法の改正による諮問型住民投票の制度化にも消極的だ。

第二説は、憲法は国政に関しては間接民主制を基本とするが、自治体民主主義のあり方は国政と異なり、間接民主制と直接民主制が並立関係にあるとみた上で、直接民主主義の具体化は立法次第で決まるとする。この説は、現行地方自治法の下では条例による諮問型住民投票の制度化までは許されるが、拘束型は禁止されるとみる。なぜなら拘束型は、首長の政策選択の裁量権を規定する地方自治法に触れるからだ。また、法改正があれば拘束型も可能とするが、憲法はこの点では沈黙しているとみている。

第三説は人民主権説を基礎とするもので、憲法が明示的に禁止していない限り、直接民主制を積極導入することが国民主権原理から要請され、憲法の下位法である地方自治法の規定には縛られないとする。もちろん拘束型も合憲・合法とする。さらに諮問型住民投票条例の場合にも、その尊重義務規定になんらかの法的拘束性を読み込むことを認めようとする。例えば、十分な説明責任を果たさないで首長が投票結果に背いた場合には、当該首長に対する賠償責任あるいはその処分の取消の判決等の法的効果が発生すると考える。

多数説・判例は第二説だ。しかし市民の政治参加の拡充が世界的現象である以上、拘束型住民投票条例を合法化する憲法論が、やがては優越化するであろう。

【avancée】対話型立法権分有説と法令への部分的抵触条例の合法性

現在の通説は、日本国憲法が憲法94条により自治体に条例制定権を直接授権したこと、条列制定権の効力には地域的な限定があるにせよ、その対象に事項的な限定はなく、地域生活に必要でありその内容も合理的であれば、国の法令に抵触しないかぎりいかなる事項にも及びうること（**全権限性**の原則）を認める。もっとも通説は、日本では事務の性質から本来的な自治事務と国の事務に峻別することは不可

能とし、全国的な利害と地域的利害は濃淡の別はあれ連続し重なり合っており、国の法令は全国的な必要性と合理性があれば地域的事項にも法令の制定を通じて介入できるとする（塩野宏『行政法Ⅲ〔第5版〕』〔有斐閣、2021年〕178-179頁）。たしかに社会の高度化複雑化が進む現在、事務の本質による峻別論は時代錯誤である。それゆえ条例の合法性をめぐる議論の土俵も、もはや当該領域を国の法令が先占しているか否かではなく、国の法令と条例とが実質的に抵触しているか否か、抵触する場合にはいずれが優先されるべきかを憲法原理から明確にすることに移っている（岩橋健定「条例制定権の限界─領域先占論から規範抵触論へ─」小早川・宇賀編『塩野古希記念・行政法の発展と変革（下）』〔有斐閣、2001年〕357-400頁）。

　この議論において、通説が基礎とする制度的保障説は、国民主権原理と地方自治原理を切り離して考えつつ、あくまでも全国民の代表者が制定する法律が常に条例に優位することを主張し、国の法律の趣旨・目的・効果から見て条例がこれに抵触する場合をすべて違法とする。人民主権説の場合は住民を主権者人民と重ねて考えることで、住民の意思決定にも主権者の意思決定の性格を認めようとする。しかし同説は日本国憲法が人民主権をすでに実現しているはずとの解釈を採るため、国の立法は人民全体の最高意思の表明と見なされることになる。したがって自治事務を本質的に国の事務と峻別できるという立場に立たない限り、憲法自体には国と自治体間の事務の事項的区分がないため、国の立法が法令で規律する必要があると決定した事項が地域的な分野にも及ぶことを違憲とすることはできず、人民の部分集団に過ぎない住民の意思決定である条例が国の法律に優位する論理も見出し難い。

　そこで近・現代の国民主権原理の歴史的展開を踏まえることで、日本国憲法を含む現代憲法における人民主権原理の部分的実現（半直接制がその表れ）と、にもかかわらずその完全実現の不可能性を認めることで、国の立法意思（法律）にも自治体立法意思（条例）にも部分的・暫定的な憲法的正当性しか認められず、多元的な立法意思間の「対話」的な決定こそが現代国民主権原理（したがって憲法前文と1条）の規範内容になるという第三の立場が現れる（**対話型立法権分有説**。後掲『分権国家の憲法理論』参照）。この立場は、憲法92条の「地方自治の本旨」が現代国民主権原理における多元的立法意思の「対話」の趣旨を含むものと解し、憲法41条と94条から多元的立法意思間の対立の暫定的な解決策として法律優位の原則が介在することは認めつつも、憲法前文・1条と92条の趣旨に規律される結果として、事案に即して法律と条例との双方の必要性と合理性とが比較検討され、条例のそれが法律のそれに優越する場合には、法律の「重要な部分」以外での暫定的・部分的・付随的な抵触に憲法的合法性を認める（後掲『分権型法治主義の憲法理論』参照）。**神奈川県臨時特例企業税条例事件**の控訴審判決（東京高判2010.2.25判時2074-32）は、その法的論理はなお曖昧ながらも、現代の立法権の多元化傾向から、「重要な部分」以外で条例が法律に抵触することに合法性を認めた。しかし同事件上告審判決（最判2013.3.21民集67-3-438）は、伝統的な制度的保障説の立場から、同条例を簡単に地方税法違反で無効としてしまった。

【参考文献】

赤坂正浩「地方自治体の政策決定における住民投票」法学教室 212 号（1998 年）
今井一『住民投票』岩波書店、2000 年
大津浩『分権国家の憲法理論―フランス憲法の歴史と理論から見た現代日本の地方自治論―』有信堂、2015 年
同「第 8 章　地方自治」辻村みよ子・山元一編『概説　憲法コンメンタール』信山社、2018 年
同『分権型法治主義の憲法理論―『対話型立法権分有』と自治体憲法訴訟の構築に向けて―』日本評論社、2025 年
兼子仁「自治体住民の直接民主主義的権利」都立大学法学論集 32 巻 1 号（1991 年）
杉原泰雄「地方自治権の本質」法律時報 48 巻 2・3・4 号（1976 年）
同『地方自治の憲法論』（補訂版）勁草書房、2008 年
成田頼明「地方自治の保障」『日本国憲法体系』第 5 巻、有斐閣、1964 年

第15章　世界の誰もが平和に生きる権利をもつ

> ニューヨークの国連本部の前庭には、剣を鋤に打ち変えるべくハンマーを振り上げた人物の像が置かれ、その台座には「ヤハウェは国々の間を審き、多くの民の仲裁に立たれる。かくて彼らはその剣を鋤に打ち変え、其の槍を鎌に変える。国は国に向かって剣を上げず、戦争のことを再び学ばない」（関根正雄訳『イザヤ書二第二章第五節』）との旧約聖書の一節が記されている。

　人類は、長い歴史の中で繰り返し戦争を否定し、「平和」[(1)]を実現しようとしてきた。しかし、戦争の禁止と平和主義が基本原則と考えられるようになるには、近代社会の到来を待たねばならなかった。身分制度を基本とする封建社会では、人間が人間を支配することを認める身分制度が存在し、「力は正義なり」との言葉に象徴されるような暴力肯定の思想の下で、戦争が正義の実現に不可欠と主張され続けたからである。

　それに対して近代社会では、個人が自律して自由に生活することが理想とされたため、支配・服従関係と暴力・侵略戦争とを否定する考え方が肯定されるようになる。近代的憲法、例えばフランスの1791年憲法が第六編で「征服目的でいかなる戦争を行うことをも放棄し、いかなる人民の自由に対してもその武力を決して行使しない」と規定するのはそのような思想的背景からである。しかし、封建制国家に取り巻かれて誕生した近代国家は、戦争を全面的に否定せずに、自国の存在を肯定し防衛する必要から自衛戦争を肯定した。自衛戦争と自衛権については、あたかも、平和のシンボルとされる鳩が自らの縄張

---

(1) 本章では「平和」とは、ヨハン・ガルトゥング（Johan Vincent GALTUNG）が指摘するように、戦争がないだけの消極的平和にとどまらず、構造的・文化的暴力をも解消した「暴力の不在」、すなわち積極的平和の実現と考えている。高柳先男・塩屋保・酒井由美子訳『構造的暴力と平和』中央大学出版部 1991年参照。

りを守る行動になぞらえて肯定したが、21世紀に至っても自衛戦争の名の下で、実は、自国の権益の実現や植民地の獲得のために、戦争が繰り返された。

そして今日何よりも問題なのは、第一次・第二次世界大戦以来、戦争を遂行することは、戦争の専門家とされる軍人による局地的な戦いにとどまらず、国民全体を巻き込む総力戦として戦われるものに変化したことである。その結果、いったん戦闘が始まると、軍事施設だけでなく、都市や産業地帯、病院や学校までもが当然の攻撃の対象となり、それを実現するため大量殺戮・破壊兵器の開発・使用により、民間人をも犠牲にすることにより、膨大な被害が国土全体で生ずることになった。第一次世界大戦以降は、戦闘が始まると、湾岸戦争でも、コソボ紛争でも、イラク・アフガニスタン・シリアでも、そして今日目の当たりにしているように、ウクライナやガザなどのように、攻撃の対象は、前線の軍事施設・軍隊にとどまらず、後方の病院・学校・インフラ設備など都市機能そのものに及び、従来は非戦闘員と考えられた民衆一般にまで及ぶことになる。戦闘は、当事国すべての国民・資源に対する破壊を意味するようになっているのである。

日本国憲法が、その前文で「われらは、全世界の国民（all peoples of the world）が、恐怖と欠乏から免かれ、平和のうちに生存する権利を有することを確認する」と宣言するのは、たとえ自衛のためであっても、現代の戦争が、国民すべてを巻き込み、多くの犠牲者を発生させることにより、新たな憎しみと報復の連鎖を生み出す原因となると考え、一国の国民（people）のためだけでなく全世界の国民（people）のものとしなければ平和は実現しないと考えたからである。

私たちは、21世紀の早い段階で、資源と市場をめぐる争いをなくすだけでなく、進行する国内における格差や南北格差に象徴されるような貧富の差、とりわけ貧困を根絶するような政策を進め、戦争やテロの原因をなくして、共生と共存が可能な社会環境を創り出さなければならない。

Ⅰ　日本国憲法と平和主義・平和的生存権

1　人権としての平和（平和主義・平和的生存権）

第一次世界大戦が終了すると、それを教訓として、国際連盟の創設（1920）

や数々の軍縮会議が行われた。そして 1928 年にはパリ不戦条約[(2)]が締結され、国際条約の整備による戦争の規制と違法化が試みられた。しかし、日本、ドイツおよびイタリアは、自国の安全または生命線を理由にし、1930 年代以降、軍事力拡大と他国への侵略の道を進み、第二次世界大戦を引き起こすことになる。第二次世界大戦は、第一次世界大戦の規模をはるかに上回る莫大な戦死傷者と破壊を生み出した。とりわけ大戦末期に完成され、広島、長崎において使用された核兵器は、膨大な死傷者を生み出し、今後再び世界規模での戦争が起こるならば、都市レベルでの破壊を超え地球規模での破壊をもたらすことが容易に推測できるものとなった。

　日本国憲法が前文で「政府の行為によつて再び戦争の惨禍が起ることのないやうにすることを決意」し、「平和を愛する諸国民の公正と信義に信頼して、われらの安全と生存を保持しようと決意」し、「平和を維持し、専制と隷従、圧迫と偏狭を地上から永遠に除去しようと努めてゐる国際社会において、名誉ある地位を占めたいと思」い、「全世界の国民が、ひとしく恐怖と欠乏から免れ、平和のうちに生存する権利を有することを確認する」と規定したのは、これまでの国際社会での歩みを反省し、平和主義を国是とし、積極的な平和の実現義務を自国に課すことにより、国際社会の中での日本の役割を明示しようとしたからである。自国の国民のみならず全世界の国民に「平和的生存権」を保障することを政府に義務づけ、全面的な戦争放棄、軍事力の不保持および交戦権の否定を 9 条に明記し、宣戦布告や国家防衛などを規定せずに、非軍事的な形で平和を実現することを憲法上表明したことは、世界史上有意義なことであった。

　その後の日本が、この原則を非軍事的な手段、すなわち外交関係を通して世界に広めることができたならば、世界史的にも画期的な出来事と記録されたは

---

(2)　正式名称は「戦争放棄ニ関スル条約」という。1928 年 8 月 27 日、日本ほか 15 カ国によりパリで締結され、翌年 7 月 24 日発効した。フランスの外務大臣 A・ブリアン（Aristide Briand, 1862-1932）がアメリカ合衆国に対して二国間不戦条約を提案したことがきっかけとなったため、アメリカ合衆国国務長官 F・ケロッグ（Frank Billings Kellogg, 1856-1937）の名前と合わせケロッグ・ブリアン条約ともいう。加盟国はその後 64 カ国となった。「国家ノ政策ノ手段トシテノ戦争」を放棄し（1 条）、「平和的手段ニヨルホカノ処理マタハ解決ヲ求メナイ」（2 条）と規定し、侵略戦争を否定した。

ずである。ところが、その後の冷戦体制の中で、日本は積極的な中立・非同盟・非軍事政策を主張するのではなく、警察予備隊・保安隊・自衛隊と続く再軍備への道を選び、日米安全保障条約を締結し、日米軍事同盟の下で、東西対立の一方の極に荷担することになった。アジア社会においても、アジア・太平洋戦争に至る戦前の政策を積極的に清算し、新たな信頼関係を構築するよりは、東西対立の一方の極に身を置きながらひたすら経済的発展を追求したのである。

第二次世界大戦後、ドイツ（旧西ドイツ）が、外交による平和実現の観点を忘れることなく、地道に石炭鉄鋼共同体（1952）に始まり欧州連合（1993）の成立に至る欧州統合の努力を続け、欧州の安定と協調を模索しながら発展を続けてきたのとはかなり異なるのである。

冷戦終結後の世界情勢の中で、日本の国際貢献が問題とされているが、ODAと異なり、地域の安定化と地域紛争の解決のためのPKO・PKFなどの活動を行う際には、国際社会における信頼が必要である。北欧諸国が、長年自国の利益のためではなく紛争諸国と周辺地域の安定と平和実現のための外交努力を積極的に行い、確立してきた国際的信頼感と同様の信頼を確立する必要がある。

2　平和的生存権と9条

憲法前文で「平和的生存権」を「全世界の国民（people）」に保障し、その実現のために9条で自ら「陸海空軍その他の戦力」を否定し、非軍事化することを規定したことは、自国ばかりでなく全世界の国民が平和で安全な環境において生存することを、軍事的な手段でなく、平和的な外交努力で行うことを自国の政府に義務づけたと考えられるがゆえに大変意義のあることだった。

しかし前文の「平和的生存権」と9条の存在からその法的権利性を認めることが自然であるにもかかわらず、その現実化を義務づけられた政府（内閣）・国会・裁判所がこれを積極的に実現しようとしないため、学説においても多彩な議論が生じてきた。

学説の論点は、法的性格、内容、主体など権利の構造に関するものと規範性に関するものがある。学説では、法的権利性が有力に主張される一方で、権利の内容の漠然性・理念性、ないし一国の憲法で全世界の国民の権利を保障する点で権利主体性を問題とする消極説が多数説として存在する。

積極的に権利の法的性格を認める議論としては、この権利を、自由権的基本権から生存権的基本権そして平和的生存権へと発展する人権の段階論の中に位置づける立場が1960年代に現れ、さらに憲法13条または25条との関連でその権利性を説明するようになった。

法的根拠としては、①前文を主たる根拠とするもの、②9条を主たる根拠とするもの、③前文、9条および13条ほかの条文により総合的に保障されるとするもの、がある。保障される権利内容については、平和的手段によって平和状態を維持・享受する権利とされる。また、権利主体については、①個人、②民族、③個人および民族を主体とするとの議論がある。裁判規範性については、原告適格を「全世界の国民」まで広げることができるのか、また国民全体とした場合についても認める立場と限定する立場に分かれる。**長沼事件**札幌地裁判決（1973.9.7判時712-24）では、基地周辺住民に原告適格を認め、平和的生存権を裁判規範として明示的に承認した最初の判決である。冷戦が終了すると、「平和的生存権」実現の可能性が増すが、2001年の9・11事件は状況を一変させる。粘り強い多国間の外交交渉により戦争を回避するのではなく、たとえ一国でも直接介入に踏み切るブッシュ政権の立場が現れたからである。日本政府は、自衛隊のイラク派遣を行うが、その差し止めを求める一連の訴訟において、名古屋地裁判決（2007.3.23）は「平和的生存権はすべての基本的人権の基礎」で、「具体的権利性を有する場面がありうる」と判断し、名古屋高裁判決（2008.4.17判時2056-74）は航空自衛隊がイラクで行っている武装した米兵の輸送活動は「憲法9条1項に違反する」と判断し、この判決が確定（2008.5.2）した。

3　国際社会と人権としての平和

国際社会においては、平和を人権の観点からとらえることについて、肯定的である。すでに述べたように二度の世界大戦の悲惨な経験が、戦争を違法なものとする国際理解を創り出したことはいうまでもない。その具体的な表れとして、1928年のパリ不戦条約や1945年の国連憲章を挙げることができる。また、世界人権宣言（1948）は、「人類社会のすべての構成員の固有の尊厳と平等で譲ることのできない権利とを承認することは、世界における自由、正義及び平和の基礎である」（前文）と人権と平和との関係を規定し、国際人権A・B規約

(1966) もこの前文の立場を確認した。またテヘラン国際人権会議（1968）では、「平和と正義は人権及び基本的自由の完全な実現にとって不可欠である」ことを認めた。国連総会も、1978 年 12 月 15 日の「平和的生存のための社会の準備に関する宣言」や 1984 年 11 月 12 日の「人民の平和への権利についての宣言」、1985 年 11 月 11 日の「人民の平和への権利についての決議」を採択している。この流れはやがて「人間の安全保障」（1994：【avancée】参照）という考え方に発展していくことになる。

4　戦争の放棄（9条をめぐる政府見解・学説・判決の態度）

前文が掲げる基本原理としての平和主義は、国民主権原理および基本的人権と密接な関係をもっており、太平洋戦争の敗戦の結果成立した日本国憲法の骨格ともいうべきものである。それゆえ「平和のうちに生存する権利」を具体化し、平和を実現するために、一切の戦争を放棄し軍事力の保持を禁止することを明示する 9 条の存在は重要な意味がある。

(1)　政府見解の変遷

吉田茂首相は、1946 年 6 月 26 日の衆議院本会議において「戦争抛棄に関する本案の規定は、直接には自衛権を否定はして居りませぬが、第九条第二項に於て一切の軍備と国の交戦権を認めない結果、自衛権の発動としての戦争も、又交戦権も抛棄したものであります。従来近年の戦争は多く自衛権の名に於て戦われたのであります。満州事変然り、大東亜戦争然りであります」と明言した。また 28 日には「国家正当防衛権に依る戦争は正当なりとせらるるやうであるが、私は斯くの如きことを認むることが有害であると思ふのであります。近年の戦争は多くは国家防衛権の名に於て行われたることは顕著なる事実であります。故に正当防衛権を認むることが偶々戦争を誘発する所以であると思ふのであります」と答弁した。このように「憲法制定議会」において政府は、自衛のためであるか否かを問わず、一切の戦争を放棄し、軍事力を保持しない立場をとることを明言していたのである。

この政府の立場は、文部省が発行した『あたらしい憲法のはなし』（1947）では次のように記述されている。「こんど憲法では、日本の国が、けっして二度と戦争をしないように、二つのことをきめました。その一つは、兵隊も軍艦

も飛行機も、およそ戦争をするためのものは、いっさいもたないということです。これからさき日本には、陸軍も海軍も空軍もないのです。これを戦力の放棄といいます。『放棄』とは、『すててしまう』ということです。しかしみなさんは、けっして心ぼそく思うことはありません。日本は正しいことを、ほかの国よりさきに行ったのです。世の中に正しいことぐらい強いものはありません。もう一つは、よその国と争いごとがおこったとき、けっして戦争によって、相手をまかして、じぶんのいいぶんをとおそうとしないということをきめたのです」と。

このような政府の見解は、中華人民共和国が成立する1949年頃から変化を始め、警察予備隊（1950）、保安隊・警備隊（1952）を経て自衛隊（1954）が創設されると決定的に変化する。政府は、自衛隊を創設する根拠として、自衛権に基づく自衛力の保持は9条が禁止する戦力に該当しないとする、いわゆる「超自衛力」論に転換し、憲法制定議会における上述の非武装による平和主義の立場を変化させたのである。

(2) 学説の状況

学説の多数説は、今日に至るまで、憲法制定期の政府見解と同様である。

第一説は、**9条1項全面放棄・2項全面放棄確認説**である。この説では、自衛戦争と侵略戦争との区別が可能であるとしても、侵略戦争が自衛戦争の名目で行われてきた事実を考慮すると、日本国憲法はこの区別をあえて否定していると考える。したがって、1項で戦争を全面的に否定し、2項はこれを具体的に確認したものだとするのである。第二説は、**9条1項限定放棄・2項全面放棄説**である。この説では、従来の国際法上の用例に従い、1項では自衛戦争および制裁戦争を放棄していないと理解するが、2項で一切の戦力の不保持と交戦権を否定した結果、一切の戦争が放棄されたと考える。「国際紛争を解決する手段としては」の解釈について、1929年のパリ不戦条約1条の用例のように従来国際法では、自衛戦争は含まれないと解釈されてきたことを無視し、特異な解釈となることを避けたからである。

これに対して、自衛戦争を合憲とし、自衛のための「戦力」を肯定する第三説として、**自衛戦争・自衛戦力合憲説**（1項・2項限定放棄説）の立場がある。この説では、第二説同様、1項で侵略戦争は否定されるが、2項の冒頭の「前

項の目的」を1項後段（すなわち、侵略戦争の放棄の部分）に限定し、その目的で保持する戦力のみを禁止したとする。したがって、自衛戦争のための戦力の保持は合憲であると説明する。「前項の目的」を1項前段の文言を無視して後段に限定する解釈は、かなり恣意的であるため支持者は少ない。

多数説は、最終的に一切の戦争の放棄に達する第二説である。

政府の立場は、憲法制定時においては第二説であったが、警察予備隊が創設され、保安隊・警備隊に改組されると、戦力の定義を明確化（吉田内閣統一見解1952.11.25）するなかで次に説明する第四説が主張され、その後、自衛隊法の制定により自衛隊が設立されると、第五説の立場に変化し、今日に至っている。

第四説・第五説は、戦力の解釈の差から生ずる。「戦力」の解釈には、(i)戦争に役立つ可能性のあるもの一切を含むとする「**潜在的能力**」説、(ii)警察力を超えるような戦争遂行能力をもつ実力であるとする「**超警察力**」説、(iii)近代戦争に役立つ程度の装備、編成を備えたもの（1952年政府見解）とする「**近代戦争遂行能力**」説、(iv)「自衛のために必要最小限度の実力」を超える実力（1954年政府見解）とする「**超自衛力**」説がある。学説の多くは(ii)の立場を支持するが、政府は、警察予備隊を保安隊・警備隊に改組する際に、その装備・編成が明らかに警察力を超えるとの判断の下で、戦力概念を(iii)に変更する第四説の立場に変化した。いわゆる「**近代戦争遂行能力**」説（1項限定放棄・2項全面放棄・武力＝非戦力説）であるが、その後、自衛隊が設立されたため、今日では恣意的解釈の事例としてしか意味をもたない。第五説は、1954年以来の政府の立場である「**自衛力＝必要・最小限度実力**」説（1項限定放棄・2項全面放棄・自衛力＝非戦力説）である。この立場は、(iv)の戦力概念をとり、自衛隊がもつ実力は、「自衛のために必要最小限度の実力」であり、他国に侵略的な脅威を与えるような攻撃的武器は保持できないと説明してきた。しかし、この「自衛力」については、憲法上明記されていないばかりでなく、国際法上も不明確な概念であるにもかかわらず、政府が有権解釈に基づき主張しているため問題が多い。

そのため憲法上、自衛力＝自衛権の存在を認めるための解釈として、憲法13条の「生命、自由及び幸福追求に対する国民の権利」を確保する義務を負う内閣が行使する行政権の範囲として、国内の安全確保と主権を維持する活動を「防衛行政」ととらえ、自衛のための必要最小限度の実力行使は9条の例外

として認められるとする政府見解が登場した。

　学界でも自衛目的の武力保持を合憲とする学説が次第に存在感を増している。例えば、政治的自由主義の見地から憲法9条を徹底的な非武装平和主義規定として解釈することは立憲主義と適合しえないという立場が示されたように、安全保障環境の変化と、国民の意識変化を理由に、9条を個別的自衛権までも放棄したものとしては解釈しない学説が登場している。

　また、世論動向でも「自衛隊は憲法違反」という立場が多数を占めていた60年安保の時代とは対照的に「自衛隊を容認しつつ9条改憲反対」という立場も支持されている。その意味でも集団的自衛権についての解釈改憲に対する国民世論動向に注視しなければならない。

　さらに国際関係における問題点としては、憲法上明文で禁止している「戦力」とは別に、新たに「自衛力」概念を創作して説明するような対応が、立憲主義を無視するご都合主義として、法治国家としての信頼性を失うという問題がある。とりわけ、近隣諸国との関係において、「自衛力」と称して他国から「戦力」と認識されるような実力をもつことは、相互的な信頼関係構築の障害となりかねない問題を含んでいる。

　最後に「交戦権」の理解についてであるが、(i)交戦状態にある国に認められる国際法上の権利、例えば敵国領土の占領・船舶の拿捕などとする説、(ii)文字どおり戦争をする権利とする説があるが、国際法の用法に従い(i)の理解が妥当であろう。しかし日本国憲法では、自衛戦争を含め一切の戦争と戦力を放棄した結果、交戦権自体も否認したことになると考えられている。

(3)　9条をめぐる裁判

　9条に関わる裁判は、警察予備隊の設置に始まる再軍備と9条の矛盾を問う形で提起されてきた。一連の裁判において、自衛隊および駐留米軍の違憲性については、一見明白に違憲である場合、社会の一般的観念上反社会的行為である場合などを除いては、高度に政治的な行為であるとの理由で司法判断をしえないとの立場が定着してきたとされる。この司法消極主義の立場については憲法学説上批判が多い。

　自衛隊をめぐる裁判としては、①恵庭事件（札幌地判1967.3.29下刑集9-3-359）、②長沼事件、③百里基地訴訟（水戸地判1977.2.17判時842-22、東京高判1981.7.7判

時1004-3、最判1989.6.20民集43-6-385)、④小西反戦自衛官事件（新潟地判1975.2.22判時769-19、東京高判1977.1.31刑月9-1・2-14、新潟地判〔差戻審〕1981.3.27刑月13-3-251）が注目される。また駐留米軍および基地用地使用をめぐる事件としては、①砂川事件（事件内容については後述）、および近年では②沖縄県知事代理署名拒否事件（福岡高裁那覇支判1996.3.25行集47-3-192、最大判1996.8.28民集50-7-1952）など一連の裁判が注目されている。また、違憲審査権の性格について、最高裁が判断を下した事件として警察予備隊違憲訴訟（第13章参照、最大判1952.10.8民集6-9-783）が注目される。

自衛隊をめぐる重要な事件である「長沼事件」と、安保条約と米軍の存在を直接的に問題にした「砂川事件」を次に説明する。自衛隊の違憲性が争われた事件としては、百里基地事件、恵庭事件、小西反戦自衛官事件があるが、百里基地事件一審が自衛隊について、一見明白に侵略的なものとはいえないとして、「統治行為論」の立場から違憲無効とはできないとしたほかは、すべて憲法判断を回避しているため、自衛隊の違憲性と平和的生存権について正面から判断した長沼事件一審判断が注目される。

長沼事件は、第三次防衛力整備計画に基づき、北海道夕張郡長沼町の馬追山に地対空ミサイルナイキJの発射基地を建設するため、防衛庁の申請により農林大臣が、1969年7月に行った、同山の水源涵養保安林の指定解除処分の取消を求めた行政事件として起こった。地元住民は、自衛隊は憲法違反の存在であり、ミサイル基地建設を目的とする指定解除処分は、森林法26条2項にいう「公益上の理由」にはあたらないと主張したため、一審では、原告住民の訴えの利益、および自衛隊の憲法適合性が中心に争われた。

一審の札幌地裁判決（前掲283頁1973.9.7）は、憲法前文にいう「平和のうちに生存する権利」を認め、原告住民の訴えの利益を認めたばかりでなく、自衛隊が憲法9条2項にいう「戦力」に該当し、違憲であると判断した点で画期的なものであった。

判決の要点は次のようである。(ⅰ)「保安林制度の目的」は、「地域住民の…平和的生存権を保護しようとしているものと解」されるばかりでなく、本件ナイキJ基地などの施設は、「一朝有事の際にはまず相手国の攻撃の第一目標になる」ので、「原告らの平和的生存権は侵害される危険があるといわなければ

ならない」として、原告住民の訴えの利益を認めた点。(ii)「憲法違反の理由と、単純な法律違反の理由がともに主張されている場合」、「当該事件の紛争を根本的に解決できないと認められる場合には」、「その国家行為の憲法適合性を審理判断する義務がある」とした点。その上で、(iii)「自衛力は戦力でない」との政府の主張を採用するならば、「現在世界の各国は」、「いずれも戦力を保有していない、という奇妙な結論に達」するとして、政府の「自衛力＝合憲論」を否定した点。さらに、(iv)「自衛隊の編成、規模、装備、能力」を実体的に判断すると、「自衛隊は明らかに…軍隊であり」、「憲法第九条第二項によってその保持を禁ぜられている『陸海空軍』という『戦力』に該当するものといわなければならない」と結論づけた点である。

　政府は、この自衛隊違憲判決に対して、当然に控訴した。第二審判決（札幌高判 1976.8.5 行集 27-8-1175）は、代替施設の設置により、原告住民の被る危険性はなくなったとして、原告住民の訴えの利益の喪失を理由に、原判決を破棄して、訴えを却下した。

　原告住民は、上告したが、上告理由としては、原告適格および訴えの利益を中心とし、憲法問題としては、「平和的生存権」の権利性の確認を求めるものであった。最高裁（最判 1982.9.9 民集 36-9-1679）は、自衛隊の合憲性について判断することなく、代替施設の設置により原告の訴えの利益が喪失したことを理由に、二審の却下判決を支持し、上告を棄却した。また憲法上の争点としての「平和的生存権」については、本件訴訟における訴えの利益とは無関係の問題として判断を避けた。このような形で、最高裁は、14 年間続いたこの訴訟に関して、自衛隊の合憲性および平和的生存権の権利性について判断しないで結審させたところに、今日の最高裁判所の憲法問題に関する態度の特徴があるといえよう。

　砂川事件は、日米安全保障条約と駐留米軍の合憲性が問われた事件である。事件の発端は、1957 年 7 月 8 日、東京都砂川町（現立川市）の米軍立川飛行場拡張のための測量に反対するデモの参加者が同基地飛行場内に境界柵を破り、5 メートルほど進入したことに対して、旧安保条約 3 条に基づく行政協定に伴う刑事特別法 2 条違反（合衆国軍隊が使用する施設または区域を侵す罪）を理由に 7 名が起訴されたことに発する。

　第一審の東京地裁は、1959 年 3 月、駐留米軍は憲法 9 条に違反し、この米

軍を保護するために軽犯罪法よりも重い刑罰を科す刑事特別法は憲法31条に違反して無効であると、被告人を無罪とする判断を下した（東京地判1959.3.30下刑集1-3-776〔**伊達判決**〕）。

第一審は、憲法9条の解釈は、「憲法の理念を十分考慮してなされるべきであって」、「自衛上やむを得ないとする政策論によって左右されてはならない」とし、「わが国が外部からの武力攻撃に対する自衛に使用する目的で合衆国軍隊の駐留を許容していることは、指揮権の有無、合衆国軍隊の出動義務の有無に拘らず、日本国憲法第九条第二項前段によって禁止されている陸海空軍その他の戦力に該当するものといわざるを得ず、結局わが国内に駐留する合衆国軍隊は憲法上その存在を許すべからざるものといわざるをえないものである」と判断したのである。

翌1960年に安保条約の改定を控えていた政府は、違憲判断に衝撃を受け、検察側は、刑事訴訟規則254条により、高等裁判所を飛び越して最高裁判所に跳躍上告を行った。最高裁は、8カ月半というきわめて短時間の審理により、1959年12月16日、一審判決を破棄し、原審に差し戻す判断を行った（最大判1959.12.16刑集13-13-3225）。

最高裁は、「一見極めて明白に違憲無効であると認められない限りは、裁判所の司法審査権の範囲外」とするいわゆる「統治行為論」を用いて安保条約の合憲性についての判断を避けた。また9条で禁止している戦力とは「わが国がその主体となってこれに指揮権、管理権を行使し得る戦力を」指し、「外国の軍隊は、たとえそれがわが国に駐留するとしても、ここにいう戦力には該当しない」と判断した。

砂川事件自体は、差戻審で、罰金刑が確定した（東京地判1961.3.27判時255-7、東京高判1962.2.15判タ131-150、最決1963.12.25判時359-12）。

Ⅱ 日本国憲法と国際社会・「国際貢献」

最後に、改めて日本の国際社会における役割と国際貢献の問題について考えよう。これまで述べてきたように、日本国憲法の前文・9条が規定する**国際平和主義**の観点から考えると、日本の国際社会における役割と国際貢献におい

て、平和外交がその中心に置かれなければならないことは言うまでもない。平和維持・実現のために、国際的組織・機関を整備し、ODA・生活基盤整備支援などにより途上国の貧困を起源とする構造的な紛争発生要因を除去することは「国際平和主義」の理念から当然に、その内容となる。しかもそのような日本が行うべき真の国際貢献と名目だけの括弧付き「国際貢献」とを区別しながら問題を考える必要がある。この観点から、最近のPKO・「集団的」自衛権などに対する日本の立場についてどのように考えることができるか、第二次世界大戦後の日本の国際的立場を振り返りながら検討しよう。

1　日米安全保障条約

アジア・太平洋戦争に敗戦した日本が、連合国軍による占領状態から「独立」を回復するのは1951年9月8日に調印し、翌年4月28日に発効したサンフランシスコ平和条約(講和条約:Treaty of Peace with Japan)による。この条約の締結は、ソビエト連邦を含めた連合国すべてとの全面講和ではなく、アメリカ主導による片面講和（60カ国中45カ国）として行われたため、すでに始まっていた東西冷戦の対決構造の中に日本は組み込まれる結果となった。

平和条約と同時に締結された日米安全保障条約は、「武装を解除され」た日本は、「平和条約の効力発生の時において固有の自衛権を行使する有効な手段をもたない」ので、日本国政府の「希望」により米軍を駐留させ、軍事基地提供義務を負う（前文）と規定するが、駐留米軍は、日本国内の内乱・騒擾に対しても、「極東」の「平和と安全の維持」のためにも行動できるが、日本の防衛については、法的義務を負わぬ（1条）不平等条約の形態をとっていた。そして何よりも重要なことは、この条約の締結により、仮想敵国を前提とするアメリカの国際戦略とりわけ極東戦略の中に日本が位置づけられたことである。

安保条約は、1960年には双務性を名目に改定されるが、旧安保条約における無制限な基地提供義務を継続したばかりか、3条で「締結国は、個別的に及び相互に協力して、継続的かつ効果的な自助及び相互援助により、武力攻撃に抵抗するそれぞれの能力を、憲法上の規定に従うことを条件として、維持し発展させる」と定め、日米の共同軍事行動をも規定する軍事条約に変化した。この条約の下で、建前は「憲法上の規定に従うことを条件とし」ながら、実は憲

法9条を無視する日本の再軍備が、自衛権の名の下でさらに推し進められることになる。

2　東西冷戦の終結と「人道のための介入」・テロ対策

　自衛隊は、世界でも有数と目される軍事力（2022年度防衛費世界10位）に発展するが、国内における世論動向を反映して、「災害派遣」（自衛隊法83条）の場合に活動するほかには、「防衛出動」（同法76条）、「治安出動」（同法78、81条）を行うことはなかった。

　状況が変化するのは、1989年11月のベルリンの壁の崩壊、1990年10月3日の東西ドイツ統一、さらに1991年12月26日のソビエト連邦の解体により、東西両陣営による対立構造が根本的に変化したことである。この対決構造が崩壊することにより、再び世界的な平和構造の構築の可能性が高まり、核兵器をはじめとする大量殺戮兵器削減の可能性が高まった。ところが世界規模での戦争の危険性は小さくなる一方で、米ソ対立の隙間に封じ込められていた「民族主義・宗教的対立」を背景とする紛争が多発することになり、その解決のために、湾岸戦争、ソマリア内戦、旧ユーゴスラヴィア、東チモール、アフガニスタンなどの地域規模の紛争の解決に向けて国際的な枠組みの構築が試みられた。

　しかし、イラクによるクウェートへの侵略に対しては「多国籍軍」による制裁が試みられ、軍事的には「圧倒的」に勝利するが、政治的・地域的な安定を確立するに至っているとはいいがたい。ソマリア内戦に対する軍事的介入は多大な犠牲を払い撤退を余儀なくされた。また、旧ユーゴ地域の紛争に対しては、コソボ紛争の段階においてようやく軍事介入が行われることになるなど、地域紛争解決の枠組みと手段はどのようにあるべきか、また紛争解決のために「人道のための介入」は許されるか否かが論争の的となり、今日に至っている。

3　9.11・11.13 テロとテロ対策

　2001年9月11日に発生したニューヨークでのテロは、従来の国家間の紛争とは異なり、国家とは異なる国際テロ組織による新たな形での紛争を生み出し、国家と軍隊の存在意義に疑問を投げかけている。この問題は、アフガニスタン・イラク戦争をへて、イスラム国（IS）を称するテロ組織の形成、さらにテロ組

織から影響を受けた個人による単発的なテロを誘発するといった新たな傾向を生み出している。しかも、国際的ネットワークを形成したテロ組織は、先進国に国外から軍事的攻撃を行うのではなく、インターネットなどを介してテロ実行犯を勧誘し、パリ（2015.11.13）やブリュッセル（2016.3.22）でのテロのように、国民内部にテロ実行犯を育てたり、発展途上国の内部的矛盾や権力的空白に乗じて聖戦（ジハード）を名目に紛争を拡大するなど、経済的・宗教的に不安定な個人、とりわけ若年層を取り込み、組織を拡大したり、脅威を拡散し、社会不安を煽り、国内政治を不安定にし、ポピュリズムの土壌を生み出していると思われる。

　このようなテロへの抑止力として、日本がすべきことは、軍事的対応ではなく、地域紛争解決のための外交的平和的経済的努力により、紛争地域の安定を支援し、かつ先進国においても経済的社会的格差を解消することであろう。

4　国際貢献をめぐる現実の日本の対応と自衛隊の海外派遣

　湾岸戦争前後における迷走的対応の後、日本政府は「国際貢献」の名の下、「国際連合平和維持活動等に対する協力に関する法律」（PKO協力法〔1992.6.19〕）を制定し、毎年のように自衛隊の海外派遣を行うようになっている。

　この法律では、PKO（Peace-Keeping Operation＝国連平和維持活動）を3条1号で定義する。しかし同時に、3条3号イからヘ（例えばイは「武力紛争の停止の遵守状況の監視又は紛争当事者間で合意された軍隊の再配置若しくは撤退若しくは武装解除の履行の監視」）などのいわゆるPKF（Peace-Keeping Force＝国連平和維持軍）と呼ばれる活動については、附則2条で「別に法律で定める日までの間は、これを実施しない」と制定時には定められていた。日本が従事するPKO活動には、紛争当事者による武力紛争に関与するおそれのある業務を含まないこととするのは、「国際紛争を解決する手段として」、「武力の行使」を放棄する憲法9条の規定を考慮したからである。しかしその後、「国際貢献」の名の下に、参加5原則[3]の範囲内で、「国際的な選挙監視活動」「人道的な国際救援活動のた

---

(3)　参加5原則とは、(1)紛争当事者間の停戦合意が存在する、(2)受け入れ国など紛争当事者の同意が存在する、(3)中立性を保って活動する、(4)上記(1)(2)(3)の原則のいずれかが満たされなくなった場合には一時業務を中断し、さらに短期間の

めの物資協力」「武器の使用」に関する改正（1998.6.5）が行われ、PKF 活動に関しても、「いわゆる PKF 本体業務の凍結解除」「武器の使用による防衛対象の拡大」「自衛隊法第 95 条の適用除外の解除」に関する再改正（2001.12.14）が行われた。さらに、後述する「安全保障関連法（2015.9.19）」の一環として「PKO 協力法」が改正され、PKO とは異なる国連の管轄しない「国際連携平和安全活動」を追加し、「駆け付け警護」・「宿営地の共同防護」など従来は認められなかった「個別的自衛権」を超える可能性のある「任務遂行」のための武器使用が PKO の名の下で可能とされた。このような活動は PKO 活動とは異なるとともに、国連が管理しない治安維持活動の事例である「アフガニスタン国際治安支援部隊：ISAF（アイサフ）」のように、派遣地の人々との直接的紛争を巻き起こしかねない任務である。

5 自衛権をめぐる「有権解釈」と「法制化」の新段階

日本政府は「自衛権」に関する統一見解（1972 年 10 月 14 日参議院決算委員会）において、「わが国は国際法上のいわゆる集団的自衛権は有しているとしても、国権の発動としてこれを行使することは、憲法の容認する自衛の限界をこえるものであって許されないとの立場にたっている」とし、憲法が認めるのは、自国に対する攻撃を排除する「個別的」自衛権にとどまり、他国に対する攻撃の排除まで意味する「集団的」自衛権までは含まれないとの見解を採り、1981 年の政府答弁書でもこの立場をとり続けてきた。ところが第 2 次安部内閣は、安全保障環境の変化を理由に、「新 3 要件」[(4)] の下で集団的自衛権の行使を認める閣議決定（2014.7.1）を行い、この方針の下で、「安全保障関連法案」が閣議決定（2015.5.14）された。このような閣議決定と法制化とを合憲と理解する

　　　うちにその原則が回復しない場合には派遣を終了させる、(5)武器の使用は要員の生命・身体防禦などのために必要最小限度に限る、である。
(4)　武力の行使の「新 3 要件」（2014.7.1）
　　　①我が国に対する武力攻撃が発生したこと、又は我が国と密接な関係にある他国に対する武力攻撃が発生し、これにより我が国の存立が脅かされ、国民の生命、自由及び幸福追求の権利が根底から覆される明白な危険があること
　　　②これを排除し、我が国の存立を全うし、国民を守るために他に適当な手段がないこと
　　　③必要最小限度の実力行使にとどまるべきこと

ことは難しい。

「平和安全法制整備法」では、10 の法律を改正する。「自衛隊法」・「武力攻撃事態法（2003）」改正では、これまで日本への直接的攻撃のみを想定していた前法を「日本と密接な関係にある他国が武力攻撃され、日本の存立が脅かされる明白な危険がある事態」に改正し、日本が直接攻撃されなくても、自衛隊の出動と攻撃とを可能とする。後述する「集団的自衛権」に関わる問題点とともに「存立危機事態」の定義・判断基準の曖昧さに加え、自衛隊が際限なく紛争に巻き込まれていく可能性という問題点がある。さらに「周辺事態法（1999）」が「本土防衛」から「周辺（アジア・太平洋地域）」に拡大した自衛隊の活動領域を、「重要影響事態法」へと改正することにより、地理的制約を無くし、世界中で米軍をはじめとする他国軍への支援を可能とする（「PKO 協力法」改正に関してはⅡ-4 参照）。

また、「国際平和支援法」は、上記の問題点を持つ自衛隊の海外派遣を、これまで時限立法による特別措置法から恒久的一般法とすることにより、適宜審査による国会のコントロール抜きで派遣を可能とする点でも問題がある。

この法案の審議では、「憲法審査会」における与野党推薦の憲法学者全員が、政府の名付けた「平和安全法制」を違憲と批判したこともあり、野党は「違憲の疑いが極めて強い」と批判し、国会周辺では「戦争法案」反対とのデモ・集会が常時行われ、各種世論調査でも国民の理解は深まらなかった。しかし、2015 年 7 月 15 日、委員会にて、翌 16 日には衆議院本会議で採決・可決された。審議は参議院に移るが、主要野党の抵抗やシールズ（Students Emergency Action for Liberal democracy - s）・ママの会・学者の会などによる国会周辺や各地で行われた強い反対運動の中、2015 年 9 月 17 日、委員会にて、19 日には本会議で採決・可決され、成立した。この安全保障関連法は、2016 年 3 月 22 日、閣議決定の上、29 日に施行された。

ところで、集団的自衛権とは、通常、①国際司法裁判所が認めるような、自国が攻撃されていないにもかかわらず「他の国家が武力攻撃を受けた場合、これに密接な関係にある国家が被攻撃国を援助し、共同してその防衛にあたる権利」（筒井若水編『国際法辞典』有斐閣、1998 年、176 頁）であるが、横畠裕介内閣法制局長官の答弁や閣議決定の内容を見ると、②「我が国と密接な関係にある

他国への武力攻撃が発生し…、わが国の存立が脅かされ、国民の生命、自由および幸福追求が根底から覆される明白な危険がある場合において…、必要最小限度の実力を行使することは、…憲法上許容される」とするものであり、集団的自衛権というよりは、個別的自衛権の範疇に含まれるものとも理解できる。しかし、当時の安倍首相や岸田外相は、あたかも①の立場が認められたかのような答弁を行い、有権解釈の積み重ねや自衛隊の活動実態を先行させることにより、なし崩し的に集団的自衛権行使の現実を創り出そうとしたように見えるが、このことこそが後述するように立憲主義の観点から問題になる。

なお、この安全保障関連法案に関して、2016年4月14日、その廃止を訴えた訴訟に、訴えが不適法との「門前払い」判決が最高裁第1小法廷から出された。さらに3月30日には現職の自衛官による「存立危機事態」での防衛出動命令に従う義務がないことの確認を求める訴えや、4月26日には自衛隊出動差止・国家賠償請求訴訟などが提訴され、弁護士有志による安保法制違憲訴訟の会も訴訟を提起しているが、裁判所の違憲判断を得るに至っていない。

6　集団的自衛権をめぐる議論動向

「安全保障関連法」の審議過程では、立憲主義と自衛権とが改めて問題にされた。近代立憲主義の観点から個別的自衛権の行使を正当化することは、17・18世紀の近代国家確立期には自らの存在の確保のために認める余地があった。しかし19・20世紀になると欧米の近代国家は植民地主義に転化し、軍事的拡張路線をとり、個別戦争を超えて第一次世界大戦を招来する。ヨーロッパを破壊した世界戦争の悲惨さの下、侵略戦争を否定するパリ不戦条約が締結されるが歯止めとならず、第二次世界大戦では国民の生命と生活基盤まで完全に破壊する原爆のような兵器までが開発・使用された。

ここに至り、ようやく日本国憲法が採用したような軍事力の存在まで否定する憲法規範が生み出されるのである。このように考えると、日本国憲法9条を否定し改憲することや、近代立憲主義の原理から当然に個別的自衛権行使を正当化することには矛盾が生じる。また、1972年の政府見解や砂川事件最高裁判決など「有権解釈」の積み重ねに根拠を求める立場、違憲合法論、65条の行政権に個別的自衛権行使を読み込み合憲化する立場など、自衛隊の存在を前

提に個別的自衛権の合憲化を模索する立場も増加している。またグローバル立憲主義の観点から集団的自衛権を考える議論もあるが、憲法制定権者は誰なのか、有権解釈は憲法制定権を超えられるのか、と考えると憲法を改正し国家観を変更すること抜きに集団的自衛権行使を正当化することは困難であると思われるが、望ましいことだろうか。

7　日本政府の国際的立場

　第二次世界大戦後の西ヨーロッパでは、極東と同様の政治状況があるにもかかわらず、戦争の原因をなくすために、資源・エネルギー・市場の共同管理の試みが、石炭鉄鋼共同体から始まり欧州共同体構築に至る歩みとして進められた。この試みの背後に東側の世界に対する戦略的意図が隠されていたことは事実であるが、極東や東アジアの世界で、日本政府が同様の外交的・経済的試みを進めなかったことは残念である。また、西ヨーロッパにおいては、次の世代に平和と融和を引き継ぐ試みとして、教育・行政・経済レベルにおいて、「エラスムス計画」などにより、相互交流・留学・ホームステイなどを活発に行い相互主義を培ってきたのに対し、日本政府のアジアにおける対応はどのようなものであったか、あらためて戦後補償、慰安婦問題、教科書問題、靖国神社問題、ODAなどを考える際に問い直す必要があろう。

　別の例を挙げると、NPT（Non-proliferation Treaty＝核不拡散条約）におけるアイルランドの行動は1つの見識であると思われる。1958年秋の国連総会における、「核をもつ国を今のままで凍結し、他の国は決してもたないと約束してはどうか」とのアイルランドの提案は、初めは突飛なようにみえたが、ねばり強い交渉の結果、1970年3月には米英ソを含む44カ国が加盟しこの提案はNPTとして発効し、その後中仏も加盟することになる。提案はそれにとどまらず、1998年には「核廃絶への明確な約束」を核保有国に要求し、2000年5月の再検討会議において、核軍縮への「明確な約束」を含む13項目の合意文書を全会一致で採択するまでの外交努力を続けてきたのである。平和実現に向けての外交努力は、なかなか結論と成果の出ないものであり、各国の利害が絡むものであるが、それだけに多くの国との提携により永続的に努力し続けるような外交をする必要がある。無難な行動ではなく、批判を浴びても、先駆的で

積極的な提案をし、信頼を勝ち得る外交行動を日本は行う必要がある。その意味で、アジア・太平洋戦争の反省の印として、平和的生存権の実現と非軍事化のための外交努力は、原爆の惨禍を経験した日本だからこそやらなければならない課題なのである。

　また、21世紀の国際社会では次のことが日本の課題として問われている。イラク戦争は、仏独露の反対を押し切り、国際的な枠組みを完成させることなく、米英中心の「有志連合」により開始された。2004年6月のイラク暫定政権発足後は、ようやく「多国籍軍」が組織されたが、市民・女性・子どもに大量の犠牲者を出すなど、市民生活を破壊する泥沼の状況が終息されるまでには至っていない。

　日本政府は、自衛隊派遣による貢献の道を模索したが、軍事大国が行うような紛争調停ではなく、小型武器軍縮や対人地雷禁止条約交渉でみせたような外交的努力や、NGOと連係した生活支援・技術支援などによる平和的国際貢献を行うことこそが、地味でも着実に紛争地域の住民の生活を立て直すことになり、問題解決への道となると思われる。

　そのためにも聖戦（ジハード）の名で行われた自爆テロの実行者が英雄視されたり、家族の生活保障のために自爆テロが行われたりしないように日常生活を再構築することこそが、紛争を終息させる有効な手段であると確信するべきである。このように非軍事的な手段でいかに対処するかは、平和国家を標榜する日本の真の力と姿を問う課題となっている。

【avancée】「人間の安全保障」か、国家ありきの安全保障か：「平和」の意味を考える
　国連開発計画（UNDP）は1994年の『人間開発報告書』で、人間の安全保障（Human Security）という考え方を提唱した。「始めに国家ありき」の考え方から、「個人あっての国家（＝世界）」への考え方の転換であった。何よりも個人の生存を確保することを前提に、個人の生活を脅かす様々な脅威に対処すべきとの観点から、貧困・失業・食糧確保・公害などの根本的解決のために国連に「経済安全保障理事会」を設置することなどの提案が行われた。
　他方で冷戦終了後、EUの役割が拡大し始めたように、今後の世界で国家の役割が相対的に小さくなるとすれば、安全保障の概念は、国家制度の維持から人間の生存確保の方向に変化し、先ずは軍備と兵器を削減し、地域的な安全を確保するように変化することこそが人間の生存を確保するための優先課題となると思われる。

ところがウクライナ戦争開始後の世界では、国家と軍備の存在を当然の前提とする議論が流行している。しかし、改めてウクライナやガザで起きている問題を考える際に、イスラエル空軍兵士として従軍し、現在日本で暮らしているダニー・ネフセタイ氏の「抑止力」という考え方はやめようとの主張が示唆に富む。彼は、「空軍と戦闘機に憧れを持ち、祖国を愛し戦うことに何の疑問を持たなかったが、テロリストと見なし殲滅しようとした相手にも愛する家族がいて、軍事力で一時的に抑え込めたとしても、本質的には問題は解決しない（要旨）」と語る。だからこそ武器の使用や相手を害する行為はやめなければならないと、軍役時代のエピソードを語りながら、平和活動を行っている。つまり、問題を解決するためには目の前の事象に拘るのではなく、対立の原因を解消し報復の連鎖を断ち切ることなしには「平和」は実現されないのである。たった一人の人間であっても、その人が傷つけられ、まして死亡した場合には、新旧の世代にそのことが共有され、何十年、場合によっては、何百年もの間、負の連鎖として、憎しみが続くのである。

　ヨハン・ガルトゥングが考えたように、戦争がないだけの消極的平和に止まらず、構造的・文化的暴力をも解消するような積極的平和が実現して初めて平和が実現すると考えるべきである。

　確かに、無関心・無責任な立場からは「平和」を実現することは難しいと思われる。従って、自らと相手側との共通点や違いを共有するために、欧州連合が、エラスムス計画など地道な国際交流を通して相互理解を深め、欧州市民としての一体感を形成し、欧州での平和構築の基礎にしているように、アジアにおいても同様の努力を続けることの重要性にも目を向ける必要があるのではなかろうか。

【参考文献】
林茂夫『戦争不参加宣言』日本評論社、1989 年
山内敏弘『立憲主義と有事法の展開』信山社、2008 年
深瀬忠一ほか編『平和憲法の確保と新生』北海道大学出版会、2008 年
水島朝穂『ライブ講義 徹底分析！集団的自衛権』岩波書店、2015 年
ダニー・ネフセタイ『イスラエル軍元兵士が語る非戦論』集英社、2023 年
阪本拓人・キハラハント愛『人間の安全保障』東京大学出版会、2024 年

第16章　なぜ憲法は論争の的と
　　　　　ならねばならないのか？

> 「つねに最初の約束にさかのぼらなければならない」「事実、もし先にあるべき約束ができていなかったとすれば、選挙が全員一致でない限り、少数者は多数者に従わなければならぬなどという義務は、一体どこにあるのだろう？」「多数決の法則は、それ自身、約束によってうちたてられたものであり、また少なくとも一度だけは、全員一致があったことを前提とするものである」（J=J・ルソー『社会契約論』〈桑原・前川訳〉岩波文庫、第1編第5章）

　私たちは、アジア・太平洋戦争の敗戦後の1946=47年に日本国憲法が制定されて以来、憲法が新たに制定されるかもしれない時期にいる。歴史的な瞬間に立ち会うことができることは、たいへん貴重な経験である。上記のJ=J・ルソー（1712-78）の『社会契約論』の一節は、この歴史的瞬間に何をなすべきかを考える際に大変示唆的である。

　憲法制定（改正）に立ち会うということは、私たちが属している社会の仕組みを、自ら参加し、決定することを意味する。日本では、明治維新後の大日本帝国憲法の制定期と、敗戦直後の日本国憲法の制定期を除き、そのようなチャンスに国民が遭遇したことはない。欽定の憲法として制定された大日本帝国憲法や戦争直後の日本国憲法の制定過程において、国民の多くが憲法制定過程に直接参加するチャンスを得なかったのは時代の限界だったと言えるかもしれない。しかし、外見的立憲主義の憲法状況から近代立憲主義の理念に復帰したはずの日本国憲法の下でも、憲法改正手続きを経ることとなく、憲法によって創り出された制度に過ぎない立法・司法・行政機関が「有権解釈」を積み重ねて「解釈改憲」を進めている現状を見ると、日本における「国民」と「国家権力」との憲法的関係性が示されており、ここにこそ憲法の制定・改正問題を考える

際に無視することができない問題点が隠れていると思われる。

　しかも選挙権行使の実態を見ると、国政選挙における棄権率が50%に近づこうとしている状況の下で、私たちは憲法改正により自らの政治的将来を決定しなければならない時期に遭遇していることを自覚しなければならない。しかも、前2回の憲法制定は、明治維新と敗戦という根本的な国家構造の改変に対応する必要から行われたのであるが、今日、日本で企図されている憲法改正の試みは、どのような意図の下で行われるのだろうか。

　例えば、進行するグローバル化の下で、国家権力の「国際」化を進める目的なのか、それともグローバル化故に「国粋」化を強化する必要があるために行われるのかなど、その必然性の有無を、理由とともに考えなければならない。

I　日本における2つの憲法

1　大日本帝国憲法 (1889) の発布

　明治維新 (1868) から20余年を経た、1889年2月11日、日本の初めての憲法である大日本帝国憲法が発布（公布）された[1]。徳川幕藩体制を否定して成立した明治新政府は、名実共に国内的に権威体制を確立する必要があり、同時にアジアに進出しつつあった欧米列強に対して、対外的に中央集権的統一国家の存在を法的にも示す必要があったからである。いま少し説明すると国内的には、旧来の幕藩体制を打倒した後、自由民権運動が昂揚し、多くの私擬憲法草案が公表されたのに対抗して、新たな権威体制を確立する必要があり、対外的にも、幕藩体制末期から明治初期に結ばれた不平等条約を撤廃し、欧米諸国と対等な関係を確立するために、西欧的な法制度を整備する必要があったのである。

2　憲法外の国家機関の存在

　1889年に公布された大日本帝国憲法は、7章76条からなる成文憲法典である。

---

(1)　憲法という語は、「一七条憲法」や、江戸時代の「憲法部類」など、古くから用いられてきた。しかしConstitutionの訳語として「憲法」が使用されるのは、明治10年代である。この語がどのようにして訳語とされるようになったかについては、穂積陳重『法窓夜話』（岩波文庫）に詳しい。また、その他の法律用語がいかにして創られたのかについてもこの本に詳しく述べられている。

「外見的立憲主義」憲法ともいわれたこの憲法の制度的特徴は、次のような二重構造が存在したところにある。第一に、憲法上の国家機関とは別に重要な意思決定を行う国家機関が憲法外に存在したことであり、第二に、その運用において、「立憲主義」の立場と絶対主義的神権主義の立場との相克が続いたことである。

1889年憲法は、告文、発布勅語、上諭で建国神話に由来する「国体」を再確認するように、きわめて神権主義的な発想の下で成立した。例えば、「天皇ハ国ノ元首ニシテ統治権ヲ総攬」（4条）すると天皇が最高の国家機関として位置づけられているのにもかかわらず、その地位の継承は、憲法とは別の最高法規として制定された「皇室典範」に委ねられる（2条）など、超法規的側面を持つ天皇の存在を前提に、憲法外の制度を放置したまま国家制度が構築された。このような発想と実態とが存在したため、近代立憲主義的な権力の分立は、当然には採用されず、立法権（5条）、法律の裁可・公布・執行権（6条）、帝国議会の召集・開会・閉会・停会および衆議院の解散権（7条）、緊急勅令（8条）、独立命令（9条）、官制・官吏任命権（10条）、統帥権（11条）、軍の編成・常備兵額の決定権（12条）、宣戦・講和・条約締結権（13条）、戒厳（14条）、栄典授与（15条）、恩赦権（16条）など広範な権限が天皇に帰属した。

この広範な権限を行使するにあたり、天皇は、一般国務については、国務大臣の輔弼を、また皇室大権・統帥大権などについては、内大臣、参謀本部、海軍軍令部などの輔弼を受けるものとされたが、憲法上規定された国家機関は、国務大臣、枢密顧問、枢密院に限られ、内閣をはじめ、御前会議、元老、重臣、内大臣、宮内大臣、元帥府、軍事参議院、参謀本部、海軍軍令部など、重要な意思決定を行う国家機関が憲法に規定されることなく存在した。この二重構造の下で、政策が決定され、国家機構が運営されるという根本的な問題があった。

3 「臣民」の権利

1889年憲法では国民は自立した地位を認められず、天皇の臣下として身分的に従属する「臣民」と位置づけられた。この「臣民」の権利についても二重構造がみられる。臣民の権利の一般的構造をみると、「法律ノ範囲内ニ於テ」、居住・移転の自由（22条）、人身の自由（23条）、裁判を受ける権利（24条）、住

居の不可侵（25条）、信書の秘密（26条）、所有権の不可侵（27条）、言論・著作・印行・集会・結社の自由（29条）、請願権（30条）が認められた。これらに対して、信教の自由は「安寧秩序ヲ妨ケス及臣民タルノ義務ニ背カサル限ニ於テ」（28条）認められると規定された（法律の留保については、下記の注[(2)]参照）。

　そのため、天皇または帝国議会は、前者については法律により、後者については緊急勅令・独立命令によっても、これらの権利を自由に制限できると考えられた。しかも、これらの権利は平時において認められたものであり、戦時および非常事態（31条）、ならびに軍隊内（32条）においては、制限を受けまたは適用されないものと考えられた。このように、「臣民の権利」はきわめて制限的な条件の下で認められるものだった。また、天皇・皇族・華族の制度が憲法上明記され、身分制が容認されたことからも、平等の観念が前提とされなかったという問題がある。

4　憲法学説

　1889年憲法の下では、天皇主権説と国家法人＝天皇機関説とが学説として対立した。天皇主権説は、憲法制定直後と崩壊期とに最も影響をもった。この説は、天皇の存在そのものが1889年憲法存立の基本であると考えることから出発する。それゆえ、天照大神の神勅に基づく天皇の大権は無制約であり、国家機関は統治権の総攬者である天皇の下で集権的に活動するものと考えられた。穂積八束・上杉慎吉などが代表的学者である。これに対して、国家法人＝天皇機関説では、国家が法人として権利義務の主体となり、天皇はその機関として憲法が定める行為を行うものと考えられた。この説は、日本において資本主義経済が発達する20世紀初頭から主流になり、5・15事件（1932）により軍部の力が増大した後に天皇機関説事件（1935）により沈黙を強いられる学説である。

---

(2)　「成文憲法によって基本〔的人〕権が保障されるということの本質的意義は、議会の制定する法律によっても侵すことのできない個人の権利を認めるということにある。多数決原理の支配を許さない個人の基本的自由の領域が認められるという意味で、…いわゆる「法律の留保」を伴う基本〔的人〕権の保障は、著しく不完全なものといわざるをえない。…議会が法律をもって憲法の掲げる基本〔的人〕権を侵害することに対しては無防備といってよいからである」（田上穣治編『体系憲法学事典』青林書院新社、1968年、101頁。一部略、〔　〕内は筆者加筆）

美濃部達吉を代表的学者として挙げることができる。天皇主権説が、絶対主義的天皇制と反民主主義的・超憲法的政治傾向とを招来するのに対して、国家法人＝天皇機関説は、天皇の無制約な権限行使を制約し、国民との関係が相対的に深い衆議院の権限を強化し、これを中心とする議会制民主主義政治に結びつくため、憲法解釈学説としても、政治的役割としても、両者は対立することとなった。

5 大日本帝国憲法の下での政治（戦争への道筋）

1889年憲法の下での政治と憲法解釈は、日本経済が資本主義経済へと発展する過程で、ブルジョワ階層の出現と労働者階層の形成という現実を反映する選挙制度の改革の中で変化した。唯一臣民の政治参加の可能性があった衆議院の選挙制度に、初の総選挙（1890）においては、直接国税15円以上納入の25歳以上の男子納税者とされていたため、1.13％の有権者数に限定されていた。しかし、1900年には直接国税10円以上、1919年には直接国税3円以上に緩和され、1925年には25歳以上の男子に普通選挙権が認められた[3]ため、総人口に占める有権者の比率は、第7回総選挙（1902）2.18％、第14回総選挙（1920）5.50％、第16回総選挙（1928）19.98％へと増加した。当初の税額要件が、地主層への選挙権付与の側面が強かったのに対し、緩和措置は中小工場主の増加に対応するものであり、男子普通選挙制度の採用は、結果的に民衆の政治参加を可能にしたのである。その結果、1898年には第一次大隈重信内閣が誕生し、第一次世界大戦後には、第二次「憲政擁護運動」により、本格的政党内閣として、第一次加藤高明内閣（1924）が誕生した。

日本経済が発達し、植民地形成など対外的膨張の傾向を示すと、日本は国際的に孤立するようになる。大恐慌（1929）が勃発すると、国内の不況も深刻化するが、政府・財界はこれに適切な対応を行うことができず、左右の革新運動

---

[3] 1925年に治安維持法が制定されたことに加えて、同年制定の普通選挙法で戸別訪問が禁止されたことにも注目すべきである。個別訪問に関しては、アジア・太平洋戦争後に一時期緩和（1952年公職選挙法改正まで）されたことがある。選挙の自由のみならず、表現の自由とのかかわりで訴訟が争われ、下級裁判所では違憲判決が出たことがあるが、最高裁判所は一貫して合憲判決（例えば、最判1981.7.21刑集35-5-568：補足意見も参照のこと）が出ている。

を誘発するようになる。政府は、左翼思想・運動に対しては徹底的な弾圧政策を行ったため、左翼・労働運動の側は公然たる政治革新運動を組織することができなかった。これと対照的に、右翼の側は、全体主義・軍国主義を唱え軍部勢力と結びついたため急速に勢力を伸ばし、3月事件（1931）、10月事件（同年）、5・15事件（1932）を引き起こすことになる。政党内閣は5・15事件による犬養毅首相の暗殺により終焉し、軍務局長永田鉄山の斬殺（1935）、2・26事件（1936）などを契機に、統帥権の独立を根拠に軍部が直接政治に関与するようになると、議会政治は急速に衰退し、大政翼賛会の結成（1940）により消滅したも同然となった。このような状況の下で、日本は、満州事変（1931）、日華事変（1937）からアジア・太平洋戦争への道に踏み込んでいくことになる。

6　ポツダム宣言の受諾と敗戦

　戦前の天皇制政府の下で進められた政策は、東アジア全体を巻き込む戦争にたどりつき、この地域に膨大な犠牲者と傷跡を残したばかりか、日本国内でも特に沖縄の住民に多大な犠牲を強いるとともに、東京をはじめとする都市部は空襲により街が破壊され、住民にも多数の犠牲を出すまでに至った。1945年7月26日、「日本国ノ降伏条件ヲ定メタル宣言」（ポツダム宣言）が公表された。しかし、日本政府は「国体護持」にこだわり、この宣言を黙殺していたが、その間に、戦後の冷戦に向かう世界戦略構築に向けて戦局は一挙に進展し、広島・長崎への原爆投下、ソビエト連邦の対日参戦が行われた。

　アメリカ・イギリス・中華民国、そして後にソビエト連邦も締結したポツダム宣言は、戦争終結と戦後処理のための占領政策の基本方針となった。宣言には、日本の軍国主義を否定し、平和的民主主義国家として再興するため、軍国主義の駆逐（6項）、戦争遂行能力の破壊（7項）、「カイロ宣言」（1943.11.27）に基づく領土問題の処理（8項）、帝国陸海軍の武装解除（9項）、戦争犯罪人の処罰・民主主義的傾向の復活強化・言論、宗教および思想の自由ならびに基本的人権の尊重（10項）、経済の非軍事化（11項）、「日本国民ノ自由ニ表明セル意思ニ従ヒ平和的傾向ヲ有シ且責任アル政府ガ樹立」されるまで占領すること（12項）などが規定されていた。日本政府は、広島・長崎への原爆投下、ソビエト連邦の対日参戦後の8月10日の段階においても、「天皇ノ国家統治ノ大権ヲ変

更スルノ要求ヲ包含シ居オラサルコトノ了解ノ下ニ受諾ス」(10日申入れ)と国体維持にこだわっていたが、連合国側が「天皇及日本政府ノ国家統治ノ権限ハ降伏条項ノ実施ノ為其ノ必要ト認ムル措置ヲ執ル連合国最高司令官ノ制限ノ下ニ置」かれ、「最終的ノ日本国ノ政府ノ形態ハポツダム宣言ニ遵ヒ日本国国民ノ自由ニ表明スル意思ニ依リ決定セラルヘキモノトス」(11日)と回答したため、これを玉虫色に理解し、14日の御前会議で受諾することとした。

7　日本国憲法（1946）の制定・公布

占領を開始（1945.9.2）した連合国は、日本軍の武装を解除するとともに、治安維持法などの弾圧立法の廃止と政治犯の釈放、特別高等警察などの弾圧機関の廃止と警察の民主化、財閥解体、農地解放、集会・結社の自由の保障など、一連の民主化政策を実施した。

日本政府が憲法改正作業に着手するのは、10月4日、連合国最高司令官マッカーサー（Douglas MACARTHUR, 1880-1964）元帥が東久邇宮稔彦内閣の近衛文麿国務大臣に対し改正の必要を示唆し、上記の民主化政策の根拠となった自由の指令（10.4）の後、総辞職（10.5）した東久邇宮内閣を継いで組閣（10.9）した幣原喜重郎もまた同様の示唆（10.11）を受けた後であった。

近衛は、総司令部にアチソン（George Jr. ATCHESON）を訪ね、12項目にわたる憲法改正原則を聞き出し（10.8）、内大臣府御用掛（10.11）として、佐々木惣一とともに憲法改正の調査を進めたが、改正作業に内大臣府が関与することの不自然さが問題にされるようになり、総司令部も近衛の作業に関知せずとの声明（11.1）を発したため、天皇に上奏された近衛案（11.22）および佐々木案（11.24）は正式に公表されることもなく、内大臣府も廃止（11.24）された。

幣原首相は、松本烝治国務大臣を主任（10.13）とし、「憲法問題調査委員会」（10.25）を発足させ、27日から作業を開始した。これが政府の正式の改正作業となる。憲法問題調査委員会は、(i)国体護持、(ii)議会権限の拡大と天皇大権の制限、(iii)国務大臣の責任の国務全体への拡大と議会への責任、(iv)臣民の自由・権利の強化など「松本四原則」（12.8）に基づき審議を進め、1946年1月末までに「松本私案」を要項化した「甲案」、および委員の意見をとりまとめた「乙案」を作成した。そして「甲案」を修正したものが「憲法改正要綱」として、総司

令部に提出（2.8）された。しかし2月1日の毎日新聞でスクープされた憲法問題調査委員会試案は、後に紹介する民間案と比べても遅れたものであった。例えば「第三条ニ『天皇ハ神聖ニシテ侵スヘカラス』トアルヲ『天皇ハ至尊ニシテ侵スヘカラス』ト改ムルコト」と提案するなど小手先の改正案にとどまった。

　マッカーサーは、民生局長ホイットニー（Courtney Whitney）准将に政府案拒否の理由書の作成（2.1）を命じ、さらに、(i)天皇制の採用、(ii)戦争の放棄、(iii)封建制の廃止を柱とする3原則に基づき、憲法案を作成することを民生局に命じた（2.3）。民生局は、迅速かつ極秘裏に「マッカーサー草案」を作成し、これが「憲法改正要綱」への回答として、13日に日本政府に手交された。内容に驚愕した日本政府は、それでも「憲法改正案説明補充」を提出（2.18）するが一蹴され、2日の猶予の内に最終決断をするように促された。幣原首相はマッカーサー元帥（2.21）と、松本国務相はホイットニー准将（2.22）と会談するが、総司令部の決意が固いことが明らかとなったため、22日、幣原首相は参内し天皇の意向を確認した上で、25日の臨時閣議において「マッカーサー草案」の翻訳とともに経緯を全閣僚に説明した。審議の結果、閣議において「マッカーサー草案」に基づき日本案をあらためて作成することが決定された。

　政府は「マッカーサー草案」の表現を改めるなどして政府の考え方を盛り込んだ3月2日案を作成するが、総司令部の対応は厳しく、4日、5日に行われた総司令部との徹夜の折衝で、削除した前文が復活され、天皇の章についても激論が交わされるなどした。その結果合意したものが、3月6日、内閣より公表された「憲法改正草案要綱」である。この草案要綱は、ひらがな口語体に改められ、憲法草案として、4月17日、国民に公表されるとともに、枢密院に諮詢された。

　憲法改正案は、20歳以上の男女による普通選挙制度の確立後、4月10日に行われた第22回衆議院選挙（有権者比率48.65％、投票率72.08％）の結果成立した第90回帝国議会で、形式的には1889年憲法73条の改正手続に従って改正され、1946年11月3日に公布された。

　政府案以外の憲法案として、早い時期のものは、岩淵辰雄・杉森孝次郎・鈴木安蔵・高野岩三郎・馬場恒吾・森戸辰男・室伏高信の7名による「憲法研究会＝憲法改正要綱」（1945.12.26）がある。この案は、(i)国民「統治権」に基づ

く立憲君主制、(ⅱ)比例代表議院および「各種職業並其ノ中ノ階層ヨリ公選」の議院からなる二院制、(ⅲ)議院内閣制、(ⅳ)国民投票による議会解散および内閣総辞職の制度、(ⅴ)陪審制の採用と大審院長・検事総長の公選制、(ⅵ)「健康ニシテ文化的水準ノ生活ヲ営ム権利」などの社会権規定などから成り立っており、総司令部の関心を引くとともに、戦後の各国憲法に通じる側面をもっていた。また研究会の1人であった高野岩三郎は、「日本共和国憲法私案要綱」(1945.11.21＝12.10)とその修正版「改正憲法試案要綱」(『新生』1946年2月号所収)を独自に発表した。この案は、(ⅰ)天皇制の廃止と公選の大統領制による共和制、(ⅱ)土地および必要生産手段の国有化、(ⅲ)8時間労働制など、さらに先進的なものであった。他に、布施辰治案 (12.22)、稲田正次案 (12.28)、大日本弁護士会連合会案 (1946.1.21)、里美岸雄案 (1.28)、石田秀人らによる「憲法懇談会案」(2.5) などがあった。

　政党の構想としては、日本共産党の「新憲法構成の骨子」(11.11) が最も早い。この案では、(ⅰ)人民主権、(ⅱ)18歳以上の男女による一院制議会、(ⅲ)政治的・経済的・社会的自由、(ⅳ)生活権・労働権・教育される権利の保障、(ⅴ)階級的・民族的差別の根本的撤廃、など7項目の骨子が示され、翌46年6月29日には憲法案が公表された。次いで日本自由党の「憲法改正要綱」(1946.1.21) が公表されるが、(ⅰ)国家主権、(ⅱ)天皇制の下での大権事項廃止、(ⅲ)衆議院の優越の下での二院制、(ⅳ)「思想、言論、信教、学問、芸術ノ自由」・「営業及勤労ノ自由」・「私有財産及正当ナル生活ノ安定」のわずか3カ条からなる権利規定などを特色とするものであった。また与党の日本進歩党の「憲法改正問題」(2.14) は、(ⅰ)天皇主権、(ⅱ)天皇大権の廃止（統帥・編成・非常）および制限（緊急勅令・宣戦講和・戒厳など）、衆議院の優越の下での二院制などを内容としたが、「臣民」の権利義務との表現はこの案の保守的性格を示す。しかし、国民投票による内閣不信任の承認、内閣の連帯責任、大審院の違憲立法審査権、行政裁判所の廃止など自由党案より進んだ内容もみられる。日本社会党の「新憲法要綱」(2.24) は、「新憲法を制定して民主主義政治の確立と社会主義経済の断行を明示す」としながらも、国家主権と天皇制の存置、天皇大権を認めるなど憲法研究会案、高野案などと比べても新鮮味はなく、「死刑は之を廃止す、人権尊重の裁判制度を確立すべし」との規定が特徴的であった。

国民の反応としては、政府の「憲法改正草案」(4.17)への毎日新聞の「有識者調査」(5.27)が参考となる。象徴天皇制に賛成(85%)、戦争放棄に賛成(70%)などの数字は、新憲法のめざす国民主権・象徴天皇制、軍隊の解体などの方向が支持されていた証左と考えられる。

このように敗戦直後の状況において、日本国憲法の制定とその基本的方向性は、国民から好意的に受け止められていた。これに対し、「押し付け憲法論」(自主憲法制定)が強く主張されるようになるのは、1950年代に入り極東情勢が変わり、保守派の改憲＝再軍備の企てが登場することに始まる。

II 象徴天皇制と「国民」

アジア・太平洋戦争敗戦後、戦争の要因となった封建的な基盤と資本主義の歪みを解消し、近代立憲主義の基盤を構築するために、農地解放による不在地主制の解体と財閥解体による自由競争原理に基づく市場の形成が企図された。従来の天皇制は、その封建的基盤とともに経済的基盤を失うことになる。そして、天皇制は、制度的にも、非政治的な象徴天皇制として憲法内在化され、「people」を基盤とする制度として再出発するが、日本国憲法の英語正文表記の「people」が「国民」と訳されるなど、曖昧化された部分が、その後の政治過程の中で問題となり、「国民」主権論争などの議論を誘発した。

このような問題点を抱えながらも、「象徴天皇制」が日本国憲法の制定とともに確立する。天皇に関する直接の憲法規定は、1条から8条、88条の9ヶ条であるが、3・4・6・7条からなる天皇の国事行為に関する規定と8・88条の皇室財産に関する規定とが、戦前の封建性を否定し、戦後改革を進める原点となった点で注目される。

前文および1条は、天皇を含め国家制度が「国民(people)」の意思の産物であることを明示する。その際、日本国憲法の英語正文で「people」と表現されている箇所が日本語表記では「国民」とされている点は、「国民」主権論争の中で、「pouple」(プープル)と「nation」(ナシオン)との異同とその違いによる主権者の範囲の違いが、学問的に明らかにされ、訳語の作為性が明らかにされる。天皇は、4条で「国政に関する権能」を禁じられ、3条で「内閣の助言と承認」の下、内閣の責任で、

憲法6・7条に限定列挙された「国事に関する行為」を行うことになる。このいわゆる「国事行為」は、形式的・儀礼的な非政治的行為である。なぜならば、天皇が行う「国事行為」は、その前提に、それぞれ、別の国家機関による政治的・実質的な判断と決定が前提とされるからである。例えば、6条1項における内閣総理大臣の指名と任命の関係をみると、国会が指名することにより、内閣総理大臣を誰にするのかという政治的・実質的な判断と決定がなされるのであって、天皇は、その決定に基づき形式的・儀礼的に任命行為を行い国家行為として完結させる役割を担う。さらに、その形式的・儀礼的な行為に関しても、「内閣の助言と承認」により内閣に責任をもたせる制度を付加し、形式的儀礼的行為に際しても、政治的な責任が生ずる余地を排除したところに、**「象徴天皇制」の特質**をみることができる。このように「国事に関する行為」に、天皇の役割を限定した「象徴天皇制」は、天皇制の政治的利用や恣意的運用を排除し、政治責任はすべて民主主義的制度に帰属させることを意図した点で、君主制の最終的形態として良くできた制度である。

しかし、この制度に曇りを生じさせているのが、衆議院の「解散権」をめぐる問題と「準国事行為・公的行為」といわれる天皇の行為に関わる問題である。

日本国憲法制定後、衆議院の解散は、2024年10月9日の解散まで、26回行われている。内閣不信任案の可決によるものが4回（1・3・12・16）あるが、第1回目の解散の際「衆議院において、内閣不信任の決議案を可決した。よって内閣の助言と承認により、日本国憲法第六十九条及び第七条により、衆議院を解散する」と明記されたことを除き、解散詔書には「日本国憲法第七条により、衆議院を解散する」と記載（第2回1952年8月28日以降）されることが慣例となっている。なお、別に任期満了によるものが1回（1976年12月9日）ある。

衆議院解散の実質的決定が、69条に基づき行使される際に、不信任決議に対する対抗手段として内閣に解散権が属することは明白である。しかし、解散はその場合に限定されるか否か、またその根拠については、見解が分かれている（第11章**【avancée】**参照）。

同様に、憲法上明記された「国事行為」と人間である以上当然に私人として行う「私的行為」以外に、国会開会式での「おことば」の朗読、国内の巡幸などの行為を、準国事行為・公的行為として行うことを、憲法上認められるか、

認められるとすれば、その根拠は何かが問題となる。

この点、天皇は「国事行為」と「公に関わらない私的行為」以外の行為は認められないとする「二行為説」と、天皇は「国事行為」と「私的行為」の他に「象徴としての行為」または「公人としての行為」が認められるとする「三行為説」とがあるが、現行の象徴天皇制設立の原点を考えると、国家制度としての象徴天皇制は、その政治利用を厳しく排除すべきであるし、安定的に維持するためにも、拡大解釈は排除すべきと思われる。

このように、現行憲法が創設した象徴天皇制は、血の流れを前提とし、歴史的伝統的権威を身にまといつつも、その歴史的伝統的側面を憲法上の制度から切り分けることにより確立された。憲法規定を見ると、人間としての天皇に一身専属的に国家制度の地位を帰属させ、摂政の規定を置くことにより、譲位・退位など将来発生する問題に備えていると考えられるのである。生前譲位・退位問題を考える際には、人的要素を国家論・憲法論に取り込む際の問題として、感情的議論を排除するとともに、政治利用の問題を強く意識して、この問題を考えなければならない。なお、政府は、皇室典範・皇室経済法・宮内庁法などに特例を設け、2019年に向けて、一代に限り生前譲位・退位問題に対応する特例法案を通常国会に提出する方針と報じられた（2017.1.10）。野党からは、皇室典範改正による制度化による対応が主張され（2.20）、審議の結果、「天皇の退位等に関する皇室典範特例法」が全会一致で成立した（6.9、6.16公布）。

最後に、天皇制の継承に関わる問題であるが、現行憲法は、国民（people）の総意を、その存続条件としており、憲法上、女性天皇を排除する根拠はないことを指摘しておく。

Ⅲ　憲法「改正」問題と「護憲」

日本国憲法は、制定直後の一時期を除き、常に憲法改正の試みに晒されてきた。いくつかの特徴的な段階、すなわち、朝鮮戦争勃発以前の段階、1956年の憲法調査会の発足（内閣府に設置）に象徴される明文改憲が本格的に模索された時期、1980年代の改憲論、冷戦の終了と湾岸戦争以降、そして今日の状況に分けることができる。その特徴は、1950年代の憲法調査会設置による「明

文改憲」の試みが失敗して以降は、55年体制の下で、実態の構築を先行させ、それと並行して現状追認の手段として憲法の「有権解釈」を行う、いわゆる「解釈改憲」[4] という手法をとってきたことである。その典型的な事例が、再軍備をめぐる実態（＝自衛隊の設立と増強）と「戦力」に関する憲法9条の「有権解釈」の変更であった。

ところが第2次安倍内閣は、2014年7月1日、集団的自衛権に関する憲法解釈変更を閣議決定により行う。2015年5月14日、閣議決定された「安全保障関連法案」は、国会を取り巻く反対運動や世論動向にも関わらず、9月19日、参議院において可決され、成立した。その後も、反対運動や違憲訴訟が続く中、この法律は、2016年3月29日に施行されている（第15章Ⅱ-4・5・6参照）。

50年代における改憲の試みの挫折後も、限られた期間を除き政権を担当し続けた自民党は、日本国憲法に依拠して政治を行うのではなく、有権解釈とその法制化による「解釈改憲」により現状の固定化を優先した。官僚機構も、頻繁な政権交代を経験しないため、政権与党の政策を憲法に優先し、尊重する政治状況が現出した。

1　日本国憲法と日米安全保障条約

敗戦直後の日本では、復興に向けてあらゆる人的物的資源を傾ける必要からも憲法制定直後においては改憲に向けての大規模な動きはみられない。芦田内閣の下で非公式に憲法改正に関する研究会を設置する動きがみられたが実現せず、有倉遼吉ほかのグループによる公法研究会が、「人民主権」「戦争抛棄の徹底」「基本的人権の充実」を目的とした改正意見を出すが、吉田内閣（1949.4.20）も極東委員会（1949.4.28）も憲法改正の必要はないとした。

改憲の動きが問題になるのは、米ソ両極を中心とする冷戦構造が明確にな

---

(4)　日本国憲法は、98条で最高法規性を定め、81条で違憲審査制を創設し、法治主義の確立を企図した。10章（最高法規）では、97条の基本的人権の保障および99条の憲法尊重擁護義務を98条とともに規定することにより、1889年憲法の下で憲法内外の制度が近代立憲主義の構築を阻害するだけでなく破壊する役割を果たしたことへの反省から規定された。96条は厳格な改正手続を要求するが、55年体制の確立による「明文改憲」の試みの失敗は、「解釈改憲」による憲法改変という問題を発生させることになる。

る中華人民共和国の成立（1949.10.1）、朝鮮戦争（1950.6.25〜1953.7.27）、講和条約（Treaty of Peace with Japan）の締結（1951.9.8調印、11.18国会承認、1952.4.28発効）頃からである。警察予備隊が創設され、保安隊・警備隊、自衛隊への改組が行われ、日本国憲法の理念・条文との間の矛盾が目にみえる形で進行する。

アメリカは、中華人民共和国の成立と朝鮮戦争の勃発を契機として、在日米軍基地の整備・拡張を行い、講和条約と同時に日米安全保障条約が調印されたため、日本国民自身が軍事的実態と憲法規範との乖離に目を向けざるをえないような段階となる。

2　50年代における改憲の試みと挫折

1950年代の改憲の試みは、第19回国会（1953.12.10召集）における改進党の改憲の主張に始まる。1954年には、憲法擁護国民連合が発足するのに対し、自由党および改進党は憲法調査会を次々に設置した。この時期の改憲の主張の特徴は、(i)「再軍備」による国家の自立性の回復、(ii)「天皇の権威の復活」による国民の精神的な拠りどころの回復、(iii)「国会の権限の制限と行政権の強化」による政権の安定、(iv)地方自治の制限による「中央集権制の復活」など、憲法を全面的に改正し、「祖国」の再建と安定保守政治の確立をめざす、復古的・全面的改憲の試みであった。しかし、この復古的・全面的改憲の試みにおいても、海外派兵の禁止、徴兵制の否定、シビリアンコントロールの確立と同時に、天皇の地位を精神的・名目的な存在にとどめることが意識されていたことは特徴的である。

この改憲の試みは、1950年代前半には国会で3分の2以上を占めていた保守系の意図を代弁したものだったためかなりの程度で実現の可能性をもっていた。日本民主党と自由党との合同（1955.11.15）により、自由民主党を結成した鳩山一郎内閣は、憲法調査会法（1956.6.11公布、1960.6.3廃止）を制定し、高柳賢三を会長に、1957年8月13日、内閣の下に憲法調査会を発足させた。憲法調査会は、その後7年にわたり調査を進め、四論並記の答申を池田勇人首相に提出（1964.7.3）し役割を終えた。しかし、鳩山内閣は、同時に小選挙区制の導入を強引に企図したため、小選挙区制＝憲法改正と理解する反対論が強くなり、社会党右派のみならず自民党反主流派をも含めて小選挙区制に対する反対論が

強まり、選挙法改正案は参議院で審議未了のまま廃案となった。また憲法調査会に対しては、憲法問題研究会（1958.6.8）が組織され護憲の立場から活動を行うなど、多くの憲法研究者が憲法改正反対の立場を鮮明にした。このような状況を反映し、衆議院においては1955年2月27日の総選挙において、また参議院においては1956年7月6日の通常選挙において、護憲野党の議席が総議席の3分の1を超えるようになり、その後は、憲法調査会の調査が進行したにもかかわらず憲法改正の試みは放置されることとなった。

　世論動向は、1950年頃までは憲法問題に無関心だったものが、朝鮮戦争の勃発と警察予備隊の創設、保安隊・自衛隊への改組、米軍の駐留と基地の拡大、講和条約と日米安全保障条約の締結という現実の進行の中で、憲法の要請する規範的命題とは何か、を意識せざるをえない状況に変化したことがわかる。このことは種々の調査（渡辺治『政治改革と憲法改正』青木書店、1994年、238-240頁参照）から、憲法を改正することには必ずしも反対ではなかった世論が、上記のような現実の中で変化し、戦争、再軍備、軍国主義の復活に反対する方向に、すなわち憲法改正反対＝9条改正反対の世論に変化することがわかる。

3　「戦後政治の総決算」と挫折

　1950年代の改憲の試みの失敗の後、政府は、アメリカの世界戦略に対応して、自衛隊を増強していくが、国会においては憲法改正に反対する野党勢力が総議席の3分の1を確保し続けたため、「解釈改憲」により実態の正当化を試みるようになる。このようにして、自民党は、経済発展を演出し、自衛力の名目で再軍備を実質的に進行させ、野党は批判勢力に甘んずる、いわゆる55年体制が続くことになる。

　経済再建とともに日本の対外投資は進むが、1971年のニクソン・ショック、1973年のオイル・ショック以降、とりわけ東南アジアに対する投資と経済進出、経済的一体化が急速に進み始める。しかも、オイル・ショックとベトナム戦争の敗北（1975）によって、中東から東アジア地域におけるアメリカの支配力の低下が表面化したため、その空白に対応するためにも、日本の東アジアにおける役割が重要視されるようになる。福田内閣の下で「思いやり予算」が新設され、「日米防衛協力のための指針（旧ガイドライン1978.11.27）」が締結され、「シー

レーン防衛」が構想されたのは、この要請に対処する必要があったからである。

このような状況の下で、82年に中曽根康弘内閣が登場する。中曽根首相は「戦後政治の総決算」の名の下、1960〜70年代型の経済成長重視と社会保障政策による不満吸収型の国内重視の政治・経済構造を清算し、国際自由貿易体制を重視する方向への政策転換を試みた。

中曽根首相は、国際的には、「世界に開かれた日本」(1983年施政演説)、「国際国家日本」(1984年施政演説)を標榜し、武器輸出禁止3原則からアメリカを除外して日本の武器技術を供与し、「日本列島不沈空母」発言を行い、対米従属的日米同盟関係重視の政策を打ち出し、国内的には、「行政改革」と「教育改革」を政策の柱とした。

この中曽根内閣の下で進められた実質的改憲の動きとして注目されるのは、三木内閣の下で1976年に「防衛計画の大綱」が決定され、閣議了解として定められた「防衛費GNP1％枠」がなし崩し的に1987年度予算編成において突破され、軍事小国主義の立場が変更されたこと、および、一度限りとなるが、1985年には靖国神社公式参拝を行い、建国記念日式典に首相として初めて参加するなど、復古的大国主義イメージを伴って行動したことである。

4　冷戦構造の終結と「政治改革」

1980年6月22日の衆参同日選挙に自民党が勝利し、1982年に、かねてより改憲を主張していた中曽根康弘内閣が成立したため改憲派は昂揚するが、1983年総選挙では自民党が敗北し、護憲を標榜する新自由クラブとの連合を余儀なくされたために、改憲派の運動は後退した。中曽根首相は、イラン・イラク戦争末期の1987年にはペルシャ湾への掃海艇派遣を試みるが、後藤田正晴内閣官房長官の反対もあり、頓挫することになる。

実質的改憲の動きがさらに進行するのは、1989年に東欧諸国の民主化が進み、1991年のソ連邦崩壊により冷戦構造が終結する一方で、1990年8月2日、イラクがクウェートへ軍事侵攻を行い、湾岸戦争が1991年1月17日に勃発したことをきっかけとする。

湾岸戦争においては、日本政府は多国籍軍へ90億ドルを支出し、停戦後、掃海艇をペルシャ湾に派遣するが、1990年には国連平和協力法案の制定に失

敗した。しかし国際貢献の名の下で、1992年6月15日、ようやく「国際連合平和維持活動等に対する協力に関する法律＝PKO協力法」が成立する。この法律の制定により、自衛隊の本格的な海外派遣が可能になったことは、憲法の質的改変として重要な意味をもつことになり、戦後一貫して専守防衛の名の下で国内での活動に限定されてきた自衛隊の役割を決定的に変化させるものでもあった。

他方で、政界は1988年6月のリクルート事件（未公開株の取引での多額の譲渡益が政治家に供与された）の発覚により、1989年4月には竹下登内閣が総辞職に追い込まれ、1992年1月には佐川急便事件をきっかけに、大手ゼネコンによる闇献金が相次いで発覚するなど、政治腐敗の温床とみられる状況が続いた。国民の政治不信の高まりに対して、日本新党（細川護熙党首）が結成され（1992.5.22）、新生党（羽田孜党首）が自民党から分裂（1993.6.23）し、宮澤喜一内閣への不信任案が可決（1993.6.18）されることになった。1993年7月18日に行われた総選挙は、日本新党や、新生党、新党さきがけ（武村正義代表）などの自民党からの分裂組を含め、新党ブーム＝多党化現象の下で行われた。その結果、自民党は1990年2月18日総選挙の275議席から52議席減らし、過半数割れとなった。社会党も同時に70議席となり、大敗北を喫したことにより、いわゆる55年体制が終焉した。「非自民」8派連立による細川内閣が成立し（1993.8.9）、それ以降1990年代は、連立とその組み替えの時代に入った。

5　政治改革と改憲論議

1990年代の改憲動向の特徴を挙げると、1990年のイラクのクウェート軍事侵攻後、「国際貢献」の名の下でPKO協力法から周辺事態法に至る法律レベルでの改憲の試みが進行したこと、および、その進行をさらに加速することになる「非自民」8派による連立政権が成立し、小選挙区制を実現する「政治改革」が行われ、国会内の政治的枠組が流動化し、共産党を除くすべての政党・会派が政権与党としての経験を経たことである。

政治的枠組の流動化から確認しよう。リクルート事件・佐川急便事件・ゼネコン闇献金など一連の政治疑惑の下で、自民党は1993年7月18日、分裂して選挙を行い、過半数割れの敗北を喫する。他方、同時に敗北した社会党は、連

立政権（非自民8派連立内閣）に参加することにより与党化する。社会党は、その後の連立の組み替え（自社さ連立内閣）の下で、村山富市を47年ぶりに首相（1994.6.30）とし、1996年1月に社会民主党に党名変更したが、所属議員の大半が、同年10月に結成された民主党（当時、以下本章同）に移籍した。残留議員による。社会民主党（社民党、以下本章同）も1996年10月に行われた初の小選挙区制の下での総選挙で15名に激減することになる。結果として1990年代末には、国会において、明確な護憲野党は、社民党および共産党に限定され、憲法改正に関しては、改憲勢力に加えて、「一字一句変えないと考える必要はない」とする「論憲」の立場が台頭することになる。このような状況の下で、国会法102条の6が1999年改正により付加され、2000年1月20日の第147回国会から衆参両院に憲法調査会が設置された。さらに国会法が一部改正（「憲法改正原案、日本国憲法に係る改正の発議又は国民投票に関する法律案等を審査するため」）され、2007年8月7日の第167回国会から後継組織として衆参両院に憲法審査会が設置された。

　実質的な改憲動向としては、PKO協力法の下で、自衛隊の海外派遣（カンボジア、モザンビーク、ゴラン高原）が常態化することで加速するが、重要なことは、湾岸戦争時に「国際貢献」を主張した小沢一郎に呼応して、経団連など財界諸団体が「冷戦が終焉した今では、日本が一国平和主義にとどまっていることは許されない」との立場を打ち出したことである。この立場に、読売新聞が呼応しキャンペーンを張り、「国際貢献論」は世論に浸透することになる。

　財界が、このような反応をしたことは、1970～80年代とは明らかに異なる現象である。三木内閣の下での防衛費1％枠設定は、1970年代までの防衛力増強の下で、すでに専守防衛型の軍事力保持は飽和状態に達していたことの反映であり、日本企業の国内生産優先＝輸出志向型経済構造がそれ以上の軍事力の保持を必要とせず、結果的に軍事小国主義体制を指向した結果によると考えられる。1970年代以降、そのような経済構造は変化するが、1980年代後半に入ると日本企業の多国籍化はいよいよ進行し、対外投資においてもアメリカ、イギリスと並ぶ投資大国となる。財界が「国際貢献」の名目で、自衛隊の海外派遣を要請する背景には、多国籍化した日本企業の要求が、かつての「シーレーン防衛構想」のような単なる貿易ルートの確保にとどまらず、投資先の秩序維

持・特権確保など他国に対する市場支配意欲を伴うものにまで高まっている事情があった。

　冷戦体制の終焉の後、アメリカは世界秩序の守護者としての地位に必然的に立つことになる。当初アメリカは、湾岸戦争における国連決議による多国籍軍の形成のように、国連を足場に世界戦略を組み立てるが、クリントン政権になると、国連が必ずしも自由にならないこともあって、アメリカ中心主義に変化する。しかし、世界秩序維持のコストについて、ベトナム戦争以降既にその負担に耐えかねていたこともあって、アメリカは、地域的秩序維持のみならず世界的秩序維持についても、旧来の同盟国であるイギリスに加え、日本およびEU（＝ドイツ）に分担させることにより、2つの地域紛争に同時に対応できるように戦略を変更することを企図した。このような流れが、日本およびドイツの国連安全保障理事会における常任理事国化の議論につながり、日米の思惑の一致が、「日米安全保障共同宣言（安保再定義 1996.4.17）」、「日米防衛協力のための指針（新ガイドライン 1997.9.23）」、「周辺事態に際して我が国の平和及び安全を確保するための措置に関する法律（周辺事態法 1999.5.28）」を生み出すことになった。

　新ガイドラインへの転換の意味を、ここで確認しておこう。1978年の「日米防衛協力のための指針（旧ガイドライン）」の下では、前述したような日本経済の状況の反映ゆえか、閣議書を欠くなど法的整備の上での不備が残されたまま、シーレーン防衛、日米共同作戦体制の確立など、実質的な日米軍事協力体制が進行する。これに対し、1996年の「日米安保共同宣言」は、日米安全保障条約の役割を、政府レベルの協議により、「極東（フィリピン以北）」から「アジア・太平洋地域」の安定、および国際的平和維持活動のための「同盟（the Alliance）」へと変化させ、日米関係の目標を双務的協力関係（bilateral cooperation）としたところにある。自衛隊の海外活動については、PKO協力法成立以来、常態化するが、1998年11月には、災害救助を理由に中米のホンジュラスへの海外出動が行われるなど地球規模の活動実績を積み重ねてきた。その活動実績に法的な裏づけを与えるのが、新ガイドライン・周辺事態法の整備であった。まず新ガイドライン策定作業においては、旧ガイドラインが、朝鮮半島・台湾・フィリピン以北を含む「極東」地域を想定したのに対し、地域を極

東に限定せず、「アジア・太平洋地域」で日本の安全保障に重大な影響が及ぶ紛争が発生した場合を想定し、どの地域までにおいて、どの程度までの支援が可能かが検討された。新ガイドラインの決定において「周辺事態の概念は、地理的なものではなく、事態の性質に着目したものである」とされた。そして提案された周辺事態法においては、「周辺事態」とは「我が国周辺の地域における我が国の平和及び安全に重要な影響を与える事態」（1条）とされ、「我が国周辺の地域」との限定が付せられながらも、明確にされない問題がある。

このようにして「国際貢献」の試みは、当初は国連への協力、次いで国連協力と日米軍事協力の二本立て路線、そして日米軍事協力重視の路線へと展開してゆく。不幸にして起こった2001年9月11日のニューヨーク・テロは、「テロ対策特別措置法（2001.10.29）」の制定を促し、米軍などに対する海外における後方支援という名目でこの路線を急速に推進することになった。もはやテロ対策特別措置法においては、自衛隊の出動範囲はわが国周辺に限られないばかりか、後方支援の名目であれば、政府の「武力行使と一体化はしない。戦闘地域には派遣しない」との答弁にもかかわらず、戦闘行為に従事している米軍などと事実上一体的な行動をとることが予想されるところまで進んだのである。

アメリカのアフガニスタン攻撃後、政府は「テロ対策特別措置法」に基づき海上自衛隊の艦船をインド洋に派遣し、海上阻止活動に従事する艦船への燃料補給と、国連機関の要請による被災住民救援活動として、毛布・テント等の援助を実施した。しかしイラク戦争を直接的契機として、アメリカとの一体的な活動や軍事組織による貢献への方向が、小泉内閣の下で急速に進行することになる。国際的な平和維持の枠組み形成とは別に、政府は、2003年3月に、アメリカ・イギリスを主体とする「有志連合」によるイラク攻撃の支持を表明する。同時に、「武力攻撃事態対処法」などの「有事関連3法」（2003.6.13）、「イラク復興支援特別措置法」（2003.7.26）を成立させ、12月にはイラクへの自衛隊の派遣の基本計画を決定した。2004年2月3日、陸上自衛隊イラク派遣部隊の本隊が政府専用機でクウェートに向けて出発し、8日イラクのサマワに到着した。太平洋戦争後、PKO活動を超えて、初めて自衛隊が戦争状態にある外国に展開したのである。国会の承認手続が終了したのが翌9日ということも象徴的である。政府は、その後、「米軍行動円滑化法案」など「有事関連7法案」

を 2004 年 3 月 9 日に閣議決定し、6 月 14 日には参議院で自民・民主・公明三党の賛成多数により成立させた。

　これらの法案は、日本弁護士連合会会長の声明（2004.6.14）が「『国民保護法案』は、国民保護措置の実効性に問題があり、平時から国民に危機意識を増幅させる一方、国民の知る権利を制約する危険性を有するなど問題が多いこと、『米軍支援・自衛隊活動に関する法案・条約承認案件』も、憲法が禁止する集団的自衛権の行使や、交戦権の行使を可能とする措置を内容とし、市民の生活や権利に対する幅広い制約を及ぼす危険性を有する」と指摘するように、日本国憲法が予定する、国民の平和な生活を保障し、他国に脅威を与えることなく平和的に行う国際貢献の道からは外れた決断であることはいうまでもない。

　2 年半 10 次にわたりイラクに派遣された陸上自衛隊の活動は、2006 年 7 月 17 = 25 日、終了するが、「イラク復興支援特別措置法」は、2007 年 6 月 20 日、改正され、2 年間延長された。航空自衛隊による輸送活動も、2008 年 11 月 28 日 = 12 月 23 日に終了した。他方、「テロ対策特別措置法」に基づく、インド洋上での給油活動については、与党は活動の延長を企図し、10 月 17 日、衆議院に、活動の延長のため「テロ対策海上阻止活動に対する補給支援活動の実施に関する特別措置法案」を提出し、26 日から衆院テロ特別委員会で審議を始めた。テロ対策特別措置法は、11 月 1 日に失効したため、洋上補給活動は終了せざるをえなくなる。与党は、この活動の早期再開を意図し、11 月 13 日、衆議院本会議で同法案を賛成多数で可決したが、参議院選挙敗北により参議院で与党が少数となった結果、2008 年 1 月 11 日、参議院本会議では、野党の反対多数で否決された。しかし同日午後に、衆議院本会議で与党は、3 分の 2 以上の賛成多数で再議決を行い、成立させた。今回成立した「洋上補給支援特別措置法」は、1 年間に期限を限り、内容も「給油・給水」活動に限定するが、テロ対策特別措置法では定められていた「国会承認」規定を削除した。軍事活動に対する国会の統制が弱められることが懸念された。この洋上補給支援活動に関しては、野党の反対が強いだけではなく、世論の支持も必ずしも得られていない点で問題がある。さらに、3 分の 2 による再議決の問題は、2005 年の総選挙で示された国民の意思としての衆議院の議席と 2007 年の参議院通常選挙で示された国民の意思としての参議院の議席と国民の意思とをどのように考え、

憲法に規定される代表制とどのように整合的に調整するのかという重要な問題を含んでいる。

ねじれの問題は、55年体制以前、並びに1989年参院選後、1998年参院選後、2007年参院選後、2010年参院選後および2012年衆院選後に野党が参議院で多数を占めたことにより起きた。とりわけ2007年参院選後には、「短命内閣」と「決められない政治」として問題化された。2013年参院選以降、ねじれは形式的には解消し、2014年衆院選・2016年参院選とねじれは起きていないが、ねじれが起きる根本問題（価値観の多様化や国際化・ボーダレス化による経済的格差・利害対立など）は解消するどころか拡大している。

内閣は、衆議院総選挙の結果により組閣され、参議院の構成にも影響を受けて活動しているのであるが、選挙制度における問題点（投票率＝棄権率、最低得票数、投票価値の平等、選挙制度による「死票」などの問題など）を解消することなく、その正当性・多数性のみを強調し、「決める」政治を展開することは、近代「立憲主義」の実質的否定に結び付きかねない問題性を含んでおり、今後の憲法改正や国際関係を考える際に留意する必要があるように思われる。

自由民主党、民主党、公明党は、日本国憲法に代わる憲法改正案を提示しようとしていた。その後2024年総選挙において立憲民主党が3分の1以上の議席を占めたが、様々な意図で改憲を標榜する政党や国会議員は多い。改憲が必要なのであれば、22世紀に向けて、国境の壁が着実に重要性と役割とを失いつつある今こそ、2014年7月1日の「集団的自衛権」容認の閣議決定とその後の安全保障関連法案の審議の過程で問題とされた、古い陳腐な「軍事力」に支えられた「普通の国家」構想ではなく、科学技術と創造性と平和意識に支えられた「平和力」により「人間の安全保障」（【avancée】参照）を実現する新たな平和的国際協力・貢献国家構想として提示されることを望みたい。

次項では国民投票法を扱う。憲法改正国民投票では、有効投票ではなく、有権者の過半数の承認を得ることが望ましい。2021年総選挙では、48.4％の得票率を得た政党が286小選挙区で65.4％（189議席）の議席（時事通信社）を得る結果となった。このように小選挙区制では、得票率と議席占有率との乖離が生じやすいが、政権選択を意味する選挙結果における乖離、とりわけ低投票率の下でのこの乖離を、国家意思の選択としての国民の意思と同一視するのは誤り

である。憲法改正や憲法の本質に関わる集団的自衛権や特定秘密保護法[5]などを決定する際には、国民の意思がどれだけ反映しているかが重要な判断基準だからである。

Ⅳ 憲法改正国民投票法の成立と改憲動向の新段階

1 国民投票法制定までの経緯

日本国憲法制定以来、懸案とされた改正手続に関わる国民投票法が、第166回通常国会で「日本国憲法の改正手続に関する法律（平成19年5月18日公布法律第51号）」として[6]成立した。日本国憲法96条1項は、憲法の改正のためには「各議院の総議員の三分の二以上の賛成で、国会が、これを発議し、国民に提案してその承認を経なければならない。この承認には、特別の国民投票又は国会の定める選挙の際行はれる投票において、その過半数の賛成を必要とする」と規定する。憲法の改正には、国会の議決に加え、国民への提案とその承認という手続を必要とすることが憲法上規定されているが、具体的な手続については憲法上規定されていないため、憲法改正のためには、まず、国民投票に関する法律を制定する必要があると考えられてきたのである。

日本国憲法に1947年の施行以来、一度も改正されていないが、前述したように、制定以来、憲法改正とそれに反対する意見・世論が対立してきたことが1つの理由である。国民投票法案についても、1953年に、当時の自治庁がこれを作成したことがあるが、内閣が憲法改正の意図をもっているとの誤解を招く

---

(5) 正式名称を「特定秘密の保護に関する法律（平成25年12月13日公布法律第108号）」という。

(6) 同法は、衆議院憲法調査特別委員会で、2007年4月12日に、民主党提出修正案が否決され、与党提出修正案が自民・公明両党の賛成多数で可決された後、翌4月13日に衆議院本会議で可決された。参議院に送られた同法案は、5月11日、参議院憲法調査特別委員会で、18項目にわたる附帯決議とともに可決され、5月14日、参議院本会議で可決され、成立した。一部（政令・総務省令2010年5月14日参照）を除き、公布から3年後の2010年5月18日に施行された。与党案・民主党案・民主党修正案・民主党対案、ならびに、日本共産党・社民党・国民新党による問題点の指摘については、吉田俊宏『国民投票法 論点解説集』日本評論社、2007年、151頁以下参照のこと。

として、閣議決定が見送られたことがある。

　55年体制の下では、憲法改正に反対する野党がほぼ3分の1以上の議席を国会で占めてきたこともあり、憲法改正を党是とする自由民主党が一貫して国会の多数を占めていたにもかかわらず、55年体制の崩壊までは、明文改憲を行う条件を整えることができなかった。与党は、いわゆる解釈改憲を行い、国民投票法も戦後60年にわたり制定されることなく過ぎることとなった。

　いわゆる冷戦体制が終結すると、憲法改正の議論自体がイデオロギー対決と意識されにくくなり、さらに小選挙区制の下で55年体制が崩壊すると、1993年の政治改革の後に当選した多くの国会議員は、憲法改正についての議論を行うこと自体はタブーでないと、意識するようになる。「護憲的改憲」「活憲」「論憲」「創憲」「加憲」「修憲」「追憲」「廃憲」などの表現で、憲法改正問題が議論され、そのような風潮の中で、朝日・読売・毎日などが2004～05年に行った世論調査では、改憲に好意的な答え（改憲賛成に改憲容認まで含めた答え）が60～80％強に増えるなど世論の動向が変化していた。

　にもかかわらず、9条の改正についてだけみると、NHKの調査で、賛成・反対ともに39％との数字がみられる。しかし、最近の護憲派は、九条の会などの活動にもみられるように、憲法改正の動向をも視野に入れた活動を展開するなどし、憲法のあり方と方向性をめぐる議論と運動は活発になっている。

2　国民投票法の内容

　制定された国民投票法は全6章151条で、審議の際には、国民投票の対象および投票権者、原案の作成にあたる憲法審査会、投票期日および投票方法、投票運動が議論になった。

　国民投票の対象は、重要法案についても拡大することが要請されたが、憲法改正案のみに限定（1条）され、制定された。投票権者は18歳以上の日本国民（3条）とされる。ただし、公職選挙法や民法の成人年齢などの規定が改正されるまでは、20歳以上とすることが附則3条で規定されたが、2014年6月20日公布の改正法により、2018年6月21日以降に年齢満18歳以上の者の投票が認められることとなった。

　憲法改正原案は、各院に設置された憲法審査会で、審査を行う。ただし、附

則1条で、公布後3年間は憲法改正原案の発議は凍結するとした。改正原案は、国会法68条の2で、衆議院議員100名以上、参議院議員50名以上の賛成で国会に提出できる。改正原案の発議は、国会法68条の3で、内容において関連する事項ごとに区分して行うとされる。憲法審査会は、2007年8月7日の第167回国会において設置された。そして、衆議院審査会規程は2009年6月11日に、参議院審査会規程は2011年5月18日議決され、第179回国会（2011.10.20召集）から審査会は活動を開始した。2024年現在、衆議院50名、参議院45名の委員で構成されている。

投票期日は、国会による発議後、60〜180日間ほどの期間を経た後（2条）に行う。国民投票は、憲法改正案ごとに1人1票の投票を行う（47条）。投票用紙（縦書き）に予め印刷された「賛成」または「反対」の文字（いずれもルビ付き）のどちらかに○を付ける方法で投票（57条）する。ただし、印刷されている「賛成」の文字を二重線を引くなどして消した票は反対として扱い、「反対」の文字を二重線で引くなどして消した票は賛成として扱う（81条）。

憲法改正案は投票の結果、有効投票総数、すなわち白票などの無効票を除いた賛成票と反対票の合計である投票総数の過半数の賛成で成立（126条、98条2項）する。**最低投票率制度**は設けられなかった。

国民投票に異議がある場合、国民投票の結果の告示から30日以内に東京高裁に「投票人」が訴訟を提起することができる（127条）。

投票運動に関しては、表現の自由、学問の自由および政治活動の自由その他の日本国憲法の保障する国民の自由と権利を不当に侵害しないように留意しなければならない（100条）とする。国民投票事務関係者や選管委員などの国民投票運動を禁止（101条、102条）する。また、公務員や教育者などが地位を利用した投票運動をすることを禁止（103条）する。テレビ・ラジオによる国民投票に関する広告放送は投票日の14日前から禁止（105条）される。その間は、国会に設置される国民投票広報協議会が、改正案、改正案の要旨、参考となる事項の広報、および賛成・反対の意見広告を、テレビ・ラジオによる放送および新聞の広告により行う（106条、107条）。この際、賛成・反対の意見については同一の時間数、時間帯、寸法、回数を確保（106条6項、107条5項）しなければならない。広報のための放送および新聞広告は無料（106条5項、107条

4項) である。

　最後に、本法に関わる問題点として、最低投票数に関する制限がないことを、再度挙げる。最低投票率を定めないまま、単に有効投票の過半数で憲法改正を決定するとすれば、少数の国民の承認、例えば50％の投票率の場合、25％強程度（有権者の4分の1程度）の賛成で、承認が成立することになるからである。同様に、マスコミにおける広告のあり方とマスコミや教員などによる改正案に対する論評活動がどのような形で認められるかも問題になる。

　憲法の原点を、民主主義的な制度に置くとすれば、国民の参加率を問うことなく制度が運用されることには矛盾があり、その実質を問うとすれば、自由な表現活動の裏付けがないことは根本的矛盾として許されないからである。

3　最近の改憲動向

　2012年12月16日の第46回総選挙で、連立する公明党とともに325議席を獲得し、憲法改正が可能な3分の2以上の議席を衆議院で確保し、第二次内閣を発足させた安部首相は、自民党の結党以来の党是かつ彼自身の使命とも考えている憲法改正への道を模索した。当時は、参議院では改憲に必要な3分の2以上の議席を有していなかったため、安部首相と自民党は様々な試みを行った。その代表的なものが「96条先行改憲」と「お試し改憲」の試みである。

　安部首相は、世論や過半数の国会議員が憲法改正を望む状況がある場合に、憲法改正提案もできない状況にあるのは異常であると主張し、改憲提案要件を国会議員の過半数にハードルを下げる96条の先行改憲を模索した。この「96条先行改憲」は、ご都合主義、立憲主義への挑戦、憲法改正限界論など、多くの批判を浴び、今日では、政治的状況の変化もあり、沙汰止みの状況となった。

　また自民党は、憲法審査会に、(i)緊急事態条項、(ii)環境権など新しい人権条項、(iii)財政規律条項の3項目を提案し、世論の理解を得やすいと考えられるものから検討・改憲を試みるいわゆる「お試し改憲」・「二段階改憲」を企図するなど、硬軟取り混ぜての改憲の揺さぶりをかけている。しかし、国家権力の限界を規定し、とりわけ恣意的行使を抑制することが課題とされた近代立憲主義の原点に立ち戻り、改憲の必要性を真に議論すべきは、国民の側にあることに留意して注目することが必要である。

2021年の総選挙の結果、憲法改正に好意的な政党が衆参両院で3分の2を超えた。しかし2024年10月27日実施の衆議院総選挙では、憲法改正に必ずしも積極的ではない政党が3分の1を超えた。今後の憲法審査会での改正論議に注目する必要がある。

> **【avancée】**「集団的自衛権」への道と「真の国際貢献」への道
>
> 　「安全保障関連法」の制定により、日本の周辺に限定されていた自衛隊の活動領域が、戦闘地域を除くとしながらも、地球規模に拡大するなど、重要な変化がもたらされた。しかし、これまでの派遣では、当該地での紛争の根本的解決を実現するにはほど遠い状況が続いている。
>
> 　むしろ紛争地帯で、切に日本に望まれていることは、横並びの軍事的貢献よりも、地味であっても貧困の根絶、経済の復興、教育の普及など、広範な平和的援助活動を行うことや、対人地雷禁止条約や小型武器軍縮でみせたような外交的努力を行い紛争の鎮静化を図ることなどではないだろうか。とりわけ、現在進行しているウクライナやガザに象徴されるような住民すべてを巻き込んだ戦闘行為は、その大規模な被害と残虐性からも注目され、終結が望まれる。同時に、南スーダン内戦・ヤズディ教徒・ロヒンギャなどの少数民族問題など各地において発生する住民の集団虐殺・虐待を終結させるため、その原因の一つである飢えや貧困を、日本の経済力と情報収集能力を活用して解消すべきと思われる。
>
> 　私たちは、今、17・18世紀の近代立憲主義確立期に近代国家の確立と防衛のために正当化されたような軍事的な手段とそれに基づく自衛権・国家緊急権論を前提とする軍事的「国際貢献」を基に世界秩序を構築する立場に立つのか、それとも日本国憲法がパリ不戦条約やアジア・太平洋戦争での教訓を基に、先駆的に構築した世界戦略、すなわち積極的に軍事力を捨て、外交と文化的経済的交流と支援により相互信頼と협力に依拠し、安定的かつ格差なき経済発展を実現し、地域的安定から世界平和をめざす「真の国際貢献」の立場に立つのか、を選択すべき時期にいる。
>
> 　繰り返すが、私たちが真のテロ対策を行うためには、戦争と政治的混乱の結果であり原因でもある飢えと貧困、明日への絶望感をなくすことが必要である。各地域で、NGOが農業指導、技術支援、教育支援、医療支援などを積み重ねているが、国レベルでの外交とともに、このような活動を積極的に支援することこそがテロの発生原因を消滅させる真のテロ対策であり真の国際貢献となると思われるのである。

【参考文献】
古関彰一『新憲法の誕生』中公文庫、1995年
渡辺治『憲法「改正」の争点』旬報社、2002年
全国憲法研究会編『憲法改正問題』日本評論社、2005年
渡辺治編著『憲法改正問題資料（上・下）』旬報社、2015年

判例索引 （時系列）

最大判 1948.3.12 刑集 2-3-191	*125*
最大判 1948.9.29 刑集 2-10-1235（食糧管理法事件）	*97*
最大判 1950.2.1 刑集 4-2-73（下級裁判所違憲審査権関連）	*246*
最大判 1950.9.27 刑集 4-9-1805（検察官控訴合憲判決）	*124*
最大判 1950.9.27 刑集 4-9-1799（戸別訪問禁止合憲判決）	*186*
最大判 1950.10.11 刑集 4-10-2037（尊属傷害致死罪合憲判決）	*30*
最大判 1950.10.25 刑集 4-10-2126（尊属殺人罪合憲判決）	*30*
最大判 1950.11.15 刑集 4-11-2257（山田鋼業事件）	*108*
最判 1950.12.28 民集 4-12-683（外国人の人権関連）	*161*
最大判 1952.1.9 刑集 6-1-4（食糧緊急措置令事件）	*90*
最大判 1952.8.6 刑集 6-8-974（石井記者事件）	*75*
最大判 1952.10.8 民集 6-9-783（警察予備隊違憲訴訟）	*229, 246, 287*
最大判 1953.4.8 刑集 7-4-775（政令 201 号事件）	*108*
東京地判 1953.10.19 行集 4-10-2540（苫米地事件）	*221*
最大判 1953.12.23 民集 7-13-1523（農地改革事件）	*90, 93*
最大判 1953.12.23 民集 7-13-1561（皇居前広場事件）	*252*
最判 1954.1.22 民集 8-1-225（農地改革事件）	*90*
最判 1954.2.11 民集 8-2-419	*229*
東京高判 1954.9.22 行集 5-9-2181（苫米地事件）	*221*
最大判 1955.1.26 刑集 9-1-89（公衆浴場の距離制限規制）	*83*
最大判 1955.2.9 刑集 9-2-217	*185*
最大判 1955.3.30 刑集 9-3-635（戸別訪問禁止合憲判決）	*186*
最大判 1956.7.4 民集 10-7-785（謝罪広告事件）	*42*
東京地判 1956.7.23 判時 86-3（浦和事件、二重煙突事件）	*231*
最大判 1957.3.13 刑集 11-3-997（「チャタレー夫人の恋人」事件）	*65*
最大判 1957.6.19 刑集 11-6-1663（外国人の人権関連）	*161, 164*
最判 1958.3.28 民集 12-4-624（パチンコ球遊器事件）	*218*
最判 1958.5.1 刑集 12-7-1272（公務員の政治活動制限関連）	*206*
東京地判 1959.3.30 下刑集 1-3-776（砂川事件・伊達判決）	*289*
最大判 1959.12.16 刑集 13-13-3225（砂川事件）	*247, 289*
最大判 1960.1.27 刑集 14-1-33（医療類似行為事件）	*84*
最大判 1960.6.8 民集 14-7-1206（苫米地事件）	*222, 248*
最判 1960.6.17 民集 14-8-1420（砂川町長事件）	*267*
最大決 1960.7.6 民集 14-9-1657（裁判を受ける権利関連）	*136, 227*
最大判 1960.7.20 刑集 14-9-1243（東京都公安条例事件）	*69*
東京地判 1960.10.19 行集 11-10-2921（朝日訴訟）	*97*
最大判 1960.10.19 民集 14-12-2633（部分社会の法理関連）	*230*
東京地判［差戻審］1961.3.27 判時 255-7（砂川事件）	*289*
最大判 1961.9.6 民集 15-8-2047	*38*
東京高判［差戻審］1962.2.15 判タ 131-150（砂川事件）	*289*
最大判 1962.3.7 民集 16-3-445（警察法改正無効事件）	*230*
最大判 1962.5.30 刑集 16-5-577（売春勧誘行為等取締条例違反事件）	*273*
最大判 1962.11.28 刑集 16-11-1593（第三者所有物没収事件）	*115, 257*
最判 1963.3.15 刑集 17-2-23（国鉄檜山丸事件）	*108*
最大判 1963.3.27 刑集 17-2-121（渋谷区長選贈収賄事件）	*272*
東京地判 1963.4.19 下刑集 5-3・4-363（全農林警職法事件）	*110*
最大判 1963.5.15 刑集 17-4-302（加持祈祷事件）	*46*
最大判 1963.5.22 刑集 17-4-370（ポポロ事件最高裁判決）	*55*

最大判 1963.6.26 刑集 17-5-521（奈良県ため池条例事件） 89, 273
仙台高判［差戻審］1963.7.22 刑集 18-4-159（医療類似行為事件） 84
東京高判 1963.11.4 行集 14-11-1963（朝日訴訟） 98
最大判 1963.12.4 刑集 17-12-2434（タクシー事業免許制事件） 85
最決 1963.12.25 判時 359-12（砂川事件） 289
最大判 1964.2.5 民集 18-2-270（1票の較差関連） 191
最大判 1964.2.26 民集 18-2-343（教科書無償訴訟） 103
最決 1964.5.7 刑集 18-4-144（医療類似行為事件） 84
東京地判 1964.9.28 下民集 15-9-2317（「宴のあと」事件） 5, 68
最大判 1964.11.18 刑集 18-9-579（外国人の人権関連） 161
最大決 1965.6.30 民集 19-4-1089（裁判を受ける権利関連） 227
最判 1966.2.8 民集 20-2-196 229
最大判 1966.10.26 刑集 20-8-901（全逓東京中郵事件） 109, 253
東京地判 1967.3.27 判時 493-72 186
札幌地判 1967.3.29 下刑集 9-3-359（恵庭事件） 253, 286
東京地判 1967.4.25 行集 18-4-560（損失補償関連） 93
最大判 1967.5.24 民集 21-5-1043（朝日訴訟） 97, 252
旭川地判 1968.3.25 下刑集 10-3-293（猿払事件） 151, 257
東京高判 1968.6.12 労民集 19-3-791（三菱樹脂事件） 142
東京高判 1968.9.30 高刑集 21-5-365（全農林警職法事件） 110
最大判 1968.11.27 刑集 22-12-1402（河川附近地制限令事件） 91
最大判 1968.11.27 民集 22-12-2808（在外財産戦後補償請求事件） 92
最大判 1968.12.4 刑集 22-13-1425（三井美唄炭鉱労組事件） 185
東京地判 1969.2.15 判時 551-26（ブルーボーイ事件） 12
最大判 1969.4.2 刑集 23-5-685（全司法仙台事件） 109
最大判 1969.4.2 刑集 23-5-305（都教組事件） 109, 253
最大判 1969.4.23 刑集 23-4-235（戸別訪問禁止合憲判決） 186
最決 1969.4.25 刑集 23-4-248（証拠開示関連） 122
最大判 1969.6.25 刑集 23-7-975（「夕刊和歌山時事」事件） 67
最判 1969.7.4 民集 23-8-1321（占領時被害補償請求訴訟） 92
最大判 1969.10.15 刑集 23-10-1239（「悪徳の栄え」事件） 65
最大決 1969.11.26 刑集 23-11-1490（博多駅テレビフィルム提出命令事件） 74
最大判 1969.12.24 刑集 23-12-1625（京都府学連事件） 8
東京高決 1970.4.13 高民集 23-2-172（「エロス＋虐殺」事件） 6
最大判 1970.6.24 民集 24-6-625（八幡製鉄政治献金事件） 143
東京地判 1970.7.17 行集 21-7 別冊 -1（第二次家永訴訟第一審判決・杉本判決） 55, 63, 104, 257
仙台高判 1971.5.28 判時 645-55 56
東京地判 1971.11.1 行集 22-11・12-1755（全逓プラカード事件） 257
最大判 1972.11.22 刑集 26-9-586（小売市場開設許可制事件） 81, 251
最大判 1973.4.4 刑集 27-3-265（尊属殺重罰事件） 29, 255
最大判 1973.4.25 刑集 25-4-547（全農林警職法事件） 108, 110
札幌地判 1973.9.7 判時 712-24（長沼事件） 282, 287
最判 1973.10.18 民集 27-9-1210（損失補償関連） 93
最大判 1973.12.12 民集 27-11-1536（三菱樹脂事件） 42, 142
大阪地判 1974.2.27 判時 729-3（大阪空港公害訴訟） 100
最判 1974.9.26 刑集 28-6-329（尊属傷害致死重罰規定合憲判決） 31
最大判 1974.11.6 刑集 28-9-393（猿払事件） 72, 147, 206, 237
札幌地裁小樽支判 1974.12.9 判時 762-8（在宅投票事件） 184
神戸簡判 1975.2.20 判時 768-3（牧会活動事件） 46
新潟地判 1975.2.22 判時 769-19（小西反戦自衛官事件） 287
最大判 1975.4.30 民集 29-4-572（薬事法距離制限事件） 79, 82, 150, 255
最大判 1975.9.10 刑集 29-8-489（徳島市公安条例事件） 64, 274

判例	頁
大阪高判 1975.11.27 判時 797-36（大阪空港公害訴訟）	100
最決 1976.3.16 刑集 30-2-187	115
最大判 1976.4.14 民集 30-3-223（1票の較差関連）	191, 255
最大判 1976.5.21 民集 30-5-615（旭川学力テスト事件）	55, 103, 104
最大判 1976.5.21 刑集 30-5-1178（岩手教組事件）	111
札幌高判 1976.8.5 行集 27-8-1175（長沼事件）	288
東京高判 1977.1.31 判月 9-1・2-14（小西反戦自衛官事件）	287
水戸地判 1977.2.17 判時 842-22（百里基地訴訟）	286
最判 1977.3.15 民集 31-2-234（富山大学事件）	230
最大判 1977.5.4 民集 31-3-182（全逓名古屋中郵事件）	112
最大判 1977.7.13 民集 31-4-533（津地鎮祭事件）	49
札幌高判 1978.5.24 高民集 31-2-3（在宅投票事件）	184
最決 1978.5.31 刑集 32-3-457（西山事件）	75
最判 1978.7.10 民集 32-5-820（接見交通権関連）	120
最大判 1978.7.12 民集 32-5-946（国有農地等の売払に関する特別措置法判決）	89
最大判 1978.10.4 判時 903-3（マクリーン事件）	161
最判 1978.12.21 民集 32-9-1723（高知市河川条例事件）	274
最判 1980.1.11 民集 34-1-1（種徳寺事件）	229
福岡地判 1980.6.5 判時 966-3（大牟田市電気税訴訟）	273
最判 1980.11.28 刑集 34-6-433（「四畳半襖の下張」事件）	65
最判 1981.3.24 民集 35-2-300（日産自動車事件）	142
新潟地判［差戻審］1981.3.27 刑月 13-3-251（小西反戦自衛官事件）	287
最判 1981.4.7 民集 35-3-443（「板まんだら」事件）	229
最判 1981.4.14 民集 35-3-620（前科照会事件）	8
最判 1981.4.16 刑集 35-3-84（「月刊ペン」事件）	67
東京高判 1981.7.7 判時 1004-3（百里基地訴訟）	286
最判 1981.7.21 刑集 35-5-568	303
最大判 1981.12.16 民集 35-10-1369（大阪空港公害訴訟）	100
大阪地判 1982.3.24 判時 1036-20（箕面忠魂碑訴訟）	50
最判 1982.7.7 民集 36-7-1235（堀木訴訟）	98
仙台高裁秋田支判 1982.7.23 行集 33-7-1616（秋田市国民健康保険税条例事件）	218, 273
最判 1982.9.9 民集 36-9-1679（長沼事件）	288
横浜地判 1982.10.20 判時 1056-26（厚木基地訴訟）	101
大阪地判 1983.3.1 行集 34-3-358（箕面忠魂碑訴訟）	50
最大判 1983.4.27 民集 37-3-345（1票の較差関連）	194
最大判 1983.6.22 民集 37-5-793（「よど号」ハイジャック新聞記事抹消事件）	127
最判 1983.11.7 民集 37-9-1243（1票の較差関連）	191
東京地判 1984.5.18 判時 1118-28（予防接種禍訴訟）	93
最大判 1984.12.12 民集 38-12-1308（輸入書籍税関検査訴訟）	62
最判 1984.12.18 刑集 38-12-3026（駅構内ビラ配布事件）	70
最大判 1985.3.27 民集 39-2-247（サラリーマン税金訴訟）	86
最判 1985.7.17 民集 39-5-1100（1票の較差関連）	255
最判 1985.11.21 民集 39-7-1512（在宅投票制事件）	184, 224, 249
大分地決 1985.12.2 判時 1180-113（エホバの証人輸血拒否事件）	16, 18
東京地判 1986.3.17 判時 1191-68（自然公園内財産権事件）	91
東京地判 1986.3.20 行集 37-3-347（日曜参観授業事件）	46
東京高判 1986.4.9 判時 1192-1（厚木基地訴訟）	101
最大判 1986.6.11 民集 40-4-872（「北方ジャーナル」事件）	9, 63
名古屋高判 1987.3.25 行集 38-2・3-275（衆参同日選挙事件）	222
最大判 1987.4.22 民集 41-3-408（森林法共有林事件）	89, 135, 149, 255
最判 1987.4.24 民集 41-3-490（サンケイ新聞意見広告事件）	60
大阪高判 1987.7.16 行集 38-6/7-561（箕面忠魂碑訴訟）	50

最大判 1987.9.2 民集 41-6-1423 ………………………………………………………… 40
大阪地判 1987.9.30 判時 1255-45（予防接種禍訴訟）……………………………… 93
最判 1988.2.16 民集 42-2-27（NHK 日本語読み訴訟）…………………………… 36
最判 1988.7.15 判時 1287-65（麹町中学校内申書事件）…………………………… 43
最判 1988.10.21 民集 42-8-644（1 票の較差関連）………………………………… 191
最判 1988.12.20 判時 1307-113（共産党袴田事件）………………………………… 230
最判 1989.1.20 刑集 43-1-1（公衆浴場距離制限事件）…………………………… 83
最決 1989.1.30 刑集 43-1-19（日本テレビ事件）…………………………………… 74
最判 1989.3.2 判時 1363-68（塩見訴訟）…………………………………………… 167
最判 1989.3.7 判時 1308-111（公衆浴場距離制限事件）………………………… 83
最大判 1989.3.8 民集 43-2-89（裁判でメモをとる自由関連）…………………… 227
最判 1989.6.20 民集 43-6-385（百里基地訴訟）…………………………………… 287
最判 1989.9.19 刑集 43-8-785（岐阜県青少年保護育成条例事件）……………… 66
東京高判 1990.1.29 高民集 43-1-1（幼児教室助成事件）………………………… 220
最判 1990.2.6 訟月 36-2242（西陣ネクタイ事件）………………………………… 85
最決 1990.7.19 刑集 44-5-421（TBS 事件）………………………………………… 74
最判 1991.7.9 民集 45-6-1049（監獄法施行規則事件）…………………………… 206
福岡高判 1992.4.24 判時 1421-3（南九州税理士会政治献金事件）……………… 145
最判 1992.11.16 集民 166-575（森川キャサリーン事件）………………………… 163
最判 1992.12.15 民集 46-9-2829（酒類販売免許制事件）………………………… 86
東京高判 1992.12.18 高民集 45-3-212（予防接種禍訴訟）………………………… 93
東京高判 1993.2.3 東高刑報 44-1=12-11（国際人権 B 規約 14 条 3 項 f 関連）… 157
最判 1993.2.16 民集 47-3-1687（箕面忠魂碑訴訟）………………………………… 50
最判 1993.2.25 民集 47-2-641（厚木基地訴訟）…………………………………… 101
最判 1993.2.26 判時 1452-37（アラン参議院選挙権訴訟）………………………… 164
最判 1993.3.16 民集 47-5-3483（第一次家永訴訟上告審判決）…………………… 62
福岡地判 1993.3.18 判タ 843-120（宗像市環境保全条例事件）…………………… 274
最判 1994.2.8 民集 48-2-149（ノンフィクション「逆転」事件）………………… 8
大阪高判 1994.10.28 判時 1513-71（指紋押捺拒否国家賠償訴訟）……………… 157
東京高判 1994.11.29 判時 1513-60（日本新党繰上補充事件）…………………… 197
最大判 1995.2.22 刑集 49-2-1（ロッキード事件丸紅ルート）…………………… 212
最判 1995.2.28 民集 49-2-639（金正圭訴訟）……………………………………… 165
最判 1995.3.7 民集 49-3-687（市民会館使用拒否事件）………………………… 70
横浜地判 1995.3.28 判時 1530-28（東海大学病院安楽死事件判決）……………… 18
最判 1995.5.25 民集 49-5-1279（日本新党繰上補充事件）………………………… 197
最大決 1995.7.5 民集 49-7-1789（国籍法違憲訴訟）……………………………… 256
最決 1996.1.30 民集 50-1-199（オウム真理教事件）……………………………… 47
最判 1996.3.8 民集 50-3-469（剣道実技拒否神戸高専事件）…………………… 47
最判 1996.3.15 民集 50-3-549（福祉会館使用拒否事件）………………………… 70
最判 1996.3.19 民集 50-3-615（南九州税理士会政治献金事件）………………… 145
福岡高裁那覇支判 1996.3.25 行集 47-3-192（沖縄県知事代理署名拒否事件）… 287
大阪高判 1996.3.27 訟月 43-5-1285（李英和訴訟）………………………………… 164
神戸地判 1996.8.7 判時 1600-82（選挙供託金制度合憲判決）…………………… 185
最大判 1996.8.28 民集 50-7-1952（沖縄県知事代理署名拒否事件）……… 267, 287
最大判 1996.9.11 民集 50-8-2283（1 票の較差関連）……………………………… 195
最判 1997.3.13 民集 51-3-123（シベリア抑留戦後補償請求訴訟）……………… 92
札幌地判 1997.3.27 判時 1598-33（二風谷ダム訴訟）……………………………… 155
最大判 1997.4.2 民集 51-4-1673（愛媛玉串料訴訟）……………………………… 50
東京高判 1997.11.26 民集 50-3-459（外国人管理職就任権訴訟）………………… 166
山口地裁下関支判 1998.4.27 判時 1642-24（関釜元従軍慰安婦訴訟）…………… 224
最決 1998.7.13 判時 1651-54（許可抗告制度合憲判決）…………………………… 228
東京地判 1998.11.30 判時 1686-68（SMAP おっかけ本事件）…………………… 64

最大決 1998.12.1 民集 52-9-1761（寺西事件）	237
最大判 1999.3.24 民集 53-3-514（接見交通権関連）	120
東京地判 1999.6.22 判時 1691-91（「石に泳ぐ魚」事件）	7
静岡地裁浜松支判 1999.10.12 判時 1718-92（浜松市宝石店〔ブラジル人〕入店拒否事件）	142, 158
最大判 1999.11.10 民集 53-8-1577（選挙無効請求事件）	191
最大判 1999.11.10 民集 53-8-1441（1 人別枠方式合憲判決）	192
最判 1999.12.16 刑集 53-9-1327（通信傍受合憲判決）	117
神戸地判 2000.1.31 判時 1726-20（尼崎道路公害訴訟）	102
最判 2000.2.8 形集 54-2-1（司法書士法違反事件）	86
最判 2000.2.29 民集 54-2-582（エホバの証人無断輸血事件）	18
最判 2001.2.13 判時 1745-94（裁量上告制度合憲判決）	228
東京高判 2001.2.15 判時 1741-68（「石に泳ぐ魚」事件）	7, 68
熊本地判 2001.5.11 判時 1748-30（ハンセン病国家賠償訴訟）	156, 224, 249
最決 2001.12.7 刑集 55-7-823（少年事件の補償関連）	226
最判 2002.1.31 民集 56-1-246	207
金沢地判 2002.3.6 判時 1798-21（小松基地騒音訴訟第三・四次訴訟）	102
最大判 2002.9.11 民集 56-7-1439（郵便法事件〔便法違憲訴訟〕）	136, 225, 252, 255
最判 2002.9.24 判時 1802-60（「石に泳ぐ魚」事件）	7, 68
札幌地判 2002.11.11 判時 1806-84（小樽市公衆浴場〔外国人〕入浴拒否事件）	142, 158
最判 2003.9.12 民集 57-8-973（早稲田大学講演会事件）	9
東京地判 2004.1.13 判時 1853-151（松文館事件）	65
最判 2004.1.14 民集 58-1-56（1 票の較差関連）	195
東京地決 2004.3.19 判時 1865-18（田中真紀子長女プライバシー訴訟）	63
東京高決 2004.3.31 判時 1865-12（田中真紀子長女プライバシー訴訟）	63
最判 2004.11.25 民集 58-8-2326（訂正放送権訴訟）	61
最大判 2005.1.26 民集 59-1-128（外国人管理職就任権訴訟）	166
東京地判 2005.4.13 判時 1890-27（合憲限定解釈関連）	254
東京高判 2005.6.16（松文館事件）	65
最判 2005.7.14 民集 59-6-1569（公立図書館書籍廃棄事件）	71
最大判 2005.9.14 民集 59-7-2087（在外国民選挙権訴訟）	127, 181, 225, 250, 252, 255
東京高裁 2006.2.28 民集 62-6-1479	33
東京地判 2006.2.29 判時 2009-151	68
最大判 2006.3.1 民集 60-2-587（旭川市国民健康保険条例事件）	219
最判 2006.3.23 判時 1929-37（受刑者の権利関連）	127
東京地判 2006.3.29 判時 1932-51（合憲限定解釈関連）	254
最決 2006.10.3 民集 60-8-2647（NHK 事件）	75
大阪高判 2006.11.30 判時 1962-92（住民基本台帳ネットワーク訴訟）	9
最判 2007.2.27 民集 61-1-291（ピアノ伴奏拒否事件）	43
名古屋地判 2007.3.23 平成 18 年（ワ）2330 号判決（平和的生存権関連）	282
最判 2007.9.18 刑集 61-6-601（広島市暴走族追放条例事件）	64
最決 2007.12.25 刑集 61-9-895（証拠開示関連）	123
最判 2008.3.6 民集 62-3-665（住民基本台帳ネットワーク訴訟）	9
最判 2008.4.11 刑集 62-5-1217（反戦ビラ配布事件）	71
名古屋高判 2008.4.17 判時 2056-74（平和的生存権関連）	282
最大判 2008.6.4 民集 62-6-1367（国籍法違憲訴訟）	32, 250, 252, 256
最決 2008.6.25 刑集 62-6-1886（証拠開示関連）	123
最決 2008.9.30 刑集 62-8-2753（証拠開示関連）	123
最大判 2010.1.20 民集 64-1-128（富平神社判決）	53
最大判 2010.1.20 民集 64-1-1（砂川市空知太神社訴訟）	52, 252
東京高判 2010.2.25 判時 2074-32（神奈川県臨時特例企業税条例事件）	276
最決 2010.3.15 刑集 64-2-1	69

最判 2010.7.22 判時 2087-26（白山比咩神社訴訟） ······················ *53*
最大判 2011.3.23 民集 65-2-755（1 票の較差関連） ······················ *192*
京都地判 2011.4.21（在特会事件） ···················· *173*
最判 2011.5.30 民集 65-4-1780（君が代起立斉唱職務命令事件） ······················ *147*
大阪高判 2011.10.28（在特会事件） ···················· *173*
大阪地判 2011.10.31 判タ 1397-104（死刑の残虐性関連） ······················ *125*
福岡高判 2011.11.15 判タ 1377-104（大分県生活保護訴訟） ······················ *168*
最大判 2011.11.16 刑集 65-8-1285 ···················· *240*
最判 2012.2.13 刑集 66-4-482（裁判員裁判の上訴審関連） ······················ *242*
最判 2012.2.23（在特会事件） ···················· *173*
最判 2012.2.28 民集 66-3-1240（老齢加算廃止訴訟） ······················ *98*
最大判 2012.10.17 民集 66-10-3311（1 票の較差関連） ······················ *193, 195*
最判 2012.12.7 刑集 66-12-1337（堀越事件） ···················· *73*
最判 2012.12.7 刑集 66-12-1722（宇治橋事件） ···················· *73*
東京地判 2013.3.14 判時 2178-3（成年被後見人の選挙権関連） ······················ *127, 183*
最判 2013.3.21 民集 67-3-438（神奈川県臨時特例企業税条例事件） ······················ *276*
広島高判 2013.3.25 判時 2185-36 ···················· *259*
広島高裁岡山支判 2013.3.26LEX/DB25500398 ···················· *259*
大阪高判 2013.7.31 判タ 1417-174（死刑の残虐性関連） ······················ *126*
最大決 2013.9.4 民集 67-6-1320・判時 2197-10（婚外子相続分差別違憲決定） ······ *34, 252, 256*
最大判 2013.9.26 判時 2207-34（出生届への非嫡出の記載関連） ······················ *35*
大阪高判 2013.9.27 判時 2234-29（受刑者の選挙権関連） ······················ *127, 183*
京都地判 2013.10.7 判時 2208-74（在特会事件） ······················ *173*
広島高裁岡山支判 2013.11.28 裁判所 HP ···················· *259*
東京高判 2013.12.9（受刑者の選挙権関連） ···················· *183*
大阪高判 2014.7.8 判時 2232-34（在特会事件） ······················ *173*
最判 2014.7.18 判例地方自治 386-78（大分県生活保護訴訟） ······················ *168*
最判 2014.7.24 刑集 68-6-925（裁判員裁判の上訴審関連） ······················ *242*
福島地判 2014.9.30 判時 2240-119 ···················· *241*
最大判 2014.11.26 民集 68-9-1363（1 票の較差関連） ······················ *193, 195*
最判 2014.12.9（在特会事件） ···················· *173*
仙台高判 2015.10.29 訟月 62-7-1183 ···················· *241*
最大判 2015.11.25 集民 251-55（1 票の較差関連） ······················ *192*
最大判 2015.11.25 民集 69-7-2035 ···················· *260*
最大判 2015.12.16 民集 69-8-2427（再婚禁止期間違憲判決） ······················ *35, 256*
最大判 2015.12.16 民集 69-8-2586（夫婦同氏原則合憲判決） ······················ *36*
最判 2016.2.23 裁判所 HP（死刑の残虐性関連） ······················ *126*
東京高判 2016.8.10 判タ 1429-132 ···················· *119*
最判 2016.12.20（辺野古違法確認訴訟） ···················· *269*
最決 2017.1.31 民集 71-1-63 ···················· *9*
最大判 2017.3.15 刑集 71-3-13 ···················· *117*
最大判 2017.9.27 民集 71-7-1139（1 票の較差関連） ······················ *196*
広島高判 2017.12.20（受刑者の選挙権関連） ···················· *183*
東京高判 2018.8.3 判時 2389-3 ···················· *119*
最大決 2018.10.17 民集 72-5-890 ···················· *237*
最大判 2018.12.19 民集 72-6-1240（1 票の較差関連） ······················ *193*
京都地判 2019.11.19（在特会事件） ···················· *173*
大阪地判 2020.1.17 判自 468-11 ···················· *174*
大阪高判 2020.6.23 判タ 1495-127 ···················· *69*
東京地決 2020.7.4 判時 2430-150 ···················· *119*
最大決 2020.8.26 判時 2472-15 ···················· *237*
大阪高判 2020.9.14（在特会事件） ···················· *173*

判例	頁
最大判 2020.11.18 民集 74-8-2111（1票の較差関連）	196
最大判 2020.11.25 民集 74-8-2229	231
大阪高判 2020.11.26 判自 488-18	174
最判 2020.12.14（在特会事件）	173
最大判 2021.2.24 民集 75-2-29（那覇市孔子廟事件）	53
札幌地判 2021.3.17 判時 2487-3（同性婚訴訟）	38
最判 2021.3.18 民集 75-3-552（要指導医薬品規制事件）	87
最大決 2021.6.23 判時 2501-3（夫婦同氏原則合憲決定）	38
東京高判 2021.9.22（難民認定手続関連）	172
最判 2022.2.7 民集 76-2-101（あはき師法事件）	88
最判 2022.2.15 民集 76-2-190	174
最大判 2022.5.25 民集 76-4-711（在外国民による国民審査権訴訟）	182, 233, 256
大阪地判 2022.6.20 判時 2537-40（同性婚訴訟）	38
最判 2022.6.24 民集 76-5-1170	9
東京地判 2022.11.30 判時 2547-45（同性婚訴訟）	38
最大判 2023.1.25 民集 77-1-1（1票の較差関連）	193
最判 2023.2.21 民集 77-2-273（金沢市庁舎前広場事件）	70
名古屋地判 2023.5.30（同性婚訴訟）	38
福岡地判 2023.6.8（同性婚訴訟）	38
最判 2023.7.11 民集 77-5-1171	15
最判 2023.9.12 民集 77-6-1515	210, 248
最大判 2023.10.18 民集 77-7-1654（1票の較差関連）	196
最大決 2023.10.25 民集 77-7-1792	15, 256
最判 2023.11.17 民集 77-8-2070	77
東京高判 2024.1.17 LEX/DB25573461	238
東京高判 2024.3.13（受刑者の選挙権関連）	183
東京地判 2024.3.14（同性婚訴訟）	38
裁判官弾劾裁判所 2024.4.3 官報号外 108-9	237
最判 2024.7.3 民集 78-3-382	16
最大判 2024.7.3 裁時 1843-1	256
東京高判 2024.10.30（同性婚訴訟）	38
福岡高判 2024.12.13（同性婚訴訟）	39
名古屋高判 2025.3.7（同性婚訴訟）	39
大阪高判 2025.3.25（同性婚訴訟）	39

事項索引

ア　行

アイヌ民族	155
秋田市国民健康保険税条例事件	218, 273
アクセス権	60
旭川学力テスト事件最高裁判決	55, 103, 104
旭川市国民健康保険税条例事件	219
朝日訴訟	97
アジア・太平洋戦争	299
厚木基地訴訟	101
安楽死	17
「家」制度	26
違憲状態	191, 250, 259, 260
違憲審査基準論	4
違憲立法審査制度	244
「石に泳ぐ魚」事件	7
萎縮効果	61, 67
一元型議院内閣制	201
一事不再理	124
1強多弱	213
一般的効力説	257, 258
「一般的自由」説	13
一般的抽象的法規範説	205
委任の範囲	207
違法確認請求訴訟	269
インターネット選挙運動	186
ヴァイマル憲法	80
「宴のあと」事件	5
上乗せ規制	274
営業の自由	80
永住者	163
恵庭事件	286
NPT（Non-proliferation Treaty ＝核不拡散条約）	296
愛媛玉串料訴訟	50
エホバの証人無断輸血事件	18
エホバの証人輸血拒否事件	16, 18
エラスムス計画	296
LRAの基準	61, 69, 150
「エロス＋虐殺」事件	6
欧州人権条約	159

欧州連合	281
王制待ちの共和制	201
オウム真理教事件	47
大阪空港公害訴訟	100
大牟田市電気税訴訟	273
沖縄県知事事件	267
沖縄県知事代理署名拒否事件	287
小樽市公衆浴場入浴拒否事件	142

カ　行

外見的立憲主義	301
外国人登録法	157
解散	193
解職請求制度	265
カイロ宣言	304
加持祈祷事件	46
課税要件条例主義	217
課税要件法定主義	217
課税要件明確主義	217
河川附近地制限令事件	91
家督相続	26
神奈川県臨時特例企業税条例事件	276
家父長制	26
仮滞在許可	171
仮放免	170
ガルトゥング、ヨハン	298
監獄法施行規則	206
間接差別	24
間接的、付随的な制約	147
間接適用説	140
間接民主制	179
議院内閣制	200
議院内閣制説	221
議会主権	198
議会中心主義	198
議会任期固定法	222
機会の平等	22
機関委任事務	266
規制の態様	151
規制目的二分論	83, 151
起訴状一本主義	122
基本権	134

基本権訴訟	193	麹町中学校内申書事件	43
君が代起立斉唱職務命令事件	147	控除説	204
決められない政治	213	厚生労働大臣	162
「決める」政治	320	拘束型住民投票	274
旧優生保護法	15	高知市河川条例事件	274
公共の福祉	80	口頭弁論主義	122
強制隔離政策	156	公費支出の制限	220
強制加入団体	144	公費濫用防止説	220
行政権までの民主主義	198	幸福追求	155
「行政国家」化	213	幸福追求権	7
行政事務統括説	211	拷問禁止条約	159
供託金	185	小売市場開設許可制事件	81
京都府学連事件	8	合理性の基準	59
居住・移転の自由	80	小型武器軍縮	325
均衡本質型議院内閣制	201	国外退去	161
均衡本質説	202	国際慣習法	162
「近代戦争遂行能力」説	285	国際協調主義	161
近代立憲主義	2, 325	国際貢献	289
区画審設置法	191	国際人権規約	32
具体的権利説	96, 106	国際人権B規約	32
国の補充的指示権	270	国際人権法	142
軍事小国主義体制	316	国際平和主義	289
経済格差	23	国際連合	158
経済的自由	79	国事行為	309
警察予備隊	281	黒人奴隷制度	21
形式的意味	204	国政調査権	208
形式的・儀礼的な行為	309	国籍	179
形式的平等	23	国籍条項	162
刑事補償請求権	223	国籍法	31
結果の平等	23	国民（people）	279
血統主義	33	国民主権	175
検閲	61-63	国民投票法	320
厳格な合理性の基準	255	国民内閣制論	213
厳格な審査基準	59, 61, 251	国民年金法	167
剣道実技拒否神戸高専事件	47	国務請求権（受益権）	136, 223
憲法改正	176	国務総合調整説	211
憲法改正国民投票	179, 182	国務の総理	211
憲法習律限定説	221	国連開発計画（UNDP）	297
憲法上保障される権利	134	国連憲章	282
憲法制定権力	175	国連難民高等弁務官事務所	
憲法的利益衡量	150	（UNHCR）	170
憲法判断回避の準則	252	55年体制	320
憲法問題調査委員会	305	個人尊重の原則	154
権力分立	200	個人通報制度	159
合議体の首長	211	戸籍法	26
公共の福祉	3	国会単独立法の原則	207
皇室典範	28	国会中心立法の原則	206

国家賠償請求権	223	事前抑制	63, 64
国家法人説	180	自治事務	266
国権の最高機関	208	実質的意味	204
国庫支出金	266	実質的定義	204
事の性質	137	実質的平等	23
子どもの権利条約	32	執政権説	211
子ども（未成年者）の自己決定権	20	児童扶養手当法施行令	206
小西反戦自衛官事件	287	死票	188
個別的効力説	257, 258	渋谷区長選贈収賄事件	272
「個別的」自衛権	293	司法消極主義	251, 252, 254, 257
戸別訪問	186	私法上の人格権	8
固有権説	271	司法積極主義	251, 252
婚姻適齢	27	資本主義	23

サ　行

		市民主権	178
		市民生活規範説	205
在外投票制度	181	事務監査請求制度	264
罪刑法定主義	114, 124	事務次官会議	212
最高裁裁判官国民審査	182	指紋押捺制度	163
再婚禁止期間	27, 35	諮問型住民投票	274
財産権	88	社会契約	176
財政国民主権主義	217	社会権	23
財政国会中心主義	216	社会的権力	138
財政民主主義	217	社会的相互関連性	135
最低投票率制度	323	謝罪広告事件	42
裁判を受ける権利	172, 223, 226-229	衆議院の実質的な解散権	220
在留特別許可	169	衆議院の優越	202, 209
佐川急便事件	315	自由権の基本権	282
猿払事件	147, 206	私有財産制度	88
参政権	179	衆参同日選挙事件	222
三段階審査論	146	「集団的」自衛権	293
暫定的・部分的・付随的な抵触	276	重複立候補	190
サンフランシスコ平和条約（講和条約：		住民監査請求制度	265
Treaty of Peace with Japan）	290	住民基本台帳ネットワーク訴訟	9
「三位一体」改革	269	住民自治	263
3面関係	139	住民訴訟	265
3割自治	266	住民投票	179, 274
自衛権	278	住民に身近な行政	268
自衛戦争	278	重要事項留保説	205
自衛隊	281	受益権	223
自己決定権	9	熟議と妥協の政治	215
自己情報コントロール権	163	受刑者	183
自主性確保説	220	主権	175
事情判決の法理	191, 255, 259	取材源秘匿	75
私人間	158	取材源秘匿権	74, 75
私人間適用（私人間効力）	140	取材の自由	74, 75
私人間紛争	137	首相公選制	213
自然権思想	161	首相準公選制	213

「首相統治」型政治	200	政治不信	216
首相の案件発議権	212	聖戦（ジハード）	292
首相の閣議主宰権	212	生存権的基本権	282
出生地主義	160	正当な補償	89
出入国管理及び難民認定法	162	制度説	221
障害者権利条約	159	制度的保障説	56, 271
消極的・警察的規制	82	政府報告制度	29
少数民族問題	325	政令201号事件	108
小選挙区制	188	セーズ・メ事件	201
象徴天皇制	308	世界人権宣言	158
承認説	271	世界保健機関（WHO）	40
情報流通プラットフォーム対処法	187	石炭鉄鋼共同体	281
条例	89	責任本質型議院内閣制	201
条例の制定改廃請求の制度	264	責任本質説	202
職業選択の自由	80	積極説	204
職務執行命令訴訟	266	積極的差別是正措置	24
食糧管理法事件	97	積極的・政策的規制	82
女性差別撤廃委員会	29	絶対的平等	21
女性差別撤廃条約	25	ゼネコン闇献金	315
除斥期間	16	前科照会事件	8
処分違憲	136	選挙権	179
白山比咩神社訴訟	53	全権限性の原則	275
「自律的判断に基づく一般的自由」説	14	全世界の国民（all peoples of the world）	279
人格権	36		
「人格的自立」説	11	全体の奉仕者	108, 110
「人格的利益」説	10	全逓東京中郵事件	109
人格的利益	38	1789年人権宣言	22
人権条約	157	全農林警職法事件	110
新固有権説	271	臓器移植法	19
人種差別撤廃条約	158	総合調整機能説	208
身体への侵襲を受けない自由	8	相対的平等	21
身体を侵襲されない自由	14	双務的協力関係（bilateral cooperation）	317
神道指令	44		
人道のための介入	291	租税条例主義	217
人民主権（人民主権型地方自治権）説	272	租税法律主義	217
「臣民」の権利	301	空知太神社訴訟	52
新無効説	141	尊厳死	17
森林法共有林事件	135, 149	尊属殺重罰規定	29
砂川事件	287	タ　行	
砂川町長事件	267		
制限選挙制	176	第一次教科書訴訟第一審判決	104
政治主導の国政運営	199	退去強制	167
政治責任	203	代執行	268
性質上純然たる訴訟事件	136	対人地雷禁止条約	325
性質適用説	144	大統領制	200
政治的美称説	208	第二次教科書訴訟（第二次家永訴訟）第一審判決	55, 104
政治の極端な2極化	214		

代表民主制	175, 177	統帥権の独立	304
代用刑事施設	118, 119, 121, 126	同性愛	40
対話型立法権分有説	275	同性婚	38
滝川事件	54	党籍移動	196
多国籍化した日本企業	316	統治行為	247, 248
立場の互換性	3	投票価値の平等	189
伊達判決	289	投票率＝棄権率	320
男系男子主義	28	登録パートナーシップ制度	40
男女共同参画社会基本法	25	都教組事件	109
男女雇用機会均等法	24, 25	徳島市公安条例事件	274
団体自治	263	独占禁止法	80
団体の人権（ないし法人の人権）	143	特定枠制度	196
治安維持法	305	特別永住者	163
地域主権	269	「特別権力関係」論	139
地方議会の解散請求	264	特別高等警察	305
地方交付税	266	独立行政委員会	210
地方参政権	164	独立権能説	208
地方自治	165	都市計画法	90
地方自治の本旨	263	苫米地事件	221
地方自治の本旨論争	270	トランスジェンダー	14
地方（自治）特別法	207, 264	ナ　行	
地方分権一括法	267		
地方分権改革	267	内外人平等主義	167
嫡出子	28	内閣の法案提出権	207
嫡出の推定	27, 35	内閣法制局	157
抽象的違憲審査制	245, 246	内在的制約	80
抽象的権利説	96, 106	内在的制約原理	3
中選挙区制	190	長沼事件	282
中立性確保説	220	7条天皇説	221
直接差別	24	那覇市孔子廟事件	53
直接請求制度	264	奈良県ため池条例事件	273
直接適用説	140	南北戦争	21
直接民主制	179	難民該当性	171
沈黙の自由	42	難民条約	158
津地鎮祭事件	49	難民審査参与員	172
強すぎる参議院	213	難民調査官	171
適正手続の保障	172	二院制	209
適切な役割分担	268	二元型議院内閣制	201
適用違憲	151	二元型代表制	263
天皇	28	二重の危険の禁止	124
天皇機関説事件	54	二重の基準	59, 81
天皇主権	175	「二重の基準」論	251
天皇の人間宣言	44	二重のしぼり	110
伝来説	271	二層制	271
東海大学病院安楽死事件判決	18	日曜授業参観事件	46
統括機関説	208	日産自動車事件	142
当事者主義	122	日本列島不沈空母	314

人間の安全保障	283	ベルリンの壁の崩壊	291
ねじれ国会	213	防衛費1％枠	316
ねじれの問題	320	包括的基本権	7
脳死	19	法規説	204
ノンフィクション「逆転」事件	8	法制度保障	135
		『法窓夜話』	300
ハ　行		法定受託事務	267
売春勧誘行為等取締条例違反事件	273	法的責任	203
幕藩体制	300	報道の自由	74, 75
パチンコ球遊器事件	218	報道又は取材の自由	76
パブリック・フォーラム	70, 71	法の支配	247-259
浜松市宝石店入店拒否事件	142	法の下に平等	21
パリ不戦条約	280, 282	法務大臣	161
ハンセン病	156	法律婚主義	31
半大統領制	202	法律先占論	274
PKF	281	法律による内容形成が必要な権利	136
PKO	281	法律の留保	302
PKO協力法	292, 315	法令違憲	30
被選挙権	184	法令による義務づけ・枠づけの緩和・撤廃	269
非嫡出子	28		
1人1票原則	189	ホームレス	183
1人別枠方式	191	補完的保護対象者	169
百里基地訴訟	286	保護領域	147
表現の自由	172	保障否定説	271
「比例性」審査	148	補助的権能説	208
比例代表制	188	牧会活動事件	46
夫婦同氏原則	36	ポツダム宣言	304
「pouple」と「nation」	308	ホッブズ	134
福祉国家	80	「北方ジャーナル」事件	9
福祉政策	80	ポピュリズム	216
付随的（具体的）違憲審査制	245, 246, 250-252	ポポロ事件最高裁判決	55
		堀木訴訟	98
普通選挙制	177		
部分社会の法理	230, 231	マ　行	
父母両系血統主義	31	マクリーン事件	161
プライバシー権	8, 163	マジョリティ	154
フランス革命	22	マッカーサー草案	306
フランス人権宣言	2	三菱樹脂事件	42, 142
ブランダイス・ルール	253, 254	南九州税理士会政治献金事件	144
ブルーボーイ事件	12	箕面忠魂碑訴訟	50
プログラム規定説	96, 106	民主主義	154
ヘイトスピーチ解消法	173	民主主義の機能不全	215
ヘイトスピーチ条例	173	無限定説	221
平和	278	無効力説	140
平和主義	279	明治維新	300
平和条約	92	明治民法	26
平和的生存権	279	明白かつ現在の危険	61, 65

明文改憲	*310*
名誉権	*8*
「目的・効果」基準	*48*
目的効果基準論	*274*
目的の範囲	*145*

ヤ　行

薬事法距離制限事件	*82, 150*
夜警国家	*23*
靖国神社公式参拝	*314*
八幡製鉄政治献金事件	*143*
有権解釈	*311*
郵便法事件	*136*
幼児教室助成事件	*220*
横出し規制	*274*

ラ　行

『リヴァイアサン』	*134*
リクルート事件	*315*
立法権分権	*269*
立法裁量	180
立法事実	*82, 181, 224, 225, 233,*
	249, 250, 256
臨時会の召集	*210*
令状主義	*115-117, 121*
冷戦体制	*281*
冷戦体制の終焉	*317*
レーモン・テスト	*48*
老齢加算廃止訴訟	*98*

69条限定説	*221*
69条限定の控除説	*222*
69条説	*220*
65条控除説	*221*
65条説	*221*
ロッキード事件丸紅ルート	*212*
ロックアウト	*111*

ワ　行

忘れられる権利	*9*
早稲田大学講演会事件	*9*

著者略歴（50音順）

江藤　英樹（えとう・ひでき）……第3章、第6章
　1965年生まれ　明治大学法学部卒、明治大学大学院法学研究科博士後期課程単位取得退学
　現在　明治大学法学部教授。その他、リヨン第2大学、ポワチエ大学招聘教授
　主著　「フランス憲法院における審理記録の保存とその意義」『プロヴァンスからの憲法学』敬文堂、2023年
　　　　「憲法院構成員任命手続への事前聴聞制導入について」『憲法の普遍性と歴史性 辻村みよ子先生古稀記念論集』日本評論社、2019年

大津　浩（おおつ・ひろし）……第1章、第8章、第11章、第14章
　1957年生まれ。一橋大学法学部卒、一橋大学大学院法学研究科博士後期課程単位取得退学。博士（法学、2015年一橋大学）。
　新潟大学教育学部助教授、東海大学法学部教授、同大学法科大学院教授、成城大学法学部教授等を経て、現在、明治大学法学部教授。Aix-Marseille 大学等招聘教授。
　主著　『分権国家の憲法理論―フランス憲法の歴史と理論から見た現代日本の地方自治論―』有信堂、2015年
　　　　『国際人権法の深化（新国際人権法講座第7巻）』（編著）信山社、2024年
　　　　『分権型法治主義の憲法理論』日本評論社、2025年

大藤　紀子（おおふじ・のりこ）……第2章、第5章、第9章、第10章
　1961年生まれ。東京女子大学文理学部卒、一橋大学大学院法学研究科博士後期課程単位取得退学。
　現在　獨協大学法学部教授。
　主著　「日本における政教分離原則の機能的考察」『獨協法学』86号（2012年）
　　　　（翻訳書）『憲法のフラグメント―全体社会の立憲主義とグローバリゼーション』（グンター・トイブナー著）信山社、2022年

髙佐　智美（たかさ・ともみ）……第4章、第7章、第12章、第13章
　1969年生まれ。一橋大学法学部卒、一橋大学大学院法学研究科博士後期課程。博士（法学）。
　現在　青山学院大学法学部教授。
　主著　『アメリカにおける市民権―歴史に揺らぐ「国籍」概念―』勁草書房、2003年
　　　　「裁量統制論によるマクリーン判決『解体』の試み」エトランデュテ4巻178号（2022年）
　　　　「国籍法11条1項の憲法及び国際法規適合性について」青山ローフォーラム12巻1号43頁（2023年）

長谷川　憲（はせがわ・けん）……第15章、第16章
　1951年生まれ。早稲田大学法学部卒、名古屋大学大学院法学研究科博士後期課程単位取得退学。
　現在　工学院大学名誉教授
　主著　『講座 憲法学の基礎』（共著）勁草書房、1983年
　　　　『自由・平等・友愛』（共著）八千代出版、1990年
　　　　『憲法と政治生活〔増補版〕』（共著）北樹出版、1994年
　　　　『Le Nouveau Défi de la Constitution Japonaise』（共著）L. G. D. J., 2004年
　　　　『プロヴァンスからの憲法学』（共編著）敬文堂、2023年

憲法五重奏

2025 年 5 月 1 日　　初　版　第 1 刷発行　　〔検印省略〕

著　者 ©大津　浩・大藤 紀子・髙佐 智美・長谷川 憲・江藤 英樹
発行者　髙橋 明義

印刷／製本　創栄図書印刷

東京都文京区本郷 1 — 8 — 1　振替 00160-8-141750
〒 113-0033　TEL (03)3813-4511
FAX (03)3813-4514
http://www.yushindo.co.jp
ISBN978-4-8420-1090-8

発　行　所
株式会社 有信堂高文社
Printed in Japan

憲法五重奏

憲法五重奏	大津・大藤・髙佐・長谷川・江藤 著	三三〇〇円
判例で学ぶ日本国憲法〔第三版〕	西村裕三 編	二五〇〇円
謎解き 日本国憲法〔全訂第3版〕	阪本昌成 編	二二〇〇円
日本国憲法から考える現代社会・15講	新井信之 著	三〇〇〇円
憲法1──国制クラシック〔全訂第三版〕	阪本昌成 著	二八〇〇円
憲法2──基本権クラシック〔第四版〕	阪本昌成 著	三〇〇〇円
憲法Ⅰ──総論・統治機構論〔第二版〕	大日方信春 著	四一〇〇円
憲法Ⅱ──基本権論〔第三版〕	大日方信春 著	四四〇〇円
知の共同体の法理──学問の自由の日米比較	松田浩 著	五四〇〇円
亡命と家族──戦後フランスにおける外国人法の展開	水鳥能伸 著	一〇〇〇〇円
憲法の「現在」──いまなぜ日本国憲法か	杉原泰雄 著	三〇〇〇円
フランス憲法と現代立憲主義の挑戦	辻村みよ子 著	七〇〇〇円
市民主権の可能性──21世紀の憲法・デモクラシー・ジェンダー	辻村みよ子 著	四二〇〇円
分権国家の憲法理論	大津浩 著	七〇〇〇円
分権改革下の地方自治法制の国際比較	大津浩 編	六二〇〇円
世界の憲法集〔第五版〕	畑博行・小森田秋夫 編	三五〇〇円

★表示価格は本体価格（税別）

有信堂刊